Karl Hillenbrand / Barbara Nichtweiß (Hrsg.)

Aus der Hitze des Tages

Karl Hillenbrand / Barbara Nichtweiß (Hrsg.)

Aus der Hitze des Tages

Kirchliches Leben in Momentaufnahmen und Langzeitperspektiven

echter

Die Deutsche Bibliothek – CIP-Einheitsaufnahme

Aus der Hitze des Tages: Kirchliches Leben in Momentaufnahmen und Langzeitperspektiven. Für Bischof Karl Lehmann zum 60. Geburtstag / Karl Hillenbrand / Barbara Nichtweiß (Hrsg.) – Würzburg : Echter 1996
ISBN 3-429-01815-3

Umschlag: Ernst Loew
Gesamtherstellung: Echter Würzburg
Fränkische Gesellschaftsdruckerei und Verlag GmbH
ISBN 3-429-01815-3

Für Bischof Karl Lehmann
in dankbarer Verbundenheit
zur Vollendung des 60. Lebensjahres
am 16. Mai 1996

Inhalt

II. Leben in kirchlicher Gemeinschaft

III. Schnittfelder von Kirche und Gesellschaft

Zum Geleit

Am 16. Mai 1996 vollendet Bischof Dr. Dr. Karl Lehmann das 60. Lebensjahr. Er steht als Bischof von Mainz und Vorsitzender der Deutschen Bischofskonferenz mitten in vielfältigen Aufgaben und Pflichten. Darum kann dieser Tag nicht so sehr Anlaß zu einer umfassenden Würdigung seines Lebenswerks sein, ist aber doch eine Gelegenheit zu aufrichtigem Dank.

Das vorliegende Buch will in besonderer Form ein kleiner Beitrag dazu sein. Es enthält Beiträge einiger Männer und Frauen, die während ihrer Studien- und Ausbildungszeit in Mainz und Freiburg durch ihren damaligen Professor für dogmatische und ökumenische Theologie hilfreiche, vielfach prägende Impulse erhielten und die heute in den unterschiedlichsten Bereichen des kirchlichen Lebens Theorie und Praxis miteinander vermitteln. Karl Lehmann wollte nie als Hochschullehrer einen »Schülerkreis« im engen Sinne des Wortes bilden, in dem die Person des Professors den wichtigsten Dreh- und Angelpunkt darstellt. Sein Anliegen war vielmehr, junge Menschen zu befähigen, theologisches Denken für das pastorale und geistliche Leben in der Kirche fruchtbar zu machen. Es ging ihm stets um eine auch in der Praxis anwendbare Theologie, die sich sorgfältig sowohl der begrifflich-systematischen Reflexion als auch der Vermittlung mit der konkreten Wirklichkeit verpflichtet weiß. Nicht wenige seiner damaligen Hörerinnen und Hörer hat er auf diese Weise zur Entscheidung für einen pastoralen Dienst motiviert, in dem Weite des Denkens und Bindung an die Kirche keine Gegensätze sind, sondern sich gegenseitig durchdringen und sinnvoll ergänzen.

Der vorliegende Band erhebt nicht den Anspruch einer akademischen Festschrift, die zudem aufgrund des außerordentlich großen Kreises von Schülern und Schülerinnen sowie von Repräsentanten des kirchlichen und öffentlichen Lebens, die sich Bischof Karl Lehmann verbunden fühlen, weitaus umfangreicher ausfallen würde. Es handelt sich vielmehr um eine Sammlung theologisch und spirituell reflektierter Praxisberichte, Zeugnisse eines nach-denkenden Innehaltens inmitten der »Hitze des Tages«, der die Mitarbeiterinnen und Mitarbeiter im Weinberg des Herrn tagtäglich ausgesetzt sind: »Wir haben den ganzen Tag über die Last der Arbeit und die Hitze ertragen« (Mt 20,12). Die Beiträge sind darum eher Momentaufnahmen mit Tiefenschärfe als umfassende, systematische Reflexionen, die an anderer Stelle und zu anderer Zeit ihre Berechtigung haben.

Wenngleich nicht alle vielfältigen Bereiche kirchlichen Engagements repräsentiert oder gar erschöpfend dargestellt werden konnten, so ergibt sich doch annäherungsweise ein Überblick über die gegenwärtigen kirchlichen Lebensbereiche und Handlungsfelder, auf die das Wirken Karl Lehmanns als Professor und als Bischof bezogen war und ist: in Form der Sorge um den kirchlichen Dienst in seinen verschiedenen Ausprägungen, der Mühe um die vielfältigen Lebensformen ekklesialer Gemeinschaft und nicht zuletzt einer großen Aufmerksamkeit für die verschiedenen Schnittstellen von Kirche und Gesellschaft. Wenn auch natürlich die hier gesammelten Berichte und Reflexionen ehemaliger Schülerinnen und Schüler primär ein gewachsenes eigenständiges Nachdenken über die jeweiligen beruflichen Erfahrungen einbringen, so sind diese Beiträge doch vielfach von den Anregungen Bischof Lehmanns inspiriert und ihm wiederum im besten Sinn des Wortes dankbar zugedacht.
Wir hoffen, daß dieser Sammelband vielen Menschen, die sich heute um einen tragfähigen Glauben bemühen, »neuen Mut zum Kirchesein« gibt, wie Karl Lehmann es einmal im Titel eines seiner Bücher ausgedrückt hat. Deshalb lassen sich unsere Geburtstagswünsche für ihn wie auch die Zielsetzung dieser Geburtstagsgabe am besten mit dem biblischen Wort ausdrücken: »Gott hat uns nicht einen Geist der Verzagtheit gegeben, sondern den Geist der Kraft, der Liebe und der Besonnenheit« (2 Tim 1,7).
Wir danken allen Autorinnen und Autoren für prompte Bereitschaft zum Mitwirken an diesem relativ spontan und kurzfristig entstandenen Projekt. Dem Echter Verlag und seinem Lektorat gebührt ebenfalls Dank für die entgegenkommende Betreuung und termingerechte Realisierung des Buches.

Würzburg – Mainz, Ostern 1996

Karl Hillenbrand *Barbara Nichtweiß*

I.
Berufe der Kirche in Ausbildung und Praxis

Gerhard Müller

Heute Dogmatik lehren

1. Student bei Karl Lehmann in den 70er Jahren

Es war wohl gegen Ende des Sommersemesters 1968, als die meisten von uns im Priesterseminar von Mainz zum erstenmal den Namen Karl Lehmann hörten. Nach der Ernennung des Dogmatikprofessors Friedrich Wetter zum Bischof von Speyer am 28. Mai, des jetzigen Kardinals und Erzbischofs von München und Freising, sprach man über die Neubesetzung des Lehrstuhls für Dogmatik. Die Fakultät hatte sich schnell auf Karl Lehmann geeinigt. Allgemeines Erstaunen rief sein jugendliches Alter von gerade 32 Jahren hervor. Seine Fama als Meisterschüler von Karl Rahner (1904–1984) und seine beiden Doktortitel in Philosophie und Theologie trugen ihm bei Studenten und Kollegen den Namen eines »Senkrechtstarters« ein. Bald stellte sich heraus, daß seine unglaubliche Belesenheit und sein sicheres Urteil die Basis für seine schnell unanfechtbare Autorität darstellten. Anfänglicher Neid über eine solche Blitzkarriere wich nach der ersten Begegnung einer bewundernden Anerkennung und der Bereitschaft vieler Studenten, bei ihm Theologie zu lernen. Obwohl ich selbst damals erst im 3. Semester war und Dogmatik noch nicht zum Pflichtprogramm gehörte, ging ich aus Neugierde zu den ersten Vorlesungen des neuen Professors. Und ich kann sagen, daß ich wohl seither keine Stunde versäumt habe bis zu seiner Berufung nach Freiburg im Breisgau – außer den beiden Freisemestern in München im Wintersemester 68/69 und Sommersemester 70. Dort hörte ich in Dogmatik Leo Scheffczyk und Josef Finkenzeller, dessen Nachfolger ich ab Wintersemester 86/87 werden sollte – was ich mir damals nicht einmal im Traum hätte vorstellen können.

Allen dunklen Andeutungen älterer Mitstudenten zum Trotz, Dogmatik sei noch viel zu kompliziert für uns und außerdem ziemlich belastend, unter Umständen sogar für die eigene Entwicklung schädlich, war die Dogmatik zusammen mit der Philosophie und der Exegese mein Lieblingsfach. Seit meiner – wie man so schön sagt – religiösen Sozialisation in der Familie, der St. Martinspfarrei Mainz-Finthen mit Pfr. Sylvester Hainz und auf dem Willigis-Gymnasium durch den hervorragenden Religionsunterricht von Ober-

studienrat Pfarrer Werner Krimm schien mir die intellektuelle Verantwortung des Glaubensbekenntnisses die ausschlaggebende Bedeutung zu sein für die kirchliche Praxis und das christliche Leben. Vom ersten Tag seiner Lehrtätigkeit an machte der junge Professor auf alle einen tiefen Eindruck. Nach und nach gewann das vielen so bedrohliche Wort »Dogmatik« einen helleren Klang. Es wurde mehr und mehr als das »wichtigste Fach« anerkannt, was bekanntlich alle Lehrer für sich reklamieren. Hier wurde es aber nicht im Sinne der wechselseitigen Auf- und Abwertung der einzelnen Disziplinen mißverstanden, sondern als Einsicht in die von der Dogmatik zu leistende Integration der verschiedenen Einzelerkenntnisse zu einem kohärenten Gesamtbild, von dem her erst ein verantwortlicher Dienst im kirchlichen Amt in den Bereichen der Liturgie, der Verkündigung und der Pastoral möglich wird.
Auffällig war eine neue Sprache und ein Argumentationsstil, der von den neuscholastischen Lehrbüchern stark abwich. Karl Lehmann begann seine Vorlesungen nicht mit schwierigen philosophischen Vorüberlegungen und einer Ausbreitung theologiegeschichtlicher Kontroversen. Er entwickelte zuerst eine Orientierung in der Problemstellung. Indem er die Bedeutung aktueller Fragen herausarbeitete, wurde auch das Interesse für die geschichtliche Herkunft und die Genese dieser Fragen geweckt. Bis heute ist mir der oft wiederholte, fast programmatische Satz im Ohr, daß man nur in klarer Kenntnis des gegenwärtigen Problemhorizontes der Theologiegeschichte gerecht werden könne. Darum dürfe man in der aktuellen Situation auch nicht das einmal schon erreichte Problemniveau unterschreiten und sich vordergründigen Parolen und undifferenzierten Beschreibungen der Sachverhalte ergeben. Wichtig war ihm stets eine genaue Beobachtung der Probleme, ihrer Hintergründe, oft mit ihren ideologischen Verklemmungen, ein durchreflektiertes hermeneutisches Instrumentarium und die Bewährung theologischer Konzepte in der pastoralen Praxis. Tief beeindruckte uns seine innere Kenntnis der modernen Philosophie. Dafür stand insbesondere seine 1500-seitige Dissertation über den »Ursprung und den Sinn der Seinsfrage beim frühen Martin Heidegger« (1964). Breite Anerkennung bei Exegeten und Dogmengeschichtlern fand ebenso seine theologische Dissertation, die unter dem Titel »Auferweckt am dritten Tag nach der Schrift. Früheste Christologie, Bekenntnisbildung und Schriftauslegung im Lichte von 1 Kor 15, 3–5«[1] erschien. Philosophie, Geistes- und Kulturgeschichte, Exegese und eine geschichtliche Dogmenhermeneutik markierten die Orientierungspunkte seiner dogmatischen Arbeit. Seine Vor-

lesungen brachten für die meisten ein »dogmatisches Neuheitserlebnis«. Da Karl Lehmann in seiner Mainzer Zeit 1968–1971 mit uns im Priesterseminar Zimmer an Zimmer wohnte, bot sich für manchen die Gelegenheit, seine immense und wohlsortierte Bibliothek zu bestaunen. Aufgrund seines breiten Interesses an der Theologie wurde er für nicht wenige zum persönlichen Vorbild.
Angesichts der hohen Zustimmung im Kreis der Kommilitonen und des damals schon hohen Bekanntheitsgrades von Karl Lehmann in Kirche, Universität und Öffentlichkeit war es wohl verständlich, daß damals Studenten und Professoren der Fakultät, ja sogar das Rektorat, den prominenten Vertreter katholischer Theologie unter allen Umständen in Mainz zu halten versuchten, als die beiden Rufe nach Münster i. W. und Freiburg i. Br. bekannt wurden – ein Wunsch, der mit seiner Ernennung zum Bischof von Mainz am 23. Juni 1983 doch noch (freilich in anderer Weise) in Erfüllung gehen sollte, denn er hatte sich entschlossen, dem Ruf nach Freiburg zu folgen.
Nach Abschluß meiner Diplomarbeit 1972 über das Beichtverständnis bei Dietrich Bonhoeffer, für die er schon von Freiburg aus das Erstgutachten erstellte, überraschte er mich mit dem Vorschlag, bei ihm zu promovieren. Die 1976 eingereichte Arbeit wurde schließlich in zwei Bänden zur Christologie[2] und zur Sakramententheologie[3] Bonhoeffers veröffentlicht. Am Sonntag, dem 12. Februar 1978, hielt mir mein Doktorvater in Mainz-Finthen die Primizpredigt: »Der Reichtum der Lebenshingabe Jesu Christi«[4]. Nachdem mich mein damaliger Bischof Hermann Kardinal Volk nach mehrjähriger Seelsorgetätigkeit zum Weiterstudium freigestellt hatte, konnte ich mich unter der Leitung von Karl Lehmann im Sommersemester 1985 in Freiburg habilitieren mit der Arbeit »Gemeinschaft und Verehrung der Heiligen«[5]. Trotz der mit dem Bischofsamt verbundenen ungeheuren Arbeitsbelastung nahm er an der Probevorlesung vor der Fakultät teil.
So kann ich mich im guten alten Sinn des Wortes als Schüler Karl Lehmanns bezeichnen. Zugleich wurde ich von ihm zum intensiven Studium der Theologie seines Lehrers, Karl Rahner, angeregt.

2. Dogmatik bei den Studierenden der 90er Jahre

Als ich im Wintersemester 1986 meine Lehrtätigkeit in München aufnahm, spürte ich bei vielen Studenten und auch bei manchen Kollegen eine gewisse Reserviertheit und Befangenheit, die sich

wohl aus dem negativen Assoziationspool des Wortes »Dogmatik« und »Dogmatiker« speiste. Oft erlebt man in der alltäglichen Begegnung das helle Erstaunen, daß einer mit dieser Berufsbezeichnung »eigentlich gar nicht sooo ist«. Wie meinem Dogmatik-Kollegen Peter Neuner, der fast zeitgleich mit mir in München begonnen hatte, kam es auch mir so vor, daß wir als freundlich und umgänglich anerkannt, aber doch wegen des von uns vertretenen Fachs mit einigem Mißtrauen beäugt wurden. Wegen der neuscholastischen Gestalt der Dogmatik, aufgrund des Döllinger-Streites nach dem I. Vatikanum und der Modernismuskrise um die Jahrhundertwende steht die Dogmatik unter dem Verdacht des Gegensatzes zur modernen Philosophie, der Mißachtung der historisch-kritischen Methoden innerhalb der Exegese und der blassen Lebensferne angesichts der pastoralen Nöte in der Gegenwart. Das alles scheint manchen als systembedingte Blockade, die durch ihre netten Vertreter zwar etwas gemildert, jedoch nicht gesprengt werden kann. Das ist sicher ein Bild von Dogmatik, wie es jemandem, der aus der Schule Karl Lehmanns und Karl Rahners kommt, als einer fernen Vergangenheit zugehörig erscheinen muß.
Vielleicht trügt der Eindruck nicht, daß heute unter unseren Studierenden das Interesse an Dogmatik gewachsen ist, weil sie sich um eine intellektuelle Orientierung für die christliche und theologische Existenz in einer säkularen und pluralistischen Welt bemüht. Methodisch leitend ist ein konsequent anthropologischer Ansatz. Dieser Ansatz erlaubt, die Fragen aufzugreifen, die unsere Studierenden mit ihren Zeitgenossen von der Schulzeit her teilen und die durch die Medien verstärkt und gebündelt werden. Wichtig ist mir immer die Vermittlung eines Problemhorizontes; dadurch wird es möglich, die Einsichten moderner Exegese und Dogmengeschichte in den systematischen Diskurs einzubringen. Man traut einer solchen Dogmatik zu, auch eine solide Grundlage für eine spätere pastorale Praxis zu vermitteln. Eine wachsende Zahl von Studierenden fertigt im Fach Dogmatik hervorragende Arbeiten an. Damit werden natürlich ebenso die Weichen für weiterführende dogmatische Studien (Promotion und Habilitation) gestellt.
In den nunmehr fast zehn Jahren meiner Lehrtätigkeit habe ich im Grunde nie »Ärger« mit Studierenden gehabt. Wenn die heutige Studentengeneration im Vergleich zur 68er-Zeit oft als brav charakterisiert wird, zeigt sich in einem solchen Urteil eine nicht ganz angebrachte Überheblichkeit. Gewiß, universitätspolitisch begründete tumultartige Szenen gibt es heute nicht mehr. Aber sie sind ja nicht per se ein Ausdruck wissenschaftlicher Qualität und geistiger

Umtriebigkeit. In der Ernsthaftigkeit des Fragens, der Bereitschaft zur akribischen Arbeit und der geistigen Selbstdisziplin kann sich die heutige Studentengeneration durchaus mit den 68ern messen. Auch in das bei Small-Talks angestimmte Klagelied über immer schlechtere schulische Qualifikationen und Motivationen sowie über einen Mangel an wissenschaftlichem Eros konnte ich bislang nicht einstimmen. Defizienzen in der formalen Ausbildung, besonders was die alten Sprachen anbetrifft, gehen nicht auf das Konto eines mangelnden Arbeitswillens der heutigen Schülergeneration, sondern sind das Produkt einer bestimmten Kultuspolitik. Sieht man auf die wissenschaftlichen Arbeiten und die Examensergebnisse, kann von einer Tendenz zu immer geringerer Qualität und Qualifikation partout nicht die Rede sein.

Was bei manchen Studierenden eher auffällt, ist deren Verwunderung über manche Fragen, die in der Theologie überhaupt gestellt werden. Es macht sich eine gewisse Diskrepanz breit zwischen der kirchlichen Sozialisation (Pfarrei, Jugendarbeit) und dem, was man zu den zentralen Themen des Glaubens zählen muß. Einige sind zunächst verwundert, daß die Theologie nicht einfach die Fortsetzung der Gruppenstunde mit anderen Mitteln ist. Eine nachträgliche Bestätigung dieser Diagnose zeigt sich vielleicht darin, daß man in der kirchlichen Fortbildung für Priester, Pastoralreferenten, Gemeindereferenten und Lehrer mit solchen, die in »Dogmatik promoviert haben«, nicht viel anfangen kann. Kenntnisse in der Psychologie, Soziologie und Pädagogik scheinen praxisnäher zu sein als die systematischen Fächer der Theologie, in denen aber doch die entscheidenden Fragen des kirchlichen Glaubensbekenntnisses und des »Lebens aus dem Glauben« reflektiert werden.

Aber dies ist nur eine beiläufige Anmerkung. Im allgemeinen wissen die Studenten, daß es in der Theologie um die intellektuelle Verantwortung des Christentums im Raum des öffentlichen Bewußtseins geht. Vor der Gefahr einer Selbstverprovinzialisierung, des Rückzugs in das überschaubare »Gemeindemilieu«, bewahrt sicher auch die Stellung der theologischen Fakultät innerhalb der Universität als Forum der wissenschaftlichen Öffentlichkeit, vor dem auch der Glaube zu verantworten ist. Die Theologiestudierenden werden von ihren Kommilitonen anderer Fächern mit Fragen aus der Philosophie, aus der Naturwissenschaft, der Geschichte und den Humanwissenschaften konfrontiert, aber durchaus auch konsultiert. Zu zwei interdisziplinären Seminaren, die ich mit einem Naturwissenschaftler zu Fragen der Schöpfung, Evolution und humanen Ethik durchgeführt habe, kam die Anregung und die Hauptinitiative von Studenten der biologischen Fakultät. Die Interessen der gegenwärtigen Studentengeneration spiegeln sich in den Seminarthemen, die zum großen Teil auf sie selbst zurückgehen. Es handelt sich um Fragen zur gesellschaftlichen Relevanz der Theologie, zur Befreiungstheologie und Inkulturation des Evangeliums. Diskutiert werden die sogenannte pluralistische Religionstheologie und die damit verbundene Problematik einer Relativierung der Heilsmittlerschaft Jesu Christi. Andere Überlegungen konzentrieren sich auf den oft behaupteten Zusammenhang der geschichtlichen Offenbarung mit den mythologischen Religionen des Alten Orients, besonders Ägyptens. Von Interesse ist schließlich die Beziehung zwischen Dogma und Geschichte: Wie steht es um diese Beziehung insbesondere bei der Ausbildung des trinitätstheologischen, christologischen und gnadentheologischen Dogmas? Fragen der Ökumene oder auch die Auseinandersetzung mit den Thesen von Drewermann und Lüdemann um das, was Auferstehung Jesu von den Toten und damit die Grundlegung des Christentums bedeutet, bewegen die Gemüter. In den Oberseminaren und Doktorandenkolloquien findet die Lektüre und Analyse wichtiger philosophischer und theologischer Autoren aus Vergangenheit und Gegenwart (Kant, Hegel, Blondel, Rahner, Lévinas u.a.) eine erhebliche Resonanz.

3. Der Plan für ein Studienbuch »Katholische Dogmatik«

Nach wenigen Jahren der Lehrtätigkeit unterbreitete mir Dr. Peter Suchla vom Verlag Herder den Plan, ein Lehrbuch der Dogmatik zu verfassen. Hinter diesem Vorschlag stand sicher das von Wolfgang Beinert herausgegebene »Lexikon der katholischen Dogmatik«[6], das auf eine breite Akzeptanz bei den Studierenden in vielen Fakultäten im deutschsprachigen Raum gestoßen war. Es gab offenbar das Bedürfnis nach einer neuen Übersichtlichkeit all der Themen und Thesen, die in vielen Einzelmonographien, in Sammelbänden und Zeitschriftenartikeln behandelt wurden. Aber gerade die Fülle des Stoffes und die Unterschiedlichkeit der Perspektiven und Zugangsweisen sowie die Disparatheit der theologischen Disziplinen läßt viele, auch am Ende ihres Studiums, in einer gewissen Ratlosigkeit zurück. Viele vermissen einen besseren Überblick über die ungeheure Stoffülle und, was noch entscheidender ist, die Vermittlung bestimmter Urteilskriterien, um die Materialfülle in eine bestimmte Form zu bringen.

Es ist klar, daß ein Lehrbuch in der Anordnung und in der Struktur wie bei Ludwig Ott heute nicht mehr möglich ist und nicht mehr fortgeschrieben werden kann. Inhaltlich und methodisch muß ganz anders vorgegangen werden. Karl Rahners Theologie gibt eine durchgängige Perspektive an, in die die einzelnen Themen und Methoden der Theologie gebracht werden können: Es ist die Selbstmitteilung des dreieinigen Gottes, die in der Person und Geschichte Jesu von Nazaret zu einem konkreten Ereignis wird und das Heil des Menschen bezeichnet; hierauf sind alle Themen der Dogmatik innerlich zu beziehen.
Von daher ergab sich für mich die Durchführung eines Programms für ein Studienbuch Dogmatik. Dessen Hauptziele sind: erstens die Vermittlung einer Grundinformation über die einzelnen Fragestellungen und zweitens die Befähigung zu einer selbständigen theologischen Urteilsbildung. Nach dem Beispiel der Dogmatikvorlesungen von Karl Lehmann habe ich versucht, zunächst eine aktuelle Problemstellung der Thematik aufzuzeigen, um dann erst die biblischen Grundlagen und die dogmengeschichtliche Entwicklung in Grundzügen zu umreißen. Ein vierter Schritt intendiert eine systematische Darstellung.
Die ersten Reaktionen auf die von mir bei Herder in der ersten Auflage 1995 herausgebrachte »Katholische Dogmatik. Für Studium und Praxis der Theologie« war auf seiten unserer Studenten durchweg positiv. Offenbar konnte das Buch ein wichtiges Desiderat erfüllen. Bei der Vorbereitung der Prüfungen waren die Studenten meist auf Skripten angewiesen, ebenso wurden zur Vorbereitung der einzelnen Traktate umfängliche Monographien verlangt. Jetzt habe ich den Eindruck, daß in den Prüfungen ein präziseres Wissen und eine klarere Vorstellung von der Problematik zum Vorschein kommt. Die erste Auflage dieses Studienbuches war schon nach einem Dreivierteljahr vergriffen. Anfang 1996 konnte eine zweite Auflage erscheinen. Auch die Reaktionen seitens der Fachkollegen, die sich in Rezensionen und privat zu dem Buch äußerten, fielen durchweg positiv aus. Lediglich gelegentlich befragte man die Traktateinteilung kritisch. Jeder, der sich mit der Dogmatik beschäftigt, weiß, wie unbefriedigend die herkömmliche Einteilung der Dogmatik in zehn bis zwölf Traktate ist. Karl Rahner und andere haben ja Vorschläge gemacht, wie die dogmatische Theologie strukturell zu reformieren sei. Bewußt bin ich bei der Aufgliederung des vorliegenden Studienbuchs nicht vollkommen von der Traktateinteilung abgerückt. Bedingt ist dies durch die Ordnung des Studiums in einzelne Semester. Der Schulbetrieb verlangt, daß in einem Se-

mester eine abgerundete Thematik geboten wird. Eine absolute Systematik ist ohnehin nicht möglich. Die Theologie kann als menschliche Rede über Gott und sein Wirken im guten Sinne des Wortes nur summarisch sein und allenfalls eine relative Synthese vorlegen.

Den Strukturplan dieser Dogmatik habe ich so zu entwickeln versucht, daß die einzelnen Traktate in ihrer Zuordnung in etwa dem geschichtlichen Gang der Offenbarung entsprechen und dabei zugleich als Reflex und Reflexion der Glaubensantwort des Menschen auf die Selbstoffenbarung Gottes ansichtig werden. Natürlich wird man heute die theologische Erkenntnislehre als eine Grundhermeneutik des Christentums konzipieren. Vom Verständnis der Offenbarung als einer Selbstmitteilung Gottes kann man zum Thema der Anthropologie übergehen, da der Mensch der Adressat der Offenbarung ist. Nachdem die ursprüngliche Präsenz Gottes in der Schöpfung behandelt ist, tritt Gott als Urheber, Initiator und Träger seiner Selbsterschließung ins Blickfeld. Gott offenbart sich als der Vater Jesu Christi, als Sohn und Hl. Geist. Bereits im Alten Testament sind Ansätze dieser trinitarischen Selbsterschließung Gottes auszumachen. Im Rückgriff auf das Alte Testament wird darum das relationale Wesen Gottes erschlossen als Voraussetzung für Christologie und Pneumatologie. Der Darstellung der ökonomischen Trinität schließt sich die Entfaltung der immanenten Trinitätstheologie an. In Korrespondenz zu den bisher entworfenen Traktaten wollte ich die restlichen klassischen Themenkreise aus der Glaubensantwort des Menschen auf das Offenbarungsgeschehen in Schöpfung und Heilsgeschichte entwerfen. Darum habe ich die Mariologie in Entsprechung zur Anthropologie gesehen und die Eschatologie als Vollendungslehre in Entsprechung zur Protologie als Schöpfungslehre entwickelt. Der Lehre von Gott dem Vater im Gang der Offenbarung entspricht die Ekklesiologie; die Kirche ist nämlich Zeichen und Werkzeug des in Christus und im Geist inkarnatorisch und eschatologisch wirksamen Selbstmitteilungswillens Gottes. Die im Rahmen der Kirche sich vollziehende Liturgie steht in einer besonderen Beziehung zur Christologie und Soteriologie: Christus fungiert als Mittler des Heiles, er ist der Hohepriester. Das Thema der Gnade, die Ergebnis und Inbegriff der gottmenschlichen Gemeinschaft ist, korrespondiert der Pneumatologie. In einer Besprechung hat sich Wolfgang Beinert sehr verwundert gezeigt, daß in Abweichung zu allen bisherigen Lehrbüchern, besonders neuscholastischer Tradition, die Eschatologie nicht am Ende steht[7]. Mit ihm bin ich der Meinung, daß die Eschatologie sinnvollerweise am Ende steht, wenn man ihren Inhalt vorwiegend unter dem Gesichtspunkt des individuellen Endschicksals und des letzten Ziels der Kirche betrachtet. Man kann die Eschatologie aber auch vom Gesichtspunkt der in Christus und dem Hl. Geist gegebenen endgültigen Präsenz Gottes in der Welt aus entfalten. Eine solche Sicht legt auch das Zweite Vatikanum im siebten Kapitel von Lumen Gentium nahe: *»Das Ende der Zeiten ist also bereits zu uns gekommen* (vgl. 1 Kor 10, 11), *und die Erneuerung der Welt ist unwiderruflich schon begründet und wird in dieser Weltzeit in gewisser Weise wirklich vorausgenommen. Denn die Kirche ist schon auf Erden durch eine wahre, wenn auch unvollkommene Heiligkeit ausgezeichnet. Bis es aber einen neuen Himmel und eine neue Erde gibt, in denen die Gerechtigkeit wohnt* (2 Petr 3, 13), *trägt die pilgernde Kirche in ihren Sakramenten und Einrichtungen, die noch zu dieser Weltzeit gehören, die Gestalt dieser Welt, die vergeht, und zählt selbst so zu der Schöpfung, die jetzt noch seufzt und in Wehen liegt und die Offenbarung der Kinder Gottes erwartet* (vgl. Röm 8, 19–22)« (LG 48). Das bedeutet eben: die letzte Offenbarung der Herrlichkeit der Kinder Gottes ist die Gnade Gottes und die Gemeinschaft mit ihm. Aus diesem Grund schließt meine Dogmatik mit der Gnadenlehre.

Dieses dogmatische Lehrbuch beabsichtigt nicht, die Offenbarung und ihre gesamte Auslegungsgeschichte zu erörtern, sondern einen Dienst zu leisten an dem Vorgang der Selbstvermittlung Gottes als Wahrheit und Grundziel für jeden, der nach der Wahrheit und dem Ziel seines Lebens sucht. Darum habe ich auch die Aufgabe der Theologie wie folgt beschrieben: »Die Theologie ist ein spezifisches Medium zur Selbstverständigung des Menschen über sein eigenes Wesen und seine Stellung in der Welt, und zwar im Licht der Offenbarung.« (22) Mit meinem Lehrer Karl Lehmann, der in diesem Jahr seinen 60. Geburtstag feiert, sehe ich mich darin einig und wesentlich von ihm angeregt. So hat er sein eigenes theologisches Programm im Vorwort zu seiner Aufsatzsammlung »Gegenwart des Glaubens«[8] so beschrieben: »Was die hier vorgelegten Versuche vielleicht von manchen ähnlichen Bemühungen unterscheidet, ist die langsam gewachsene und kritisch bewährte Überzeugung, daß in diesem Streitgespräch zwischen biblisch-christlicher Tradition und modernem Denken die reflektierte ›Substanz‹ des kirchlichen Glaubens auch heute noch ihre ursprüngliche geistige Kraft zur Geltung zu bringen vermag und auch für unsere Zeit hilfreicher ist, als wir oft vermuten.« Die meisten seiner Schüler und Hörer haben Karl Lehmann in diesem Sinn verstanden und versuchen in diesem

Geist, die dogmatische Theologie in den verschiedenen Wirkungsbereichen in Kirche und Gesellschaft zu vermitteln.

Anmerkungen

[1] (= Quaestiones Disputatae 38), Freiburg/Basel/Wien 1968.
[2] Paderborn 1979.
[3] Frankfurt 1979.
[4] Abgedruckt in K. Lehmann, Geistlich handeln, Freiburg/Basel/Wien 1982, 79–86.
[5] Freiburg/Basel/Wien 1986.
[6] 1987; [3]1991.
[7] Vgl. in Theologie und Glaube 85 (1995) 564f.
[8] Mainz 1974, 9.

Elisabeth Schieffer

»Was willst du, das ich dir tun soll?« (Mk 10, 51)

Eine biblische Anregung für die Suche nach Frauen und Männern in pastoralen Berufen

1. Die Frage nach der Eignung für einen pastoralen Beruf

»Wann können Sie mir Bescheid geben?« – mit dieser etwas bangen Frage endet manches Bewerbungsgespräch, das ich in meiner Aufgabe als Direktorin eines kirchlichen Seminars zu führen habe. Junge Erwachsene – meist bereits in einem Beruf stehend – interessieren sich für die Aufgabe als Gemeindereferent(in). Aus ihrer ehrenamtlichen Tätigkeit in der Gemeinde oder auch – zunehmend mehr – nur vom Hörensagen erscheint ihnen der Beruf ansprechend. Nun bewerben sie sich am Seminar für Gemeindepastoral und Religionspädagogik, um sich durch ein Studium von sechs Semestern auf die Tätigkeit in Schule und Gemeinde vorzubereiten und anschließend ein Gemeindejahr in ihrer Diözese zu absolvieren. Mit der Aufnahme in das Seminar ist auch die grundsätzliche Zusage der Diözese verbunden, eine Stelle für die Bewerberin/den Bewerber bereitzuhalten. Aus dieser Perspektive gewinnt die Zusage der Seminarleitung noch einmal eine andere Dimension – für beide Seiten.

Die Frage, wer für einen kirchlichen Beruf geeignet und für eine seelsorgliche Aufgabe begabt ist, war immer schon schwer zu beantworten. Was mir aber die Antwort heute zusätzlich schwer macht, ist die Offenheit, wie sich die Zukunft der Pastoral überhaupt entwickeln wird. Konnte man in früheren Zeiten von relativ geklärten Zuständigkeiten und Rollen der Priester und »ihrer« Mitarbeiter(innen) ausgehen, so sind zur Zeit Umbrüche und Veränderungen in rascher Folge zu beobachten; eine Beschreibung der Aufgaben, für die die Ausbildung auswählen und bilden soll, ist zur Zeit nur schwer möglich.

Da wird mir bei der Antwort auf die Frage der jungen Frau, des jungen Mannes, den ich in der Bewerbung kennenlerne, selber bang. Ich spüre etwas von der »Hitze des Tages«, in den ich hineingestellt bin; ich habe jetzt zu entscheiden, die Nachricht soll

bald kommen, denn für einen einzelnen Menschen hängt viel davon ab. Ich kann nicht warten, bis klarere Perspektiven entwickelt sind, an denen ich mich orientieren könnte – aber wo finde ich dann Orientierung, um entscheiden und handeln zu können?
In dieser Situation ist mir in den letzten Jahren eine biblische Erzählung wichtig geworden, weil sie mir Orientierung gibt. In ihr erfahre ich Jesus als »Seelsorger« und erkenne in seinem Handeln Grundhaltungen, von denen Seelsorge getragen sein kann.

2. *Die Heilung des Blinden bei Jericho* (Mk 10, 45–52) *als Orientierung für die Seelsorge*

Sie kamen nach Jericho. Als er mit seinen Jüngern und einer großen Menschenmenge Jericho wieder verließ, saß an der Straße ein blinder Bettler, Bartimäus, der Sohn des Timäus. Sobald er hörte, daß es Jesus von Nazareth war, rief er laut: »Sohn Davids, Jesus, hab Erbarmen mit mir!« Viele wurden ärgerlich und befahlen ihm zu schweigen. Er aber schrie noch viel lauter: »Sohn Davids, hab Erbarmen mit mir!« Jesus blieb stehen und sagte: »Ruft ihn her!« Sie riefen den Blinden und sagten zu ihm: »Hab nur Mut, steh auf, er ruft dich.« Da warf er seinen Mantel weg, sprang auf und lief auf Jesus zu. Und Jesus fragte ihn: »Was willst du, das ich dir tun soll?« Der Blinde antwortete: »Rabbuni, ich möchte wieder sehen können.« Da sagte Jesus zu ihm: »Geh! Dein Glaube hat dir geholfen. Im gleichen Augenblick konnte er wieder sehen, und er folgte Jesus auf seinem Weg.
Das Neue Testament schildert in vielen Erzählungen Jesu Umgang mit Menschen: er hat sie suchend und bittend, fragend und fordernd, bedrängend und verständnislos erlebt, er ist »umgegangen« mit ihnen, hat seine Freude, seine Not und seinen Zorn gezeigt – und immer wieder durch alles hindurch den Einzelnen gesehen, gehört und angesprochen.
Wenn wir uns heute in der pastoralen Arbeit vor Ort und in der Ausbildung von Menschen für den seelsorglichen Dienst fragen, wo sich Schwerpunkte neu oder anders zeigen als bisher, dann sicher in der Wahrnehmung des Einzelnen, im Schauen auf die vielfältigen Wege, die Menschen in ihrer Suche gehen und in der Begleitung, die diesem je eigenen Weg dient. Es scheint mir lohnend, mit diesem Blickwinkel näher in die Situation einzutreten, die uns die Erzählung von der Heilung des Bartimäus zeichnet.
Es muß sehr lebendig gewesen sein, da am Tor von Jericho. Bis zum

Paschafest, das viele Juden in Jerusalem verbringen wollen, sind es nur noch wenige Tage. So sammeln sich jetzt die Reisegruppen, um diese letzte, nicht ungefährliche Wegstrecke gemeinsam zu gehen. Da preisen Verkäufer ihre Waren an, da werden die Reisegruppen zusammengerufen, da drängen sich Tiere und Menschen durch die engen Straßen. Die Reisenden haben genug Geld dabei, und in der Vorbereitung auf das Fest sollen sie Almosen geben – kann es für einen Bettler einen besseren Platz geben als hier am Tor in Jericho? Wieviele Bettler werden sich gewünscht haben, hier einmal einen Platz zu bekommen!

Aber jetzt fängt einer von ihnen an zu schreien, und er muß laut geschrien haben, wenn man ihn aus diesem ganzen Getümmel herausgehört hat. Er schreit nicht nach mehr Almosen, sein Ziel ist nicht, daß seine Hände voller werden, er sucht anderes, er sucht mehr. Er hat eine Hoffnung, und er ist bereit, den entscheidenden Schritt zu tun. Als Blinder hat er das Hören gelernt, er hat gelernt, die Stimmen zu unterscheiden, und mitten aus dem Geschrei und Getümmel hört er heraus, was ihm am wichtigsten ist: Jesus ist da. »Blind« wie er ist, »sieht« er klar: Dieser Jesus ist meine Rettung. Das Ziel so klar vor Augen zu haben, das mobilisiert Kräfte und läßt über Konventionen hinweggehen.

Das ist ein ungewöhnlicher Zug dieser Heilungserzählung. Sonst sind es gerade die anderen, die den Kranken herbeibringen. Was unternehmen sie nicht alles, um ihn zu Jesus zu bringen; ja, sie decken sogar das Dach ab, wenn es keine andere Möglichkeit gibt, zu ihm vorzudringen.

Aber die Menschen in dieser Erzählung sehen den Blinden nicht als einen Menschen, der Hilfe braucht, sondern als einen, der seinen Platz hat. Diesen Platz auf seinem Mantel, an einer der lukrativsten Ecken, mit garantiertem Sammelergebnis; was will denn der noch mehr! Sie sind nicht darauf eingestellt, daß einer mehr will, als seine Hände zu füllen. Sie hören nur das politisch gefährliche »Sohn Davids«. Wenn der noch lange so schreit, dann gibt es Tumult, dann kann es explodieren in dieser gespannten, aufgeregten Atmosphäre da am Tor. Bloß das verhindern. Also bringt ihn zum Schweigen.

Aber da ist noch einer, der hören kann. Jesus kann den Menschen, der irgendwo am Straßenrand auf dem Boden hockt, bestimmt nicht sehen, aber er hört den Schrei, und er kann über den provozierenden Titel »Sohn Davids«, den er sonst dem Markusevangelium zufolge nicht laut hören will, über diesen Titel hinweg die Not heraushören, die diesen Menschen treibt. Erst als Jesus stehenbleibt, wird Raum geschaffen mitten in diesem geschäftigen

Getümmel, damit zur Sprache kommt, was diesem Menschen so wichtig ist.
Diese Situation am Tor von Jericho ist heutigen pastoralen Mitarbeitern nicht fremd. Nicht selten stehen auch sie mitten im Getümmel. Von allen Seiten werden Erwartungen angemeldet und unbedingt Notwendiges angemahnt. Seelsorger sind heute nicht selten im allgemeinen Gehetze und Getriebe so verfangen, daß der Schrei eines einzelnen eher stört. Der hält nur den Betrieb auf, jetzt paßt das gerade nicht – und überhaupt – so schlecht geht's ihm doch nun auch wieder nicht. Und man kann doch nicht seinetwegen alles unterbrechen. Beim Bemühen um einen glatten Ablauf der Dinge, die es in einer Gemeinde nun einmal gibt, kommen immer wieder Menschen unter die Räder, die mit ihrem Aufbruch nicht in das Schema von Taufe bis Ehesakrament passen, die irgendwann zwischendurch einen Aufbruch wagen und »schreien«, wenn es »pastoral nicht vorgesehen« ist.
Wenn ich auf Jesus als Seelsorger in dieser Erzählung schaue, dann erkenne ich an ihm die Gabe des Hörens und des Unterscheidens. Er spürt offensichtlich genau, daß er jetzt stehenbleiben muß, um mitten im Getümmel Raum zu schaffen für diesen einen. Erst jetzt sind auch die Umstehenden bereit, ihn als den anzuschauen, der er ist, einen, der Hilfe braucht; jetzt machen sie ihm Mut.
Seelsorgliches Handeln braucht die Gabe des Hörens, der Unterscheidung der Stimmen und den Mut, da stehenzubleiben, da Raum zu schaffen, wo Menschen nach dem fragen, was nicht die Hände füllt, aber dem Leben eine Richtung gibt, wo Menschen zum Aufbruch bereit sind.
Und diesen Mut zum Aufbruch hat der Blinde, da müssen die Umstehenden nicht mehr viel dazutun. »Da warf er seinen Mantel weg« (V.50), diesen Mantel, der vielleicht sein einziger Besitz ist, der das Fleckchen Erde markiert, das ihm zusteht, der äußere Ausdruck für das Leben, das er bisher gelebt hat.
Er springt auf und läuft als Blinder auf Jesus zu. Ihn muß keiner führen, er weiß seinen Weg und sieht ihn klar vor sich. Wieviel Mut braucht es für einen Blinden loszulaufen! – so stark kann Hoffnung sein, wenn sie gehört wird, wenn sie Raum findet, in dem sie zur Sprache kommt, Begegnung, in der sie zur persönlichen Erfahrung wird. In Jesus gewinnt die Hoffnung dieses Menschen konkrete Gestalt.
Wenn ich auf Jesus als Seelsorger schaue, dann erkenne ich an ihm einen tiefen Respekt vor dem Menschen, der ihm begegnet, eine Achtung vor dem, was der Blinde erkannt hat und für sich als gut

ergreifen will und den Mut, nicht bestimmend und leitend, sondern fragend und begleitend den Weg dieses Menschen mitzugehen. Keine Rückfrage, woher dieser Glaube kommt, wie er sich verbürgt, welche Gestalt er bereits gefunden hat und noch finden soll, die Begegnung mit diesem Seelsorger macht ernst mit dem Wissen, daß Gott selbst in jedem Menschen ein gutes Werk begonnen hat. Seelsorgliches Handeln ist geprägt von dieser tiefen Achtung vor dem anderen Menschen und einem Ernstnehmen seiner Hoffnung. Hoffnung, die einen Aufbruch wagt, kann unendlich viele Gesichter tragen; aber jede Hoffnung braucht die Begegnung, um leben zu können, die Begegnung, die diese Hoffnung zuläßt und das Zutrauen stärkt, daß Leben aus ihr wachsen kann. Das erfährt der Blinde bei Jesus, nicht mehr – aber auch nicht weniger. Kein »seelsorglicher Ratschlag« empfängt ihn, kein Korrekturvorschlag für sein bisheriges Leben, kein väterliches Lob, daß er sich ja nun aufgemacht hat, nichts von einer Grundhaltung, die deutlich macht, ich weiß schon, was für dich gut ist – im Gegenteil!

Und damit stoße ich auf einen weiteren ungewöhnlichen Zug dieser Wundererzählung. Als der »Blinde« vor Jesus steht, stellt er ihm eine Frage, die auf den ersten Blick völlig deplaziert wirkt: »Was willst du, das ich dir tun soll?« Was kann ein Blinder anderes wollen als das Augenlicht! Jesus ist die Achtung vor dem »Blinden« so wichtig, daß er ihn fragt, obwohl doch alles so klar erscheint; ich kann mir das Kopfschütteln der Umstehenden gut vorstellen. Es geht aber nicht um das, was wir Außenstehenden erkennen – wie wenig wir von der Wahrheit eines Menschen erkennen, hat ja gerade der erste Teil der Erzählung gezeigt, als die Umstehenden ihn auf seinem Platz am Boden stillhalten wollten.

Das Handeln Jesu ist geprägt von einem Bild des Menschen, das zuerst nach dem fragt, was er selbst erkennt, das von dem tiefen Zutrauen bestimmt ist, daß ein Menschen um sich selbst weiß und den Weg findet, der ihn zu Heil und Heilung führt. Das ist das Menschenbild christlicher Seelsorge, das allzu leicht durch Gesetze und Regeln, durch Empfehlungen und Festlegungen kirchlichen Lebens verstellt wird. Seelsorgliche Begleitung ist dann zuerst Rückfrage nach diesem Menschen, seiner Suche und seinem Glauben, Bestärkung, da wo dieser Glaube frei macht von Verengungen, wo er wegführt von dem Fleckchen Mantel, das bisher die Grenzen des Lebens markiert hat, hin zu einem Leben, das aus der zuversichtlichen Gewißheit lebt, für mich gibt es Sehen, Weg und Heilung.

Und tatsächlich ist der »Blinde« ein Mensch, der um sich weiß und der auch weiß, was ihm fehlt. Darin erkennt ihn Jesus. Da braucht es keinen Rat, was für den Blinden gut ist, da ist keine wundertätige Zeichenhandlung wie in anderen Erzählungen mehr notwendig, da braucht es keine Empfehlung, wie er sich weiter verhalten soll, da braucht es nur die unmittelbare Begegnung, in der wahr wird, was der Blinde glaubt, in der er erfährt: Was ich bisher als Hoffnung für mich geahnt habe, wird jetzt meine Wirklichkeit. In der Begegnung mit Jesus kann er die Blindheit endgültig ablegen, sein Leben neu sehen und erfahren, daß er auf dem Weg ist, der ihn heil werden läßt.

So gibt es außer der Begegnung mit Jesus in dieser Erzählung nur noch die Sendung: »Geh!« Das ist die Bestätigung, du siehst, ja, du hast schon vorher gesehen. Dein Glaube, je mehr er in dir gewachsen ist, hat dich sehend gemacht, und er wird dich deine weiteren Wege weisen.

3. Zur Seelsorge der Zukunft

Da geht ein altes Bild von Seelsorge zu Ende: nicht der große Wundertäter Jesus hat es vollbracht, nicht die Seelsorgerin, der Seelsorger »bringt das Heil«, sondern er, sie begleitet den Suchenden in seinem Finden.

»Was willst du, das ich dir tun soll?« Geht es in der Zukunft um eine Seelsorge, die mit einer Frage beginnt? Wo ist unsere Pastoral bisher eine, die fragt? Ist sie nicht immer noch in Gefahr zuerst Anforderungen zu stellen an Taufeltern, an Firmlinge, an Brautpaare, zu wissen, was für die Menschen gut ist, die gleich bei der ersten Begegnung möglichst einen Terminplan mit den nächsten Treffen in die Hand drückt?

Wenn diese Frage in unserer pastoralen Arbeit häufiger vorkommt, was wird sich ändern?

- Seelsorger(innen) werden zu Fragenden, die bei aller fachlichen Kompetenz nicht meinen, über alle Glaubenswege Bescheid zu wissen; sie kommen mit Lebenswegen in Berührung, die so vielfältig sind wie die Menschen.
- In ihrer Arbeit hat das Gespräch den Vorrang, sie werden Hörende, die mehr und mehr erfahren, daß Menschen sehr wohl wissen, was ihnen fehlt, was für sie gut ist.
- Sie werden ermutigt, sich selbst anzuschauen, die eigene Suche, die eigene Blindheit zu erkennen. Seelsorger und Seelsorgerinnen müssen nicht mehr immer so perfekt dastehen, vor allem Antworten haben, alles einordnen können.

– Mit diesen Seelsorgerinnen und Seelsorgern werden Gemeinschaften, Gruppen und Gemeinden von Menschen wachsen, die neue, überraschende, aber vor allem für sie selbst »stimmige« Wege gehen. Die »Landschaft« kirchlichen Lebens wird vielfältiger, überkommene Seelsorgestrukturen müssen in Frage gestellt werden, die Suche nach dem Gemeinsamen wird zur Aufgabe aller.

Eine einzige biblische Erzählung kann nicht ein umfassendes Bild von »Seelsorge« zeichnen; da bleiben viele Fragen offen: die Bedeutung des Amtes, die Frage von Leitung und Einheit, das Verständnis von Gemeinde und Kirche u.v.a.m. Und doch kann die Erzählung von Bartimäus einen Aspekt aufzeigen, der bisher zu wenig in den Blick genommen wurde. Sein Weg hilft mir dazu.

Wir kommen aus dem Raster unserer herkömmlichen Pastoral nicht von heute auf morgen heraus und sollen das Althergebrachte auch nicht einfach fallen lassen. Es hat in vielen Grundzügen auch seinen guten Sinn gehabt. Aber die Seelsorger von morgen werden mehr und mehr den Weg einer Pastoral gehen müssen – und ich sage dürfen – die fragt, die auf einzelne und Gruppen zugeht, die das Leben wahrnimmt an dem Ort, an den sie gestellt sind.

Das verlangt eigenständige Menschen, die die Kraft haben, stehenzubleiben, wo alles weiterdrängt, die den Mut haben, Raum zu schaffen, wo Enge herrscht, die Menschen wahrnehmen da, wo sie aufbrechen wollen, die in tiefem Respekt jedem Menschen begegnen, um das in ihm zu stärken, was ihn zu einem hoffnungsvollen Leben freimacht. Es braucht Menschen, die um sich wissen, um ihre Stärken und ihre Schwächen und ihre Begegnung mit anderen Menschen von daher als Bereicherung für sich selbst erleben können.

4. Kriterien für die Auswahl von Bewerbern und Bewerberinnen für den pastoralen Dienst

So kristallisieren sich für mich im Nachdenken über diese Erzählung Kriterien heraus für die Auswahl von Bewerbern für den pastoralen Dienst, die ich auch im Gespräch mit Kolleginnen und Kollegen gefunden habe.

Im Bemühen, solche Kriterien zu beschreiben, haben die Leiterinnen und Leiter der Seminare des deutschsprachigen Raumes einen Katalog erstellt, auf den sie sich für die Auswahl der Studierenden festlegen.[1] Dieser Katalog sieht drei Fragebereiche vor: Person, Glaube und Beruf und benennt darunter jeweils eine Reihe von Gegebenheiten und Fähigkeiten, die die Ausbildung teils voraussetzen, teils bewußt ausbilden muß:

- Da finde ich unter »Person«: Entwicklung einer persönlichen Identität und realistische Selbsteinschätzung.
- Da begegnet mir unter »Glaube«: in den Alltag integrierte Frömmigkeitsformen, Auseinandersetzung mit Lehre und Lebensordnung der Kirche als Leitlinie für das persönliche Leben, Verständnis des Berufs als Berufung durch Gott und Sendung durch die Kirche, Bereitschaft, das Risiko von Glaube und Kirche zu teilen.
- Und der Abschnitt »Beruf« nennt: realistischer Umgang mit den Ansprüchen an sich und andere, Fähigkeit zum Umgang mit Konflikten, Kooperationsfähigkeit, Kommunikationsfähigkeit und -bereitschaft, Sensibilität für menschliche Freude und Not, Einsatzbereitschaft und Flexibilität, persönliche Ausstrahlung, Offenheit für verschiedene pastorale Felder.

Eine solche Auflistung macht ernst mit den Grundhaltungen, die ich an Jesus abgelesen als Grundhaltungen der Seelsorge erkenne. Und zugleich macht sie deutlich, was verlangt ist von einem Menschen, der sich diesem Dienst stellt.

Dieser Anspruch ist hoch; ob das in diesen Jahren viele sein können? Und gerade wenn es – wie zur Zeit offensichtlich – überhaupt nur wenige sind, die sich für diesen Dienst interessieren, dann ist es sicher gut, genau hinzuschauen, lieber Zeit zu lassen, damit wachsen kann, was da in einem Menschen zu diesem Beruf drängt. Denn vor allem werden wir Frauen und Männer brauchen, die selbst den Weg des Blinden von Jericho gehen und die so zu Seelsorgerinnen und Seelsorgern für andere werden und sie begleiten auf deren Weg. Sicher ist es gut, bald »Bescheid« zu geben, ob der Bewerber/die Bewerberin einen Studienplatz erhält; aber vielleicht ist es auch gut, sich zu »bescheiden«, um die Menschen zu finden, die diesen Dienst wirklich »erfüllen« können, so daß sie selbst erfüllt sind und sie andere zu einem »Leben in Fülle« ermutigen.

Anmerkung

[1] »Eignungskriterien für die Ausbildung zum Beruf des/der Gemeindereferentin/en«, verabschiedet von der Konferenz der Leiter(innen) der Seminare Freiburg, Gelsenkirchen, Hildesheim, Koblenz, Magdeburg, Mainz und Wien am 1.9.1994 in Freiburg.

Karl Hillenbrand

Priesterbild und Priesterbildung

Gedanken zum Stellenwert des Presbyteriums

Sowohl in der eigenen Ausbildungszeit wie auch in meiner mittlerweile fast dreizehnjährigen Tätigkeit als Regens verdanke ich dem damaligen Professor und heutigen Bischof Karl Lehmann vielfältige und hilfreiche Impulse. Deshalb greift mein Beitrag einen zentralen Aspekt in der Wechselwirkung von Priesterbild und Priesterbildung auf, der in seinem theologischen und pastoralen Bemühen immer wieder deutlich wird[1]: Wie kann die Einsicht vertieft und zugleich konkretisiert werden, daß der priesterliche Dienst zwar eine ganz persönliche Berufung voraussetzt, aber stets nur in Formen der Gemeinschaft lebbar ist, zu denen auch die priesterliche Communio gehört?

1. Probleme und Perspektiven

Ein – immer noch – weit verbreitetes Priesterbild ist das vom »geistlichen Einzelkämpfer«. Dem setzt das Zweite Vatikanische Konzil im Blick auf die Ursprünge der Kirche die Aussage entgegen, daß ein Priester seinen Standort im Schnittpunkt zweier Gemeinschaften hat: der Gemeinschaft der Mitbrüder um den Bischof, also dem Presbyterium einer Diözese, und der Gemeinschaft der einzelnen Gemeinden.[2] Dabei zeigt sich freilich ein Ungleichgewicht: Man darf ohne falsches Lobhudeln sagen, daß viele Priester sich in bewundernswertem Einsatz in ihren Gemeinden engagieren. Sie können auf Menschen zugehen, pflegen viele Kontakte. Sie sind in echter Weise in den Pfarreien verankert. Kann man das – bei aller Verschiedenheit, die dabei zu berücksichtigen ist – von den Priestern eines Dekanats, eines Pfarrverbandes, eines Bistums auch sagen? Dabei geht es nicht um romantisierende Vorstellungen, als ob alle ein Herz und eine Seele sein müßten – man kann auch auf faire, brüderliche Art Konflikte austragen. Aber woher kommt es, daß ein so hartes Wort wie das von der »invidia clericalis«, dem klerikalen Neid, zur Kennzeichnung der Atmosphäre entstehen konnte, die nicht selten unter Priestern herrscht? Wenn jemand etwa über einen Mitbruder herzieht, um sich selber profilieren zu können –

wie will er denn da die Einheit in seiner Gemeinde glaubhaft fördern?

Ein weiteres Problem ist, daß die Priestertreffen in unseren deutschen Großdekanaten oft unüberschaubar und dadurch anonymer geworden sind, zudem häufig von Organisations- bzw. Verwaltungsfragen beherrscht werden. Ihr eigentliches Ziel der gegenseitigen Bestärkung im Glauben kann da kaum erreicht werden. Aber es gibt auch innere Barrieren: Mich erschreckt es, wenn immer wieder deutlich wird, daß Menschen, die doch Tag für Tag anderen Gottes Wort auslegen sollen und wollen, sich so schwer tun, miteinander über diese Botschaft des Glaubens zu reden. Auch das hat viele Ursachen. Wenn Priester einander aus dem Weg gehen, dann sind in den wenigsten Fällen Altersunterschiede maßgebend. Wenn das Gespräch schwierig wird, steht dahinter vielmehr oft ein Verlust an Gemeinsamkeit, der sich darin zeigt, daß verschiedene Theologien, Priesterbilder, Seelsorgsmethoden, liturgische Formen bis hin zu Ansichten über die Priesterkleidung in mitunter polemischer Weise gegeneinander ausgespielt werden.

Man könnte einwenden, das seien doch innerklerikale Probleme. Weit gefehlt: Es wäre eine Verkürzung, wenn es der Priester nur »gut kann« mit denen, die in seiner Gemeinde leben, aber nicht mit den Mitbrüdern. Das eine darf das andere nicht ausschließen, denn sonst verengt sich der Horizont: Der Priester überträgt ja keinesfalls bloß seine private Christusverbundenheit in die Gemeinde – er kann Gemeinschaft mit Jesus nur übertragen, wenn er herkommt aus der Gemeinschaft derer, die in derselben Sendung, im gleichen Dienst stehen. Anders hätte es keinen Sinn, daß Jesus eine *Apostelgemeinschaft* gewollt hat – mit allen Spannungen und Unterschieden! Priesterliche Weggemeinschaft entfremdet nicht von den Gemeinden, sondern führt näher hin: Denn die gemeinsame Glaubenserfahrung kann bei der Einübung von Haltungen helfen, die sich dann im »Dienst an der Einheit« in der Gemeinde bewähren müssen: Offenheit, Dienstbereitschaft, Mühen um Verständigung und Versöhnung.

Nun schafft gerade bei solchen Grundeinsichten die Häufigkeit ihrer Nennung noch lange keine Realität. Im Blick auf die gemeinschaftliche Dimension im priesterlichen Dienst müssen sehr nüchtern die Wechselwirkungen zwischen Priesterbild und Priesterbildung gesehen werden. Es ist eine Erfahrungstatsache: Einseitige Akzentsetzungen in Universität und Seminar beeinflussen Spiritualität und Lebenspraxis genauso, wie umgekehrt menschlich-geistliche Enge (ganz gleich, aus welcher Richtung!) ihre theologischen

Konsequenzen hat. Deshalb ist heute mehr denn je gleichermaßen eine Sensibilität für *Relation und Identität* vonnöten: Einerseits braucht es das gelebte Wissen um die eigene Einbindung in die allgemeine Berufung zum Christsein (gemeinsames Priestertum aller Gläubigen), andererseits ist genauso ein Gespür für die Unverwechselbarkeit des eigenen Dienstes wichtig (kirchliches Amt, das die Initiative Jesu gegenüber der Gemeinde auf verschiedenste Weise bezeugt). Diese Voraussetzungen sind beim Nachdenken über den Stellenwert des Presbyteriums unbedingt zu beachten – es ist weder Selbstzweck, noch darf es rein funktional als bloße »Überlebenshilfe« für den schwieriger gewordenen Dienst in den Gemeinden gesehen werden. Entscheidende Verständniszugänge werden dabei bereits in der Ausbildungszeit erhellt oder verstellt.

2. »Lernfeld« Priesterseminar

Jede Gemeinschaft, auch die des Presbyteriums, lebt vom Mühen um Kommunikation und Kooperation. Dabei muß eines von vornherein deutlich gesagt werden: Mir tut es immer weh, wenn in manchen kirchlichen Kreisen *»Kommunikation«* lediglich als Mittel zum Zweck gesehen oder gar als schwächliche Anpassung an den Zeitgeist diffamiert wird. Kommunikation ist gerade im Glauben nichts Beliebiges, ist keine bloße Methode, ohne die es auch ginge. Sie ist vielmehr ein Ernstmachen mit der Lebensform Gottes, weil der dreifaltige Gott in sich selber Kommunikation, Austausch von Leben ist, das auf ganz persönliche Weise im Christsein und im Dienst des Priesters bezeugt werden will. Der 1994 verstorbene Bischof Klaus Hemmerle wurde nicht müde, immer neu auf diesen Zusammenhang hinzuweisen.[3] Wenn in dieser Stunde der Kirche der *Dialog* so intensiv betont wird, steckt dahinter keine bloße Strategie, damit »es« wieder besser läuft, sondern die manchmal verstellte Einsicht, daß Gott aus sich herausgeht, sich in Jesus Christus für unser Leben entscheidet und es durch seinen Geist ermöglicht, daß diese Bewegung unter verschiedensten Bedingungen je neu wirksam wird. Hier liegen die Grundlagen jeder christlichen Lebensentscheidung und damit auch die Grundlagen für den priesterlichen Dienst, der vom trinitarischen »Ursprungssinn« her immer schon gemeinschaftsbezogen ist. Möglichkeiten zur Einübung in diese Grundhaltung gibt es schon in der Priesterausbildung mehr als genug, wenn man diese Lebensphase als Weggemeinschaft im Vollsinn versteht und ernstnimmt. Nicht zuletzt ist dabei heute die

Ausbildungsform des Priesterseminars neu wichtig, die manchmal vorschnell als überholt abgetan worden ist. Man hat sie verdächtigt, eine »heile Welt« hinter abgeschlossenen Seminarmauern bauen zu wollen. Wer die Realität kennt, weiß, daß gerade einer, der sich mit dem Gedanken an den Priesterberuf trägt und diese Überlegung oft durch Unverständnis und Widerstände hindurch entwickelt hat, intensiv die eigenen Fragen, Unsicherheiten und auch die Probleme seiner Umgebung mitbringt und austrägt. Priesterausbildung kann allein von daher, wenn sie »gelingen« soll, nie Mittel zur Verdrängung, sondern stets nur Hilfe zur gläubigen Bewältigung von Lebensfragen sein. Aber das Wichtigste dabei ist, daß einer, der Priester werden will, diese Fragen eben nicht im Alleingang angeht, sondern in der *Lebensgemeinschaft auf Zeit* mit denen, die auf dem gleichen Weg sind. Bei manchem dauert es länger, bis sich herausstellt, ob dieser Weg der richtige für *ihn* ist – aber wenn dabei Maßstäbe für wirkliches Christsein entdeckt und entwickelt werden, war die zurückgelegte Strecke selbst dann, wenn eine andere Richtung eingeschlagen wird, keinesfalls ein überflüssiger Umweg.
Eine solche Weggemeinschaft, wie sie für die Priesterausbildung wichtig ist, gelingt aber nicht automatisch. Christen und Priester unterscheiden sich von anderen Menschen ja nicht von vornherein durch ein konfliktfreies Leben, sondern – hoffentlich – allenfalls dadurch, wie sie wieder aufeinander zugehen und *Bereitschaft zu Umkehr und Versöhnung* zeigen. Das gilt um so mehr für das Hineinwachsen in den Priesterberuf, der ja oft auch als »Dienst der Versöhnung« oder »Hilfe zur Einheit« umschrieben wird. Diese Einheit ist gerade in den konkreten Gemeinden, in denen Christsein gelebt wird, keine oberflächliche Harmonie, sondern erfordert immer wieder von neuem das Aushalten und Überbrücken von Spannungen. Ähnliches gilt für das Presbyterium im Bistum und im Dekanat. Im Blick darauf kann die *»Lebensform Priesterseminar«* für den späteren Dienst ein wichtiges *Lernfeld* sein.
So nötigt die Gemeinschaft im Seminar beispielsweise gerade im Blick auf die späteren Praxis dazu,

- einzuüben, wie man mit anderen und oft sehr unterschiedlichen Menschen, die ich mir nicht aussuchen kann und die doch das gleiche Grundanliegen haben, zusammenleben und -arbeiten kann;
- zu spüren, welche Verhaltensweise einer Situation angemessen ist: Wo muß ich hinhören, wo muß ich Meinungen einmal stehenlassen, wo braucht es kompetente Weisung?
- Einfühlungsvermögen füreinander zu entwickeln: Spüren, was

dem anderen gut tut, was ihn belastet; zu lernen, sich selber mit seinen Stärken und Schwächen einzuordnen und angenommen zu wissen;
- Versöhnungsbereitschaft zu lernen: Man wird Konfrontationen erleben; mancher reibt sich am anderen und steht vor der Frage, wie es weitergehen soll...
- Verantwortung einzuüben durch Rücksichtnahme und Hilfsbereitschaft; Antworten zu finden im Umgang mit anderen Meinungen und Anschauungen.

Die Weichen für das »Klima« im Presbyterium werden in der Seminarzeit gestellt – anders gesagt: Wie ernst in dieser Phase »Kommunikation« genommen wird, ist entscheidend dafür, ob »Kooperation« als Desiderat einer wirklichkeitsnahen Priesterausbildung nicht nur frommes Wunschdenken bleibt, sondern daß zumindest brauchbare »Kooperatoren« das Seminar verlassen. Allerdings darf dieses Desiderat, wie bereits deutlich wurde, nicht unkritisch gehandhabt werden, weil sonst allzu leicht eine Funktionalisierung der Priesterausbildung droht: Es wird dann zu leicht mit »vorletzten« Begründungen in dem Sinn argumentiert, daß z. B. bestimmte Inhalte in der Vorbereitung auf den Priesterberuf deswegen wichtig seien, weil sie später in der Gemeinde oder im Presbyterium auch vorkämen. So wichtig eine im guten Sinn »zweckgebundene« Ausrichtung von spirituellen Elementen, Praktika und Studieninhalten auch ist, so muß dabei doch klar sein, daß sie nur von der Fundierung eines persönlichen geistlichen Lebens mit Christus und der Kirche her sinnvoll ist.

3. Presbyterium als Weggemeinschaft

Solche Gemeinschaft stellt natürlich einen Lernprozeß dar, in dem es Fortschritte und Rückschläge geben kann, in dem man auf gegenseitiges Tragen und Er-tragen angewiesen ist, das von der Umkehrbereitschaft aller lebt. Doch kann diese Einbindung nicht zuletzt einer Gefahr wehren, die gerade bei hochmotivierten Priestern oft unterschwellig vorhanden ist: In einer einseitigen Auslegung des an sich richtigen Wortes »Die Seelsorge heiligt den Seelsorger« wird nicht selten erwartet, daß die Bestärkung für das eigene Glaubensleben ganz aus der Gemeindepastoral bezogen werden müsse, in die man sich ja auch voll einbringen will. So richtig es ist, daß aus dem Umgang mit den Menschen »vor Ort« Kraft und Bestärkung für das Tun des Priesters kommen kann, so gefährlich wäre es andererseits, nicht das richtige Verhältnis von Nähe und Abstand zu wahren: Einzelne Enttäuschungen werden dann nämlich leicht zum lähmenden Dauerfrust bzw. die krampfhafte Suche nach »Erfolgserlebnissen« führt zu einem unguten Bestätigungsdruck.[4] Keine Gemeinde, auch keine kategoriale Tätigkeit kann alleiniger »Motivationsort« für den Priester sein. Der Bezug zum Presbyterium und zu anderen Formen christlicher Weggemeinschaft (auch freundschaftliche Verbindungen haben dabei ihre Bedeutung!) könnte auch in dieser Hinsicht entlastend wirken, wenn vorhandene Chancen entsprechend genutzt würden.

Deutlich wird jedenfalls: Die Gemeinschaft des Presbyteriums ist mehr als eine gelegentliche Zusammenkunft zur zweckgebundenen Entwicklung von Pastoralmaßnahmen. Sie lebt zuallererst vom gemeinsamen *Hinhören auf Gottes Wort.* Der immer stärker werdende Wunsch nach mehr Priestergemeinschaften, die dem einzelnen Hilfe und Halt geben können, ist ein Indiz dafür, daß diese Grundlage gesehen wird. Auch die Tatsache, daß in immer mehr Diözesen eigene Priesterseelsorger ernannt werden, zeugt davon, daß man die Bedeutung der Frage erkannt hat. Natürlich lassen sich spirituelle Hilfen nicht einfach »verordnen«, aber es braucht solche »strukturellen Signale«, damit gerade von Priestern die geistliche Begleitung als etwas Unersetzbares erkannt wird.[5] Keiner ist sein eigener Seelsorger!

Solche Begleitung zielt im letzten auf eine vertiefte Gottesbegegnung, in der jede Form kirchlicher Gemeinschaft gründet. Nur so wird gewährleistet, daß »kooperatives Verhalten« im Leben des Priesters nicht einfach von Nützlichkeitserwägungen und Zweckdenken bestimmt ist, sondern daß sein ganzes Dasein immer wieder neu die Frage nach Gott und seinem Willen für die eigene konkrete priesterliche Sendung aufwirft.

Dabei wird nun die Gemeinschaft mit dem Bischof wichtig, die ja für das Presbyterium konstitutiv ist. Dafür kann das *Gehorsamsversprechen* in der Weiheliturgie, wenn man es recht versteht, wichtige Hinweise geben. Denn der Leitungsdienst des Bischofsamtes trägt stets auch die Züge ganz persönlicher »Übersetzungsarbeit« des Anspruchs Jesu auf den einzelnen Priester und Diakon, ja auf das ganze Bistum hin. Dadurch wird deutlich, daß das Gehorsamsversprechen an den Bischof für diesen nicht etwa ein Privileg darstellt, sondern ihn aus dem Innersten seiner Aufgabe heraus selber in Pflicht nimmt. Daß der Nachwuchsmangel an geistlichen Berufen die damit verbundenen Entscheidungen nicht leichter macht, ist offenkundig; aber gerade in dieser Situation, die alle Bemühungen herausfordert, kann die Bindung an den Bischof deutlich machen, daß priesterliche Verfügbarkeit, die letztlich aus dem Hinhören auf Gott und der Zugehörigkeit zu Jesus Christus kommt, auf menschlicher Ebene ihre ganz persönliche »Ortsbestimmung« im Presbyterium braucht und nicht einfach im zweckgebundenen Aufteilen von seelsorglicher Mehrarbeit besteht.

Gerade in der Ausrichtung auf den Bischof sehe ich die Chance, das Gehorsamsversprechen von dem Verdacht zu befreien, hier werde der einzelne von einer anonymen Institution »vereinnahmt«. Kirchlicher Gehorsam ist eben weitaus mehr als die Einsicht, daß auch in einer Glaubensgemeinschaft Kompetenzen und Aufgaben sinnvoll verteilt sein müssen, damit »der Laden läuft«, so wie jeder Verband für ein funktionierendes Leben »Spielregeln« braucht oder in einer Firma nicht jeder das tun kann, was ihm gerade Spaß macht, sondern sich an einen Organisationsplan halten muß. Solche Vergleiche, wiewohl des öfteren angewandt, greifen zu kurz und verstellen das eigentlich Gemeinte.

Was priesterliche Verfügbarkeit beinhaltet, macht die Weiheliturgie sehr anschaulich, wenn die künftigen Diakone bzw. Priester ihre gefalteten Hände in die geöffneten Handflächen des Bischofs legen. Diese Geste kann man im Blick auf die Weggemeinschaft des Bischofs mit dem Presbyterium auch so sehen: Die offenen Hände des Bischofs deuten die Voraussetzung an, unter der solche Verbundenheit überhaupt nur lebbar ist: Sie symbolisieren den Raum der vertrauensvollen Annahme und des Gehaltenseins, der nötig ist, damit Gehorsam wirklich »Zugehörigkeit« ausdrückt und Gemeinschaft bewirkt. Das Gehorsamsversprechen eröffnet also einen Raum der Gemeinschaft und ist keine Einbahnstraße: Deshalb ist es wichtig, daß ein Bischof, der das Gehorsamsversprechen entgegennimmt, seinerseits »hinhört« und auf diese Weise erspürt, wo die unverwechselbare Person jedes Mitarbeiters im Priester- und Diakonamt ihren sinnvollsten Platz findet.

Dabei ist das ständige Einüben einer Haltung notwendig, die ich – reichlich anspruchsvoll – als *eucharistische Lebenskultur* bezeichnen möchte. Es geht dabei um die Konsequenzen aus der Einsicht, daß »Communio« im letzten nur aus dem Wirken Jesu an Kirche und Welt erwächst, das der Priester in seinem Tun öffentlich-sakramental bezeugen soll. Im gewandelten eucharistischen Brot, das gebrochen und verteilt wird, liegt dabei für den Gemeinschaftscharakter des priesterlichen Dienstes eine doppelte Symbolik. Zum einen zeigt sich darin eine Entlastung: In der Eucharistie wird am dichtesten deutlich, daß es auf Jesus Christus ankommt – als Priester darf ich bei diesem »Ankommen« helfen und brauche von daher nicht unter dem ständigen krankmachenden Druck zu leben, ich selbst müsse Kirche »schaffen«. Die liturgische Handlung des Brotbrechens macht mir zum anderen jedesmal neu meine Hilfsbedürftigkeit klar: Jesus verschenkt sich zwar durch das Bruchstückhafte meines Tuns, verweist mich aber gerade dadurch auf die immer wieder notwendige Ergänzung durch verschiedenste Formen christlicher und priesterlicher Gemeinschaft. Diese bleibende Bedürftigkeit ist nicht einfach nur negativ als Mangel zu sehen, sondern genauso als ständige Chance zu neuer Bereicherung.

4. Bleibende Aufgaben

Die Erkenntnis, daß Priesterbildung nicht mit der Weihe abgeschlossen ist, sondern einen stets erneuerungsbedürftigen Lebensvorgang darstellt, ist im Grunde in der Sendung zu diesem Dienst selbst angelegt – aber wie so häufig differieren tiefere Ursache und konkreter Anlaß. Anlaß zur verstärkten Besinnung auf den »Wegcharakter« des Priesterseins war sicher auch das Wegfallen früher eher selbstverständlicher Stützen im Vollzug dieses Dienstes – etwa Beheimatung in der Gemeinde (und ihrer sozialen Struktur), hohe gesellschaftliche Akzeptanz, überschaubare Einsatzbereiche, »stimmiges« Lebensumfeld in der Gemeinschaft des Pfarrhauses u. a. m. Heute kann der priesterliche Lebensstil weithin nicht mehr nahtlos an jenen der Pfarrer und Kapläne vor zwanzig oder dreißig Jahren anknüpfen. Gemeinschaftserfahrung ist – trotz verstärkter Kommunikationsmöglichkeiten! – schwieriger geworden; oft gerät der Priester in eine Lebenssituation, die sich stark von der kommunitär geprägten des Seminars abhebt. Von daher braucht es eine Sensibilität für unter veränderten Bedingungen neu mögliche Formen der Communio.[6] Dies gilt gerade dann, wenn man die Verbindung von Priesterberuf und Zölibat in vertiefter Weise ernst nimmt: Priesterliche Ehelosigkeit wäre dann von Grund auf mißverstanden, wenn sie als distanzierte Beziehungslosigkeit oder als eine kirchliche Variante zeitgenössischen Single-Daseins gelebt wird. Das nachsynodale päpstliche Rundschreiben »Pastores dabo vobis« sieht diese Zusammenhänge sehr deutlich.[7] Es betont im Blick auf Hilfen für die Gemeinschaftsfähigkeit vor allem die Bedeutung des Presbyteriums auf Diözesanebene (Nr. 74). Es ist unbefangen einzuräumen, daß auf dieser Ebene – auch bei uns – vieles noch entwicklungsbedürftig ist. Ebenso kann man noch nichts Endgültiges über die in dem genannten Dokument ebenfalls erwähnten Priestergemeinschaften und Möglichkeiten einer »vita communis« von Mitbrüdern sagen (Nr. 81). Es läßt sich jedoch absehen, daß es in Zukunft auch bei uns weniger als zuvor einen einheitlichen priesterlichen »Lebensstil« geben wird – dieser wird sich verstärkt an den persönlichen Voraussetzungen und konkreten kirchlich-gesellschaftlichen Gegebenheiten orientieren müssen und ständiger Überprüfung bedürfen. Der Priester ist nie »fertig« – er braucht zeitlebens in allen Bereichen eine immer wieder erneuerte menschliche, spirituelle, theologische und pastorale Formung, die nicht der Beliebigkeit des einzelnen überlassen bleiben darf, sondern notwendig aus seiner Sendung entspringt. Priesterlicher Dienst als Lebensprozeß ist, so gesehen, ständige Weiterbildung zu einem *Menschsein*, das seine Identität nicht in der Konzentration auf das eigene Ich, sondern in der Beziehung und Selbstüberschreitung hat. Er ist beständiges Hinfinden zu einem *Christsein*, das seine Orientierung an der Lebensgemeinschaft Gottes selbst sucht und diesen Grund der Gemeinschaftsfähigkeit im menschlichen Zusammenleben zum Tragen bringt. Er ist schließlich ständige Bildung zu einem *Priestersein*, das eine lebenslange Bereitschaft zum Zeugnis für die liebende Zuwendung Jesu zur Welt im Dienst an der Kirche einschließt.

Die Gemeinschaft des Presbyteriums ist dabei – so viel dürfte deutlich geworden sein – eine wichtige Ebene, die nicht gegen den priesterlichen Dienst in der konkreten Pastoral oder gegen höchst sinnvolle Kontakte mit anderen kirchlichen Berufsgruppen ausgespielt werden darf. Jede Form von territorialer oder kategorialer Seelsorge gelingt nur, wenn sie sich nicht in einer offenen oder unbewußten Horizontverengung selbst verabsolutiert. So richtig es ist, daß sich in der von personalen Bezügen geprägten Gemeinde »Kirche« am greifbarsten verwirklicht, so gefährlich wäre es, nur innerhalb der Belange dieser Gemeinde zu denken. Eine solche Haltung kann manchmal auch die Form eines Rückzugs aufs Selbstbewußtsein annehmen: Was für »meine« Gemeinde, für »meine« Jugend richtig ist, das weiß ich besser – der Bischof und Rom sind weit. Natürlich gibt es eine Kompetenz, die nur der »vor Ort« Engagierte hat – aber deswegen sich Hilfen verweigern, die eigene Fragen und Erfahrungen in ein größeres Ganzes einbringen können, wäre letztlich nicht christlich. Sicher, Horizonterweiterung über das Eigeninteresse und die Eigenerfahrung hinaus kostet immer ein Stück schmerzlichen Weggebens des Eigenen – aber ich kann es auch als einen Vorgang des Teilens, des Mit-teilens von Glaubenserfahrungen sehen, bei dem ich anderes, Wichtiges dazugewinne.

Voraussetzung ist natürlich, daß jeder einzelne das Presbyterium seiner Ortskirche als eine solche Chance zur vertieften Ortsbestimmung seines Dienstes begreift und erfährt. Eben dazu braucht es eine Solidarität, die in doppelter Hinsicht auf Sympathie angewiesen ist: Vom Wortsinn her bedeutet Sympathie zunächst Mit-Leiden. Kann ich mit-leiden in einer vor-läufigen Kirche, die ja immer auch die entstellenden Merkmale *meines* Versagens trägt, kann ich diese radikale Sym-pathie aufbringen, weil Jesus um diese Kirche gelitten hat, weil er ihr und dadurch auch mir die Treue hält? Bloße Kritik hält auf Distanz; mit-leiden, Sympathie, führt zusammen, läßt Gemeinschaft wachsen – auch die Gemeinschaft eines Presbyteriums, das immer aus vor-läufigen Priestern besteht, deren Berufung gerade darin liegt, daß Jesus sie zu Vor-läufern auf das Endgültige macht. »Sympathie« bedeutet aber auch *»Leidenschaft«* und braucht von daher Liebe: aber weder die Liebe zu einer romantisch verklärten Kirche von gestern noch zu einer erträumten Kirche von morgen, sondern Leidenschaft für eine Kirche, die in der währenden Stunde immer wieder neu zum Zeugnis für Gottes erlösende Fürsorge aufbrechen muß. Solche nüchterne Liebe ist – gerade im Blick auf den priesterlichen Dienst – manchmal menschlich ratlos und hat keine Patentrezepte zu bieten. Aber indem sie in gläubiger Zuversicht Spannungen aushält, wird diese Leidenschaft zur wichtigen Motivationshilfe unseres Priesterseins.[8]

Anmerkungen

[1] Vgl. dazu K. Lehmann, Geistlich handeln, Freiburg/Basel/Wien 1982 sowie die zusammenfassenden Literaturhinweise in: ders., Die Zukunft der Seelsorge in den Gemeinden (= Mainzer Perspektiven – Das Wort des Bischofs 1), Mainz 1995.

[2] Zweites Vatikanisches Konzil, Dekret über Dienst und Leben der Priester »Presbyterorum Ordinis« 8.

[3] Vgl. dazu grundlegend K. Hemmerle, Thesen zu einer trinitarischen Ontologie, Einsiedeln 1976, bes. 61–72.

[4] Siehe dazu die Beobachtungen von U. Körner, Die Priester sind krank – unheilbar?, in: Anzeiger für die Seelsorge 100 (1991) 383–387; neuerdings: P. Abel, Burn Out in der Seelsorge, Mainz 1995, bes. 17–53.

[5] Vgl. dazu die Hinweise bei P. Imhof, Geistliche Begleitung, in: Geist und Leben 60 (1987), 51–55 sowie J. Sudbrack, Geistliche Führung, Freiburg/Basel/Wien 1981.

[6] In diesem Kontext bietet das »Schreiben der deutschen Bischöfe über den prie-

sterlichen Dienst« vom 24.9.1992 gute Problemanzeigen und hilfreiche Hinweise (= Die deutschen Bischöfe, Hirtenschreiben und Erklärungen Nr. 49), Bonn 1992.

7 Papst Johannes Paul II., Nachsynodales Apostolisches Schreiben »Pastores dabo vobis« an die Bischöfe, Priester und Gläubigen über die Priesterbildung im Kontext der Gegenwart. Mit einem Vorwort von Bischof Karl Lehmann und Erläuterungen von Karl Hillenbrand, Würzburg 1992.

8 Zum weiteren Kontext vgl. K. Hillenbrand, Die Liebe Christi drängt uns. Gedanken zum Dienst des Priesters, Würzburg 1992, bes. 30–39, 84–88, 108–119.

Eugen Maier

Mit dem armen Christus in der Nähe der Armen

Diakonische Kirche und Ständiger Diakonat

Als Vorsitzender der Deutschen Bischofskonferenz hat Bischof Prof. Dr. Dr. Karl Lehmann am 21. 1. 1993 in einem Vortrag zur Erneuerung des Ständigen Diakonats in der Kirche Stellung genommen. Anlaß war der 25. Jahrestag der ersten Diakonenweihe nach dem Zweiten Vatikanischen Konzil im Erzbistum Köln am 28. April 1968.[1]

Bischof Lehmann spricht vom »Versuch einer Zwischenbilanz«. Von den Verantwortlichen in der Arbeitsgemeinschaft Ständiger Diakonat wurde der Vortrag als hilfreich und wegweisend eingeschätzt. Ich schreibe diese Zeilen als Bischöflicher Beauftragter für den Ständigen Diakonat in Freiburg. Mein »nachdenkliches Innehalten mitten in der Tagesarbeit« und mein Dank an Bischof Lehmann sollen sich zuerst auf seinen Kölner Vortrag beziehen. Sie konkretisieren zugleich wichtige Anregungen, die ich auf dem Feld der Ekklesiologie von ihm in seiner Zeit als Professor in Freiburg empfangen habe.

I. »Eine dienende und arme Kirche«

Bischof Karl Lehmann spricht am Ende seines Vortrags vom Ständigen Diakonat als einem Geschenk des Konzils an eine Kirche, die ihren Auftrag heute als dienende und arme Kirche erfüllen soll. Bischof Lehmann greift damit auf, was Kardinal Lercaro 1962 zu Konzilsbeginn im Namen von 78 Bischöfen so gesagt hat: »Wir werden dem Plan Gottes und den Erwartungen der Menschen nicht entsprechen, wenn wir nicht zur Mitte unserer Konzilsarbeit in Lehre und Gesetzgebung die Gegenwart Christi in den Armen und Jesu Botschaft an die Armen machen.«[2] Die Erneuerung des Ständigen Diakonats durch das Zweite Vatikanische Konzil will nicht einfach ein neues Amt in der Kirche schaffen bzw. ein altes Amt neu beleben. Mit dem Ständigen Diakonat muß sich die diakonische Erneuerung der ganzen Kirche verbinden, und nur in diesem Zusammenhang kann der Dienst der Ständigen Diakone seinen Sinn entfalten.

Das Thema der Diakonie, das Thema der armen Kirche und der Gemeinschaft der Kirche mit den Armen findet sich in den Konzilstexten vielleicht am eindringlichsten am Schluß des ersten Kapitels der Dogmatischen Konstitution über die Kirche »Lumen Gentium«. Dieses Kapitel »De Ecclesiae Mysterio« entfaltet das Geheimnis der Kirche in seiner schöpfungstheologischen, christologischen und pneumatologischen Begründung, seinen Anfang im Reich Gottes, das mit Jesus Christus gekommen ist, und den Reichtum seiner biblischen Bilder. Vor diesem Hintergrund spricht der Text dann vordringliche Fragen und Aspekte heutigen Kircheseins an. Hier nun hat die Armut Jesu Christi, die Armut der Erlösung und die Armut der Kirche zentrale Bedeutung: *»Wie aber Christus das Werk der Erlösung in Armut und Verfolgung vollbrachte, so ist auch die Kirche berufen, den gleichen Weg einzuschlagen, um die Heilsfrucht den Menschen mitzuteilen. Christus Jesus hat, ›obwohl er doch in Gottesgestalt war, sich selbst entäußert und Knechtsgestalt angenommen‹ (Phil 2, 6); um unsretwillen ›ist er arm geworden, obgleich er doch reich war‹ (2 Kor 8, 9). So ist die Kirche, auch wenn sie zur Erfüllung ihrer Sendung menschlicher Mittel bedarf, nicht gegründet, um irdische Herrlichkeit zu suchen, sondern um Demut und Selbstverleugnung auch durch ihr Beispiel auszubreiten. Christus wurde vom Vater gesandt, ›den Armen frohe Botschaft zu bringen, zu heilen, die bedrückten Herzens sind‹ (Lk 4, 18), ›zu suchen und zu retten, was verloren war‹ (Lk 19, 10). In ähnlicher Weise umgibt die Kirche alle mit ihrer Liebe, die von menschlicher Schwachheit angefochten sind, ja in den Armen und Leidenden erkennt sie das Bild dessen, der sie gegründet hat und selbst ein Armer und Leidender war. Sie müht sich, deren Not zu erleichtern, und sucht Christus in ihnen zu dienen.«* (LG 8)

Die Kirche ist also gegründet im Werk Jesu Christi. Sie kommt von ihm. Sein Anruf hat sie erreicht und bestimmt ihren Weg. Sie ist berufen, die Sendung Jesu Christi »in ähnlicher Weise« weiterzuführen: die Heilsfrucht mitzuteilen, den Armen frohe Botschaft zu bringen, die Leidenden mit ihrer Liebe zu umgeben. Aber auf diesem Weg wird ihr das Bild dessen, der sie gegründet hat, neu aufgehen und sich ihr tiefer einprägen.

Anders gesagt: Die Kirche und die Glaubenden kennen Jesus Christus und seine Gemeinschaft mit Gott, den Einsatz Gottes für die Rettung der Welt, der sich in Jesus Christus vollzieht. Aber diese Erkenntnis Jesu Christi, diese Gemeinschaft mit Jesus Christus vertieft sich im Dienst an den Armen, wenn die Kirche das Evangelium mit ihnen teilt, sie mit ihrer Liebe umgibt, ihre Not erleichtert. Erst dort kommt die Kirche ganz zu Jesus Christus, wo sie ihn bei den Armen finden und zusammen mit den Armen bei ihm sein wird: wo »sie in den Armen und Leidenden das Bild dessen erkennt, der sie gegründet« und »das Werk der Erlösung in Armut ... vollbracht hat« (LG 8).

Diakonie bedeutet also nicht, daß die Kirche die Heilsfrucht schon gebracht hätte, sie als ganze an sich trüge und den Armen ein fertiges Ganzes mitzuteilen hätte. Vielmehr: Was sie geben darf, ihre Gemeinschaft mit Christus und so auch sich selbst, das gewinnt die Kirche, indem die Armen durch den Dienst der Kirche zu ihrem Recht kommen, ihre Würde vor Gott und den Menschen entdecken und selber zum Reich Gottes in Jesus Christus dazukommen können. Auch in diesem Sinn ist die Kirche arm: Sie ist arm vor den Armen, sie ist angewiesen auf das, was die Armen sind und was in ihnen wächst als Geschöpfe Gottes und im Geist Jesu Christi. Hier gewinnt das Wort von der »Demut« der Kirche und von ihrem Verzicht auf »irdische Herrlichkeit« seinen entscheidenden Sinn. Die Kirche lebt aus Gott in Jesus Christus und aus der Gemeinschaft mit den Armen. Wenn wir meinen, wir hätten einen Vorsprung vor den Armen, dann ist das immer eine Täuschung. Vor Gott in Jesus Christus sind wir, was wir zusammen mit den Armen erreicht haben. Gott dient in der Armut Jesu Christi der Würde des Menschen, und der Mensch dient in der Nachfolge Jesu Christi der Würde des Mitmenschen, des Anderen, des Armen, des Leidenden und Verfolgten. So schenkt Gott »die Heilsfrucht«. So begründet Gott die neue Schöpfung, in der die Gerechtigkeit wohnt und die sich, am Ende der Zeit, in der Liebe Gottes vollenden wird.

II. Diakonie und Dialog

Damit ist die innere Einheit von Diakonie und Dialog angesagt: Diakonische Kirche, Kirche in der Gemeinschaft mit den Armen, spricht nicht nur und gibt nicht nur. Sie empfängt und hört. Gerade in der Diakonie geht es darum, »auf den anderen zu hören, im Zeugnis sich selbst zu öffnen und zu lernen, aber auch darum, im Wagnis den Ausgang und die Fruchtbarkeit des Dialogs einem anderen zu überlassen.«[3]

Wer nur von außen her und ohne zu hören wissen will, was für die Armen gut ist, verletzt einmal mehr ihre Würde. Diakonie heißt zuerst: Zuhören, Hinhören, Lernen, den anderen Menschen verstehen: seinen lauten und seinen ungeschrienen Schrei, seine Frage, seine Erfahrungen und seine Hoffnungen. So erschließt sich der Raum, in den die Kirche ihr Wort und ihre Gabe einbringen kann. Die Kirche hat zu geben und zu verkünden, was sie von Jesus Christus her und in ihm ist, aber sie verfügt nicht über die Wahrheit des anderen Menschen, über das einmalig Eigene, das sich in ihm als Geschöpf Gottes verbirgt. Die Kirche verfügt nicht über das, was aus einem Menschen wird, wenn er selbst dem Reich Gottes in Jesus Christus begegnet, sie verfügt nicht über die Veränderungen in ihr selbst und über die tiefere Wahrheit, die sich ihr erschließt, wenn sie zusammen mit einem Armen neu unter dem Evangelium steht. Im Dialog, in gegenseitiger Achtung zeichnet sich ab, was gerecht ist, die Not wendet und alle im wahren Reichtum vor Gott wachsen läßt. »Dienst und Dialog sind die Weisen, wie das Evangelium in die Welt kommt.«[4]

Diakonie und Dialog dienen dem Reich Gottes und sind mitkonstitutiv für die Kirche auch dort, wo die Kirche ihre spezifische Gabe und ihr eigenes Wort noch nicht in vollem Sinn einbringen kann, dort wo es schlicht um Mitmenschlichkeit geht, um die Suche nach dem, was verloren war, um die Erleichterung der Not, um gegenseitige Achtung im Fragen und Suchen nach den Quellen der Gerechtigkeit und der Wahrheit. In »Lumen Gentium« folgt der Abschnitt über die Gemeinschaft der Kirche mit den Armen dem Wort von der Kirche, die in der katholischen Kirche verwirklicht ist (»subsistit«) und die weiß, daß »außerhalb ihres sichtbaren Gefüges vielfältige Elemente der Heiligung und der Wahrheit zu finden sind.« (LG 8) Dieses Wort hat nicht nur ökumenische Bedeutung im engeren Sinn. Es bezieht sich im Zusammenhang des Konzilstextes auch auf die Gemeinschaft der Kirche mit den Armen.

Lumen Gentium, Artikel 8, nennt die Kirche selbst arm. Diakonie und Dialog, Dienst an den Armen und Achtung vor ihrem Eigenen sind nicht nur wichtig, wenn sich die Kirche nach außen wendet. Sie sind auch Grundweisen, in denen die Kirche ihr inneres Leben vollzieht. Den Armen frohe Botschaft bringen, heilen, die bedrückten Herzens sind, die Schwachen mit Liebe umgeben, Angewiesensein auf das Neue, das in den anderen erwacht, um so in der eigenen Armut reich zu werden und miteinander die »Heilsfrucht« zu empfangen und zu teilen: Das ist in vielen Beziehungen Kirche in der Nachfolge dessen, der uns um unsretwillen arm geworden ist, um mit uns die Fülle Gottes neu zu finden. »Dienst und Dialog sind Weisen, wie das Evangelium in die Welt kommt.« Sie sind auch

Weisen, wie das Evangelium in die Kirche kommt. Das bleibt wahr, auch wenn Dienst und Dialog sich oft schwierig gestalten, nach innen und außen, und immer wieder Zeiten des Scheiterns und des Verfalls erleiden müssen. Lumen Gentium, Artikel 8, spricht am Ende von »Trübsalen und Mühen, inneren gleichermaßen wie äußeren«, die die diakonische Kirche bedrängen und die sie nur durch die Kraft ihres auferstandenen Herrn und in Geduld und Liebe bestehen kann.

III. Diakonie und Liturgie

An dieser Stelle wird man von der Dogmatischen Konstitution über die Kirche hinüberschauen zum ältesten Konzilsdokument, zur Konstitution über die heilige Liturgie.[5] Diakonie im Sinn des Zweiten Vatikanischen Konzils beschränkt sich nicht auf ihre humane Wahrheit. Diakonie lebt aus dem Dienst Gottes in Jesus Christus, aus seiner Zuwendung, aus seinem Einsatz für das Heil der Welt. Sie will den anbeten und dem glauben, dem sie sich verdankt. Sie will dem nachfolgen, der ihr auf dem Weg der Liebe vorausgegangen ist und dessen Geist sie beflügelt. Sie will den tödlichen Tod nicht. Sie sucht die ewige Vollendung – zuerst für den, den sie liebt, und um seinetwillen auch für sich selbst. Deshalb sucht die Diakonie immer wieder die Liturgie, um tiefer in das Pascha-Mysterium Jesu Christi eingefügt zu werden. Zusammen mit den Armen empfängt sie »die Fülle des göttlichen Dienstes«, »das Wort, das Fleisch angenommen hat und mit dem Heiligen Geist gesalbt worden ist, den Armen das Evangelium zu predigen und zu heilen, die zerschlagenen Herzens sind, den Arzt für Leib und Seele, den Mittler zwischen Gott und den Menschen.« (SC 5) Die Kirche, die den Armen dient, sucht den, der ihren Dienst immer tiefer mit dem Dienst Gottes verbindet. Von daher darf zuerst im Blick auf die Diakonie gesagt werden: »Die Liturgie ist der Höhepunkt, dem das Tun der Kirche zustrebt und zugleich die Quelle, aus der all ihre Kraft strömt.« (SC 2) Diakonische Gemeinschaft versammelt sich um das Wort, überläßt sich in Jesus Christus und im Heiligen Geist dem Dienst Gottes zum Lob seiner Herrlichkeit und zum Dank für die unsagbar große Gabe (vgl. SC 6). Und wenn so »die Liturgie in höchstem Maß dazu beiträgt, daß das Leben der Glaubenden Ausdruck und Offenbarung des Mysteriums Christi und des eigentlichen Wesens der wahren Kirche wird« (SC 2, vgl. SC 10), dann gilt auch dies im Licht des vorgestellten Abschnitts aus der Dogmatischen Konstitution über die Kirche zuerst von der Diakonie der Glaubenden, von ihrer Gemeinschaft mit den Armen. Die Verkündigung dient vor allem der fruchtbaren Einheit von Diakonie und Liturgie (vgl. besonders SC 6 und 9). Verkündigung ermutigt zur Diakonie, stellt sie unter das Maß des Evangeliums, führt ein in die Liturgie und findet schließlich im Zeugnis der gelebten Liebe ihre wirksamste Gestalt. Auf diesem durch Diakonie, Liturgie und Verkündigung bestimmten Weg wird die Kirche »von der Kraft des auferstandenen Herrn gestärkt, um ihre Trübsale und Mühen, innere gleichermaßen wie äußere, durch Geduld und Liebe zu besiegen und sein Mysterium, wenn auch schattenhaft, so doch getreu in der Welt zu enthüllen, bis es am Ende in vollem Licht offenbar werden wird.« So wächst »aus menschlichem und göttlichem Element« jene »komplexe Wirklichkeit«, in der »die irdische Kirche und die mit himmlischen Gaben beschenkte Kirche«, das Menschliche und das Bleibende sich verbinden und durchdringen (LG 8).

IV. Zeichen der Zeit

Es ist kein Zufall, daß die Frage nach einer aus der Einheit von Liturgie und Diakonie erneuerten Kirche und, in diesem Zusammenhang, die Diakonatsbewegung besonders eng mit Entwicklungen in Deutschland während und nach dem Zweiten Weltkrieg, mit dem Dienst der Caritas in dieser Zeit und mit Erfahrungen im Konzentrationslager verbunden sind. Christen erlebten hier die diakonische und dialogische Schwäche der Kirche besonders bedrückend. »Kirche, du hast geschwiegen, wo du hättest schreien müssen«, so hat es Dietrich Bonhoeffer formuliert. Viele Christen sind bei den Verbrechen gegen jüdisches Eigentum und Leben gleichgültig geblieben. Die deutschen Bischöfe erklärten zur 50. Wiederkehr der Befreiung des Konzentrationslagers Auschwitz-Birkenau am 27. Januar 1945: *»Es bedrückt uns heute schwer, daß es nur zu Einzelinitiativen für verfolgte Juden gekommen ist und daß es selbst bei den Progromen von 1938 keinen ausdrücklichen und öffentlichen Protest gegeben hat, als Hunderte von Synagogen verbrannt und verwüstet, Friedhöfe geschändet, Tausende jüdischer Geschäfte demoliert, ungezählte Wohnungen jüdischer Familien beschädigt und geplündert, Menschen verhöhnt, mißhandelt und ermordet wurden. ... Versagen und Schuld der damaligen Zeit haben auch eine kirchliche Dimension.«*[6] Im engen Zusammenhang mit dieser diakonischen Schwäche steht die dialogische: Die Kirche »hatte sich in den

Kämpfen und Schwierigkeiten der Neuzeit durch Verteidigungsstellung und Rückzug einigermaßen unversehrt bewahrt«. So differenziert diese Verteidigungsstellung zu beurteilen ist, sie kostete einen hohen Preis: »Die Kirche hat die lebendige Begegnung mit der jeweiligen zeitgenössischen Kultur und den gesellschaftlichen Fragen in dieser Zeit eher eingebüßt.«[7] Auch diese Problematik ging nicht zuletzt auf Kosten von Menschen, die zu den in Lumen Gentium angesprochenen Armen gehören: Die Identität der Kirche wurde oft dadurch gestützt, daß Menschen außerhalb der Kirche oder in Spannung zu ihr von vornherein abgewertet wurden. Suchende und fragende Menschen sind verletzt worden durch mangelndes Hinhören auf seiten der Kirche. Auch hier liegt die tragische Zuspitzung in antijüdischen Einstellungen, die die Kirche in sich selbst lange nicht überwinden konnte. Gewiß hatte sich der christliche Dienst an Armen, Kranken, Ausgegrenzten in vielen Formen institutionalisiert, aber er war zu wenig verbunden mit dem religiösen Leben in den Gemeinden, mit der Liturgie und der Verkündigung.

Dem Abschnitt über die Gemeinschaft der Kirche mit den Armen in Lumen Gentium, Artikel 8, folgt unmittelbar das Wort von der Kirche, die »zugleich heilig und stets der Reinigung bedürftig« ist (LG 8). Auch hier entspricht der Anordnung der Texte ein innerer Zusammenhang: Die Heiligkeit der Kirche liegt gerade auch in ihrer diakonischen Ausrichtung, und Kirche, die der Reinigung bedürftig ist, ist Kirche, die sich verfehlt gegen ihre Armut, gegen die Gemeinschaft mit den Armen und damit auch gegen ihre Gemeinschaft mit dem, der das Werk der Erlösung als Armer vollbrachte.

Vor diesem Hintergrund kann man vielleicht besser ermessen, was im Block 26 des Konzentrationslagers in Dachau geschehen ist: »Es nimmt einem den Atem – immer wieder – zu lesen, wie glaubende Männer aus allen Völkern ... Europas, aus allen Berufen und sozialen Schichten und Religionsgemeinschaften, Geistliche aus 25 Nationen, über 40 Ordensgemeinschaften, meist Jesuiten ... in dieser Hölle versammelt waren. Und gerade ›inmitten unvergleichlich großer körperlicher und seelischer Not, in der ständigen Bedrohung der nackten Existenz‹ wächst ein intensives religiöses priesterliches Leben.«

Gleichzeitig »fühlen sich die Priester ›förmlich gezwungen, zu den Nöten, den ungelösten Fragen der Zeit, auch zu den Täuschungen und zum Teil unzureichenden Formen und Methoden des überkommenen religiösen Lebens und pastoralen Wirkens‹ Stellung zu nehmen.« Aus dieser Spannung heraus »schlagen sie ein ›Diakonat verheirateter, berufstätiger und bewährter Helfer der Kirche‹ vor.«[8] Dieses Geschehen ist typisch für viele andere, die sich schließlich zur Diakonatsbewegung bündelten.

V. *»Nicht zum Priestertum, sondern zum Dienst ...«*

Wenn man die Einzelaussagen des Zweiten Vatikanischen Konzils über den Ständigen Diakonat verstehen will, dann muß man m. E. diesen zeitgeschichtlichen Hintergrund und die Ekklesiologie des Konzils, die im oben angeführten Abschnitt von Lumen Gentium durchaus einen ihrer Brennpunkte hat, im Blick behalten. Die wichtigsten Einzelaussagen über die Erneuerung des Ständigen Diakonats finden sich in Lumen Gentium, Artikel 29, und in Ad Gentes, Artikel 16. Diese Einzelaussagen können, für sich allein betrachtet, zu Mißverständnissen Anlaß geben, und sie lassen die Frage nach der inneren Gestalt, die die einzelnen, summarisch aufgezählten Aufgaben des Diakons bestimmt, offen. Der entscheidende Satz in Lumen Gentium, Artikel 29, lautet: Die Diakone empfangen »die Handauflegung nicht zum Priestertum, sondern zur Dienstleistung«. »Mit sakramentaler Gnade gestärkt dienen sie dem Volk Gottes in der Diakonie der Liturgie, des Wortes und der Liebestätigkeit in Gemeinschaft mit dem Bischof und seinem Presbyterium.« (LG 29) Immerhin kann man in diesem Text einen Hinweis auf die Einheit der Grunddienste unter dem Vorzeichen der Diakonie sehen. Diakone sind Christen, die einerseits der Diakonie der Kirche besonders verbunden sind und gleichzeitig auf eigene Weise zum kirchlichen Amt gehören. So können sie zur Einheit der Grunddienste beitragen. In dieselbe Richtung weist der Text in Ad Gentes, Artikel 16. Leider werden dann in Lumen Gentium, Artikel 29, eine Vielzahl liturgischer Dienste additiv aufgereiht, während die Diakonie sich mit einem summarischen Satz begnügen muß. Nach dem Konzil werden im Motuproprio »Sacrum diaconatus ordinem« (18. Juni 1967) und im Motuproprio »Ad pascendum« (15. August 1972) durch Papst Paul VI. einzelne Bestimmungen zum Ständigen Diakonat erlassen. »Sacrum diaconatus ordinem« bindet sich eng an die Aussagen in Lumen Gentium und Ad Gentes, während »Ad pascendum« den Diakonat breiter auch von alten Kirchenordnungen her begründet. »Ad pascendum« führt so weiter auf dem Weg zu einem tieferen Verständnis des durch das Zweite Vatikanische Konzil erneuerten Ständigen Diakonats.

VI. Ein differenziertes Amt

1. Kirche aus dem dreifaltigen Gott, Kirche aus den Armen, Kirche, die Armen gerecht werden soll nach innen und nach außen und viele verschiedene Menschen einigen soll zur Gemeinschaft vor der Liebe Gottes in Jesus Christus und im Heiligen Geist: diese Kirche braucht auch ein differenziertes Weiheamt. Das Zweite Vatikanische Konzil sagt in diesem Sinn: »So wird das aus göttlicher Einsetzung kommende Dienstamt in verschiedenen Ordnungen ausgeübt von jenen, die schon seit alters Bischöfe, Priester, Diakone heißen.« (LG 28) Das eine Amt wird also ausgeübt von verschiedenen Personen und in verschiedenen Ausprägungen seines Dienstes. Diese doppelte Differenzierung ist für das Amt konstitutiv. Und dieses differenzierte Amt wird dann im Fortgang des Textes, zwar zunächst ausschließlich im Blick auf den Beitrag der Bischöfe und der Priester, als Dienst an der Aufrichtung und Einigung der Christen und der Kirche in Verkündigung, Diakonie und Liturgie verstanden. Es hat dann offenbar die Kraft gefehlt, in dieser Linie nun auch die innere Gestalt des Dienstes der Diakone und seinen Ort im Ganzen des Amtes zu erkennen. Insofern liegt zwischen zwischen Artikel 28 und 29 in Lumen Gentium ein gewisser Bruch. Aber: »Entscheidend ist die Bekenntnisaussage: Die Kirche versteht die Herkunft ihres Ordo und die differenzierende Entwicklung zu einer Grundform im dreigliedrigen Amt als eine sich in der Offenbarung und ihrer Rezeption im Glaubensakt der Kirche zeigende Stiftung Gottes. Zum Ordo gehört also nach göttlichem Recht sowohl seine Begründung im Kirchenwillen Jesu als einem und ganzem wie auch seine Differenzierung in verschiedene Formen seiner Realisierung.«[9] An dieser Differenzierung hat die Kirche im dreigliedrigen Amt immer festgehalten, wenn auch über lange Zeit hinweg in sehr verkümmerten Formen. Heute besteht zum erstenmal seit den Zeiten der alten Kirche wieder die Möglichkeit, das eine Amt wirklich dreigliedrig, differenziert zu gestalten. Vor diesem Hintergrund läßt sich sagen: Der zeitgeschichtliche Kontext, die Ekklesiologie des Zweiten Vatikanischen Konzils, die alten gut biblisch fundierten Kirchenordnungen (im Anschluß an »Ad pascendum«), die Entwicklung, die der Ständige Diakonat bei uns, angefangen bei der Diakonatsbewegung, tatsächlich genommen hat, verweisen auf eine innere Gestalt, in der der Dienst der Ständigen Diakone seine Identität, seinen Bezug zu den anderen Christen und, innerhalb des Amtes, sein Verhältnis zum Bischof und zu den Priestern finden kann. Diese innere Gestalt übersteigt

die Funktionen, die das Konzil den Diakonen wohl ein wenig zufällig, additiv, noch zu einseitig liturgisch und am Priestermangel ausgerichtet, zugewiesen hat[10].

2. Diakone gehören zuerst zu den Christen, die die Berufung der Kirche leben, mit dem armen Christus den Armen nahezusein und so die »Fülle des göttlichen Dienstes« zu finden – in ihren gegenseitigen Beziehungen, in der Kirche und in der Gesellschaft.

Die Armen sollen, in Jesus Christus und im Heiligen Geist, ihre Würde finden vor Gott und vor den Menschen. Die Armen sollen mit ihrem Eigenen, mit ihren Kräften dem Reich Gottes dienen können. Dort wo eine bestimmte Not beendet oder gelindert, wo neue Gerechtigkeit und Gemeinschaft wachsen sollen, dort ist, zusammen mit anderen Christen, der erste Platz der Ständigen Diakone. Genau so beschreiben die alten Kirchenordnungen ihren Dienst: »Der Diakon kümmere sich um die Kranken und Fremden, helfe den Witwen, sei wie ein Vater zu den Waisen, und er gehe in die Häuser der Armen, damit diese nicht in ihrer elenden Lage verbleiben. ... Er kleide und schmücke die Verstorbenen, begrabe die Fremden, sei den Ein- und Auswanderern und den Verbannten ein Führer.«[11] Hier haben Diakone, zusammen mit anderen Glaubenden, gelernt, Jesus Christus nachzufolgen. Hier haben sie ihren Ort in der Kirche und ihre gesellschaftliche Verantwortung gefunden. So eingebunden in die Diakonie der Kirche nehmen die Diakone dann auf ihre Weise, in ihrer »Ordnung« teil am amtlichen Dienst. Auch das bringt die angeführte Kirchenordnung zum Ausdruck: Diakone sind im Auftrag des Bischofs bei den Armen, und aus dieser Präsenz beraten sie den Bischof und die Priester. »Ratgeber des ganzen Klerus« werden sie im »Testamentum Domini« genannt. Sie nehmen teil an der Verantwortung des Bischofs und der Priester und gestalten sie mit. Sie geben der Gemeinde die Namen derer bekannt, die Hilfe brauchen. Sie sorgen dafür, »daß, wenn die einzelnen zusammenkommen, geholfen wird«. Die Dienste der Diakone sind also zugleich eigenständig und komplementär in bezug auf die Kirche und auf das kirchliche Amt. Die Diakone kommen, wenn sie zu diesem Weg berufen und von der Kirche entsprechend anerkannt sind, aus dem Austausch mit den Armen und mit den Christen, die sich besonders um die Armen mühen, in den amtlichen Dienst der Kirche. Hier helfen die Diakone nun, durch ihre amtliche Mitwirkung in den Grunddiensten, der Kirche und dem Amt, sich einzustellen auf die Armen im jeweiligen Lebensbereich, innerhalb und außerhalb der Kirche: auf die Fragen und Nöte der Armen, auf ihre Sehnsucht, ihr Leid, auch auf ihren Reichtum und ihre Begabungen. Den Armen soll die Präsenz der Kirche guttun, ihnen soll sich das kirchliche Leben öffnen, ihnen soll sich das Evangelium erschließen und das Sakrament der Neuen Stadt, das die Kirche sein darf[12].

Die Aufgaben der Diakone bei der Feier der Eucharistie, ihre Mitwirkung in der Verkündigung, bei der Gabenbereitung, beim Hochgebet und bei der Entlassung, zeigen den Sinn des Diakonats: Diakonie, so wie sie jeweils konkret mit bestimmten Menschen und in bestimmten Situationen geschieht, soll hinfinden zur eucharistischen Versammlung, angesprochen vom Wort Gottes zur Gabe an Gott werden, um dann, gestärkt durch den Leib Christi, ihren Weg von neuem zu wagen. Kirche soll mit dem Reich Gottes zusammenwachsen, indem sich Eucharistie und Diakonie gegenseitig durchdringen und tragen. Auf diese Weise bindet sich die Kirche, auch durch den Dienst der Diakone, an den, »der das Werk der Erlösung in Armut vollbrachte«, und dieser geht, auch durch den Dienst der Diakone, der Kirche voran und stellt sie unter seinen Dienst, und die Kirche enthüllt sein Mysterium, »wenn auch schattenhaft, so doch getreu, bis es am Ende im vollen Licht offenbar werden wird«.

3. Unter der Überschrift »Differenzierung des amtlichen Dienstes« erschließt sich auch die Bedeutung der Diakone mit Zivilberuf. Sie können in besonderer Weise beitragen zu einem lebendigen Austausch zwischen amtlicher Verantwortung in der Kirche und Menschen in den verschiedenen Bereichen der Gesellschaft. Diakonat in Verbindung mit einem Zivilberuf: das ist kein Mangel an Hingabe, sondern eine spezifische Ausprägung der Hingabe. Vergleichbares gilt für die verheirateten Diakone. Sie werden immer noch zu sehr aus der Perspektive der zölibatären Diakone gesehen und erscheinen dann unter dem Vorzeichen eines Mangels. Aber der Diakonat verheirateter Diakone ist eine eigene Weise der Differenzierung des Amtes. Das Amt wird verbunden mit Zeugnis in Ehe und Familie. Dieses Zeugnis hat das Zweite Vatikanische Konzil in der Kirche neu erschlossen: »Die christliche Familie verkündet mit lauter Stimme die gegenwärtige Wirkkraft des Gottesreiches, besonders aber auch die Hoffnung auf das ewige Leben.«[13] Hier zeichnet sich die Polarität, um die es auch im Dienst der Diakone geht, in eigener Weise ab. Papst Johannes Paul II. hat beide Lebensformen, Zölibat und Ehe, »wahre Gaben Gottes an die Kirche« genannt.

Notwendige Differenzierung des amtlichen Dienstes: Das ist auch ein wichtiger Gesichtspunkt für die Frage nach dem Diakonat der Frau. Das kirchliche Amt muß sich differenzieren und einstellen gerade auch auf von Frauen geprägte Diakonie, auf Menschen und Situationen, denen Frauen gerecht werden, auf Armut, von der Frauen in eigener Weise betroffen sind. Das ist ohne den Beitrag und die Mitwirkung von Frauen nicht möglich. In vielen diakonischen Bereichen sind ausschließlich oder fast ausschließlich Frauen tätig. »Vorwiegend Frauen – und kaum Männer – erklären sich bereit, Sterbende zu begleiten. Bei der Ulmer Hospizbewegung zum Beispiel kümmern sich neben dreißig Frauen nur zwei Männer um die Schwerkranken und die Sterbenden.«[14]

VII. Ein Dienst in der Gemeinschaft der Glaubenden

Das Konzil hat den amtlichen Dienst in enge Verbindung mit der Verantwortung aller Glaubenden in der Kirche gerückt. In Lumen Gentium, Artikel 33, erscheint die innere Nähe zwischen geweihten Amtsträgern und anderen Glaubenden, die an der Heilssendung der Kirche teilnehmen, als wesentliches Moment für das Gelingen des amtlichen Dienstes. Das gilt auch für die Ständigen Diakone. Sie brauchen für die Fruchtbarkeit ihres Dienstes den Austausch mit Christinnen und Christen, die um die Bedeutung der inneren Einheit von Diakonie und Liturgie wissen und sie mit ihren Fähigkeiten und Kompetenzen fördern. Das Missionsdekret »Ad Gentes« spricht in Verbindung mit der Erneuerung des Ständigen Diakonats auch vom Amt der Katechisten (AG 15; 16). Papst Paul VI. hat auch die durch »institutio« übertragenen Dienste Lektorat und Akolythat in engem Zusammenhang mit dem Ständigen Diakonat gesehen. Das Motuproprio »Ministeria quaedam« und das Motuproprio »Ad pascendum« sind zum gleichen Datum, am 15. August 1972, veröffentlicht. Die beiden neu geordneten Dienste sollen unmittelbar und dauernd in der Kirche wirksam werden und nicht mehr den Kandidaten für die Weiheämter vorbehalten bleiben. Leider sind diese Dienste inzwischen aber doch wieder auf Durchgangsstationen zum Weiheamt reduziert – wohl deshalb, weil auch sie bislang Frauen nicht zugänglich sind. Auch Lektorat und Akolythat fördern die Verbindung zwischen liturgischen und diakonischen Aufgaben. Besonders deutlich kommt das in der Feier der Institutio der Akolythen zum Ausdruck. Ihr Dienst bezieht sich auf die Eucharistie. Deshalb sollen sie »aufrichtige Liebe zum Leib des Herrn« haben, und so auch »zum Volk Gottes, besonders zu den Armen und Kranken«[15]. »Der Akolyth, der ja in besonderer Weise für den Altardienst bestimmt ist, möge sich alles das aneignen, was mit dem amtlichen Gottesdienst in Zusammenhang steht.« Gleichzeitig »möge er in aufrichtiger Liebe mit dem Mystischen Leib Christi, dem Gottesvolk, vor allem mit den Schwachen und Kranken, verbunden sein.«[16] Gott bezieht unser alltägliches Mühen um den Glauben, der in der Liebe fruchtbar wird, in seine Kommunion mit uns ein. Und am Ende, in der Neuen Stadt, wird alles neu lebendig sein, was Menschen, oft mitten in Krieg und Gewalt, einander geschenkt habe an Gerechtigkeit und Güte, an Liebe und Treue.

Anmerkungen

1 »In allem wie das Auge der Kirche« – 25 Jahre Ständiger Diakonat in Deutschland. Festvortrag bei der Jahrestagung der Arbeitsgemeinschaft Ständiger Diakonat im Maternushaus in Köln.

2 Die Rede wurde zuletzt in Auszügen wiedergegeben in: Christ in der Gegenwart 47 (1995) 51, 424.

3 Bischof Karl Lehmann, Vom Dialog als Form der Kommunikation und Wahrheitsfindung in der Kirche heute. Eröffnungsreferat bei der Herbstvollversammlung der Deutschen Bischofskonferenz in Fulda, 19. September 1994.

4 Bischof Karl Lehmann, a.a.O. Vgl. auch: K. Lehmann, Evangelium und Dialog, in: ders., Glauben bezeugen, Gesellschaft gestalten, Freiburg/Basel/Wien 1993, 316–327.

5 Von LG 8 her bestehen besonders enge Verbindungen zu »Sacrosanctum Concilium« 2 und 5.

6 Dokumentiert in: Herder-Korrespondenz 49 (1995), 133f.

7 Lehmann, Evangelium und Dialog, a.a.O. 322.

8 H. Kramer/M. Morche, Caritas und Diakonatsbewegung in der ersten Phase (1905–1992), in: Diaconia Christi 29 (1994), 23. Der Aufsatz beruht auf Forschungen im Archiv des Deutschen Caritasverbandes. Die eingeschlossenen Zitate stammen von Pater Otto Pies SJ.

9 G. L. Müller, Theologische Überlegungen zur Weiterentwicklung des Diakonats, in: Münchener Theologische Zeitschrift 40 (1989) 132.

10 Vg. E. M. Faber/G. Greshake, Art. »Diakon« II/V, in: LThK, Bd. 1, 3. Auflage, Freiburg 1993.

11 Testamentum Domini; dieser Text kann als Beispiel für viele andere stehen. Vgl. B. Fischer, Dienst und Spiritualität des Diakons. Das Zeugnis einer syrischen Kirchenordnung des 5. Jahrhunderts, in: J. G. Plöger/H. J. Weber (Hrsg.), Der Diakon. Wiederentdeckung und Erneuerung seines Dienstes, Freiburg 1980, 263–273; I. Doens, Ältere Zeugnisse über den Diakon aus östlichen Kirchen; W. Croce, Aus der Geschichte des Diakonates, in: K. Rahner/H. Vorgrimler (Hrsg.), Diaconia in Christo. Über die Erneuerung des Diakonates, Freiburg 1962, 31–56 und 92–128; E. M. Faber, Art. »Diakon« II, in: a.a.O.

12 Vgl. LG 1; P. Hünermann, Diakonat – Ein Beitrag zur Erneuerung des kirchlichen Amtes?, in: Diaconia Christi 29 (1994), 13–22.

[13] LG 35; vg. 11; 41; AA 11; GS 47–52.
[14] In: Christ in der Gegenwart 47 (1995) 428.
[15] Pontifikale für die katholischen Bistümer des deutschen Sprachgebiets, Bd. III, 1994.
[16] Papst Paul VI., Motuproprio »Ministeria quaedam« vom 15. August 1972, VI.

GERTRUD POLLAK

Profil mit Ecken und Kanten

Zum heutigen Selbstverständnis der Ausbildung von Gemeindereferentinnen und -referenten in Seminarform

Nicht nur Bischof Karl Lehmann ist es vergönnt, im Frühjahr 1996 einen runden Geburtstag zu feiern. Das »Seminar am Römerwall« ist ein Jahrzehnt jünger als der Bischof, in dessen Trägerschaft es steht. Die Fachakademie kann auf ein halbes Jahrhundert der Ausbildung für einen pastoralen Laienberuf zurückblicken: Etwa 500 Seelsorgehelferinnen, später Gemeindereferentinnen und Gemeindereferenten haben sich in diesem Zeitraum auf ihr späteres Wirkungsfeld vorbereitet. Natürlich haben die Umbrüche in Kirche und Gesellschaft zwischen 1946 und 1996 Anlaß zu manchen Veränderungen im Berufsbild sowie in der Ausbildungsordnung gegeben. Mehrere Ausbildungswege mit unterschiedlichen Akzentsetzungen bereiten mittlerweile auf pastorale Berufe vor. Im Blick auf die Anforderungen einer künftigen »kooperativen Pastoral«, zu der nicht zuletzt Bischof Lehmann selbst in jüngster Zeit als Frucht jahrzehntelangen Nachdenkens und viel Erfahrung im unmittelbaren Gemeindekontakt wertvolle Anstöße gegeben hat[1], stehen neue Aufgaben ins Haus. Für uns ist das Jubiläumsjahr darum auch eine Gelegenheit zur Reflexion und zur Neuorientierung.

I. Ein »Seminar« als Teil der Bildungslandschaft

Bei der Suche nach einem Ausbildungsweg für künftige pastorale Mitarbeiterinnen vor 50 Jahren legte es sich nahe, eine Form zu wählen, die von anderen pädagogischen oder caritativen Berufen bekannt war. Pädagogik lernte man im Lehrer(innen)seminar[2], soziales Arbeiten im Seminar für Fürsorgerinnen. Verwandtes zeigte sich auch dadurch, daß künftige Seelsorger, ergänzend zu den Hochschulen, in Priesterseminaren ausgebildet wurden. Der Akzent lag jeweils nicht allein auf der Wissensvermittlung, sondern auf dem gesamtmenschlichen Erziehungsprozeß. Seminarien waren »Pflanzstätten«[3], in denen durch geprägte Atmosphäre und Konzentration auf den Bildungsvorgang geistiges, humanes und geistliches Wachstum ermöglicht werden sollte.

Die Bildungslandschaft hat sich in den vergangenen drei Jahrzehnten enorm verändert. Der Begriff »Seminar« erhielt in der durchschnittlichen Wortverwendung semantische Akzente. Er ist gängige Umschreibung für ein »Hochschulinstitut« und eine Form »universitärer Lehrveranstaltung«, ebenso für eine »geistliche Bildungsanstalt« (z.B. Priesterseminare)[4]. Darüber hinaus enthält der Anzeigenteil von Tageszeitungen und Magazinen eine breite Palette außeruniversitärer Seminarangebote: Tages- und Wochenveranstaltungen – von Atemtechnik bis Zeitplanung.
Berechtigterweise stellt sich die Frage, ob auf diesem Hintergrund eine kirchliche Seminarausbildung (für Laien und künftige Priester) heute verantwortbar und sinnvoll ist. Es werden Ecken und Kanten beklagt, an denen sich manche stoßen. Als Leiterin einer solchen Ausbildungsstätte gilt es deshalb schon zu fragen, ob diese Reibungspunkte darum in jedem Falle auch veraltet und aus dem Weg zu räumen sind.

II. Traditionsverhaftet oder zeitgemäß?

Kaum läßt sich eine solche Frage ohne klärende Kriterien entscheiden. Doch ist es überhaupt die richtige Fragestellung? Die Bemühungen der bereits 1949 gegründeten Seminarleiterkonferenz[5] belegen, daß seit dem Bestehen des ersten Ausbildungsinstitutes[6] die Verantwortlichen gezielt darauf aus waren, pastorale Entwicklungen wach zu beobachten. Während der Seminarausbildung sollte die Vorbereitung auf den Beruf diese Prozesse praxisnah integrieren. Es galt, für die Qualifizierung der künftigen Mitarbeiter/innen und die Profilierung des Berufsbildes stets neu flexibel auf Veränderungen zu reagieren. Leiterinnen und Leiter von Seminaren waren intensiv an den wesentlichen Weichenstellungen der Ausprägung des Berufes der/s Gemeindereferentin/ten beteiligt.[7] Für manche neuralgischen Punkte in der Entwicklung des Berufes ließe sich zeigen, daß die stets bestimmende Leitidee für die Ausbildung die Ausrichtung am Heute für das Morgen war, unter Bewahrung von Bewährtem.[8] Beschäftigt man sich beispielsweise mit den Studieninhalten und Lehrformen der Fachakademie[9] in Mainz, läßt sich unschwer zeigen, daß dieses Seminar in hohem Maße darum bemüht war und ist, anknüpfend an Bewährtes, traditionsverbunden *und* (nicht oder!) zeitgemäß auf den Berufsalltag vorzubereiten.
Bedenkt man heute die geschichtlich gewachsenen Ausbildungs-

wege, stößt man auf genauso gute Gründe für die Entstehung der zweiten Ausbildungsform über die Fachhochschulen, in Mainz 1972. Den Bistumsleitungen der Trägerdiözesen war es wichtig, die Gesamttendenzen der Bildung ernst zu nehmen und für die kirchliche Landschaft integrativ zu nutzen. Bekannte und neue Gründe bewogen dann 1975 den damaligen Bischof von Mainz, Kardinal Hermann Volk – entgegen der ursprünglichen Absicht – zu seiner Entscheidung für die Beibehaltung des Seminars in Mainz neben der Katholischen Fachhochschule. Ein Motiv dafür galt denen, die kein Abitur hatten und Gemeindereferentin werden wollten. Gerade die Zugangsvoraussetzung einer abgeschlossenen Berufsausbildung für das Seminar und die damit gegebenen Erfahrungen wurden als wertvoll betrachtet für die spätere pastorale Arbeit.[10] Ein zweites Motiv war die Überzeugung, daß der dort ganzheitlich angelegte Bildungsvorgang in hohem Maße den Anforderungen der späteren Tätigkeit entspricht. Dies durch die konkrete Lehrpraxis zu belegen und das Bemühen, das jeweils eigene Profil prägnant herauszuarbeiten, ist konsequenterweise die Aufgabe, die sich aus der Wahlmöglichkeit zwischen zwei Ausbildungswegen ergibt und heute neu stellt.

III. Aktuelle Umbrüche

Die Notwendigkeit der Profilierung ergibt sich derzeit sehr aktuell nochmals aus ganz anderen Gründen. Seit Mitte der achtziger Jahre gehen die Bewerbungen um Ausbildungsplätze allgemein spürbar zurück. Gleichzeitig stellt die momentan komplexe gesellschaftliche und kirchliche Situation immer vielfältigere Anforderungen an die Gemeindereferentinnen/ten. Die Verweildauer im Beruf ist merklich kürzer. Deshalb muß die Ausbildung aus inhaltlichen, strukturellen und ökonomischen Gründen neu kritisch in den Blick genommen werden. Eine Situation des Umbruchs schenkt die Chance der Vergewisserung und der Neuorientierung.
Um diese Situation ernst zu nehmen und zu nutzen, beschäftigt sich die Seminarleiterkonferenz seit einigen Jahren mit diesen Entwicklungen und versucht, sie gezielt auszuwerten. In einem Arbeitspapier, das als Konsensdokument aller acht Ausbildungsstätten erarbeitet wurde, legten die Leiterinnen und Leiter 1993 ihre »Überlegungen zur Ausbildung von Gemeindereferenten/innen«[11] den bundesweit für die Ausbildung und den Berufseinsatz Verantwortlichen vor. »Kernfragen der Überlegungen sind: Welche Mitarbei-

ter/innen brauchen die Gemeinden? Auf welche Weise können junge Menschen dazu ausgebildet werden?«[12] Der Seminarleiterkonferenz geht es dabei »zum einen weiterhin um eine qualifizierte Ausbildung, die der Rahmenordnung und den heutigen Bedingungen Rechnung trägt; zum anderen um den Erhalt jener Werte, die sich in der Tradition der Seminare bewährt haben und um die sich die Ausbildung auch heute müht.«[13] Unter dieser Prämisse stellt das Dokument Grundzüge und Einzelaspekte zu Werten der Seminarausbildung dar. Mit ihm sollte ein breit angelegtes Gespräch beginnen. Auch drängte die Überzeugung, daß die angeführten Gesichtspunkte im Blick auf die Berufswirklichkeit unverzichtbare Elemente darstellen. »Als Grundsatzfrage für die Verantwortlichen auf allen Ebenen ergibt sich: Auf welchen Ausbildungswegen können diese Werte vermittelt werden? Um alle vorhandenen Berufungen für pastorale Dienste im Bereich der Kirche zu fördern, muß darauf geachtet werden, daß eine angemessene Bandbreite an Ausbildungswegen gegeben ist. Leitendes Motiv soll ›der Auftrag der Kirche in der Welt von heute‹ (GS) sein und nicht der Wunsch nach Selbsterhaltung einzelner Ausbildungsstätten / Fachbereiche und/oder die kurzfristige Gewinnung von Mitarbeiter/innen zur Erhaltung vorhandener pastoraler Strukturen.«[14] Wenigstens einige Grundzüge im Ausbildungsprofil der Seminare sollen skizziert werden.

IV. Profilskizze – Unverzichtbare Werte der Seminarausbildung

Als Ziel des Studiums definiert die Studienordnung des Mainzer Seminars: »Die Fachakademie vermittelt auf wissenschaftlicher Grundlage eine praxisbezogene Ausbildung zu selbständigem, kooperativem und verantwortlichem Handeln in Gemeindepastoral und Religionspädagogik. Sie schafft Rahmenbedingungen, damit sich personale und geistliche Reife weiter entfalten können, und hilft, eine pastorale Befähigung zu entwickeln.«[15] Im erwähnten Arbeitspapier der Seminarleiterkonferenz sind Einzelaspekte zur Erreichung dieses Zieles und zu den unverzichtbaren Werten der Seminarausbildung bedacht. Wenigstens die zwei durchgängigen Dimensionen seien kurz skizziert.

1. Betont auf Ganzheitlichkeit angelegt

Weil die Seminarausbildung an Fachakademien und Fachschulen

für Gemeindereferentinnen/ten zu einem pastoralen Laienberuf qualifizieren will, der an die einzelnen hohe menschliche Anforderungen stellt, muß die Ausprägung der Gesamtpersönlichkeit der/s Studierenden im Bildungsgeschehen auch strukturell berücksichtigt werden. Drei leitende Prinzipien stehen deshalb bei diesem Ausbildungstyp im Hintergrund: »Das Studium umfaßt: 1. Förderung intellektueller Fähigkeiten und Wissensvermittlung in Theologie und Humanwissenschaften, 2. Förderung der persönlichen Reife und 3. Förderung des spirituellen Lebens.«[16] Entscheidend für die Effektivität ist, daß in allen drei Bereichen angemessene, verbindlich nachzuweisende Anforderungen geklärt sind.

2. Wissen fundieren in Theorie und Praxisbezug

Weil sich die Seminarausbildung sehr ausdrücklich als Vorbereitung auf einen konkreten kirchlichen Beruf versteht, ist sie in hohem Maße praxisorientiert und berufsbezogen angelegt. Die Dozierenden müssen deshalb, zusätzlich zu ihrer eigenen wissenschaftlichen Aus- und Weiterbildung, berufliche Praxiserfahrungen in ihre Lehrtätigkeit integrieren. Damit ist auch ein spezifischer didaktischer Akzent gegeben, der bei den kleinen Studentengruppen in intensivem sachlichem und persönlichem Austausch zwischen Lehrenden und Lernenden fruchtbar werden kann. Gerade auch dialogische Formen der Wissensvermittlung sind eine Chance, weil nicht nur die von den Lehrenden vorgestellten Inhalte im Mittelpunkt stehen, sondern auch die Kenntnisse der Studierenden aufgrund ihrer beruflichen Vorerfahrungen. »Größtmöglicher Praxisbezug und wissenschaftliche Orientierung aller Lehrveranstaltungen sind didaktisches Prinzip. Besondere Chancen in der Umsetzung dieser Prinzipien bietet das Seminar, das Leben in Gemeinschaft.«[17]

V. Anstöße durch Ecken und Kanten

Als ich vor sieben Jahren – nach einer Phase wissenschaftlichen Arbeitens, einer Tätigkeit als Bildungsreferentin dann direkt von der Basis der Gemeindearbeit kommend – meine Arbeit im Mainzer Seminar begann, geschah das nicht ohne Skepsis und Anfragen an meine Aufgabe, speziell in dieser mir nur vage bekannten Ausbildungsform. Bischof Lehmann ließ viel Raum für Veränderungen und begleitete die Suchbewegungen mit wachem Interesse. Meine persönlichen Erfahrungen nach nunmehr siebenjähriger Leitungsaufgabe zeigen mir, daß es sich lohnt, genauer auf die Werte und Entfaltungsmöglichkeiten heutiger Seminarausbildung zu schauen. Nicht die Brille eigener Erlebnisse vor Jahren oder vermeintliche Segmentkenntnisse und Beobachtungen von außen sind die ganze Wirklichkeit. Leider gelingt es nicht immer, ohne solche Brille auf die aktuelle Realität zu schauen. Kritische Anfragen helfen klären. Einige immer wieder geäußerte Infragestellungen der Seminarausbildung sollen deshalb exemplarisch bedacht sein.

1. Verbindlichkeit oder: realistisch hält länger

Gegenwärtig erregen auch reflektierte und begründete Vorgaben klarer Verbindlichkeiten, die öffentlich aufgestellt und eingefordert werden, vielfach Widerstand – Verbindlichkeiten werden als Kanten empfunden, an denen man sich notwendigerweise zunächst stoßen muß. »Freiheit von« ist gefragt. Akzeptanz ist leichter, wenn etwas auch emotional als stimmig und »rund« empfunden wird. Eine zeitgemäße Ausbildung für heutige Pastoral hat das ehrfürchtig zu gewichten. Sie wird sich allerdings gleichzeitig der Tatsache stellen müssen, daß der Beruf der/s Gemeindereferentin/ten in mehrfacher Weise hohe Verbindlichkeit(en) von den einzelnen fordert – z.B. in der persönlichen Lebensführung, der Bereitschaft zu über das Minimum hinausgehendem Engagement, zu persönlicher Gläubigkeit und Glaubwürdigkeit und manchem mehr. Allein deshalb, weil dies gesellschaftlichen Trends eher zuwiderläuft und heutigen Studierenden nicht leicht fällt, kann es nicht angemessen sein, in der Ausbildung zu diesem Beruf so zu tun, als ob es fast unbegrenzt freie Spielräume gäbe. Welche Gründe gibt es, innerhalb der Ausbildung so lange als irgend möglich mit Verbindlichkeiten hinter dem Berg zu halten oder sie eher zurückzunehmen? Wer heute auf dem anspruchsvollen Weg in einen kirchlichen Beruf ist, sollte nicht um die Realität betrogen werden.

2. Entscheidung oder: entdecken und klären, wohin der Weg geht

Ein erster Schritt auf dem Weg realitätsbezogener Ausbildung ist ein möglichst intensives Bewerbungsverfahren. In ihm sollte deutlich werden, daß die Entscheidung für einen kirchlichen Beruf gut informiert und sehr bewußt zu treffen ist. Die getroffene Wahl gilt es während des Bildungsprozesses mehrfach zu überprüfen und in der persönlichen Entfaltung zu vertiefen. Auch die Dozierenden müssen zu dieser immer neuen Vergewisserung aus ihrer Perspek-

tive mithelfen. Lebendiger Kontakt, Gespräch und persönliche Rückmeldungen gehören zur Aufgabe eines Ausbildenden. Die Studienordnung der Fachakademie Mainz sieht als einen Fixpunkt hierzu beispielsweise vor, daß zusätzlich zu den bestandenen Zwischenprüfungen erst eine Empfehlung der Dozentenkonferenz die Zulassung zum Hauptstudium bewirkt.[18] Die dahinterstehende Motivation ist einerseits, die erforderliche berufliche Qualifikation über das in Noten Meßbare hinaus zu erheben. Ausschlaggebend aber ist das Hauptziel, mit den einzelnen in ihrem persönlichen Klärungsprozeß auf dem Weg zu sein und unterstützend oder bremsend die getroffene Berufsentscheidung immer neu zu verlebendigen und konkretisieren zu helfen.
Daß solches Vorgehen unangemessen oder gar anstößig sei, wird häufig durch den Einwand untermauert, man müsse auch Unentschiedenen eine Möglichkeit geben, sich zu finden. Diese grundsätzlich zweifellos richtige Forderung muß der Frage standhalten, weshalb dieser Prozeß erst innerhalb der Ausbildungsstätten geschehen soll. In einer Gesellschaft, in der immer mehr Menschen mit geringer religiöser und kirchlicher Sozialisation heranwachsen, muß Kirche sehr wohl über propädeutische Wege nachdenken, die zu einer Entschiedenheit begleiten, aber dies nicht, indem die Verbindlichkeit innerhalb der Ausbildung zurückgenommen wird. Weshalb sonst unterhält jede deutsche Diözese über die Gemeinde- oder Jugendpastoral hinaus eigene Beauftragte in den Informationsstellen für Berufe der Kirche, die solche Wegstrecken begleiten? Ein »ich probier halt mal – Studienantritt« behindert für den Ausbildungsvorgang notwendige Konfrontationen und schiebt unerläßliche Entscheidungen immer weiter hinaus. Das verzögert die Auseinandersetzung mit Konsequenzen teilweise bis in die beginnende Berufspraxis hinein – und das mit denkbaren und bekannten Folgen... Das heißt freilich trotzdem, daß für persönlichkeitsbedingte Reifungsphasen oder katechumenale Aufholschritte genügend Raum sein muß. Gerade das relativ enge Miteinander von Lehrenden und Lernenden in einer Seminargemeinschaft ermöglicht individuell ausgerichtete Absprachen, die in solchen Situationen flexibel und unkonventionell auf die Vorgänge reagieren helfen.

3. Miteinander oder: Freiheit durch Motivationsarbeit

Damit im Ausbildungsprozeß intensive Auseinandersetzung passiert, ist ein Mindestmaß an innerer und äußerer Nähe unerläßlich. Die Umschreibung »miteinander lernen, leben, glauben« steht für das, was in den Gegebenheiten einer Seminarausbildung provozierender und förderlicher Alltag ist. Die relativ kleinen Zahlen ermöglichen solches Miteinander von Lehrenden und Lernenden. Die Seminargemeinschaft bietet ein besonders weites Übungsfeld für die Umsetzung von theologischer Lehre hin zu christlicher Lebenspraxis. Grundlage ist die gegenseitige Akzeptanz und gesunde Toleranz. Auf dieser Grundlage gilt es, die Situation des/r einzelnen genauso im Blick zu haben wie das Ausbildungsziel, das erreicht werden soll. Rückmeldungen und gegenseitige Ermunterung und Korrektur sind Schritte dorthin. Der dabei geforderte Umgang mit Verbindlichkeiten ist nicht eine Form der Domestizierung, sondern zutiefst eine Frage der Motivierung. Die bewußtmachende Einforderung einer mit dem Studienplatz akzeptierten Vorgabe ist keine Frage bloßer Pflichterfüllung. Der Schlüssel ist Motivationsarbeit bei den Studierenden, das heißt konkret: wenn eine Verpflichtung nicht eingesehen oder eingegangen wird, soll eine gezielte Rückfrage die Argumente erheben, die diese Entscheidung herbeigeführt haben. Die Freiheit einer erwachsenen Persönlichkeit wird dadurch nicht eingeschränkt, sondern in den akzeptierten Rahmenbedingungen aktualisiert.

4. Selbständigkeit oder: mittendrin stehen lernen

Mit dem gemeinsamen Wohnen im Seminar ergeben sich hohe Anforderungen an die einzelnen. Genau besehen erfordert es ein hohes Maß an Selbständigkeit und Konfliktfähigkeit, sich den alltäglichen Herausforderungen durch andere Lebensgewohnheiten, Mentalitäten und Bedürfnissen nicht einfach entziehen zu können, sondern mittendrin Eigenstand entwickeln zu müssen. Nach dem Lehrbetrieb weggehen können, eher mit denen verkehren, die auf derselben Wellenlänge schwimmen, ist sicher einfacher. Das stets geforderte Wechselspiel zwischen Einbringen und Abgrenzen, die notwendige gesunde Klärung von Distanz und Nähe kostet Energie und kann zeitweise auch mißlingen. Die Chance, im Seminar ein dichtes Netz an tragenden persönlichen Beziehungen aufzubauen, ist zweifellos für viele überaus förderlich. Gleichzeitig bleibt bewußt darauf zu achten, daß andere Beziehungen lebendig bleiben, vor allem auch für die Zeit, wenn die einzelnen später im Beruf wieder allein stehen. Die Einübung dieser Auslotung ist aber für die spätere Berufstätigkeit keineswegs unerheblich.
Dabei gilt es auch, möglichen Gefährdungen dieser Lebensform gezielt entgegenzuwirken. Der Austausch über die Erfahrungen in

sehr unterschiedlichen Erstberufen, über die Motive, sich aus den gewohnten Bahnen herauszuwagen – schon das hält ein ungeheures Spektrum an konkreter gesellschaftlicher Lebenswirklichkeit präsent. Theorien aus den Elfenbeintürmen abgehobener Gelehrsamkeit können nicht allzuschnell landen. Mögliche Ansätze zu geistiger Abschottung stoßen bald auf die oft auch provokanten Herausforderungen einer engen räumlichen Nähe. Während der Semesterwochen steht der zweifellos angenehmen Unterstützung bei alltäglichen Aufgaben der Lebensführung – etwa durch vorbereitete Mahlzeiten – ein umfängliches, nicht fakultatives Lehrprogramm gegenüber. Ökonomischer Umgang mit der eigenen Zeit ist da ein wichtiges Lernfeld.

VI. Bildung für pastorale Berufe von heute

Noch manche Schwierigkeit und Gefährdung der Seminarausbildungsform wäre zu nennen, ebenso aber auch manche besonderen Chancen derselben gerade für heute. Beides markiert die Umrisse des vorhandenen Profils. Der sorgfältige Blick auf manche Hintergründe sollte abrundend noch einmal die tieferen Wurzeln benennen, ohne die wohl keine der heute möglichen Ausbildungsformen sachgerecht auf den pastoralen Alltag vorbereiten hilft.

- Ein Studium für den Beruf der/s Gemeindereferentin/ten kann nicht auf gleichsam neutralem Boden geschehen. Es braucht die Orientierung an einem Ziel, das in diesem Fall unabdingbar Licht und Schatten kirchlicher Wirklichkeit als Rahmen hat.
- Die Motivation für diesen Beruf läßt sich nicht an den statistischen Erhebungen einer Behörde messen, die Berufschancen oder mangelnde Stellen diagnostiziert. Grund zum Start ist eine göttliche Initiative, die Berufung zum Beruf.
- Die Einhaltung von Eignungs- und Anforderungsmerkmalen muß bei Lehrenden und Studierenden während des Ausbildungsprozesses offenbar werden. Das angezielte Maß kann aber nicht durch einzelne Leistungen erreicht werden, sondern die Gesamtpersönlichkeit der/s individuellen künftigen Mitarbeiterin/ters muß im Blick sein. Deshalb ist ein ganzheitlich angelegter Ausbildungsprozeß, der bei wenig Einschränkungen durch staatliche Vorgaben sehr schnell Wege wählen und bahnen kann für aktuell notwendige Veränderungen, das Gebot der Stunde.
- So richtig es war und ist, Ausbildungsgänge für kirchliche Berufe möglichst ins Gesamt des Bildungssystems einzubinden, so deut-

lich wird auch, daß sich die Verantwortlichen in der Kirche heute neu entscheiden müssen. Wie ernst nimmt sich Kirche selbst in den Anforderungsprofilen ihrer Ausbildungsgänge? Wie weit läßt sie sich fast automatisch einengen, wenn gesetzgeberisch übertüncht zu werden droht, was als Spezifikum eines kirchlichen Berufes zu wahren wäre? Angesichts sinkender finanzieller Möglichkeiten, künftig beliebig viele pastorale Mitarbeiter bezahlen zu können, stellt sich sicherlich ernst die Frage, welche Konturen diese Mitarbeiter/innen mitbringen müssen. Ist die Kirche heute nicht auch in Gefahr, zu schnell ihre Bildungshoheit abzugeben und nicht umfassend genug zu ihrem Eigenen zu stehen?

Die Entstehung des Berufes der Gemeindereferentinnen/ten erinnert daran, daß damals eine Ortskirche sehr wohl den Mut hatte, unpopuläre Wege zu gehen, gerade weil sie sich selbst mit ihrer Botschaft und ihrem Auftrag ernst genommen hat. Stellt sich nicht diese Herausforderung, Profil – auch mit Ecken und Kanten – zu zeigen, für Ausbildungsstätten und Leitungsgremien 50 Jahre danach provozierend neu?

Anmerkungen

1 Vgl. K. Lehmann, Die Zukunft der Seelsorge in den Gemeinden. Zur Planung einer kooperativen Pastoral im Bistum Mainz (= Mainzer Perspektiven. Wort des Bischofs 1), Mainz 1995.

2 Vgl. z.B. U. Sandfuchs, Lehrer (hist.) – (Lehrerbildung) in: W.S. Nicklis (Hrsg.), Handwörterbuch der Schulpädagogik, Bad Heilbrunn 1975, 159–162. Auf Differenzierungen und regionale Unterschiede kann hier nicht eingegangen werden.

3 Abgeleitet von lat. seminarium »Pflanzenschule«

4 Vgl. z.B. Duden, Bedeutungswörterbuch oder einschlägige Lexika.

5 Konferenz der Leiter/innen von Seminaren, Fachschulen, Fachakademien zur Ausbildung von Gemeindereferentinnen/ten in Deutschland und Österreich.

6 Seminar in Freiburg im Brsg., gegründet 1928; vgl. R. Birkenmaier (Hrsg.), Werden und Wandel eines neuen kirchlichen Berufes, Freiburg 1989.

7 Vgl. den Abriß für 1949–1989 von C. Hentschel, Die Seminarleiterkonferenz. Von der »Arbeitsgemeinschaft der Schulen und Schulungsstätten für berufliche Seelsorgehilfe« zur »Konferenz der Leiter der Seminare für Gemeindepastoral und Religionspädagogik«, als Manuskript gedruckt, Mainz 1991. Cäcilie Hentschel war Leiterin des Mainzer Seminars von 1972 bis 1989.

8 Vgl. z.B. die Beschreibung der Ausbildungsentwicklungen im Umkreis des Va-

tikanum II bis zur Würzburger Synode und danach bei B. Albrecht. Zur hauptberuflichen Mitarbeit von Frauen im pastoralen Dienst – Probleme in früheren Zeiten und Wurzeln für fruchtbare Arbeit; als Manuskript gedruckt 1995. Barbara Albrecht war von 1962 bis 1969 Leiterin des Seminars in Elkeringhausen, dann Münster.

9 Um der klaren Einordnung in das deutsche Bildungssystem willen wurde 1994 die Ausbildungsstätte umbenannt. Die rechtliche Kategorie ist mit der Bezeichnung »Fachakademie« angezeigt (der bisherige Untertitel »Fachschule« assoziiert heute einen dem Seminar nicht entsprechenden Ausbildungstyp). Die Beibehaltung der Seminarausbildung zeigt der Untertitel an.

10 Diese Zugangsvoraussetzung gilt in Mainz auch heute noch. Hier werden, im Unterschied zu anderen Seminaren, Bewerber/innen mit Abitur oder Fachhochschulreife nur aufgenommen, wenn sie zusätzlich eine Berufsausbildung nachweisen.

11 Arbeitspapier der Seminarleiterkonferenz, Überlegungen zur Ausbildung von Gemeindereferenten/innen; als Manuskript gedruckt, Wien 1993.

12 Ebd. 1.

13 Ebd.

14 Ebd. 4.

15 Studienordnung Nr. 2, Veröffentlicht in: Kirchliches Amtsblatt Mainz 137 (1995) Nr. 4, 31–32.

16 Ebd.

17 Ebd.

18 Kirchliches Amtsblatt, a.a.O. Nr. 5.

Elisabeth Hönig

»Freut euch mit den Fröhlichen und weint mit den Weinenden!« (Röm 12,15)

Der pastorale Dienst aus der Sicht einer Familienfrau

I. Grundsätzliche Überlegungen

»Das II. Vatikanische Konzil hat durch die Beschreibung der Kirche als Volk Gottes und als Gemeinschaft der Schwestern und Brüder Jesu Christi wichtige Akzente für unser heutiges Kirchenverständnis gesetzt. Es betont die Teilhabe aller Getauften und Gefirmten am Dienst Jesu Christi zum Heil aller Menschen. Alle Christen sind kraft dieses gemeinsamen Priestertums befähigt zum Glaubenszeugnis, zum Dienst der Nächstenliebe, zur Feier des Gottesdienstes und zur Mitwirkung am Leitungsdienst. Insbesondere in den Konzilsdokumenten über die Kirche (Lumen Gentium) und über die Kirche in der Welt von heute (Gaudium et Spes) wird deutlich, daß sich die Gestalt der kirchlichen Sendung unter der Führung des Geistes erneuern muß, damit in einer rasch sich verändernden Welt das Evangelium zeitgemäß bezeugt werden kann.« Mit diesen Worten beschreiben die deutschen Bischöfe den Ausgangspunkt ihrer Stellungnahme zum pastoralen Dienst in der Pfarrgemeinde vom 28. September 1995 (I.1.1.). In diesem durch das Konzil erneuerten Verständnis von Kirche, das wieder neu zum Bewußtsein bringt, daß »die Kirche als ganze ... Subjekt des ihr von Jesus Christus anvertrauten Heilsdienstes« ist (ebd. 1.2.), wurzeln auch die neuen pastoralen Dienste von Laien, die sich vor allem im deutschsprachigen Raum seit dem Konzil entwickelt haben. Sie sind also nicht nur als Notlösung angesichts des sich verschärfenden Priestermangels, sondern als Folge dieser theologischen Einsicht entstanden.

Sowohl das Konzil (vgl. LG 31) als auch die Gemeinsame Synode der Bistümer in der Bundesrepublik Deutschland (Beschluß: Dienste und Ämter) betonen, daß den Laien der »Weltcharakter« in besonderer Weise zu eigen ist. Damit ist keiner simplen Trennung von Welt- und Heilsdienst das Wort geredet, sondern vielmehr der Ort angegeben, an dem Männer und Frauen ihre christliche Existenz und ihre Sendung verwirklichen sollen. Mit den Worten des Synodenbeschlusses ausgedrückt, ist es Aufgabe der Laien, »das soziale Milieu, Beruf und Freizeit, Mentalität und Sitte, Gesetz und Strukturen der Gesellschaft durch Wort und Tat mit dem Geist Jesu Christi zu durchdringen« (Dienste und Ämter, 3.1.1.). Umgekehrt sollen die Laien »vor allem ihre eigenen Erfahrungen und die Probleme der heutigen Gesellschaft in das Leben der Gemeinden einbringen und dafür sorgen, daß diese lebendig und offen bleiben für die vielfältigen Fragen und Nöte der Menschen« (ebd.).

Diese Ortsbestimmung gilt natürlich zunächst für alle Frauen und Männer, die durch Taufe und Firmung am gemeinsamen Priestertum aller Gläubigen Anteil haben. Darüber hinaus ist sie aber auch die Grundlage für das Berufsbild und das Selbstverständnis der Laien im pastoralen Dienst. Viele Fragen, die dieses Selbstverständnis betreffen, sind jedoch auch zwanzig Jahre nach der Einführung des Berufs der Pastoralreferenten/innen noch nicht endgültig geklärt. Manch einem mag dies vielleicht als ein Defizit erscheinen. Ich halte es dagegen vielmehr für eine notwendige Konsequenz aus der oben beschriebenen Ortsbestimmung. Aus ihr folgt doch, daß der pastorale Dienst der Laientheologen der Situation, der Zeit und den Menschen gerecht werden muß. Wenn man diese Geschichtlichkeit ernst nimmt, wird deutlich, daß zwar viele strukturelle Fragen prinzipiell geklärt sein müssen, daß aber in die konkrete Ausgestaltung des Berufsbildes immer wieder die Erfahrungen einbezogen werden müssen, die Männer und Frauen in der Ausübung ihres Dienstes vor Ort machen. Deshalb wird nie ein einheitliches Bild entstehen können, denn sowohl die Wirklichkeit an den Einsatzorten (Situation, Zeit, Menschen), als auch die Erfahrungen, die die Männer und Frauen im pastoralen Dienst aufgrund ihrer Biographie mit einbringen, werden sich immer stark unterscheiden. Der offene und kritische Dialog, der beide Pole – die Realität der Gemeinden und die biographische Komponente – berücksichtigt, wird am ehesten der Aufgabe dienen, mitzuwirken, daß die Kirche ihrer Sendung in der Welt von heute gerecht werden kann.

Diese grundsätzlichen Erwägungen haben mich ermutigt, einmal meine persönlichen Erfahrungen im Hinblick auf meinen Beruf als Pastoralreferentin zu reflektieren. Meine Überlegungen und Einsichten sind natürlich zunächst subjektiv. Durch Gespräche mit anderen Frauen im pastoralen Dienst, die zum Teil ähnliche Wegstationen durchlebt haben, weiß ich aber, daß sie ähnliche Erfahrungen und Gedanken einbringen würden.

II. Erfahrungen als Frau im pastoralen Dienst

1. Frau in der Kirche sein

Gemeinsam ist vielen von uns Frauen schon die Erfahrung, daß wir mit unserer Berufswahl immer wieder auf Unverständnis stoßen: »Was, du arbeitest bei der katholischen Kirche? Was kannst du da als Frau überhaupt machen?« Auch wenn hinter solchen Reaktionen zunächst ein Informationsdefizit bezüglich der Berufsmöglichkeiten von Frauen in unserer Kirche steht, zeigt sich im Gespräch sehr schnell, daß die Skepsis tiefer reicht. Sie wird sowohl von eigenen negativen Erlebnissen als auch von negativen Schlagzeilen genährt. Ich persönlich kann auf diese Anfrage an meinen Standort in der Kirche nur antworten, daß auch ich oft verletzt und entmutigt bin durch Äußerungen oder Verhaltensweise kirchlicher Amtsträger, daß ich aber das Glück habe, auch auf viele positive Erfahrungen zurückgreifen zu können, die mich bestärken, meinen Weg weiterzugehen.

2. Seelsorgerin sein

Gemeinsam ist uns Frauen auch die Erfahrung, daß viele Menschen, Männer und Frauen, es schätzen, sich mit ihren Sorgen und Problemen auch einmal an eine Frau wenden zu können.
Seelsorgerin zu sein, bedeutet für mich nicht, jedem und jeder zu jeder Zeit den richtigen Rat zu geben oder auf alles eine Antwort zu wissen. Es bedeutet vielmehr, die andere ein Stück auf ihrem eigenen Weg zu begleiten und durch mein Zuhören und Dabeibleiben einen Raum zu eröffnen, in dem sie ihre eigene Antwort, ihren persönlichen nächsten Schritt finden kann. In einer solchen Begegnung und Begleitung bin ich als Person gefragt. Ich kann mich nicht hinter einer Funktion verstecken.
In diesem Zusammenhang ist mir immer wieder das Schriftwort wichtig geworden, das ich bei meiner Beauftragung als Pastoralreferentin vom Bischof mit auf den Weg bekommen habe: »Freut euch mit den Fröhlichen und weint mit den Weinenden!« (Röm 12,15). Daß diese Solidarität mit den Menschen in ihrer jeweiligen Situation gelingt, ist nichts Selbstverständliches. Sie setzt voraus, daß ich mir der Umwege, der Krisen und der Glückserfahrungen meiner eigenen Lebensgeschichte bewußt bin, wenn ich mich auf die Begegnung einlasse. Damit sie dann auch gelingen kann, müssen wir uns außerdem gegenseitig Freiheit und Vertrauen schenken.

3. Arbeitsstil

Eine dritte Erfahrung, die wir Frauen immer wieder machen können, ist, daß wir oft anders an Aufgaben und Probleme herangehen als die Männer. Mag es an unserer Natur oder an unserer Sozialisation liegen, wir stellen auf jeden Fall immer wieder fest, daß es uns ein größeres inneres Bedürfnis ist, mit anderen auf gleicher Ebene zusammenzuarbeiten. Die Männer scheinen als »Einzelkämpfer« gar nicht so unglücklich zu sein und die Zusammenarbeit mit ehrenamtlichen Mitarbeitern und Mitarbeiterinnen bei der Planung und Gestaltung öfter als lästige Pflicht zu betrachten, deren Notwendigkeit sie zwar mit dem Verstand, aber nicht mit dem Herzen einsehen (Ausnahmen bestätigen die Regel!). Frauen können also in die Pastoral diese Begabung zur Zusammenarbeit einbringen und so einen anderen Stil prägen. Vielleicht passiert es dann nicht mehr so oft, daß Konzepte »von oben« entwickelt werden, für deren Ausführung Mitarbeiterinnen und Mitarbeiter gesucht werden müssen. Statt dessen überlegen wir dann gemeinsam mit den betroffenen Männern, Frauen und Kindern, was wichtig ist und welchen Weg wir gehen wollen. Diese Vorgehensweise führt zu einer größeren Identifikation mit der Aufgabe. Sie hat allerdings auch zur Folge, daß so mancher Anspruch auf Vollständigkeit und Perfektion aufgegeben werden muß. Dafür entsprechen die Problemlösungen vielleicht eher den tatsächlich vorhandenen Fragen. Auf jeden Fall wird das Tempo verringert, mit dem in unserer Pastoral immer neue Projekte und Aktionen angestoßen werden, die scheinbar alle gleich wichtig sind. Unter diesem Tempo leiden schließlich nicht nur die Gemeinden, sondern auch die Hauptamtlichen selbst.

III. Erfahrungen als Familienfrau

1. Erfahrungen von Solidarität

Als Mutter von vier Kindern im Alter zwischen drei und neun Jahren bin ich seit einiger Zeit im sogenannten Erziehungs»urlaub«. Ich habe nicht den Eindruck, daß ich mich seither meinem Beruf entfremdet hätte. Aber ich gewinne durch den »Perspektivenwechsel« neue Einsichten und Erfahrungen, die beim späteren Wiedereinstieg in den Beruf meine Arbeitsweise verändern werden. Das Motto aus dem Römerbrief: »Freut euch mit den Fröhlichen und weint mit den Weinenden!« begleitet mich auch in dieser Phase

meines Lebens und gewinnt oft überraschend neu an Bedeutung.
Zunächst einmal mache ich immer wieder die Erfahrung: Um Solidarität mit Müttern von kleinen Kindern brauche ich mich nicht zu bemühen, sie ist einfach da. Ob vor dem Kindergarten oder beim Einkaufen, wo auch immer wir uns begegnen, entsteht immer wieder das Gefühl: Ich brauche nicht lange zu erklären. Die andere weiß, wovon ich rede, wenn ich von schlaflosen Nächten oder Ärger in der Schule berichte. Ich erfahre auch immer wieder, daß das Bedürfnis nach Mitteilung und Austausch groß ist, denn viele Frauen fühlen sich mit ihren Alltagsproblemen auch vom Partner alleingelassen. Aus dieser Erfahrung habe ich gelernt, wie wichtig es ist, in unseren Gemeinden Begegnungsmöglichkeiten für junge Frauen zu eröffnen (Frauentreff, Stillgruppe, Krabbelgruppe usw.), die die Frauen selber nach ihren Bedürfnissen gestalten können, ohne gleich, quasi als Gegenleistung, bestimmte Aufgaben in der Gemeinde übernehmen zu müssen. Für andere Personengruppen gilt entsprechend das gleiche.
Ich habe auch gelernt, daß es gute Gründe gibt, sich einmal gegen ein ehrenamtliches Engagement zu entscheiden. Nicht jede Frau, die keine Kommuniongruppe übernehmen will, bringt damit schon zum Ausdruck, daß sie die religiöse Erziehung ihres Kindes auf andere abschieben will. Ihre Entscheidung kann z.B. Ausdruck einer Überforderung durch die familiäre Situation sein, sie kann aber auch darauf beruhen, daß jemand sich diese Aufgabe aufgrund der persönlichen Glaubensgeschichte nicht zutraut. Als pastorale Mitarbeiterinnen und Mitarbeiter müssen wir lernen, auch solche für unsere Arbeit unangenehmen Entscheidungen zu respektieren.

2. Wertschätzung des Alltags

Der Vers aus dem Römerbrief bedeutet für mich in meiner jetzigen Situation als Familienfrau, gemeinsam mit anderen Frauen unseren Alltag zu bedenken. Wir können uns gegenseitig helfen, gegen alle Minderwertigkeitsgefühle und Versagensängste eine Wertschätzung dessen zu entwickeln, was wir leisten. Wir können gemeinsam einen Blick und eine Sprache dafür finden, wie wir im Alltag unser Christsein leben.
Im Blick auf die Pastoral ergibt sich für mich die Anfrage, ob wir nicht zu oft der Versuchung erliegen, eine Nebenwelt zu errichten, indem wir die auf den Gemeindeaufbau gerichteten Aufgaben viel wichtiger nehmen als das, was in den Familien, im Beruf, in außerkirchlichen Vereinen usw.. geleistet wird. Wir müßten doch viel

mehr die Lebenswelt der Menschen als den Ort ernst nehmen, an dem sich Christsein verwirklicht.
Aus einer solche Haltung müßte als Konsequenz folgen, daß wir uns hüten, Lebensentwürfe von außen be- und abzuurteilen. Gerade Frauen sehen sich einem vielfältigen Druck ausgesetzt, wenn sie sich z.B. in der Frage nach der Vereinbarkeit von Familie und Beruf entscheiden. Anstatt vorgefertigte Frauenbilder hochzuhalten, sollten wir Frauen (und nicht nur sie!) dabei begleiten, zu einer verantworteten Entscheidung für ihr Leben zu kommen.

3. Sensibilität für Scheitern und Gelingen

Die Geburt eines Kindes läßt für uns Frauen das theologische Wissen, daß Tod und Leben zusammengehören, zu einer Erfahrung werden. Diese kann uns sensibler machen für die Zerbrechlichkeit des Lebens. Sie kann uns auch eine größere Hellhörigkeit für das schenken, was Menschen uns beim Erzählen aus ihrem Leben auf einer tieferen Ebene über dieses Lebensthema mitteilen.
Das Zusammenleben in der Familie, sowohl die Partnerschaft als auch die Erziehung der Kinder, läßt uns immer wieder spüren, daß Scheitern oder Gelingen nicht allein in unserer Hand liegen. Immer wieder sind wir damit konfrontiert, daß auch die beste Planung nicht alle Probleme in den Griff bekommt, daß es schwierige Situation wie Krankheiten der Kinder und schlaflose Nächte, aber auch Krisen in der Ehe über eine Zeit hinweg auszuhalten gilt. Aus dieser Ohnmachtserfahrung erwächst aber andererseits ein tieferes Wissen, daß Wachstum und Heilung Zeit brauchen.

4. Einige Konsequenzen

Die ganz normalen Erfahrungen aus dem Familienalltag können also zu Qualifikationen werden, die für unsere Arbeit als Seelsorgerinnen bedeutsam sind. Frauen, die nach der Familienpause in den pastoralen Dienst zurückkehren, sind also nicht zuerst mit einem Defizit behaftet – fehlende pastorale Erfahrung durch mangelnde Berufsjahre. Die meisten von uns haben sich ohnehin in der Zwischenzeit ehrenamtlich engagiert, wobei wir natürlich auch unsere theologische und berufsspezifische Ausbildung einbrachten. Wir bringen bei unserer Rückkehr vielmehr ein Mehr an Lebenserfahrung mit, das uns zu einer qualifizierten Ausübung unseres Berufes befähigt.
Es wäre wünschenswert, wenn die Kirchenleitungen das durch eine

großzügigere Beurlaubungspraxis anerkennen würden. Viele von uns empfinden es als bitter, am Ende des gesetzlich garantierten Erziehungsurlaubs aus dem Beschäftigungsverhältnis ausscheiden zu müssen, weil eine Wiederaufnahme der Berufstätigkeit noch verfrüht wäre. Was hindert die Kirche daran, mit ihren Mitarbeiterinnen genauso großzügig zu verfahren wie der Staat mit seinen Lehrerinnen?

In der Verkündigung und der Sakramentenkatechese spüren wir immer deutlicher, wie weit der Weg geworden ist, der zwischen dem »Angebot« der Kirche und der Lebenswelt der Menschen zurückgelegt werden muß. Hier haben die Aussagen der Synode zur Aufgabe der Laien in der Kirche nichts an Aktualität verloren. Es braucht aber auch theologisch qualifizierte und lebenserfahrene Männer und Frauen, die sowohl in der Kirche als auch in einem Bereich der heutigen Lebenswelten beheimatet sind, um die vielen ehrenamtlichen Mitarbeiterinnen und Mitarbeiter bei ihrer Aufgabe, diese beiden Wirklichkeiten zusammenzuführen, zu begleiten und zu unterstützen.

DIETFRIED SCHERER

Begegnungsfeld Religionsunterricht

1. Chancen zum Dialog

Religionsunterricht – ein Wort, das bei den meisten Erwachsenen und bei den meisten Schülerinnen und Schülern Emotionen weckt. Affektiv besetzt ist dieses Wort wohl auch deshalb, weil in aller Regel eigene Erfahrungen mit diesem schulischen Unterrichtsfach gemacht wurden. Wollte man diese Erfahrungen zusammentragen: ein buntes Kaleidoskop von Reflexen konkreten Religionsunterrichts mit den unterschiedlichsten religionspädagogischen Konzepten wäre das Ergebnis.

In diesem Zusammenhang soll es nicht um eine Analyse solcher religionspädagogischen Konzepte oder eine Legitimation des schulischen Religionsunterrichts gehen. Ansatzpunkt ist vielmehr die konkrete Erfahrung von Religionsunterricht heute, die in ihren unterschiedlichen Begegnungsfeldern, Dialogmöglichkeiten und Dialognotwendigkeiten genauer beleuchtet werden soll. Auch wenn eine Reihe von Beobachtungen für den Religionsunterricht generell gelten können, ist das Hauptaugenmerk auf den Religionsunterricht an Grund-, Haupt-, Real- und Sonderschulen gerichtet. Es sind Beobachtungen aus dem Blickwinkel der kirchlichen Verantwortung für das ordentliche Unterrichtsfach Religionslehre, Beobachtungen auf dem Hintergrund vieler Gespräche mit den an diesem Fach Beteiligten, Aspekte, die aus der Arbeit mit konkretem Religionsunterricht abgeleitet werden.

Dabei wird immer wieder die Frage zu stellen sein, aus welcher Perspektive der Religionsunterricht gesehen wird. Schülerinnen und Schüler erleben den Religionsunterricht anders als ihre Lehrerinnen und Lehrer. Eltern artikulieren Erwartungshaltungen, die durchaus einen anderen Akzent haben können als die Erwartung der Kirchen an dieses Unterrichtsfach. Kollegien und Schulleitung fordern den Religionsunterricht als ordentliches Fach ein oder meinen schon immer zu wissen, daß dort die Uhren anders gehen. Gesellschaftliche Gruppen sehen den Religionsunterricht unter anderen Kriterien, als dies der Lehrplan für dieses Fach tut.

2. *Religionsunterricht – Ort des Dialogs*

Schon aus diesen Vorüberlegungen wird deutlich, daß sich der Religionsunterricht dem Dialog nicht entziehen kann. Zu viele divergierende Erwartungen werden auf ihn gerichtet, als daß er sich auf eine selbstgenügsame Position zurückziehen könnte. Der Religionsunterricht muß Stellung nehmen und fordert zur Stellungnahme heraus. Vermittler dieses Dialogs muß in den allermeisten Fällen der Religionslehrer oder die Religionslehrerin sein.

Ob eine Erstkläßlerin im Religionsunterricht fragt: »Ist Gott ein Mann?« oder ob in einer zweiten Klasse ein Kind seine eigene Angst und seine noch größere Angst darüber, daß auch die Mutter Angst hat, anspricht, ob ein Viertkläßler insistiert: »Vergibt Gott wirklich auch einem Mörder?« oder eine Fünftklässlerin in der Hauptschule wissen will, ob Jesus denn wirklich über den See gegangen sei, ob ein Siebtkläßler in einer Förderschule mitten in der Stunde zu weinen anfängt und stockend erzählt, seine Großmutter sei heute morgen gestorben – immer kann der Religionslehrer oder die Religionslehrerin die Situation nur dann bewältigen, wenn eine Bereitschaft besteht, sich auf die konkrete Situation hier und jetzt einzulassen. Es geht nicht um fertige und immer schon gewußte Antworten aus dem Glauben, wiewohl die Dimension des Glaubens tragendes Fundament für alles Bemühen sein muß. Vielmehr geht es darum, den Schülerinnen und Schülern zu zeigen, daß diese ihre Fragen genau hier im Religionsunterricht gestellt werden dürfen, ausgehalten werden und – wenn der Dialog wirklich gelingt – einer Antwort näher gebracht werden können. Das wird nur dort möglich sein, wo auf die schnelle Antwort verzichtet wird, die nur scheinbar eine Antwort ist. Freilich: Diese direkten Fragen im Religionsunterricht sind schon Fragen, die diesem Fach implizit oder explizit zutrauen, damit umgehen zu können. Es gibt auch durchaus andere Grundeinstellungen. Heute erleben wir vor allem in höheren Klassen der Sekundarstufe I Schülerinnen und Schüler, die der Beschluß »Der Religionsunterricht in der Schule« der Gemeinsamen Synode der Bistümer in der Bundesrepublik Deutschland 1974 offensichtlich so noch nicht im Blick hatte: Schülerinnen und Schüler, die inhaltlich völlig desinteressiert und durch andere vordergründige Sinnangebote so absorbiert sind, daß sie den Religionsunterricht, an dem sie weiterhin teilnehmen, im besten Fall als ein Fach betrachten, in dem man halt bestimmte Dinge lernen muß, um eine entsprechende Note zu bekommen. Während in der Grundschule religiös sozialisierte Kinder mit ihrem Religionsstunden-Ich besonders »fromme« Antworten geben, um der Lehrerin oder dem Lehrer eine Freude zu machen, macht es diesen Schülerinnen und Schülern nichts aus, Stoff zu reproduzieren, um den entsprechenden Erfolg zu haben, ohne daß eine inhaltliche Auseinandersetzung je stattgefunden hätte. Solche Voraussetzungen erschweren einen Dialog im Religionsunterricht erheblich.

Und doch gibt es hierzu keine Alternative: Nur wenn sich der Religionsunterricht im Dialog stellt und den Dialog herausfordert, hat er Aussicht, auf fruchtbaren Boden zu fallen. Das heißt nicht, daß die Inhalte des Religionsunterrichts im Erwartungshorizont des Schülers und der Schülerin verbleiben müßten. Ein Erkenntniszugewinn ist nur möglich, wenn ein größerer Horizont eröffnet wird, auch wenn dieser bei Schülerinnen und Schülern erst viel später vielleicht relevant wird. Aber dies ist nur in einem kommunikativ dialogischen Geschehen möglich. Mitentscheidend für ein Gelingen des Dialogs ist, wie Kinder und Jugendliche den Dialogpartner wahrnehmen, wie sich die Dialogpartner gegenseitig ernst nehmen können und inwieweit es gelingt, die Relevanz des behandelten Stoffes zu vermitteln.

Religionslehrerinnen und Religionslehrer werden mit zunehmendem Alter der Schülerinnen und Schüler von diesen auch als Vertreter ihrer Kirche gesehen. Sie sind unter Umständen die einzigen Repräsentanten der Kirche, die den Schülerinnen und Schülern direkt begegnen. Als solche stehen sie – nicht nur bei ihren Schülerinnen und Schülern, sondern zunehmend vor allem auch in Kollegien – unter einem hohen Legitimationsdruck, der vor allem im Umfeld umstrittener kirchlicher Entscheidungen einen enormen Druck auf die Lehrerinnen und Lehrer ausübt, einen Druck, der einige resignieren läßt, einige zum Rückzug ins Getto eines fundamentalistischen Religionsunterrichts veranlaßt – verständliche Reaktionen, die aber den Dialog abbrechen lassen und inhaltlich nicht weiterbringen.

Daß dieser Dialog in sehr vielen Fällen gelingt, zeigt die Tatsache, daß viele Religionslehrerinnen und Religionslehrer für ihre Kinder und Jugendlichen Vertrauenspersonen in unterschiedlichsten persönlichen Situationen und Fragen sind. Eine große Zahl von Religionslehrerinnen und Religionslehrern ist deswegen auch von der Schülerschaft gewählter Verbindungslehrer oder gewählte Verbindungslehrerin.

3. Religionsunterricht – ein Dialogfeld an der Schnittstelle zwischen Kirche und Gesellschaft

Warum sollen die Schülerinnen und Schüler Religionsunterricht bekommen? Warum ist dieser Dialog so notwendig?
Diese Frage ist letztlich die Frage nach der Schnittstelle zwischen Kirche und Gesellschaft. Eine Frage, die mit verfassungsrechtlichen und staatskirchenrechtlichen Argumentationen allein nicht eingeholt werden kann, sondern die der darüber hinausgehenden inhaltlichen Begründung bedarf. In diesem Rahmen kann eine Analyse aller Inhalte, die in diesem Kontext relevant sind, nicht erfolgen. In der Formulierung »Die Kirche ist ein Anwalt der unverkürzten Ganzheit der menschlichen Person«[1] wird deutlich, worum es auch dem schulischen Religionsunterricht gehen muß: Gegen jede verkürzte Deutung von Mensch und Welt steht er dafür ein, daß Sinnfindung nicht ohne den Blick über sich selbst hinaus möglich ist – es geht um gelingendes Leben, um ein sich in welchen Situationen auch immer letztlich geborgen und auf Gott bezogen wissendes Leben.
In diesem Kontext wird auch deutlich, daß der Religionsunterricht kein Privileg der Kirchen, das Missionierung ermöglicht, ist. Es geht primär um das Wohl aller, um Sinnvermittlung und Sinnermöglichung, also um einen diakonischen Dienst der Kirche an der Gesellschaft, den der Staat aufgrund seiner Pflicht zur weltanschaulichen Neutralität nicht leisten kann.[2]

4. Religionsunterricht – Zugang zum Dialog auch für Distanzierte

Daß Kirchendistanzierte über den Religionsunterricht neuen Zugang zu religiösen Fragen finden, zeigt sich unter anderem in der hohen Zahl von ungetauften Kindern, die auf Wunsch ihrer Eltern freiwillig am Religionsunterricht, vor allem in der Grundschule, teilnehmen. Gespräche mit Eltern machen dabei deutlich, daß diese sich selbst aus unterschiedlichen Gründen von der Kirche distanzierten (ein häufig genannter Grund hierfür ist auch der selbst erlebte Religionsunterricht), ohne inhaltlich mit religiösen Fragen abgeschlossen zu haben. Die eigene Unsicherheit, wie man seinem Grundschulkind auf seine existenziellen Fragen antworten solle, führt dann oft dazu, diesen Kindern den Religionsunterricht zu ermöglichen. Damit verbunden ist die Hoffnung, daß dort dann diese Fragen beantwortet werden, ohne daß sich die Eltern zu diesem

Komplex festlegen müßten. Daß dabei auch Entwicklungen vorkommen, bei denen die Erwachsenen über den Religionsunterricht ihrer Kinder wieder einen Zugang zur Kirche finden, ist kein Einzelfall.
Auffallend ist, welch unterschiedliche Vorstellungen Eltern teilweise von dem haben, was sich im Religionsunterricht abspielt. So äußert ein Vater beim Elternabend, »Ordnung und Anstand« erwarte er als das primäre Vermittlungsinteresse im Religionsunterricht, während sich eine Mutter erstaunt zeigt, daß die Kinder nicht »nur« Gebete lernen und Lieder singen. Spätestens wenn der Lehrplan für das Fach vorgestellt wird, macht sich vielfach Erstaunen über das breite Spektrum existentieller Inhalte bemerkbar. Doppelt nachdenklich stimmen muß diese Beobachtung, da deutlich wird, welche Bedeutung ein inhaltlich oder didaktisch gravierend defizitärer Religionsunterricht einerseits als Hypothek auch für die nächste Generation haben kann, und andererseits, welch hohe Verantwortung der Religionsunterricht gerade im Blick auf solche freiwilligen Teilnehmer und Teilnehmerinnen aus dem kirchendistanzierten Bereich, ja sogar für ihre Familien, hat. Hier werden Türen (wieder) geöffnet – oder völlig zugeschlagen.
Angebote von Religionslehrkräften einer Schule zu thematischen Gesprächsabenden für Eltern stoßen auf großes inhaltliches Interesse (vor allem an Schulen mit einem besonderen pädagogischen Profil). Verständlicherweise steht bei Lehrerinnen und Lehrern die Frage nach der Effektivität als Hindernis für solche Angebote, wenn die Teilnehmerzahlen zu gering sind. Trotzdem sollte diese Dialogmöglichkeit noch stärker in den Blick kommen.

5. Fundierte Ausbildung – Voraussetzung zum Dialog im Religionsunterricht

Neben der – heute oft völlig ausfallenden – religiösen Sozialisation in der Familie ist der schulische Religionsunterricht wohl entscheidender Faktor für die Ausprägung eines Gottesbildes, bei praktizierenden Christen ergänzt durch die gemeindliche Dimension in Gottesdienst sowie Jugend- und Bildungsarbeit.
Jeder kann bei sich selbst feststellen, welche Bedeutung das in Kindertagen vermittelte Gottesbild, welche Konsequenzen die Antworten auf seine religiösen Fragen für seinen späteren Glaubensweg hatten. Vielfach müssen auf dem Weg zu einem mündigen religiösen Leben Verzerrungen und Trugbilder bewältigt werden.

Wer sich diesem schmerzhaften Prozeß nicht stellt, steht in der Gefahr, mit dem Kinderglauben den Glauben ganz über Bord zu werfen.

Auf diesem Hintergrund wird evident, daß der Religionslehrer und die Religionslehrerin eine gravierende Verantwortung für die religiöse Entwicklung der Kinder und Jugendlichen haben. Vermittlungsdefizite sind in diesem Fach in späteren Schuljahren nicht in gleichem Maß korrigierbar, wie dies in anderen Sachfächern durchaus der Fall ist. Kompetentes Handeln im Religionsunterricht kann jedoch verantwortbar nur von gut ausgebildeten Personen eingefordert werden.

Gerade auf dem Hintergrund des sich in verschiedenen Bereichen neuerlich abzeichnenden Religionslehrermangels darf nicht vergessen werden, daß Schule heute generell eine andere Herausforderung als noch vor zehn Jahren darstellt und daß gerade speziell im Religionsunterricht vielfach keinerlei religiöses Wissen oder religiöse Praxis vorausgesetzt werden kann. Die Motivation, Kindern etwas weitergeben zu wollen, das man selbst als existentiell bedeutend erkannt hat, ist zwar wichtiger Faktor für religionspädagogische Arbeit, genügt aber bei weitem nicht. Eine fundierte theologische und religionspädagogische Ausbildung ist in diesem Zusammenhang nicht aufgebbare Bedingung – auch im Interesse des Lehrers und der Lehrerin, die viele Jahre beruflicher Tätigkeit bewältigen müssen. Hierzu bedarf es auch pädagogischer Grundfähigkeiten und Fertigkeiten, um der veränderten Situation der Schülerinnen und Schüler gerecht zu werden. Nicht wenige kommen – und dies gilt für das Fach Religion in qualitativ stärkerem Maße – im Laufe ihrer beruflichen Tätigkeit an eine Grenze, fühlen sich ausgebrannt und den Belastungen nicht mehr gewachsen. Die Suche nach Schuldigen für den als persönliche Misere erlebten Zustand greift oft zu kurz und wird zum plakativen Schwarze-Peter-Spiel: die Eltern, die Kirche, das soziale Umfeld ...

Wenn es auch nicht Garantie für ein Gelingen sein kann: Verantwortbare Antwort auf diese schwierige Ausgangslage kann nur eine gute Ausbildung und damit die Absage an Schnellkurse sein (dies gilt in modifizierter Form auch für den sogenannten fachfremden Religionsunterricht ohne theologische und spezifisch religionspädagogische Ausbildung). Wer einen Dialog einfordert, muß kompetenter Dialogpartner sein. Im Feld des Religionsunterrichts sind die verschiedensten Ausbildungsgänge tätig. Staatlich ausgebildete und beschäftigte Lehrerinnen und Lehrer, die neben anderen Fächern Religionsunterricht erteilen, staatlich ausgebildete, aber

kirchlich angestellte Religionslehrerinnen und Religionslehrer (die ihre weiteren Fächer im Rahmen ihrer Anstellung nicht unterrichten), in kirchlichen Institutionen oder Kursen ausgebildete Religionslehrerinnen und Religionslehrer ohne weitere Fächer, Priester im hauptamtlichen Schuldienst, Priester mit einem Teildeputat Religionsunterricht, Diakone, Pastoralreferentinnen und Pastoralreferenten, Gemeindereferentinnen und Gemeindereferenten. Allein diese (unvollständige) Auflistung zeigt, wie unterschiedlich die Ausbildungslage und damit die Ausgangssituation womöglich an derselben Schule im Religionsunterricht sein mag.
Jede dieser Lehrkräfte bringt ein eigenes Charisma, einen eigenen Akzent in die Tätigkeit ein. Insofern ist diese divergierende Ausgangslage eine Chance. Dies kann sie aber nur sein, wenn gewisse Standards für den religionspädagogisch-didaktischen Teil gelten. So ist es unabdingbar, daß gerade Priestertheologen eine intensive schulische Einführung erhalten, die ihre traditionelle Zielgruppe, die älteren Grundschüler (vor allem in Klasse 3) berücksichtigt. Im Blick auf die Hauptschule geht es dabei vor allem um den didaktischen Bereich und eine sprachlich angemessene Vermittlung von religiösen Inhalten. Dieses Fundament ist vor allem deswegen unabdingbar, da die aufgrund des Priestermangels auf die Pfarrer zukommende Aufgabenhäufung nicht selten dazu führt, daß gerade in der Schule, in der aufgrund der Ausbildung ein enormer theologischer Wissensvorsprung gegeben ist, am ehesten Zeit bei der Vorbereitung eingespart wird. Die Konsequenzen sind bekannt: So kann über kurz oder lang ein wichtiges Aufgabensegment Schiffbruch erleiden. Nur wenn Religionsunterricht Erteilende ernstgenommen werden können, sind sie Dialogpartner im Bereich der Schule. Deswegen müssen angehende Priester auch den Umgang mit der Institution Schule und ihren Notwendigkeiten wie Stoffverteilungspläne, Notenbildung, Zuständigkeiten, Konferenzen und anderes vermittelt bekommen. Eine Reihe täglicher Konfliktpunkte zwischen Schulleitung und als Religionslehrer tätigen Priestern läßt sich so beseitigen.

6. Priester – Dialogpartner im Religionsunterricht und an der Schule

Vielleicht auch auf dem Hintergrund des Gefühls, eigentlich für den Religionsunterricht mehr investieren zu müssen, mehren sich Stimmen, nicht zuletzt von den Betroffenen selbst, Priester aus dem Religionsunterricht abzuziehen, damit sie sich ihren anderen pastoralen Aufgaben widmen könnten. Ein zweites kommt hinzu: Aufgrund der im Haupt-, Real- und Sonderschulbereich in den meisten Fällen nicht mehr gegebenen Identität von Schuleinzugsgebiet und Gemeindegebiet betreiben pastorale Kräfte in manchen Fällen eine Kirchturmspolitik, die dazu führt, daß diese Schulen weder im Religionsunterricht noch für Schülergottesdienste einen interessierten Ansprechpartner aus dem Bereich der Pfarrgemeinde haben.

Eine weitere Entwicklung in diese Richtung wäre für die Kirche letztlich fatal, da hier eine dreifach strukturierte Dialogmöglichkeit aufgegeben würde. Zum ersten ist der Priester nirgendwo so am »Puls der Zeit« wie in einer Schulklasse. Aufgrund der strukturellen Ausgangslage trifft er hier mit Kindern und Jugendlichen aus praktisch allen sozialen und gesellschaftlichen Bereichen zusammen – im Unterschied zur Arbeit in der Gemeinde, die sich in aller Regel auf die praktizierenden Christen fokussiert. Der Priester gäbe also einen auch für seine Arbeit in der Gemeinde wichtigen Erfahrungsbereich ersatzlos auf. Dem korrespondiert als zweites das Beziehungsgefüge im Blick auf den Schüler und die Schülerin, die bei einem Rückzug der Priester aus dem Unterricht, sofern sie nicht kirchlich gebunden sind, keinerlei Erlebnis- und Begegnungsmöglichkeiten hätten, einen Priester als Dialogpartner zu erfahren. Ein dritter Aspekt kommt im Blick auf das Kollegium hinzu. Dabei geht es nicht nur um die immer wieder beschworene Verbindung zwischen Gemeinde und Schule, die durch den an der Schule Religionsunterricht erteilenden Ortspfarrer garantiert werden soll, sondern auch darum, daß ein Priester in einem Lehrerkollegium schon durch seine Anwesenheit einen pastoralen Dienst ausübt, dahingehend, daß er als personales Angebot, als Ansprechpartner in den unterschiedlichsten dienstlichen und persönlichen Anliegen, Problemen und Lebenssituationen zur Verfügung steht. Der Priester ist an den Schulen ein Religionslehrer unter vielen, aber für viele ein besonderer Ansprechpartner. Unter der Voraussetzung adäquater Ausbildungselemente sollte deswegen für die Pfarrgeistlichen ein Teildeputat Religionsunterricht im Normalfall verpflichtend sein.

Treffen der in den Schulen innerhalb einer Pfarrgemeinde unterrichtenden Religionslehrerinnen und Religionslehrer mit den in der Seelsorge tätigen Priestern, Pastoralreferentinnen und Pastoralreferenten, Gemeindereferentinnen und Gemeindereferenten sichern, daß der Dialog über den Religionsunterricht vor Ort weitergeht.

7 Der Dialog zwischen Religionslehrerinnen und Religionslehrern und kirchlicher Aufsicht über den Religionsunterricht

In der täglichen Arbeit erweist sich eine kirchlich angebotene Beratung für alle Lehrkräfte im Religionsunterricht als unabdingbar. Sie wird in den allermeisten Fällen als positiv erfahren. Auch hier geht es um einen Dialog über den Religionsunterricht, um die Chance, im Gespräch auf bislang nicht Gesehenes aufmerksam zu werden und dies für die künftige Unterrichtsarbeit fruchtbar zu machen. Solche Beratungsangebote, z.B. durch Schuldekane und Schuldekaninnen oder Schulbeauftragte, zeigen, welchen Stellenwert die Kirche dem Religionsunterricht gibt und daß sich ihre inhaltliche Verantwortung nicht in Aufsicht erschöpft. Hier ist aufgrund der Materie tatsächlich ein Sonderstatus für dieses Fach gegeben. Der Inhalt des Religionsunterrichts ist gleichzeitig seine Methode. Dies gilt analog auch für die Wahrnehmung der Aufsicht über den Religionsunterricht – nicht so, daß sie in falschverstandener christlicher Barmherzigkeit über Defizite und Mängel hinwegginge, sondern daß sie im Geist Jesu erfolgt, den Menschen sieht, mit dem sie es zu tun hat, und sich gleichzeitig der Verantwortung für die unterrichteten Kinder und Jugendlichen bewußt ist. Daß aufgrund dieses Spannungsfeldes manchmal auch schmerzliche Entscheidungen getroffen werden müssen, läßt sich nicht umgehen, wenn Aufsicht nicht aus ihrer Verantwortung flieht.

8. Der Dialog der schulischen Fächer

Der Religionsunterricht ist Teil des schulischen Fächerkanons. Dies setzt, wenn der Religionsunterricht seiner Verantwortung gerecht werden will, das Interesse des Religionsunterrichts voraus, daß nicht nur Religionspädagogik und die anderen Disziplinen der Theologie untereinander im Dialog bleiben, sondern auch, daß die Religionspädagogik im Dialog mit der allgemeinen Pädagogik und den Fachdidaktiken anderer Fächer bleibt. Neuere Ansätze schulischen Lernens, die vor allem auf fächerverbindende Elemente ihr Augenmerk richten, sind ohne einen engagierten Dialog auf der Ebene der Fachwissenschaft, auf der Ebene der Fachdidaktik und vor allem auch auf der Ebene konkreter Lehrkräfte verschiedener Fächer an der einzelnen Schule nicht realisierbar.

Als das Thema Gewalt in der Gesellschaft aktuell wurde, waren die Kirchen gefragt. Ähnliche Erwartungshaltungen finden wir heute in Lehrerkollegien, die vielfach erzieherische und ethische Fragen und deren Bearbeitung mit den Schülerinnen und Schülern in den Religionsunterricht delegieren wollen. Es ist richtig, daß hier diese Fragen ihren Platz haben. Die erzieherische Aufgabe haben jedoch Lehrerinnen und Lehrer aller Fächer; gerade diese Dimension wird – wohl auch im Zusammenhang mit fächerverbindenden Arbeiten in neuen Lehrplänen – in jüngerer Zeit wieder verstärkt gesehen und eröffnet weitergehende Perspektiven der Zusammenarbeit.

9. Die Sprache des Dialogs

Ein Dialog kann nur auf einer gemeinsamen Sprachebene stattfinden. Dies gilt sowohl für den Dialog unter den Unterrichtenden verschiedener Fächer als auch für den täglichen Dialog mit den Schülerinnen und Schülern im Religionsunterricht. Wenn es nicht gelingt, eine Sprache zu sprechen, die Schülerinnen und Schüler verstehen, wenn nur mit Worthülsen gearbeitet wird, betreiben wir ein Glasperlenspiel ohne existentielle Bedeutung. Dann hat Theologie, hat Religion für unsere Schülerinnen und Schüler zwangsläufig keine Relevanz mehr.
Die Forderung nach Vollständigkeit der Lehre im Religionsunterricht ist höchstens formal einlösbar, gewonnen ist damit aber nichts. Der Religionsunterricht muß mehr denn je Übersetzungsarbeit leisten, sonst kann er Glaube und Welt auf der Ebene der Schülerinnen und Schüler nicht in Korrelation bringen. Es geht nicht darum, Sprachspiele und Sprachmuster von Kindern und Jugendlichen zu übernehmen, sondern darum, aufmerksam zu sein, was sie verstehen können und wie sie es verstehen können. Theologielastige Sprache im Bereich der Grund-, Haupt-, Real- und Sonderschulen erschlägt die Schülerinnen und Schüler. Wer den Dialog will, muß mit ihnen gehen, hinhören, nachspüren – und dann mit ihnen sprechen.

10. Den Lehrkräften den Rücken stärken

Dialogpartner müssen ernst genommen werden. Für den Bereich der Schule heißt das auch: der Religionsunterricht muß in der Kirche einen wichtigen Stellenwert haben, der auch nach außen deutlich wird. Ein deutliches Zeichen in diesem Zusammenhang ist sicher, wenn Bischöfe die Missio canonica in einem feierlichen Akt

selbst den für den Religionsunterricht Beauftragten erteilen. Die Anwesenheit von Vertretern der staatlichen Schulverwaltung bei dieser Feier dokumentiert den Religionsunterricht als *res mixta* und die Verwiesenheit zweier Partner aufeinander im gemeinsamen Interesse für das Wohl des Kindes und Jugendlichen, im gemeinsamen Interesse von Staat und Kirche. Dieses Zeichen scheint auch gerade im Blick auf die Tatsache, daß der vor Jahren in aller Regel gegebene inhaltliche Rückhalt für die Religionslehrerinnen und Religionslehrer durch die Schulleitung heute nicht mehr in jedem Fall gegeben ist.
Gute Erfahrungen haben einige Diözesen auch mit Tagen der Religionslehrerinnen und Religionslehrer gemacht (z.B. Mainz und Freiburg), bei denen sowohl thematische Arbeit als auch Begegnung mit der Bistumsleitung und unter den Religionslehrerinnen und Religionslehrern möglich sind.[3]

11. Dialog – auch im Konfliktfall

Diese Reflexionen zu den verschiedenen Begegnungsfeldern im Zusammenhang des Religionsunterrichts sollen nicht abgeschlossen werden, ohne daß der Finger noch in eine Wunde gelegt wird, die sich von Jahr zu Jahr mehr zeigt.
Immer mehr Kandidatinnen und Kandidaten, die die Unterrichtserlaubnis für den Vorbereitungsdienst oder die Missio canonica beantragen, entsprechen zwar in ihrer fachlichen Ausbildung den Vorgaben, in ihren persönlichen Verhältnissen bestehen jedoch Defizite gegenüber den kirchlichen Vorgaben (z.B. in den Bereichen: Empfang der Firmung, kirchliche Eheschließung, Taufe der Kinder). Relativ leicht läßt sich dieses Problem in aller Regel lösen, wenn es sich um die bislang nicht empfangene Firmung handelt. Gerade aber im Bereich der Ehe und der Kindertaufe bestehen immer häufiger aporetische Situationen. Hinzu kommt, daß die Betroffenen oft ihre Situation subjektiv völlig anders einschätzen und durch die z.B. im Einzelfall erfolgende Verweigerung der Missio canonica eine für sie als Demütigung oder Nicht-verstehen-Wollen wahrgenommene Erfahrung machen, die zu einer Entfernung und Entfremdung von der Kirche führt. Unabdingbar in diesem Zusammenhang ist der Dialog zwischen den Betroffenen und den Entscheidungsträgern. Gleichzeitig muß jedoch festgestellt werden, daß hier im Einzelfall auch deutliche Grenzen der Vermittelbarkeit erreicht werden. So handelt es sich z.B. bei konfessionsverschiede-

nen Paaren häufig um in beiden Kirchen überdurchschnittlich engagierte Christen, die bei der Frage, in welcher Kirche ihr Kind getauft werden soll, in manchen Fällen vor einem praktisch nicht lösbaren Dilemma stehen. Hier muß weiter nach Wegen gesucht werden, den Dialog nicht abbrechen zu lassen.

12. Neue Chancen

Wer je Religionsunterricht gegeben hat, weiß, daß »Erfolg« in den meisten Fällen nicht meßbar ist. Doch machen viele Religionslehrerinnen und Religionslehrer die Erfahrung, daß sie oft viele Jahre später ihren ehemaligen Schülerinnen und Schülern begegnen und spüren und sehen können – evtl. gerade bei denen, von denen sie es nicht erwartet hätten – daß die Saat auf einen fruchtbaren Boden gefallen ist (ohne diese Beobachtung für den Religionsunterricht alleine reklamieren zu wollen).

Der Religionslehrer und die Religionslehrerin sind dafür verantwortlich, alles in ihren Kräften stehende zu tun, um den Schülerinnen und Schülern etwas von der befreienden Botschaft des Reiches Gottes spürbar werden zu lassen. Aber sie sind nicht dafür verantwortlich, daß dies auch konkret gelingt. Wer sich dessen bewußt ist, kann dies als große Entlastung erfahren.

In der Vernetzung mit anderen Fächern – ohne daß der Religionsunterricht als eigenes Fach verdunstet! – und in den wieder deutlicher gestellten Fragen von Kindern und Jugendlichen nach Sinndeutung und erfülltem Leben bestehen neue Chancen für einen Dialog.

Zurückgeworfen auf eine religiöse tabula rasa lernen Religionslehrerinnen und Religionslehrer mit ihren Schülerinnen und Schülern wieder sehen und hören[4], um so überhaupt fähig zu werden, auf die Stimme Gottes zu hören, seine Spuren in unserer Welt zu sehen. Ganzheitliches Erfahren eröffnet gangbare Wege über den Augenblick hinaus.

Es gehört zu den schönen Aufgaben, Religionslehrerinnen und Religionslehrer in ihrem Unterricht zu besuchen und gerade von diesem Ansatz her beeindruckende und bewegende Erfahrungen im Religionsunterricht zu erleben, Erfahrungen, bei denen deutlich wird, daß neue und den Kindern und Jugendlichen bislang so nicht zugängliche Dimensionen eröffnet werden.

Anmerkungen

[1] K. Lehmann, Die Funktion von Glaube und Kirche angesichts der Sinnproblematik in Gesellschaft und Staat heute, in: ders., Glauben bezeugen, Gesellschaft gestalten, Freiburg/Basel/Wien 1993, 15 – 39, 29.

[2] Vgl. ebd. 19f.

[3] Vgl. ebd. 579 – 590 sowie Günter Biemer, Die Situation des Religionsunterricht in der Erzdiözese Freiburg 1988. Analyse, Auswertung und Empfehlungen aufgrund der Protokolle von den Religionslehrertagen 1988 in Freiburg (September) und Mannheim (November). Freiburg (als Manuskript gedruckt) 1990.

[4] Vgl. Lehrplan für den Kath. Religionsunterricht Baden-Württemberg, Grundschule, Klasse 1/2, LPE 3 und 14, in: Bildungsplan für die Grundschule, Lehrplanheft 1/1994, Villingen-Schwenningen 1994, 57ff.

II.
Leben in kirchlicher Gemeinschaft

Josef Manser

Gemeinde als persönliche und gemeinsame Lernerfahrung

Bei aller intellektuellen Interessiertheit und Differenziertheit war für Karl Lehmann Theologie nie einfach nur Selbstzweck, sondern all seine Vorlesungen, Seminare, Referate, Aufsätze und Bücher standen im Dienst der Verkündigung der jesuanischen Botschaft an die Menschen heute. Mir wurde klar, was es heißt, wenn Walter Kasper sagt: Dogmatik ist verantwortete Verkündigung des Glaubens heute[1]. Und genau dies durfte ich von Karl Lehmann lernen: einmal gut in die Botschaft Jesu hineinzuhören, hineinzuspüren und zum anderen wach die Situation unserer heutigen Zeit und die Erfahrungen der Menschen wahrzunehmen. In dieser Spannung zwischen der Botschaft Jesu und der mir gegebenen Situation versuchte ich seit zwanzig Jahren als Gemeindeseelsorger und Priester, im Heute mit einer Gemeinde einen glaubhaften Weg christlichen Lebens zu gehen. Und ich versuchte dies verantwortet zu tun, d.h. immer wieder mein Tun, die Prozesse in der Gemeinde, das gemeindliche Leben kritisch und theologisch zu befragen, zu suchen, neu zu beginnen, immer wieder in der Hitze des Tages einen Ort der radikalen Besinnung zu finden, wo es möglich war, meine Praxis als Gemeindeseelsorger theologisch zu reflektieren einerseits und andererseits meinem Theologisieren von den gemachten Erfahrungen her ein geerdetes Fundament und lebensfördernde Impulse geben zu lassen. Mir wird heute bewußt, da ich diesen Beitrag schreibe, welch ungeheuren Lernprozeß meine Gemeinde und ich in all den Jahren gemacht haben und wie spannend ein solcher Weg sein kann, aber auch, wieviel Ermutigung die gemachten Erfahrungen mir geben, auch angesichts schwierigster Situation mit Freude und Kraft in eben diesem Dienst der Verkündigung einer hoffnungmachenden und freudebringenden Botschaft stehen zu dürfen, wieviel Ermutigung ich erhalten habe, immer wieder neu christliche und kirchliche Gemeinschaft aufzubauen und zu gestalten in einer Zeit, die nicht besonders gemeindeförderlich ist.

Ich will ein paar solcher lebensfördernden Lernschritte benennen, die in der Erfahrung meiner Arbeit in und mit meiner Gemeinde verwurzelt sind und die für mich zu Hoffnungsschritten werden dürfen. Und ich will dies in der Form des reflektierenden Erzählens tun, um so vielleicht etwas von der Lebendigkeit meiner Erfahrungen zu vermitteln.

1. Gemeinde in der Gesellschaft – Gemeinde als kritisches Ferment der Gesellschaft

Vermochten vor wenigen Jahrzehnten die kirchliche Praxis und das christlich geprägte religiöse Leben unsere Gesellschaft noch mitzubestimmen, so daß das kirchliche Gemeindeleben wenigstens im örtlichen Bereich ein Bestandteil des gesellschaftlichen und kulturellen Lebens war, so hat sich kirchliches Leben nach und nach weitgehend zu einem Eigenleben in eigenen Pfarreizentren und pfarreilichen Gruppen entwickelt. Oft konkurrieren kirchliche und gesellschaftliche Anlässe im Sinn der oft gehörten Klage: »Wir können von der Kirche aus nichts mehr tun, ohne daß nicht zwei, drei andere Veranstaltungen zur gleichen Zeit stattfinden.« Oder: »Wenn sonst nichts los ist, dann kommen die Menschen auch noch zu pfarreilichen Anlässen.« Pfarreileben und gesellschaftliches Leben haben sich auseinandergelebt. Und doch haben wir in dieser Gesellschaft christliche Gemeinde zu sein, und diese christliche Gemeinde ist von den gesellschaftlichen Entwicklungen geprägt.
Christinnen und Christen sind zunächst einmal einfach auch Kinder dieser Zeit. Sie verstehen sich selbstbewußt als Individuen, emanzipieren sich von außenbestimmten Autoritäten, fühlen sich als Persönlichkeiten und übernehmen eigene Verantwortung für ihr Denken, Leben und Handeln. Sie teilen die Hoffnungen, Wünsche und Sehnsüchte, aber auch die Enttäuschungen, Frustrationen, Ängste und Leiden der Menschen heute. Sie sind eingebunden in die Bedingtheiten unserer Gesellschaft, ob sie das wollen oder nicht: in die Konsumhaltung, die uns durch und durch prägt; in die zunehmende Zurückhaltung, Verantwortung nach außen hin zu übernehmen; in die Haltung, sich längerfristig nicht mehr an ein bestimmtes Engagement zu binden, das einfordert; ausgesetzt der Radikalisierung der Meinungen, die nicht mehr konsensfähig zu sein scheinen, und in Spannung versetzt durch reaktionäre Tendenzen, die keine Perspektiven eröffnen können. Kein Wunder prägt in diesen Jahren eine schleichende, aber todbringende Resignation die Lebenseinstellung vieler Menschen in Gesellschaft und Kirche. Resignation als Lebensgefühl zeichnet das öffentliche wie das persönliche Leben ungezählter Menschen.

Solche Entwicklungen prägen auch das kirchlich-gemeindliche Leben: Viele Menschen besuchen heute die Kirche wie einen Supermarkt, in dem sie aus dem großen Angebot das herauswählen, was ihnen im Moment gerade für ihr menschliches und religiöses Wohlbefinden gut tut, oder was sie gerade brauchen. Und wir Seelsorgerinnen und Seelsorger bieten mit großer Anstrengung dieses religiöse und weltanschauliche Supermarktangebot. Viele Menschen pflegen eine Beziehung zur Kirche, wenn es ihnen paßt, aber die Bereitschaft, sich verbindlicher zu verpflichten und Verantwortung zu übernehmen, grenzt die Gestaltung ihres Lebens ein. Viele Christinnen und Christen möchten über die Gestaltung ihres Lebens selbst bestimmen, und es hat ihnen niemand reinzureden. Sie ziehen sich denn auch in der freien Zeit zurück auf die Oase ihrer Familie oder ihres Freundeskreises und wollen nichts mehr wissen von weiterer Eingebundenheit in eine Gemeinschaft, wie sie die Pfarrei ist. Die Unsicherheit und Schnellebigkeit unserer Zeit läßt viele Christen und Christinnen auch eher auf Sicherheit setzen und bauen auf dem, was sich bewährt hat in ihrem Leben. Sich auf Experimente einzulassen, einen Exodus im Sinn, Neues zu wagen, sind sie nicht bereit, scheint ihnen gar bedrohlich zu sein. Zunehmende Radikalisierung der Meinungen spitzt sich gerade auch in religiösen oder kirchlichen Fragen noch zu, was zu sehr großen Spannungen führen kann.

Es ist meine Erfahrung, daß die pastorale Begleitung der Gemeinden durch viele Seelsorgerinnen und Seelsorger immer noch auf den Voraussetzungen einer intensiveren Verbundenheit von Kirche und Gesellschaft beruht als dies tatsächlich der Fall ist. Ich habe in diesen Jahren lernen müssen, daß wir die veränderte Situation gar nicht ernst genug nehmen können, und daß das Pfarreileben auf diesen neuen Voraussetzungen aufzubauen ist. Viel Gejammer und Enttäuschungen können so vermieden werden. Wir Seelsorgerinnen und Seelsorger sind in der Fantasie und Kreativität gefordert, und wir werden weniger selbstherrlich und routiniert, wenn wir diese neue Situation des Eingebundenseins in die Gesellschaft und Zeit ernst nehmen. So sind zum Beispiel aus der Not des Religionsunterricht-geben-Müssens neue didaktische Methoden entstanden, die heute von ganz anderen Bereichen wie der Wirtschaft etwa (ohne religiösen oder ethischen Inhalt) übernommen wurden, die die Menschen erlebnisorientiert und ganzheitlich lernen lassen. Ich denke an viele Interaktions- und Rollenspiele, die neue Erfahrungen ermöglichen können. Wir können auch die tiefe Sehnsucht heutiger Menschen nach religiösen Ritualen ernst nehmen und dürfen uns herausfordern lassen, neue Formen des religiösen Ansprechens zu suchen und zu finden. Ich bin beeindruckt, wenn junge Menschen, die mit der Kirche noch Mühe haben, mich einladen und mit mir nach einem Segnungsritual für ihr neugeborenes Kind suchen und dabei großen Wert darauf legen, daß diese Segnung einen stimmigen Rahmen bekommt. Oder wenn Frauen in ihren Gottesdiensten ihr religiöses Fühlen und Erfahren in die Tiefe der Existenz berührenden Tänzen ausdrücken wollen. Aus einem Dialog mit der gesellschaftlichen Prägung unserer Gemeinden und der Menschen dürfen wir lernen, Fantasie und Kreativität zu entwickeln. Wir dürfen uns dies zutrauen und stolz darauf sein. Wenn ich das spüre, muß ich diese Gesellschaft nicht verteufeln und ablehnen, sondern kann hellwach sein und bleiben für die Stunde des Kairos in unserer Zeit und Gesellschaft. Kirchesein in dieser Zeit und Gesellschaft mit ihren Herausforderungen kann ungemein spannend sein, wenngleich es uns auch total einfordert.

Andererseits dürfen wir uns nicht einfach dieser Gesellschaft und dieser Zeit anpassen oder ihr entziehen. So sehr wir Seelsorgerinnen und Seelsorger die Menschen dieser Zeit erreichen wollen und sollen, so sehr ist darauf zu achten, uns nicht anzugleichen und damit das kritische Ferment der Botschaft Jesu in unserer Zeit zu verlieren. Bischof Erwin Kräutler hat mir bei einem Besuch in einer Fastenzeit im Rahmen der Fastenopferaktion ganz klar aufzeigen können, wie sehr gerade unsere Zeit, unsere Gesellschaft es braucht, daß die Kirche ihre prophetisch-kritische Dimension wiederfindet: Den Politikern und den Wirtschaftsleuten auf die Finger zu schauen und Unrecht beim Namen zu nennen, meint er, ist ein zentraler Auftrag der Kirche und der örtlichen Gemeinde. Mir wurde klar, daß dies nicht nur in weltweiten Zusammenhängen gilt, sondern auch im nahen Bereich unserer Gesellschaft. Es gibt doch auch bei uns eine Tendenz, daß das Leben zunehmend enger wird und viele oft versteckte Ungerechtigkeiten das Miteinander prägen. Wer denn sonst als die Kirche und wir als glaubende Christen haben die Menschlichkeit des Miteinanderzusammenlebens wachzuhalten, sind Anwälte des Lebens[2], benennen ungerechte Strukturen und setzen sich mit ihren Kräften für eine gerechtere Welt ein? Ich konnte viele gute Gespräche auslösen, als ich vor dem Polizeicorps unseres Kantons über meine Erfahrungen als Seelsorger im Untersuchungsgefängnis berichten durfte. Dabei war es mir ein großes Anliegen aufzuzeigen, daß ich auch den kriminellen Menschen immer noch als Menschen und in seinem Menschsein wahrzunehmen

versuche und nicht nur unter dem Aspekt der Tat katalogisiere. Mein Beitrag war eine ganz gehörige Provokation an die Polizisten und löste Betroffenheit aus.
Ich habe in diesen Jahren gelernt, daß es einen schmalen Weg zu gehen gilt zwischen dem Wahrnehmen der gesellschaftlichen Bedingtheit und Gestimmtheit, die die prägenden Erfahrungen unserer Mitchristinnen und Mitchristen sind, und der Gefahr, daß unser Christentum zu einem Kulturchristentum wird in dem Sinn, daß wir christliche Grundgehalte sozusagen als Dekoration für unsere privaten und öffentlichen Feste in einer emotional feindlichen Gesellschaft brauchen. Es ist deshalb spannend, den heutigen wirklichen Erfahrungen der Menschen nachzuspüren und in diese Erfahrungen hinein etwas von der befreienden und guten Botschaft Jesu als Lebenshilfe heute zu sagen und andererseits eine kritische Haltung zu bewahren überall dort, wo Menschsein begrenzt wird, wo Mitmenschlichkeit auch bei uns mit Füßen getreten wird, um gerade den von dem Fortschritt unserer Gesellschaft Ausgeschlossenen eine Lebenshoffnung zu sein. Wir als christliche Gemeinden dürfen gegen jede Resignationstendenz die Botschaft von einem zukunftseröffnenden Gott lebendig halten, dürfen Biotope der Hoffnung sein.

2. *Aktivismus als Gefahr – Leben als Chance*

Christinnen und Christen haben heute einen hohen Anspruch an das gemeindliche Leben. Sie sind aus ihrer Lebens- und Arbeitswelt heraus gewohnt, einerseits in ihrer Qualität beansprucht zu werden, andererseits aber auch hohe Erwartungen an das Leben zu haben, manchmal nur zu hohe. Je mehr sich Menschen auch für das Leben in der Pfarrgemeinde engagieren, um so größer sind auch die Ansprüche und Erwartungen an die Gemeindeleitung, an die hauptamtlichen Begleiterinnen und Begleiter, an die Gemeinde als ganze. Es braucht heute eine Entscheidung, in der Kirche mitzumachen, das kirchliche Leben mitzugestalten. Neben Familie, Beruf und Verein bleibt nicht mehr viel Zeit. »So soll denn auch wirklich für meinen Einsatz etwas geboten werden.« »Ich will profitieren, ich will etwas mitnehmen aus den Gottesdiensten.« »Mein Mitmachen soll mir etwas bringen.« Ich beobachte aber auch, daß der Alltag die Menschen heute restlos in Anspruch nimmt, ihre letzten Kräfte fordert. Kein Wunder kommen die Glaubenden mit einer tiefen Sehnsucht, neue Kraft auch von Gott her aufzutanken, die sie

wieder für den Alltag stärkt. Sie suchen diese Kraft und sie haben einen Anspruch darauf, im gemeindlichen und gottesdienstlichen Miteinander Ermutigung zu bekommen.
Und so sind fast überall die Gemeinden von einem ungeheuren Aktivismus geprägt. Es wird geplant, organisiert, angeboten und zur Auswahl gestellt. Nicht nur die Seelsorgerinnen und Seelsorger »springen« den ganzen Tag, nein, viele Gemeindemitglieder »springen« ebenfalls für die Gemeinde, für das Gemeindeleben. Und alle geben sich aus für das Leben der Gemeinde, das in Wirklichkeit gar nicht echtes Leben mehr ist, sondern organisiertes, geplantes, erzwungenes manchmal gar. Auf die Frage: wie geht es euch in eurer Gemeindearbeit? höre ich immer wieder: »es läuft«, oder: »es läuft ganz gut«. Ich nehme an, daß jemand, der so etwas sagt, von einer lebendigen Gemeinde spricht. Aber eben »es läuft«. Ich fange an zu fragen, was heißt denn »es läuft«. Ist das nicht der Tod unseres Gemeindelebens trotz aller Anstrengung? Ich meine ganz langsam zu erkennen, daß es bei allem, was geplant und organisiert sein will, letztlich auf das ankommt, was lebt, was wirklich lebt.
Es ist meine tiefe Erfahrung, daß überall dort, wo ich ein klein bißchen vom Evangelium lebe, das ansteckend wirkt. Ich glaube gar, daß es in einer verplanten und superorganisierten Welt in Zukunft darauf ankommt, Oasen, wenn auch kleine oder kleinste Oasen des Lebens zu sein. Das ist die Chance der Gemeinde: eine Atmosphäre des wirklichen Einandertragens wachsen zu lassen, in der etwas von Angenommensein und Geborgenheit zu spüren ist; ein Klima echten Aufeinanderverwiesenseins zu schaffen, in dem Solidarität mehr als ein leeres Wort ist; eine Haltung zu finden: »Ich gehe zur Kirche und werde dort auf jeden Fall jemanden antreffen, den ich gern habe«, wie mir vor kurzem eine Frau sagte. Das macht unsere Gemeinde aus.
Ich spüre immer deutlicher, daß wir auch in der Gemeinde von der Haltung des Machens abkommen müssen. Dies ist eine Überforderung auch eines noch so originellen und guten Seelsorgeteams. Wir dürfen viel mehr in die Haltung des jesuanischen Seins hineinwachsen, wo etwas lebt von Mensch zu Mensch und aus diesem Leben ein wirkliches Miteinander wird. Wohl verstanden, dies ist nicht mit neuem Streß verbunden, sondern viel mehr darf die Haltung zum Ausdruck kommen: Wo noch so wenig wirklich lebt, wird das anstecken, wird Leben, neues Leben zeugen. Dies ist für mich so ermutigend und auch befreiend im Sinn: ich muß nicht alles machen.
Ich mag dies an zwei kleinen Beispielen anschaulich zeigen. Vor

zehn Jahren, als ich hierher nach Speicher-Trogen-Wald kam, traf ich hier eine Gemeinde, die auf der gesellschaftlichen Ebene eine recht lebendige Gemeinde war. Dies war denn auch in einem ersten Schritt für den Gemeindeaufbau notwendig. Doch bald merkte ich, daß in der Gemeinde der soziale Aspekt zu kurz kam. Da war wohl ein blinder Fleck. Das gemeinsame Miteinander eines Kerns von Gemeinde täuschte über das vereinsamte Dasein vieler Menschen hinweg. Ich setzte andere Akzente und versuchte meinem Tun eine soziale Ausrichtung zu geben. In Verkündigung und Erwachsenenarbeit, in Gesprächen und Veranstaltungen suchten wir die Menschen für die soziale und diakonale Dimension zu öffnen. Gerade auf diesem Gebiet ist aber die Gefahr von Aktivismus grenzenlos. Bald aber kamen behinderte Frauen und Männer aus einem Behindertenheim – die meisten gar nicht katholisch – zu uns in den Gottesdienst. Anfängliches Unbehagen seitens unserer Christinnen und Christen verschwand, weil zu spüren war, daß diese Menschen mit ihren Zwischenbemerkungen im Gottesdienst eine ganz neue Dimension brachten. Im Anschluß an die Eucharistiefeier nahmen immer mehr Menschen mit den Behinderten Kontakt auf, und so geschah es, daß diese Menschen bei uns eine völlige Integration erfuhren. In den letzten Monaten nun konnte sich die Leitung eines anderen Behindertenheimes aus unserer Gemeinde entschließen, auch regelmäßig in den Gottesdienst und zu Veranstaltungen zu kommen, weil auch ihre Behinderten sich wohl bei uns fühlen. Hier spüre ich: Es ist nicht viel zu planen, aber es hat etwas begonnen zu leben, und das steckt an: Unsere Mitchristinnen und Mitchristen können eine neue Haltung behinderten Menschen gegenüber aufbauen, und die Behinderten fühlen sich ernstgenommen und gehören ganz selbstverständlich zu uns als Gemeinde. Somit hat aber auch jede Rede vom sozialen Engagement eine Glaubwürdigkeit bekommen, nicht nur in Worten, sondern im gelebten Miteinander.

Oder ein anderes Beispiel: Als ein Mann von seiner Frau im Altersheim wegstarb, war die ebenfalls behinderte Frau völlig allein, da sie keine Angehörigen mehr hatte. Es war anzunehmen, daß an der Beerdigung ich allein mit ihr dastehen würde. Am Ende des Sonntagsgottesdienstes versuchte ich auf die Situation der Frau, die in unserer Gemeinde bisher nicht bekannt war, aufmerksam zu machen, und siehe, es kamen zwei jüngere Mitchristinnen zur Beerdigung. Anläßlich der Beerdigung äußerte die trauernde Frau den Wunsch, doch öfters gerne in die Kirche kommen zu können. Eine junge Frau versuchte sie mit ihrem Auto zu holen und spürte bei

diesem Dienst bald, daß sie überfordert war. Sie suchte sich einen Kreis von Menschen, die jeweils abwechslungsweise diese Frau am Sonntag in den Gottesdienst fuhren. Es wurde nicht nur ein Dienst an dieser Frau, sondern all jene, die die Frau gefahren haben, begannen sich regelmäßig zu treffen und spürten, es gibt auch zwischen ihnen so viel Verbindendes.
Aus einen kleinen Engagement wurde ein lebendiges Miteinander mit dieser alten Frau und untereinander.

3. Gemeinde am Ort ist Primärerfahrung von Kirche

Ein sehr engagierter junger Familienvater, der mit viel Kraft in unserer Gemeinde mitdachte, mitsuchte und auch mitgestaltete, hat eines Tages einerseits seinen Austritt aus der katholischen Kirche eingereicht und zugleich einen Antrag formuliert, in die katholische Gemeinde Speicher-Trogen-Wald aufgenommen zu werden. Er ist bereit, ein noch größeres Engagement für das Leben in unserer Gemeinde zu leisten und will sogar einen größeren finanziellen Beitrag leisten, als er tatsächlich an Kirchensteuer zu zahlen hätte. Wir versuchten mit einigen Christinnen und Christen mit diesem jungen Menschen ins Gespräch zu kommen. Es zeigte sich, daß er wohl viel Mühe mit der strukturellen Kirche hat, daß er aber durchaus sich in eine Gemeinde eingebunden fühlen möchte. Einem ersten Gespräch folgte ein zweites, ein drittes. Es war spannend zu spüren, daß eigentlich mit zunehmendem Gespräch gar nicht mehr die Kirchenzugehörigkeit die wichtige Frage war, sondern die Suche nach einer echten Kirchenerfahrung im Sinn einer verbindlich suchenden Gemeinschaft.
Diese Erfahrung macht mich nachdenklich. Ich höre dies immer wieder. Es ist nicht einfach nur Kirchenmüdigkeit vieler Christinnen und Christen, sondern die Frage echten Miteinanders, die Suche nach Menschen, mit denen sie in ihren Fragen des Lebens und des Glaubens ernstgenommen werden, wo sie etwas von wirklicher Solidarität finden können, wo sie eingebunden sind in eine Gemeinschaft, die sich den Fragen des Lebens und des Glaubens stellen, dem, was die Menschen beschäftigt. Immer mehr Menschen spüren heute, daß sie viele Fragen und Probleme im individuellen wie im globalen Leben nicht mehr allein lösen können, sondern angewiesen sind, daß sie Orte und Menschen haben, wo sie mit anderen auf die Suche gehen können, im Gespräch ihre Fragen äußern dürfen und so Mut und Kraft bekommen, ihnen weiter nachzuge-

hen, getragen von anderen Mitchristinnen und Mitchristen. Es ist meine Erfahrung all der Jahre meines Seelsorgerseins, daß immer mehr Menschen wohl in ihrer Gemeinde noch echte Erfahrung von Gemeinschaft, von Kirche machen können, daß sie aber zunehmend Mühe haben, sich in das Größere der Diözesan- und Weltkirche eingebunden zu fühlen. Mir ist es auch klar, daß dies eine Frage ist, die nicht leicht zu beantworten ist, die nicht leicht gelöst werden kann, aber es ist eine Frage auf Leben und Tod der Gesamtkirche wie der Ortskirche.

Menschen bekommen eine Beziehung zur Kirche, wo sie etwas vom Miteinander erfahren dürfen, wo Beziehungen wachsen dürfen, wo Freundschaften Menschen verbinden. Und dies ist eben im kleinen, überschaubaren Bereich einer Ortsgemeinde eher möglich. Eine Familie, die mit drei im Schulalter lebenden Kindern in unsere Gemeinde kam, wollte nach einer gewissen Zeit ihre Kinder taufen lassen, weil sie zu spüren begann, daß bei uns etwas von Geborgenheit, von Angenommensein erfahrbar wird, daß sie Heimat gefunden haben. Sie wollten dies auch bei der Taufe der ganzen Gemeinde sagen, was tiefe Betroffenheit auslöste. Konsequenz aus solchen Erfahrungen war, daß der Vater seine Schwierigkeiten mit der offiziellen Kirche relativieren konnte und gar der Kirche wieder beigetreten ist, die er vor Jahren verlassen hatte.

Auf der anderen Seite ist diese lokale Kirche in ihrem Vollzug auch eine große Herausforderung an die Kirche als Gesamtes. Wenn es heute viele Stimmen gibt, die sagen, die strukturelle Kirche ist dem Tod nahe, dann stimmt mich das nachdenklich. Müßte die Kirche auf der je höheren Ebene nicht viel mehr auch von der Kirche an der Basis lernen? Kann nicht die Kirche an der Basis wertvolle Impulse und Korrekturen dem Apparat Kirche schenken? Kann nicht die Basis-Kirche der Organisation Kirche Leben geben? Und umgekehrt: Kann nicht eine an den Menschen orientierte Kirche den Glaubenden an der Basis Stärkung und Ermutigung geben in einer Zeit großer Resignation und Hilflosigkeit?

Gewiß, die Ortsgemeinde ist der primäre Ort der Erfahrung von Kirche, und wir können diese Erfahrung gar nicht deutlich genug uns vor Augen gar halten. Aber sie kann und darf auf die Dauer nicht isoliert bleiben, sondern muß sich eingebunden wissen in das Gesamte der Kirche. Diese Herausforderung hat sowohl die Basis wie auch die strukturelle Kirche anzunehmen und miteinander auf einen wichtigen lebensfördernden Suchprozeß zu gehen.

4. Gott in den Erfahrungen der Menschen entdecken

Ich erkenne in den vergangenen zwanzig Jahren sowohl in der gottesdienstlichen Verkündigung wie auch im Religionsunterricht und der Erwachsenenbildung einen Perspektivenwechsel, der für die Zukunft der Verkündigung von entscheidender Bedeutung ist und für uns Theologinnen und Theologen, Seelsorgerinnen und Seelsorger eine ungeheure Herausforderung bedeutet.
Ich habe in meinem Studium viele anregende und prägende Gedanken und Reflexionen vermittelt bekommen, die mir Freude am Studium der Theologie geschenkt haben, die mich auch eigenständig theologisch denken und glauben lehrten. Viele neue Interpretationen theologischer Inhalte haben mir tiefe Glaubenswahrheiten erschlossen, haben mich meinen Glauben auch von den Inhalten her leben lassen.
So versuchte ich in den ersten Jahren – und teilweise ist das heute noch der Fall –, diese befreienden Glaubensinhalte mit viel Engagement und Begeisterung den Menschen weiterzugeben. Und doch spürte ich stets ein Ungenügen mit der Frage verbunden: Ist das, was ich von der Botschaft Jesu Christi weitergeben wollte, bei den Menschen angekommen, in ihnen aufgegangen? Haben die Christinnen und Christen nicht wohl originelle und interessante Gedanken mit nach Hause genommen, die sie aber bald wieder vergessen, und die schließlich ihr Leben nicht wesentlich verändert haben? Die Frage wurde für mich immer drängender: Gebe ich nicht Glaubensinhalte in wunderbarer Geschenkverpackung weiter und muß feststellen, daß die Menschen dieses Geschenk gar nicht auspacken, höchstens noch weitergeben, ohne zu wissen, was es eigentlich beinhaltet? Und es stellen sich mir heute noch viel drängendere Fragen: Bin ich als Theologe nicht arrogant und überheblich, wenn ich meine, ich besäße Gott und wollte diesen Gott nun den Menschen weitergeben? Hat Jesus so von Gott gesprochen?
Radikales Fragen brachte mich an einen Perspektivenwechsel, in eine neue Haltung. Ganz klar ging mir in den letzten Jahren auf, daß Gott doch schon vor jeder Verkündigung im Leben der Menschen ist oder um es in Anlehnung an einen Buchtitel Leonardo Boffs auszudrücken: Gott ist eher da als der Verkünder[3]. Dieser Wechsel in meiner Haltung brachte mich auf einen anregenden Weg der Glaubensverkündigung, nämlich sensibel zu werden, im Leben, in den Erfahrungen der Menschen nach Gotteserfahrungen zu suchen, sie wahrzunehmen, sie aufzuzeigen und sie zu deuten. Dabei entdeckte ich, daß es für diesen Weg in den Evangelien ganz viel

von Jesus zu lernen gibt. Jesus hat nicht eine Lehre von Gott, einige Thesen von Reich Gottes gebracht, sondern Jesus hat mit den Menschen gelebt, nahm ihr Leben wahr und griff ihre Lebenserfahrungen auf, um in ihnen aufzuzeigen, wer Gott ist. Und durch diese Art der Verkündigung des Reiches Gottes zündete es in den Menschen, so daß sie staunten oder ohne Zweifel alles verließen, um mit ihm leben zu wollen. Die Botschaft ist angekommen, weil Jesus etwas in den Menschen, in ihren Lebenserfahrungen angesprochen hatte. Dabei ging ihnen auf: He, diese Erfahrung der Befreiung kenne ich ja, diese Sehnsucht nach radikaler Nachfolge spüre ich, diese Bereitschaft für den Einsatz meines Lebens für das Reich Gottes bringe ich mit. Gott hat ja etwas mit meinem ganz konkreten Leben zu tun.

Einen solchen Weg der Verkündigung zu gehen, verlangt ein neues Lernen, heißt kontinuierlich und wachsam in die Erfahrungen der heutigen Menschen hineinzuhören, die Lebenserfahrungen der Menschen kennenzulernen und sie deuten zu wagen; heißt, sich ganz an den Menschen zu orientieren. Die befreiende Botschaft Jesu Christi den Menschen zu vermitteln, bedeutet nicht zuerst, von der Befreiung dieser Botschaft zu sprechen. Worte bleiben hier besonders oft leere Worte. Die befreiende Botschaft Jesu zu verkünden heißt zuerst, die Nöte, Ängste, die Zwänge und Gebrochenheiten der Menschen wahrzunehmen, aber auch ihre Sehnsüchte, Hoffnungen und Wünsche, die Freuden, das Glück und die Erfahrung von Freiheit ernst zu nehmen, um in diesen Erfahrungen die Botschaft Jesu entdecken zu lassen. Das heißt auch eine Übersetzungarbeit zu leisten. Die theologische Sprache – bei all ihrer Berechtigung – ist nicht mehr die Sprache der Menschen, die sie verstehen. Ich versuche auf die menschlichen Erfahrungen zu hören und spreche ganz menschlich – nehme darin die Inkarnation Gottes in Jesus Christus ernst – von Gott, so daß den Menschen aufgehen kann: meine Erfahrung hat ja etwas mit Erfahrung Gottes zu tun, gerade dort, wo ich es gar nicht erwartet hätte.

Nicht zuletzt sind unsere Gottesdienste für viele Menschen nicht mehr berührend, weil sie eine ganz andere Sprache sprechen, wenngleich ich den theologischen Reichtum darin nicht verkennen will. Sie sprechen die Menschen in den heutigen Erfahrungen nicht mehr an, haben sich ghettoisiert. Nehme ich aber die Menschwerdung Jesu ernst, dann muß Gotteserfahrung in den Erfahrungen des Menschen möglich werden, und sie wird es auch. Verkündigung heißt dann zuerst, diese versteckten und verborgenen Erfahrungen aufzuzeigen und zu deuten. Deuten der menschlichen Erfahrungen

und zugleich der Botschaft Jesu ist wohl die spezifisch priesterliche, existentiell einfordernde Daseinsweise, die es neu zu entdecken gilt.
Ich mag dies an zwei banalen Beispielen konkret aufzeigen: Wenn bei uns zwischen Anfang Juni und Ende Oktober jeweils an den Wochenenden in den Dörfern eine Unzahl von Unterhaltungsfesten gefeiert werden und die Menschen in großen Scharen von einem Fest zum anderen pilgern, oft auch an verschiedenen Festen an einem Wochenende anzutreffen sind, dann kann ich das als Seelsorger als Anlaß zur Klage nehmen, diese Feste als Konkurrenz zu meinen gottesdienstlichen Angeboten anschauen, oder ich kann lernen zu fragen: Was steckt denn dahinter, daß die Menschen von Fest zu Fest wandern und Gemeinschaft suchen, obwohl dies durch die Lautstärke der Musik völlig verhindert wird?
Oder wenn im Appenzellerland von April bis zum Oktober auf den sehr kurvenreichen Straßen Hunderte von Motorradfahrern ziellos, wie es zunächst scheint, tagelang in der Gegend herumfahren, dann kann ich diese Feststellung zum Anlaß nehmen, mich über Lärm und Umweltverschmutzung zu ärgern – hat bestimmt seine Berechtigung –, oder ich kann fragen, was diese Menschen denn suchen. Ist dieses Herumfahren nicht ein Ausdruck einer unbewußten Suche, einer ganz tief im Menschen lebenden Sehnsucht nach etwas, das sie selbst vielleicht gar nicht so recht formulieren könnten, das sie aber mit Heimat verbinden?
Ich denke, es gilt für mich, immer mehr hinter solche ganz banalen und alltäglichen Erfahrungen zu spüren und herauszuhören, daß hinter solchen Tendenzen eine Suche nach mehr Gemeinschaft, eine Suche nach einem Ziel, eine Suche nach Beheimatung steckt, vielleicht auch – ich wage diese Aussage – eine ruhelose Suche nach Gott als letztem Sinn und Beheimatung.
Diese Beobachtungen und Erfahrungen haben mich zunächst auf mich selber geworfen und ließen mich feststellen, daß Gott für mich auch sehr häufig eine Frage des Kopfes und des Wissens war und nicht der Erfahrung. In den letzten Jahren bin ich sehr viel sensibler geworden für das, was Gott mir in meinen alltäglichen Erfahrungen sagen will, und spüre, daß ich viele Erfahrungen des Alltags mit Gottes- und Reich-Gottes-Erfahrungen verbinden kann. Ja, Gott ist schon in meinem Leben, bevor ich es gemerkt habe.
Diese Beobachtungen und Erfahrungen lassen auch meine Arbeit, meine Existenz als Theologen spannend werden, weil ich nie etwas besitze, sondern dauernd am Suchen bin, dauernd auf der Suche, an meine Erfahrungen und jener der heutigen Menschen heranzuta-

sten, die heute schon wieder andere sind als nur schon vor einem Jahr, dauernd auf der Suche, um in ihren Erfahrungen theologische Gehalte, wie Gnade, Erlösung und Befreiung aus den Verstricktheiten des Lebens, wie Gotteserfahrungen aufzuzeigen. Diese Erfahrungen lehren mich auch langsam zu verstehen, was es heißt: theologisch sprechen heißt auch menschlich sprechen.

5. *Auf die Haltung kommt es an*

Dieses Hineinhören und Hineinspüren in die Erfahrungen heutiger Menschen ließen in mir eine neue Haltung wachsen, die ich entscheidend für die Gemeindearbeit finde. Wie war ich und bin es noch immer – und mir begegnet dies auch bei fast allen Gemeindeseelsorgerinnen und -seelsorgern – geprägt von der Auffassung: Seelsorger(in)sein ist ein Beruf wie jeder andere auch, in dem ich wohl Felder finde, die mir Freude machen, in denen ich aber auch viel einfach tun *muß*. Ich höre bei mir und bei anderen dauernd: Ich *muß* noch die Predigt machen, ich *muß* noch einen Krankenbesuch machen, ich *muß* noch in den Religionsunterricht gehen. Diese Mußhaltung prägt unser Arbeiten und unsere theologische Existenz. Ich spüre dann, daß ich auch so schnell wie möglich meine mir gegebenen Aufgaben erfüllen mag, zu meiner und meiner Mitmenschen Befriedigung, aber ich muß. Ich habe bei mir in meiner Erfahrung der Mußhaltung gespürt, daß ich sie befragen und wahrnehmen möchte, wie sie mein Arbeiten und mein Leben behindert, wie diese Mußhaltung mir die Lebensfreude als Theologe und Seelsorger nimmt, mich jeder glaubhaften Ausstrahlung beraubt. Und ich durfte bei ehrlichem Anschauen meiner Haltungen in den letzten Jahren ganz viel neu sehen lernen. Ein paar dieser Erfahrungen will ich benennen.

So durfte ich feststellen, daß bei allem Auszug vieler Christinnen und Christen aus der Kirche in den letzten Jahren – aus welchen Gründen auch immer – keine andere Organisation die Chance hat, so regelmäßig – Sonntag für Sonntag – so viele Menschen anzusprechen, wie das im Bereich der Kirche der Fall ist. Dies ließ mich etwas von der Jammerhaltung abweichen und mehr in die Haltung grundsätzlichen Beschenktseins hineinwachsen: Ja, ich darf mich beschenkt wissen, daß wieder so viele Menschen kommen, so viele Menschen sich in Gott verwurzeln lassen wollen, so viele Menschen Lebensmut und Lebenskraft aus dem Gottesdienst etwa schöpfen wollen, so viele Menschen durch ihr Kommen mir signalisieren, daß es ihr tiefster Wunsch ist, etwas von kirchlicher Gemeinschaft zu erfahren. Das ist für mich in dieser Gesellschaft und Zeit nicht einfach selbstverständlich.

Ein Zweites wurde mir im Verlauf der letzten Jahre bewußt, daß viele kleine Schritte, kontinuierlich jeweils wieder neu gewagt, durchaus zu einer Veränderung auch eines so großen und schwerfälligen, ja inhomogenen Gebildes, wie dies eine Pfarrgemeinde ist, möglich sind. Diese Veränderung ist in vielen kleinen Schritten gewachsen. Natürlich habe ich oft auch fast den Mut verloren, wenn ich spürte, es war wieder nur ein kleiner Schritt, und es müßten doch angesichts der schwierigen Situtation heutiger Seelsorge und heutigen Kircheseins große Veränderungen geschehen. Ja, es brauchte ungeheuer viel Geduld, daran zu glauben, wenn ich gesehen habe, daß selbst dieser kleine Schritt so viel Kraft und Mühe brauchte. Und doch darf ich heute auch feststellen, daß das Sich-nicht-entmutigen-lassen, das Immer-wieder-neu-wagen im Gesamtüberblick unsere Gemeinde verändert haben, ein klein bißchen zum Wachsen der Reich-Gottes-Haltung beigetragen haben, wenn etwa die Frage nach Spiritualität immer wieder neu gestellt wird, oder wenn ich beobachten darf, wie das soziale Auge vieler Mitchristinnen und Mitchristen heute mehr und klarer die Situation unserer Gemeinde und ihre soziale und diakonale Verantwortung wahrnimmt. Wenn ich dazu noch meine persönliche Erfahrung bedenke, wie schwer ich mich von einem Punkt auf den anderen Punkt verändere, sondern meine Veränderungen jeweils mit vielen kleinen, ja kleinsten Schritten, manchmal gar Rückschritten verbunden sind, dann finde ich es einfach auch ermutigend und großartig, wenn ich die kleinen, ja kleinsten Schritte wahrnehmen darf. Dies zeigt einfach auch auf, daß wir tatsächlich unterwegs sind, unterwegs auf ein wärmeres und menschlicheres Miteinander, unterwegs zu mehr Verantwortung und unterwegs zu einem weltweiten Bewußtsein.

Folterungen im ehemaligen Jugoslawien, Menschenrechtsverletzungen in aller Welt haben dann etwas mit meinem Christsein und unserem Gemeindesein zu tun. Ich finde es aber auch spannend, mich mit mir als Seelsorger und mit der Gemeinde dauernd in einem Prozeß zu wissen, in einem Prozeß der Bewußtseinserweiterung und -veränderung, in einem Prozeß, in dem etwas vom Leben, von befreitem, aber auch von gebrochenem Leben spürbar wird, in einem Prozeß der Suche nach möglicher Verantwortung aus der jesuanischen Botschaft heraus. Gewiß, ein solcher Prozeß verlangt viel Geduld, mehr als ich manchmal habe, und ich denke, ich muß

immer wieder neu in die Haltung hineinwachsen, daß ich wie der Sämann im Evangelium den Samen säen kann und ein anderer ihn wachsen läßt. Es verlangt auch bei allem Engagement die Haltung großer Gelassenheit, daß letztlich nicht ich es bin, der solche Entwicklungsschritte herbeiführen kann, sondern diese wohl immer Geschenk Gottes sind.
Diese beiden Erfahrungen haben mich sensibler werden lassen für meine Haltung den Menschen und meiner Arbeit gegenüber und ließen meine Haltungen befragen:

- Bin ich in einer Besitzhaltung im Sinn des Verwaltens und Ausschenkens göttlicher Gnaden oder versuche ich immer wieder neu in eine *Suchhaltung*, ja manchmal noch eher in eine Tastversuchhaltung hineinzuwachsen, aus der heraus ich auch in religiösen Erfahrungen nicht der Alleswisser und Allesbestimmer bin, sondern zusammen mit Mitchristinnen und Mitchristen den jeweils neuen Schritt bedenke und wage? Eine Haltung übrigens, die mein Leben und Arbeiten spannend macht. Ich muß mich fragen: Begegne ich meiner Gemeinde in der Haltung des Ernstnehmens des geschichtlich gewordenen Pluralismus, der Vielfalt gemachter Lebens- und Glaubenserfahrungen? Kann ich wahrnehmen, daß wir heute in einer Sitaution leben, in der viele sinngebende Erfahrungen und Weltanschaungen die Menschen prägen? Kann ich annehmen, daß ich unter diesen vielen Angeboten und Orientierungsweisen heute ein Mosaikstein bin, und versuche ich dies auch bewußt und überzeugend zu sein in der Bereitschaft zum Dialog und der Auseinandersetzung? Bin ich angesichts der pluralen Situation unserer Pfarrgemeinde bereit, auch von anderen Weltanschauungen und Glaubenserfahrungen mich befragen zu lassen und von ihnen zu lernen? Zum Beispiel sprechen die verschiedenen Angebote aus der New-Age-Bewegung bestimmt die religiöse und menschliche Sehnsuchtserfahrung vieler Menschen besser an als ich als Theologe und Seelsorger einer Großkirche.
- Das Ernstnehmen der pluralen Situation heißt aber nicht, daß ich nicht auch meinen Beitrag zur Lebens- und Weltbewältigung einbringen darf, mich in die Haltung des Rückzuges versteifen muß. Im Gegenteil, ich spüre, daß ich dadurch – ohne fanatisch werden zu müssen – herausgefordert bin zu bedenken, mit welcher Haltung ich von der Botschaft Jesu Christi spreche und wie ich sie lebe: Sind es einfach schöne, abstrakte Worte? Oder bin ich bereit, mich engagiert und mutvoll auch mit meinen Glaubens-

erfahrungen einzubringen als ein Beispiel echten – wenn auch oft gebrochenen – Versuchens, von meiner Gotteserfahrung *Zeugnis* zu geben? Ich merke, jede noch so schöne Predigt geht letztlich ins Leere, wenn sie nicht verbunden ist mit meinem persönlichen Engagement und abgedeckt ist mit meinem mich einfordernden Zeugnis. Verantwortetes Zeugnis steckt an, reißt mit. Ist mein Tun und Leben von diesem Mut zum Zeugnis geprägt? Ich begleitete über vier Jahre hindurch einen jungen, schwerst drogenabhängigen Italiener von der Gasse bis zur Heirat. Selten war ich in meinem Engagement so eingefordert, verzichtete auf Ferien, um ganz da sein zu können, wenn es nötig sein sollte. Ich durfte mit diesem Menschen nicht nur einen wunderbaren Heilungsprozeß erfahren, weil ich mich beziehungsmäßig ganz auf ihn eingelassen habe, sondern ich durfte auch in und mit ihm Gott begegnen. Weil ich oft von meinen Erfahrungen auch in der Verkündigung erzählte, veränderte sich die Haltung auch der Gemeinde Drogensüchtigen gegenüber. Fast wie von selbst.

– Das Horchen auf die Situation und die Erfahrungen des Menschen und das Hineinhorchen in die biblische Botschaft ließen in mir eine Haltung wachsen, die ich so oft vermisse – und dies gerade auch unter Theologinnnen und Theologen, Seelsorgerinnen und Seelsorgern: *Sorgfalt.* Ich beginne immer mehr darunter zu leiden, bei mir und bei anderen mitansehen zu müssen, wie wir in unserem Beruf, in unserem Arbeitsfeldern sowohl mit den Menschen als auch mit dem, was wir zu verkünden haben, unsorgfältig umgehen. Damit stehen wir in der Tendenz, sowohl den Menschen, denen wir begegnen, als auch der guten Botschaft Jesu Warencharakter zuzuschreiben.

  Ich entdecke zunehmend stärker, wie sehr ich auch wieder von Jesus lernen kann, mit welcher Sorgfalt er mit Menschen umging. Ja, ich kann erspüren, wie intensiv und beglückend seine Begegnungen mit Menschen, gerade mit gebrochenen und marginalisierten Menschen waren, einfach weil er dahinter den wertvollen Menschen, der auf jeden Fall seine Würde hat, gesehen hat. Und das darf mich prägen: Meine Tätigkeit hat viel mit Menschen, mit der guten Botschaft Jesu zu tun. Zunehmend merke ich, wie kostbar ein Mensch ist, wie kostbar er selbst dann ist, wenn er sehr gebrochen vor mir steht. Mir wird stärker bewußt, daß mir in jedem Menschen Gott begegnet, daß jeder Mensch mir zur Begegnung Gottes werden darf. Mir wird bewußt, daß ich in die Haltung Jesus hineinwachsen darf: Hier ist ein Geheimnis Gottes, wenn auch dieses Geheimnis häufig verdeckt ist. Aber gerade

in einfühlendem, liebevollem Begegnen, so durfte ich erfahren, kann sich dieses Geheimnis mir entfalten, und wir können einander in sorgfältigem Begegnen zum Geschenk, zum Geschenk Gottes werden, das wir auch Gnade nennen können.
Ein Beispiel, an das ich selber fast nicht glauben kann, das ich aber tatsächlich so erlebt habe, stammt aus dem dornigen Bereich des Religionsunterrichtes. Solange ich immer nur in den Schülern »Feinde« sah, Menschen, die mir disziplinarische Schwierigkeiten machten, Menschen, die ja sowieso nichts von mir lernen wollten, die mir die bestens vorbereitete Stunde kaputt machten, solange ich immer mit solchen Vorurteilen und negativen Haltungen in den Religionsunterricht ging oder manchmal auch heute noch gehe, solange hatte ich es in der Schule nicht gut. Sobald ich aber begann, meinen Schülern liebevoll und sorgfältig zu begegnen, gerade auch den unbequemen, sind diese Schwierigkeiten bis auf ein Minimum verschwunden, weil jede Schülerin und jeder Schüler spürte: da wendet sich jemand mir achtungsvoll zu, da nimmt mich jemand wirklich ernst, oder versucht es zumindest. Es ist für mich zu einer Anfrage geworden, wenn ich merke, daß da ein Störenfried ist, wie wende ich mich diesem Schüler, dieser Schülerin zu. Ich denke, dieses Beispiel sagt genug, daß Gemeindearbeit und Seelsorge sehr viel mit Sorgfalt der Begegnung und der Beziehung zu tun haben. Es ist ja wohl nicht zufällig, daß ich mich als kirchlicher Mitarbeiter (bzw. Mitarbeiterin) immer auch als Seelsorger(in) verstehe, als jemand, der/die berufen ist, Sorge zu haben zur Seele. Ich würde heute sagen, Sorge zu halten für den Menschen.

– Aber ich möchte auch einen anderen Aspekt der Sorgfalt nicht vergessen. Wenn es für mich wichtig geworden ist, mit großer Achtsamkeit und Sorgfalt den Menschen zu begegnen – auch hier muß ich meine Gebrochenheit nicht verdecken –, so hat mich diese Erfahrung auf die Frage verwiesen: Wie gehe ich mit Gott, mit der Botschaft Gottes, mit den Sakramenten um, wie gehe ich mit dem *Heiligsten* um, das ich den Menschen vermitteln darf? Kommt nicht das Heiligste oft deshalb nicht in das Leben der Menschen, weil wir mit ihm so umgehen wie mit Sachen, wie mit Waren, mit Objekten? Ich habe gelernt, mich als Priester, als Theologe und als Seelsorger zu verstehen, der es mit dem Heiligsten zu tun hat, das es auf Erden gibt: mit Gottes Zuwendung und Nähe zu den Menschen. Ich habe gelernt, im Verlauf der Jahre, mit äußerster Sorgfalt mit dem Wort Gottes, mit der Eucharistie, mit den Menschen als Abbild Gottes, mit dem Heiligen umzugehen. Wie sollen Menschen sonst die Erfahrung Gottes machen, wenn sie nicht spüren, daß die »Profis« mit Gott in einer nahen und doch achtsamen Beziehung stehen? Wenn es mir wichtig ist, nicht nur den Tisch des Mahles zu betonen, sondern auch den Tisch des Wortes als echte Begegnungsweise Jesu Christi mit uns Menschen zu entdecken, dann kann ich Schrifttexte einfach nicht mehr so lesen wie früher, sondern mag das Evangelium feiern, wenn etwa die Ministranten mit der brennenden Osterkerze zur Verkündigung der Worte Jesu herbeitreten. Ich merke auch, daß ich vor Gottesdiensten mich mindestens eine halbe Stunde in der Kirche sitzend einstimmen muß, um bereit zu sein, selbst dem Heiligen zu begegnen.

- Und noch eins. Diese Haltung der Sorgfalt ließ mich auch in Bereichen, die ich nicht gerne tue, wie zum Beispiel *administrative Belange*, sorgfältiger umzugehen, weil ich spüre, daß auch diese Aufgaben letztlich im Dienst des Geheimnisses Gottes und im Dienst des Geheimnisses Mensch stehen, auch wenn dies nicht auf den ersten Blick ersichtlich ist.
- Etwas, das ich in dieser Beziehung noch lernen muß, das ich erst anfanghaft erkennen und sehen kann, ist: daß ich auch noch eine größere *Sorgfalt im Umgang mit mir selbst* finden will. Wie soll ich eine befreiende und heilbringende Botschaft verkünden können, wie soll ich mit Gott und den Menschen sorgfältig umgehen, wenn ich mit mir nicht genügend sorgfältig umgehen kann, wenn ich in Zwängen verstrickt bin, wenn ich unheil lebe, wenn ich zu mir nicht Sorge trage? Ich spüre, daß es für mich unabdinglich ist, Zeit für mich in der Kontemplation zu finden, Zeit für mich, in der ich Zeit für Gott habe, der mir Geborgenheit gibt, mich atmen läßt. Und es ist für mich unentbehrlich geworden, mir Zeit zu nehmen, in einem guten theologischen Buch zu lesen, das mich und mein Tun begeistert, ohne es gleich verzwecken zu müssen. Einfach, weil ich daran Freude habe.
- Aus dieser Haltung der Sorgfalt wächst für mich noch eine Haltung, die mir von grundlegender Bedeutung für die Arbeit in der Zukunft ist: jedem(r) das Gefühl zu geben: Du bist wichtig. Gemeinde kann nur dort leben, wo jede und jeder wichtiggenommen wird, in seinem Wert erkannt wird, sein Eigenes einbringen darf. Das heißt, ich bin dauernd angefragt: bin ich es, der das gut kann, oder kann das ein(e) andere(r) nicht besser? Ich werde in keinster Weise in meinem Wert entwertet, wenn ich dies zugeben kann, sondern lerne zunehmend, wie reich wir in einer Gemeinde sind. Das, was ich nicht gut kann, kann jemand anders gut; das

was ich nicht wage zu tun, tut jemand anderer selbstverständlich. So werden wir *Charismen* entdecken, und meine Aufgabe als Seelsorger ist es gerade, diese Charismen in den Menschen zu wecken und sie zur Entfaltung zu bringen. Vielleicht ist gar mein Charisma, die Charismen in meiner Gemeinde zum Reifen und zum Blühen zu bringen. Das führt uns ins Gespräch, nicht zuletzt in tiefe seelsorgliche und spirituelle Gespräche, zu einem Miteinander, in dem wir etwas vom Einander-anvertraut-sein und Verbunden-sein spüren können.

6. Die prophetische Dimension entdecken

Nach zehn Jahren kontinuierlicher Herausforderung, steten Unterwegseins in der Bewußtseinsveränderung, nach zehn Jahren des Wachsens und Reifens dürfen wir mit Stolz sagen: Wir sind zu einer lebendigen Gemeinde gewachsen. Und viele bezeugen: Bei euch ist etwas zu spüren, das ganz selten anzutreffen ist. Das ist schön. Und doch zeigt sich in den letzten Jahren klar an, daß ein nächster einschneidender Schritt notwendig wird: eine Art Paradigmawechsel an verschiedenen Orten der Gemeindearbeit. Zum Beispiel fragen sich immer mehr Christinnen und Christen unserer Gemeinde: Ist es denn noch sinnvoll, ganzen Klassenverbänden Religionsunterricht zu geben oder ganze Klassen zur Erstkommunion hinzuführen, um danach zu sehen, daß nur ganz wenige eine Verbundenheit mit der Gemeinde weiterpflegen? Wäre es nicht glaubhafter, anstelle der verlogenen großen Erstkommunionfeiern die Kinder, die mit ihren Eltern regelmäßig zum Gottesdienst kommen, zum Mahl mit Jesus zu führen, auch wenn sie das notwendige Alter noch nicht haben, aber für eine solche Freundschaft mit Jesus durchaus bereit sind? Müßte nicht viel mehr die Begleitung auf eine Entscheidung hinzielen? Das heißt im Beispiel benannt: Geben wir in Zukunft keinen Religionsunterricht mehr, fördern aber die Ministrantenarbeit? Zur Ministrantengruppe kommen Jugendliche gern, und wir stellen fest, daß in diese Gruppe auch Jugendliche kommen, die von zu Hause aus kein religiöses Fundament mitbringen, aber sozusagen ein religiöses Empfinden haben. Geben wir dieser Begleitung ein Schwergewicht? Wir suchen also nach ganz neuen Formen glaubhaften Christseins.

Doch stellen wir auch ganz klar fest, daß dieser Schritt im Moment noch zu früh wäre. Viele Christinnen und Christen deuten direkt oder auch indirekt an, daß sie zufrieden sind, bei uns eine lebendige Pfarreigemeinschaft zu erfahren und jetzt eine Zeit der Pause und der Ruhe anstehen könnte: Wir sind doch eine lebendige Gemeinde, und wenn wir uns noch mit anderen vergleichen, dann dürfen wir doch sehr zufrieden sein.

Gewiß, ich habe für eine solche Ruhepause viel Verständnis. Ich brauche sie ja auch. Und doch werde ich den Eindruck nicht ganz los, daß sich in solchen Aussagen auch eine bürgerliche Sattheit meldet, die der schweizerischen Mittelmäßigkeit entspricht. Oder noch grundsätzlicher gefragt: Wo bleibt die prophetische Dimension einer Gemeinde, wo bleibt die Grundhaltung des stets neuen Aufbruchs, des stets neuen Exodus aus dem Bisherigen, wo bleibt die Unzufriedenheit im allzu starken Angleichen an diese Gesellschaft der Mittelmäßigkeit? Gewiß, mir ist auch klar, nicht alle können Propheten sein, und doch frage ich mich, ob nicht auch eine Gemeinde sich auf die Suche nach einer prophetischen Dimension machen müßte, um wahre Lebendigkeit zu erhalten.

Prophetische Dimension tönt nach Hinstehen und Aussetzen, nach Radikalem. Und ich denke, dies macht einen prophetischen Menschen, eine prophetische Gemeinde aus. Sicher. Und doch meine ich, daß sich die prophetische Haltung einer Gemeinde auch in kleinen, aber mutigen Schritten zeigen kann:

- Prophetische Haltung zeigt sich dort, wo katholische und reformatorische Kirchen mutig Schritte aufeinander zu machen, einander kennenlernen, den Reichtum der anderen Tradition erspüren und die andere Art, Glauben auszudrücken und zu feiern, anerkennen, um so Zeugnis echten Suchens eines Miteinanders in dieser Gesellschaft zu sein.
- Prophetische Dimension einer Gemeinde zeigt sich dort, wo sich Christinnen und Christen über alle Grenzen hinaus sich für das Wohl der Menschen und der Erde einsetzen in der Sorge und im Einsatz für eine Welt, die allen Menschen zur Heimat werden kann, z.B. wenn unsere Gruppe »Gerechtigkeit/Frieden/Bewahrung der Schöpfung« Informationen zu den Entwickungen in der Gentechnologie der Gemeinde gibt, damit Menschen anfangen nachzudenken und sich zu wehren, wo dies möglich ist, geprägt vom Geiste Jesu.
- Prophetische Dimension einer Gemeinde zeigt sich darin, wo Menschen sich nicht einfach einem Profit- und Machtdenken auf Kosten der Menschlichkeit opfern, sondern sich für Werte wie menschenwürdige Arbeitsplätze, wie lebensentfaltende Wärme, wie lebensfreundliche Freiräume entscheiden.

- Prophetische Dimension einer Gemeinde zeigt sich im mutigen Einsatz und in lautstarker Kritik an der Asylpolitik in der selbstverständlichen Haltung: Ihr, die ihr ohne Heimat seid, seid bei uns willkommen. Asylbewerber finden bei uns ein offenes Haus, finden eine Raum, wo sie von ihren Erlebnissen erzählen dürfen, wo sie gar im Gottesdienst auch als Muslime willkommen sich fühlen dürfen und einfach zu uns gehören.
- Prophetische Dimension einer Gemeinde zeigt sich darin, daß in ihr Kinder willkommen sind und einen Platz haben, wenn sie einen Ort zur Lebensentfaltung bekommen, wenn unsere Räume und Plätze rund um die Kirche beliebte Spielplätze sind, ohne daß jemand dauernd nach Ordnung und Sauberkeit ruft.
- Prophetische Dimension einer Gemeinde zeigt sich darin, wenn ältere Menschen ernstgenommen und nicht abgeschrieben werden, weil sie nichts mehr bringen, wenn sie sich in einem Glaubenskurs für Seniorinnen und Senioren austauschen und einander aus ihrem eigenen Erfahrungsreichtum und ihrer Weisheit heraus stärken und stützen dürfen.
- Prophetische Dimension einer Gemeinde zeigt sich darin, wenn Menschen in Verbindlichkeit miteinander leben, in dem sie in ein Netz von Beziehungen eingebunden sind, in dem sie andere anrufen dürfen, wenn etwas Schweres zu tragen ist, oder wenn Verbundenheit in Anliegen und Sorgen zu spüren ist in einer Welt, wo jede(r) so oft doch alleingelassen ist.
- Prophetische Dimension einer Gemeinde heißt in diesem Sinn, sich auch einmal die Finger für das Recht der Benachteiligten zu verbrennen, sich auszusetzen und Kritik zu ertragen, heißt aber auch, nicht allein gelassen zu werden, sondern sich solidarisch eingebunden zu wissen in eine Gemeinschaft, die einander trägt und stärkt. Und in diesem Bereich sind noch viele kleine Lernschritte notwendig, not-wendig für das Überleben einer glaubhaften christlichen Gemeinde.

7. Spirituelle Verankerung tut not

Mut zu einer solchen prophetischen Haltung und Kraft zu haben, angesichts einer sehr schwierigen personalen Lage – ausgelöst durch den Priester- und Seelsorger(innen)mangel – nicht zu schnellen und pragmatischen Lösungen zu greifen, die letztlich in die Sackgasse führen, verlangt eine tiefe spirituelle Verankerung. Ich frage mich oft: Rechne ich als Seelsorger, rechnen wir als Gemeinde

mit Gott in unserem Tun, in unserer Situation? Und ich muß auch immer wieder zugeben, daß ich zuerst auf meine eigenen Kräfte zähle, meine ganzen Kräfte einsetze, das eine oder andere wohl erreiche, mich aber vor allem überfordere, weil ich nur mit mir und meinen Kräften rechne und nicht mit Gottes Mit-dabei-sein.
In den letzten Jahren werden mir diese Fragen zunehmend drängender, und ich merke, ich mag auch hier in eine neue Haltung hineinwachsen, mich spirituell stärker verankern lassen. Ich mag mich als Gemeindeseelsorger zunehmend der Liebe und der Zuwendung Gottes öffnen, sie erfahren und davon Zeugnis geben: Ich bin bei all meinem Tun, bei all meinen Mißerfolgen auch letztlich getragen von der Liebe Gottes, die uns unverbrüchlich zugesprochen wird.
Ich mag mich in den letzten Jahren zunehmend von Gott im Tiefsten meines Herzens und meiner Existenz treffen und bewegen, mich aber auch von eben diesem Gott in meinem Tun herausfordern lassen, in der Gewißheit, daß Gott mich auf neuen, vielleicht gar riskanten Wegen begleitet, wie er dies in der Geschichte Abrahams getan hat.
Ich mag mich erneut einlassen auf tiefe Gotteserfahrungen, die mich vielleicht erschüttern, in die dunkle Nacht hineinführen, mich letztlich aber wachsen und reifen laßen. In ihnen wird Gott in meinem Leben konkret, und mein Zeugnis davon wird ebenfalls konkret, so konkret, daß es gar unbequem werden kann, da es auf Veränderung von Gott her drängt, auf Nachfolge Jesu hin, die mein ganz konkretes Leben meint, auf wirkliche Solidarität mit den Verrandeten unserer Gesellschaft hinzielt und nicht mehr nur in großen, aber leeren Worten besteht.
Ich mag aber auch in all dem, was ich erfahre, in all den Menschen, die mir geschenkt sind und denen ich immer wieder begegnen darf, herausspüren, was Gott mir damit sagen will für mein Leben als Gemeindeseelsorger und für uns als Gemeinde.
Und ich mag mich immer wieder auf einen Exodus aus konventionellen Formen des Christ- und Gemeindeseins einlassen auf der Suche nach jenem Land, in dem Milch und Honig fließen.
Ich mag mich einlassen auf Gotteserfahrungen, die es mir erlauben, nicht nur in real Vorgegebenem verhaftet zu bleiben, sondern mich träumen lassen von einer neuen Gemeinde und einer neuen Welt, die mir Kraft zum Widerstand gegen alles Lebensfeindliche geben und mich auf der Seite von Opfern von Menschenverletzungen stehen lassen im Sinne von Matthäus 25, 35: Ich hatte Hunger an Leib und Seele und ihr habt mir zu essen gegeben.

Ich mag mich einlassen auf Erfahrungen mit mir selbst, mich auf den Weg zu mir selber zu machen, um in meinem Inneren Gott zu entdecken, ihn sprechen zu hören, ihn hinter den Dingen, Erfahrungen und Begegnungen zu erspüren.
Ich mag mich aufmachen zu solcher Gottesverankerung, und ich mag mich aufmachen – das ist mir wichtig – mit anderen, um gemeinsam Erfahrungen Gottes im Alltag einer Gemeinde zu machen. Das gibt Gelassenheit und Kraft, die täglichen Fragen und Probleme anzugehen und diese auch in den richtigen Zusammenhang zu stellen, ohne sie zu vergrößeren, aber auch ohne sie zu verniedlichen.
Wenn ich jeden Tag eine Stunde meditiere, das Evangelium lese, ein Wort, einen Satz, die ganze Geschichte vielleicht mit mir in den Tag nehme, wenn ich betend in meinen Anliegen mich an Gott wende, spüre ich etwas von immer tieferer Verwurzelung und Verankerung in Gott, aus der mir Kraft und Freude für mein Sein und Tun geschenkt wird.

8. Stärkung und Ermutigung

Bei aller spirituellen Verwurzelung und Verankerung in Gott ist es aber auch notwendig wie noch nie, daß wir Seelsorgerinnen und Seelsorger einander ermutigen und stärken. Die Arbeit in und an einer Gemeinde braucht viel Kraft und viel Geduld, viel Liebe und viel Mut. Das Begleiten einer Gemeinde heißt immer wieder, vorgegebene und ausgetretene Wege zu verlassen, Ausschau zu halten nach neuen Pfaden. Allein ist dies nicht zu leisten. Wir brauchen als Seelsorgerinnen und Seelsorger an der Basis Ermutigung und Stärkung durch Menschen, die mitgehen, mitsuchen, mittragen und vielleicht ab und zu mal auch was mitfinden. Und ich erwarte auch – ich will das an dieser Stelle auch formulieren – von seiten der Bischöfe klarer und deutlicher Ermutigung und Stärkung gegen alle Resignation, die sich auch in das Herz so vieler Seelsorgerinnen und Seelsorger einschleicht. Vielleicht wäre dies sogar die erste Aufgabe gerade auch der Bischöfe und Kirchenleitungen: Mut zu machen, damit die Freude an der heil- und hoffnungbringenden und freudemachenden Botschaft Jesu Christi nicht verlorengeht, sondern ansteckend wird, im Sinn der Aussage des Propheten Sacharja (vgl. 8, 23): In jenen Tagen werden zehn Frauen und Männer aus Völkern aller Sprachen einen Mann, eine Frau aus Juda am Gewand fassen, ihn/sie festhalten und sagen: wir wollen mit euch gehen, denn wir haben gehört: Gott ist mit euch, denn wir haben gespürt: die Freude prägt euch.

Anmerkungen

[1] Vgl. W. Kasper, Die Methoden der Dogmatik. Einheit und Vielheit, München 1967, 37ff.

[2] Vgl. P. M. Zulehner, Kirche – Anwalt des Menschen. Wer keinen Mut zum Träumen hat, hat keine Kraft zum Kämpfen, Wien 1980.

[3] Vgl. L. Boff, Gott kommt früher als der Missionar. Neuevangelisierung für eine Kultur des Lebens und der Freiheit, Düsseldorf 1991.

Nikolaus Schwerdtfeger

»Komm, mein lieber Mensch, du stehst nicht allein«

Erfahrungen mit einem »Grundkurs gemeindlichen Glaubens«

1. Auf eine neue Art Kirche werden

Auf eine neue Art Kirche werden – dieses Ziel formulierte die Hildesheimer Diözesansynode (1989–1990) für den Weg der Kirche von Hildesheim am Ende des 20. Jahrhunderts: *»In der Kirche von Hildesheim gibt es eine Sehnsucht: die Sehnsucht danach, auf eine andere Art Kirche zu sein, eine Kirche, die aus der Nähe ihres Herrn und aus der Nähe zu den Menschen lebt und die selbst jener Lebensraum ist, in dem Menschen einander und Gott nahe sein können, eine Kirche, die Volk Gottes ist«*[1].

Dieses Grundanliegen stand freilich in einer Spannung zu den vielen Einzelanliegen, die die Synode in ihren vier Sitzungsperioden und bei den Arbeitssitzungen in den Zwischenzeiten beschäftigte: Die Ausformung einer künftigen Gemeindepastoral in einer geschwisterlichen Kirche; der Umgang mit wiederverheiratet Geschiedenen; die Möglichkeit eines Ehekatechumenats und die Bedeutung und Form der christlichen Ehe; die Feier des Sonntags als ein Kennzeichen christlicher Kultur; die Bemühungen um Gerechtigkeit, Frieden und Bewahrung der Schöpfung. Diese Anliegen, mit denen sich unsere Synode auseinandersetzte, sind heute kaum weniger aktuell und dringlich.

Gleichwohl betonte die Synode, daß eine tiefergreifende Neugestaltung der Kirche nur zu erwarten ist, wenn die notwendigen strukturellen Reformen mit einer persönlichen geistlichen Erneuerung verbunden werden: *»Wenn wir jedoch auf eine neue Art Kirche werden wollen, wird jeder und jede einzelne und jede Gemeinde an dieser Veränderung der Kirche mitarbeiten müssen. Eine besondere Verpflichtung dazu haben jene, die in der Kirche eine besondere Verantwortung tragen. Zugleich gilt: was jeder von uns zuerst tun kann, ist, selbst umzukehren. Indem wir uns auf den Weg machen, den unsere Sehnsucht weist, können und müssen wir selbst die Voraussetzungen für die notwendigen Veränderungen mit schaffen«*[2].

Als Weg solcher Umkehr nannte die Synode vor allem die »Evangelisierung«[3]. Evangelisierung war schon ein Schlüsselwort der lateinamerikanischen Bischofskonferenzen von Medellin (1968) und Puebla (1979). Es wurde dann auch von Papst Paul VI. (1975) und der Außerordentlichen Bischofssynode (1985) aufgegriffen. Ebenso hat Papst Johannes Paul II. immer wieder die Notwendigkeit einer Neuevangelisierung betont und darauf gedrängt. Der Begriff gründet der Sache nach im Zweiten Vatikanischen Konzil, »dessen Anliegen sich letztlich in einem Wort zusammenfassen lassen: die Kirche des 20. Jahrhunderts besser zu befähigen, das Evangelium der Menschheit des 20. Jahrhunderts zu verkündigen«[4]. Eben dazu ist die eigene, neue Evangelisierung der Kirche erforderlich.

2. *Ein Weg der Evangelisierung: »Grundkurs gemeindlichen Glaubens«*

Wie könnte ein Weg der Evangelisierung in der konkreten Situation einer Gemeinde aussehen und verwirklicht werden? Als *eine* konkrete Weise habe ich im Kontakt mit unserer Diözesansynode einen »Grundkurs gemeindlichen Glaubens« ausprobiert. Was damit gemeint sein kann und einige Erfahrungen mit diesem Grundkurs sollen im folgenden etwas dargelegt werden.

Der Anstoß dazu kam am Ende einer Firmvorbereitung in einer Gemeinde in Hildesheim Anfang 1990. Bei der abschließenden Reflexion auf diese Zeit fragten einige Firmkatecheten: »Könnten wir nicht auch weiterhin zusammenkommen, nun aber gewissermaßen nur für uns, um uns noch einmal neu mit unserem eigenen Glauben zu befassen?« Mich überraschte zunächst dieser Wunsch in einem Kreis, der über ein Jahr lang immer wieder gemeinsam intensiv überlegt und besprochen hatte, wie wir Jugendliche auf ihrem Glaubensweg begleiten könnten, und sich dabei durchaus auch mit dem eigenen Glauben auseinandergesetzt hatte. Zehn der vierzehn Katecheten hatten jedoch Interesse und Zeit, sich zur Vertiefung des eigenen Glaubens noch weiter zu treffen. Später, beim ersten Abend, sagte eine Frau: »Ich bin heute hierher gekommen, weil ich zum ersten Mal in dieser Gemeinde etwas für mich selbst tun darf; bislang wurde ich immer nur gebeten, etwas für andere zu tun.« Ihr Wort war auch eine Anfrage an die Absichtslosigkeit unserer Pastoral... Ich selbst war in jenen Monaten im Zusammenhang mit der Arbeit am Synodenbeschluß über die Wege einer künftigen Gemeindepastoral bei Paul M. Zulehner auf die Idee von einem

»Grundkurs gemeindlichen Glaubens« gestoßen[5]. Diese Idee brachte ich ins Gespräch ein, und wir entschieden uns, in diese Richtung zu gehen.
Ähnlich war es zwei Jahre später in meiner neuen Pfarrei in Goslar. Auch hier bestand – wieder in einem Firmkatechetenkreis – der Wunsch, sich selbst noch stärker mit dem eigenen Glauben auseinanderzusetzen. Zwei Jahre darauf versuchte ich in einer verkürzten Form einen »Kleinen Grundkurs des Glaubens« mit den Eltern der Erstkommunionkinder. Und wieder verändert, nämlich ausgerichtet auf das »Sakrament der Versöhnung« als einem besonderen Schnittpunkt von Glauben und Leben, fand in dieser Gemeinde schließlich 1995 ein »Kleiner Bußkurs« statt.
Auch seitens der Bistumsleitung wurde im Anschluß an unsere Synode den Gemeinden ein »Grundkurs gemeindlichen Glaubens« empfohlen. Daraufhin bildete sich 1993 auf Bistumsebene eine kleine Arbeitsgruppe mit dem Ziel, den Gemeinden Anregungen und Hilfen dafür zu geben. Zuvor aber entschied sich dieser Kreis – fünf Referenten aus dem Generalvikariat und vier Priester aus verschiedenen Gemeinden –, selbst einen Grundkurs zu machen: Wenn es bei einem solchen Kurs weniger um die Vermittlung von Glaubenswissen als um die Initiierung und Vertiefung eines Glaubensprozesses gehen sollte, dann erschien es uns notwendig, vor der Beratung anderer uns selbst miteinander auf einen solchen Prozeß einzulassen. Drei von unserer Arbeitsgruppe danach bistumsweit angebotene Informationstage im Jahre 1995 unter dem Thema »Erzähl mir von deinem Leben, erzähl mir von deinem Glauben – Grundkurs gemeindlichen Glaubens« stießen auf eine gute Resonanz. Inzwischen hat die Arbeitsgruppe auch eine kleine Arbeitshilfe herausgegeben[6].

3. *Mystagogische Ausrichtung*

Die Vorbereitung, Gestaltung und Leitung dieses »Grundkurses gemeindlichen Glaubens«, so wie ich ihn versucht habe, geschah in allen Fällen bewußt nicht im Alleingang. Auch die ersten suchenden Schritte wurden schon gemeinsam gegangen. Acht Abende und ein gemeinsames Wochenende in den Monaten zwischen Februar und den Sommerferien wurden als zeitlicher Rahmen vorgesehen (ich beziehe mich im folgenden besonders auf die genannten ersten beiden Kurse). Über die persönliche Ansprache hinaus erfolgte eine Einladung an die ganze Gemeinde im Pfarrbrief: *»Grundkurs heißt:*

Meinem Leben auf den Grund gehen. Herausbringen, worauf sich mein Leben gründet. Meine Gründungs-Ur-Kunde finden und entziffern lernen. Grundkurs gemeindlichen Glaubens heißt: Den Grundauftrag der Gemeinde in den Blick nehmen und aus gutem Grund daran mitwirken.«

Das erste Treffen hieß nicht nur Erstinformation, sondern ließ schon die Suchbewegung dieses Grundkurses erfahrbar werden: *»Kommt und seht!«* (Joh 1,35–42)[7]. Danach sollten sich die TeilnehmerInnen verbindlich für die weiteren Treffen entscheiden. Die Gruppen, die sich so zusammenfanden, umfaßten 20 bzw. knapp 30 Gemeindemitglieder im Alter von etwa 20 bis 80 Jahren, die Mehrzahl war zwischen 35 und 50 Jahre alt. Die meisten waren bereits in der Gemeinde mehr oder minder aktiv. Menschen, die gemeindemäßig eher am Rande stehen, wurden mit unserem Angebot des Grundkurses fast nicht erreicht. Einzelne Mitglieder der diözesanen Arbeitsgruppe berichteten aber auch von anderen Konstellationen. Es muß allerdings gesehen werden, daß die »Gotteskrise« (Johann Baptist Metz) nicht nur die »Fernstehenden« betrifft, sondern mitten durch den inneren Kern der Gemeinde geht.

Das Ziel des Kurses konkretisierte sich aus den Beiträgen der TeilnehmerInnen am zweiten Abend heraus. Jede(r) sollte einen kurzen Text des Propheten Sacharja frei ergänzen: *»In jenen Tagen werden zehn Männer aus Völkern aller Sprachen einen Mann aus Juda an seinem Gewand fassen, ihn festhalten und sagen: Wir wollen mit euch gehen, denn wir haben gehört: ...«* (Sach 8,23). Den Mann aus Juda, dem zehn Männer aus anderen Völkern gegenüberstehen, verstanden wir als Sinnbild für die Kirche in ihrer heutigen Situation. Das Verhältnis »eins zu zehn« ist ja in vielen Pfarrgemeinden zu erleben: Nur etwa jedes zehnte Gemeindemitglied nimmt an der sonntäglichen Eucharistiefeier teil. Soziologische Umfragen und Untersuchungen belegen, daß sich die Gottesdienstkultur in der Bundesrepublik einschneidend verändert hat. Da sie als signifikanter Faktor für den Glauben insgesamt zu werten ist, drückt sich darin ein tiefer Umbruch im religiösen Leben aus[8].

Trotzdem oder gerade deswegen haben wir in diese Situation hinein gefragt: Welche Kunde könnte uns selbst und andere dazu bringen, die Kirche/unsere Gemeinde an ihrem Gewand festzuhalten und mit ihr zu gehen? Die Antworten, die die TeilnehmerInnen gaben, ließen sich leicht in drei Bereiche gliedern: Die Kirche und näherhin unsere Gemeinde wird dann anziehend für Menschen, wenn in ihr Gottesverwurzelung, Gemeinschaft untereinander und Engagement für die Welt zu spüren sind. Damit rückte unbeabsichtigt das zentrale Thema der Hildesheimer Diözesansynode in den Blick: »Kirche/Gemeinde: Gemeinschaft mit Gott, miteinander, für die Welt«. Der Schwerpunkt der Antworten lag bei der Gottesverwurzelung und gab damit den gleichen Grund an wie der Sacharjatext selbst, der angesichts der »Dezimierung« des Gottesvolkes das prophetische Zeugnis wagt: Zehn werden mit einem aus Juda gehen; *»denn wir haben gehört: Gott ist mit euch«*. Diese unabhängig voneinander getroffene doppelte Option Sacharjas wie der Teilnehmer und Teilnehmerinnen bestimmte die weitere Entfaltung von Abend zu Abend. Die Frage nach dem Einsatz für die Welt und nach der Gemeinschaft miteinander wurde offenbar in einem ursprünglichen Zusammenhang mit der Frage nach der Gottesverwurzelung empfunden.

Von daher ergab sich der »mystagogische Ansatz« unseres Kurses. Er geht von der theologischen Voraussetzung aus: Jede Lebensgeschichte ist Heils- und Unheilsgeschichte, und zwar von Anfang an. Sie ist untrennbar verbunden mit der Anwesenheit Gottes. Gerade dies macht das Leben jedes Menschen zum Geheimnis (mysterion). Die Treffen wurden so als anfanghafte Hinführung (agein) zum Grund-Geheimnis des eigenen Lebens verstanden.

Dieser Leitgedanke, den wir im Gang unseres Grundkurses zu folgen versuchten, verdankt sich wesentlich der Theologie Karl Rahners[9]. In der Aufnahme der ignatianischen Mystik, die unbefangen und doch ganz und gar nicht selbstverständlich davon ausgeht, daß Gott selbst mit seinem Geschöpf unmittelbar handelt[10], ist es das Grundanliegen Rahners, dem heutigen suchenden Menschen zur unmittelbaren Begegnung mit Gott zu verhelfen bzw. zur Erfahrung, daß er Gott immer schon begegnet ist und begegnet. Aufgrund des umfassenden Heilswillens Gottes, der sich in Jesus Christus endgültig in unsere Geschichte eingestiftet hat, ist nämlich das konkrete menschliche Leben als solches innerlich auf Gott hin geöffnet. Diese immer angebotene Gnade Gottes – Rahner nennt sie das *»übernatürliche Existential«* - will in der Konkretheit unseres Lebens lebendig und fruchtbar werden. Freude und Ernst, Verantwortung und Wagnis, die Ausgesetztheit in eine unübersehbare Zukunft, die Liebe, die Geburt, die Mühsal der Arbeit und tausend andere Vorkommnisse, die den Menschen mit sich selbst und seinem innersten Geheimnis konfrontieren, haben eine Tiefe, die aus der Gnade kommt. Wenn der Mensch solche *»christologischen Situationen«* (Hans Urs von Balthasar) in Treue zu seinem Gewissen liebend annimmt, werden sie ihm zur heilshaften Begegnung mit dem Gott Jesu Christi. Dabei gewinnt eine echte, aus der Mitte der

Existenz kommende Erfahrung Gottes heute um so mehr Bedeutung, als der christliche Glaube sich in unserer Gesellschaft immer weniger auf ein homogenes christliches Milieu stützen kann.
Dementsprechend galt es in unserem Grundkurs, die *Aufmerksamkeit* für die gnadenhafte Gegenwart Gottes einzuüben, die mitten in dieser Welt jenseits von ihr liegt. Sie will von uns wahrgenommen und angenommen werden, und zwar in den Vorfällen und Zufällen, in denen wir leben. Weil Jesus Christus sich mit der Gewöhnlichkeit unseres Alltags verbunden hat, steckt auch im Gewöhnlichen eine Kostbarkeit, eine Wahrheit, ein Sinn, so daß der Alltag einen verborgenen Glanz bekommt.
Praktisch konnte das an einem Abend heißen, ein Blatt Papier zur Hand zu nehmen und aufzuschreiben, was tagsüber alles geschehen war[11]. Hinter jedes Geschehen sollte dann die Frage gesetzt werden: »War das selbstverständlich?« Auf diese Weise konnten wir spüren, daß nichts selbstverständlich, allein aus sich selbst heraus verständlich ist, nicht einmal das Aufstehen in der Frühe. Das aber kann uns zum Staunen führen. Und das lehrt uns, zu danken, ja zu entdecken, daß wir uns ganz und gar verdanken. Im Geist der Dankbarkeit öffnet sich der Sinn für die gnadenhafte Gegenwart Gottes. Denn die Gnade, die Zuneigung Gottes in Jesus Christus zu unserer Welt, kann nur unter Dank angenommen werden.
Freilich liegen all diese »christologischen Situationen« nicht als solche offen zutage. Solche Deutung der scheinbar bloß profanen Situationen erwächst vor allem aus dem gläubigen Umgang mit der Heiligen Schrift, der maßgeblichen Kundgabe vom Wirken Gottes in unserer Welt. So nahm die Heilige Schrift als *»Biographie Gottes«* (Wolfgang Feneberg) in unserem Grundkurs eine entscheidende Rolle ein. Sie erzählt Gottes Geschichte mit der Welt und dem Menschen, von seiner Schöpfung, von seiner Verzweiflung in der Sintflut, von seinem Wagnis mit Abraham und seinem Kampf mit Jakob, von seiner Liebe zu den Sklaven des Pharao, von Mose, »seinem Freund«, von seinem nächtlichen Dialog mit Samuel, von seiner Begegnung mit Elija, vom Exil seines Volkes und vor allem von seinem Sohn Jesus und seiner unermüdlichen Suche nach dem Menschen. Hier findet der Gläubige das entscheidende Kriterium, mit dem er sein Leben und diese Welt auf Gott hin zu entziffern suchen kann. Er darf seine eigene, unverwechselbare Biographie trotz der bleibenden Differenz in diese große Geschichte aus vielen kleinen Geschichten hineinstellen. Er lernt sich so als »Mitarbeiter Gottes« (1 Kor 3, 9) zu verstehen und seine eigene Berufung zu entdecken.
Solchem Nachspüren wurde bei unseren Treffen durch meditative

Betrachtung, durch Stille oder in kleinen Wegen zu zweit, im Austausch in der ganzen Gruppe und auch durch Gesang Raum gegeben. Dabei mochte manchem aufgehen, wie fremd und unbekannt ihm dieser Gott noch war, selbst wenn er schon von Kindheit an von ihm gehört hatte. Aber schon die Sehnsucht nach ihm darf als Zeichen seiner Gegenwart verstanden werden: *»Du würdest mich nicht suchen, wenn du mich nicht gefunden hättest«* (Blaise Pascal).

4. Kurs-Notizen

Die Art und Weise, wie unser Kurs bei den einzelnen Treffen verlief, möchte ich exemplarisch an den Treffen in der Mitte unseres Weges vorstellen. Begonnen wurde immer mit einem Rückblick aller Teilnehmerinnen und Teilnehmer auf das vorausgegangene Treffen und die dazwischenliegende Zeit, die nicht weniger wichtig war als das Zusammenkommen selbst. Als »Haus-Aufgabe« war – entsprechend der am zweiten Abend vorgenommenen Grundausrichtung – das Auswendiglernen[12] von Psalm 63 vorgeschlagen worden, der die Kraft der Sehnsucht wecken möchte: *»Gott, du mein Gott, dich suche ich...«* Zwei oder drei wagten es, diesen Psalm auswendig vorzutragen. Einige erzählten, wie es ihnen mit dem Auswendiglernen gegangen war, etwa wie sie immer wieder an derselben Stelle »stolperten«, wie sich ein Zusammenhang nicht einprägen wollte, aber auch wie ihnen einzelne Worte dabei zu Herzen gegangen waren (»by heart«, »par coeur«, »ex corde« heißt »auswendig« in anderen Sprachen). Es gab andere, die den Psalm zwar nicht auswendig gelernt, ihn aber abgeschrieben und sich auf den Schreibtisch oder den Kühlschrank gelegt hatten, so daß er auch sie durch ihren Alltag begleitet hatte. Verschiedenen hatte er »gar nichts gesagt«.
Im Mittelpunkt des neuen Abends stand die Berufung des jungen Samuel (1 Sam 3, 1-21). Nach dem gemeinsamen Lesen wurde der Text in seinen biblischen Kontext gestellt und auf seine mögliche Bedeutung für die eigene Lebens- und Glaubensgeschichte hin erschlossen[13]. In Samuel begegnen wir einem Menschen, der noch in die Schule der Erfahrungen mit Gott genommen werden muß. Denn obschon er im religiösen Umfeld aufwächst und das Ritual befolgt, kennt er ihn noch nicht. Dreimal muß Gott ansetzen, um ihn zu »erwecken«. Es braucht Zeit, bis er den Anruf als die Stimme Gottes erkennt. Und auf diesem Weg der Unterscheidung ist er auf Begleitung angewiesen. Aber dann geschieht es, daß Samuel hört –

mitten in der Nacht, in einer Zeit, als »Visionen nicht häufig waren« (1 Sam 3, 1).
Mit Hilfe einiger Anregungen und Fragen konnte anschließend jede(r) diesem Text für sich allein weiter nachgehen:
»1. Jeder hat in sich eine Wahrheitsstimme, die Stimme seines Wesens, durch die Gott spricht. Was tue ich, daß ich diese Stimme vernehmen kann? 2. Ich gehe in der Erinnerung den Weg zurück durch meine Lebensgeschichte: Wo war deutlich ein Anruf Gottes? Gab es eine Lebensstunde, in der der Anruf Gottes besonders eindringlich wurde? Wie war mein Hören und Gehorchen? Mein Vorbeileben und mein Vergessen? 3. Samuel weiß zunächst nicht, daß Gott es ist, der ruft. Manchmal erscheinen uns die Zeichen, erscheint uns ein Anruf mehrdeutig. Was können wir tun, um zur Klarheit zu kommen? (Einen Erfahrenen um Rat fragen; sehen, ob mehrere Zeichen in eine Richtung weisen; einige Zeit mit einer Deutung zu leben versuchen und sehen, wie es sich auswirkt.)«[14]
Nach einer längeren Zeit der Stille bildeten sich kleine Gruppen mit drei TeilnehmerInnen, die sich über den Schrifttext und ihren eigenen Weg austauschten. Zum Abschluß wurde ein Taizé-Gesang (»Ubi caritas«) mehrstimmig eingeübt und gesungen. Im Geschehen dieses Abends, in der Stille, im Umgang mit einem Wort der Heiligen Schrift, im Erspüren ähnlicher Situationen im eigenen Leben, im Austausch darüber im offenen Gespräch, spiegelte sich – wie im Rückblick deutlich wurde – etwas von dem Samuelgeschehen selbst wider.
Als Aufgabe für die Zeit bis zum nächsten Treffen bekam jedes Gruppenmitglied eine Textstelle mit einer biblischen Gotteserfahrung und dazu drei Fragen: In welcher Art gibt Gott sich hier zu erfahren? Wo bin ich in diesem biblischen Text? Was könnte mir aus diesem Text wichtig werden? An Schriftstellen waren ausgesucht[15]:
* *Wer es mit Gott zu tun bekommt, der wird auf einen Weg geschickt – Abraham* (Genesis 12, 1–4)
* *Wer es mit Gott zu tun bekommt, der wird von ihm im Elend gesehen – Hagar* (Genesis 16, 1–16)
* *Wer es mit Gott zu tun bekommt, der muß kämpfen mit Gott und mit sich selbst – Jakob* (Genesis 32, 23–33)
* *Wer es mit Gott zu tun bekommt, der lernt seinen Namen kennen – Mose* (Exodus 3, 1–15)
* *Wer es mit Gott zu tun bekommt, der erkennt ihn im Rückblick – Mose* (Exodus 33, 18–23)
* *Wer es mit Gott zu tun bekommt, der wird in der Wüste von ihm gestärkt – Elija* (1 Könige 19, 3–13)

* *Wer es mit Gott zu tun bekommt, dessen Wüste fängt an zu blühen – Israel* (Jesaja 35, 1–10)
* *Wer es mit Gott zu tun bekommt, der kann ihn nicht mehr vergessen – Jeremia* (Jeremia 20, 7–18)
* *Wer es mit Gott zu tun bekommt, der weiß sich noch in seiner Schuld von ihm geliebt – Israel* (Hosea 11, 1–9)
* *Wer es mit Gott zu tun bekommt, der erfährt seine befreiende Kraft im Lobpreis – Daniel* (Daniel 6, 1–29)
* *Wer es mit Gott zu tun bekommt, der kann gehen, wo man nicht gehen kann – Petrus* (Matthäus 14, 22–33)
* *Wer es mit Gott zu tun bekommt, dem wird die Ruhe in der Unruhe geschenkt – Die Jünger im Boot* (Markus 4, 35–41)
* *Wer es mit Gott zu tun bekommt, der wird von ihm bei seinem Namen gerufen – Maria von Magdala* (Johannes 20, 11–18)
* *Wer es mit Gott zu tun bekommt, der lernt, neu zu sehen – Paulus* (Apostelgeschichte 9, 1–22).

Am folgenden Abend wurde Raum gegeben, vom Umgang mit der eigenen Schriftstelle zu erzählen. Mehrere teilten die überraschende Beobachtung: »Ich wußte zunächst gar nichts damit anzufangen – jetzt, nachdem diese Schriftstelle zwei Wochen mit mir gegangen ist, habe ich den Eindruck, daß es genau die richtige für mich geworden ist.« Es wurde erzählt, wie das Schriftwort eine Beziehung zu bestimmten Ereignissen der eigenen Lebensgeschichte herstellte, wie es an längst vergessen Geglaubtes wieder erinnerte, wie dadurch ein neues Licht darauf fiel, wie endlich auch Enttäuschungen und Trauer über eigenes Scheitern zugelassen werden konnten und wie die Frage aufkam: »Könnte diese Begebenheit in meinem Leben vielleicht etwas mit Gott zu tun haben? Und was möchte er mir heute damit sagen?«
Diese Fragestellung wurde an einem der folgenden Abende mit einigen Grundregeln zur *»Unterscheidung der Geister«*[16] erhellt. Sie ziehen im Grunde eine Summe aus der biblischen Botschaft und können dadurch helfen, Gottes Art, mit dem Menschen zu handeln, besser zu verstehen. Als dreifaltiger Gott ist er in sich Liebe, Austausch, Miteinander: Darum werden auch alle Anrufe Gottes – wenigstens auf lange Sicht hin – uns selbst offener machen und in die Gemeinschaft führen; Alleingänge sind mit Skepsis zu betrachten. Sein Anruf trifft allerdings auf eine zweideutige Welt, die zugleich von der Macht der Sünde und der Macht der Gnade geprägt ist: deshalb ist Wachsamkeit nötig und Entscheidung unvermeidlich; man kann auch seinen Lebenssinn verfehlen. Die Macht der Sünde und

die Macht der Gnade sind jedoch nicht gleichgewichtig; dort, wo »die Sünde mächtig wurde, da ist die Gnade übergroß geworden« (Röm 5, 20), so daß die Grundlinie dieser Welt die Linie des Heils, oder affektiv gesagt, der Freude und des Friedens ist: Deswegen werden auch die Anregungen, die von dem Gott der Gnade kommen, auf Dauer zu größerer Freude und tieferem Frieden führen. Noch ist freilich die Welt unterwegs zu ihrer Vollendung, wir pilgern noch zwischen dem Alten und dem Neuen, zwischen Adam und Christus, und daher gilt: Das Gute wächst mit der Zeit, es kann warten, es verlangt Geduld; das Böse ist hastig.

Mehr als einige Anstöße waren im Rahmen der wenigen abendlichen Zusammenkünfte natürlich nicht möglich. Für manche aber ereignete sich das Wichtigste in der Kurs-Zeit (!) zwischen den Treffen, in den Kontakten untereinander, in Gesprächen am Telefon, »zwischen Tür und Angel«, in unscheinbaren Nebensätzen, in der Bitte um geistliche Begleitung.

In den länger angelegten Grundkursen trat aber auch, zumal beim gemeinsamen Wochenende, der Konflikt in der Gruppe hervor. Probleme, die schon vorhanden waren, zunächst aber vom guten Willen aller überdeckt waren, kamen jetzt deutlicher zutage. Es wurde nun stärker die Vielfalt der Gruppe deutlich. Da wurde nicht mehr nur das freundliche Gesicht gezeigt; es wurden auch die Grenzen, Schwächen, verschiedenen Ansichten und Gewohnheiten der einzelnen Gruppenmitglieder bewußter erlebt. Auch im Leitungsteam gab es Ratlosigkeit und das Gefühl, mit diesem Kurs zu scheitern. Diese Krisen wurden aufgegriffen und angesprochen, um trotz der Spannungen aufeinander zu hören, einander ernst zu nehmen und sich in der jeweiligen Verschiedenartigkeit besser anzunehmen. So wurde erlebt, daß gerade auch die Krisenphase fruchtbar sein und über eine bloß oberflächliche Harmonie zu einer tragfähigeren Gemeinschaft führen kann.

Was also ist ein »Grundkurs«? Vielleicht ein einfaches Innehalten in unserer allzu homogenen Gemeindezeit der Sitzungen und Katechesen, in der wir durch unsere eingeübte Pastoral immer mehr in die Enge kommen. Stärker als um die Behandlung von Themen geht es um eine Erfahrensweise. Sie setzt ein mit einer Verwunderung über das scheinbar Einfachste im Stuhlkreis der Abende: »Ich bin ja da – ich selbst!« Und nach und nach kamen viele Geschichten ans Licht, die »am Grund« schon lagen. Jeder Abend hieß erzählen – endlich war dafür Raum! Und die eigene Geschichte konnte behutsam im Licht der großen Geschichte unseres Glaubens gesehen

werden, die immer wieder nur den einen Ruf Gottes abwandelt: *»Komm, mein lieber Mensch, du stehst nicht allein«* (Edward Schillebeeckx). So konnte sich in dieser »Erzählgemeinschaft« ereignen, was Gemeinde Jesu Christi ausmacht: Gemeinschaft, »die aus der Nähe ihres Herrn und aus der Nähe zu den Menschen lebt und die selbst jener Lebensraum ist, in dem Menschen einander und Gott nahe sein können« (Hildesheimer Diözesansynode 1989/90).
Gegen Ende haben wir öfter gefragt: Was ist nun das Ergebnis, was ist »herausgekommen«? Lohnt sich der Aufwand in einer Zeit, wo wir doch immer weniger werden, wo wir die Kräfte konzentrieren müssen, wo wir erschrocken eingestehen, wie ratlos wir sind? Eine erste Antwort: Das Zählen hebt sich im Erzählen auf. Der Grundkurs ist eine Erzählung, *eine* Erzählung.

Anmerkungen

1 Diözesansynode Hildesheim 1989/90. Kirche und Gemeinde. Gemeinschaft mit Gott – miteinander – für die Welt, Hildesheim 1990, 18.

2 Ebd.

3 Vgl. ebd. 42–52.

4 Paul VI., Evangelii nuntiandi, 2.

5 P. M. Zulehner/J. Fischer/M. Huber, »Sie werden mein Volk sein«: Grundkurs gemeindlichen Glaubens, Düsseldorf [1]1985; P. M. Zulehner, Das Gottesgerücht. Bausteine für eine kirchliche Zukunft, Düsseldorf 1987; ders., Grundkurs gemeindlichen Glaubens. Ein Arbeitsbuch, Düsseldorf 1992.

6 Erzähl mir von deinem Leben, erzähl mir von deinem Glauben. »Grundkurs gemeindlichen Glaubens«. Eine Lese- und Arbeitshilfe. Hrsg. von der Hauptabteilung Pastoral im Bischöflichen Generalvikariat Hildesheim, Hildesheim 1995.

7 Anregungen zur Gestaltung der einzelnen Treffen finden sich in: H. Reese, Kirche und Gemeinde in Jesus Christus. Geheimnis des Glaubens: Hilfen zum Verständnis der geistlichen Dimension von Kirche und Gemeinde. In Zusammenarbeit mit F. Teske/N. Schwerdtfeger/A. Werner OSB, Hildesheim 1992, bes. 59–90.

8 Vgl. dazu R. Köcher, Die Entwicklung von Religiosität und Kirchlichkeit seit dem Zweiten Weltkrieg bis heute, in: Diakonia 19 (1988), 35–39; B. Rootmensen, Vierzig Worte in der Wüste. Werkbuch für Gemeinden zur Krise von Kirche, Glaube und Kultur, Düsseldorf 1991; M. Kehl, Kirche in der Fremde. Zum Umgang mit der gegenwärtigen Situation der Kirche, in: Stimmen der Zeit 118 (1993) 507–520.

9 Vgl. dazu K. Rahner, Die Notwendigkeit einer neuen Mystagogie, in: Handbuch für Pastoraltheologie II, Freiburg/Basel/Wien 1966, 269–271; ders., Rede

des Ignatius von Loyola an einen Jesuiten von heute, in: ders./P. Imhof, Ignatius von Loyola, Freiburg 1978, 10–38; Kl. P. Fischer, »Wo der Mensch an das Geheimnis grenzt«. Die mystagogische Struktur der Theologie Karl Rahners, in: Zeitschrift für katholische Theologie 98 (1976) 159–170; ders., Gotteserfahrung. Mystagogie in der Theologie Karl Rahners und in der Theologie der Befreiung, Mainz 1986; I. Baumgartner, Pastoralpsychologie. Einführung in die Praxis heilender Seelsorge, Düsseldorf 1990, 91–142.

10 Vgl. Ignatius von Loyola, Geistliche Übungen, Nr. 15. Es war gerade Karl Lehmann, der schon früh auf den untrennbaren Zusammenhang zwischen dem theologisch-reflektierendem und geistlich-inspirierenden Element in Rahners Werk aufmerksam gemacht und damit der Rahner-Forschung neue Wege gewiesen hat: Vgl. K. Lehmann/A. Raffelt, Rechenschaft des Glaubens. Karl Rahner-Lesebuch, Freiburg/Basel/Wien 1979, *13–*53.

11 Vgl. M. Grünwald, Leben im Augenblick, in: Christ in der Gegenwart 31 (1979), Heft 38.

12 Vgl. dazu W. Feneberg, Die Fähigkeit zur Veränderung. Was beim Auswendiglernen geschieht, in: Entschluß 38 (1983) 17.

13 Vgl. J. Bours, Wer es mit Gott zu tun bekommt. Schritte geistlicher Einübung in biblische Gotteserfahrungen, Freiburg/Basel/Wien [3]1988, 9–21.

14 Ebd. 19f.

15 Zum Teil nach J. Bours, Wer es mit Gott zu tun bekommt, a.a.O.

16 Vgl. dazu K. Rahner, Die Logik der existentiellen Erkenntnis bei Ignatius von Loyola, in: ders., Das Dynamische in der Kirche, Freiburg/Basel/Wien [3]1965, 74–148; A. Lefrank, Unterscheidung der Geister (Manuskript 1969 im GCL-Podium. Artikeldienst für Gemeinschaften Christlichen Lebens); G. Greshake, Gottes Willen tun. Gehorsam und geistliche Unterscheidung, Freiburg/Basel/Wien 1984.

Franziskus Eisenbach

Bischöfliche Pastoralvisitation – Dienst am Glauben und an der Einheit

»Der Bischof ist verpflichtet, die Diözese ... zu visitieren, und zwar so, daß er wenigstens alle fünf Jahre die gesamte Diözese visitiert, sei es persönlich, sei es ... durch ... einen Auxiliarbischof ...« (can. 396 § 1 CIC). »Der Bischof hat die Pastoralvisitation mit gebotener Sorgfalt durchzuführen; er soll sich davor hüten, durch Verursachung überflüssiger Ausgaben jemandem beschwerlich oder lästig zu werden« (can. 398 CIC).
Diese Bestimmungen des Kirchenrechts bringen für den Bischof und entsprechend die Weihbischöfe eine anspruchsvolle Aufgabe mit sich, über die ich einige Bemerkungen machen möchte.
Im Auftrag des Bischofs visitiere ich in der Regel jährlich zwei Dekanate. Dies bedeutet einen jährlichen Zeitaufwand von etwa fünfzig vollen Tagen mit einem umfangreichen und dichtgedrängten Programm. Schon wegen dieses erheblichen Arbeitsaufwandes, den die Visitation erfordert, ist es sinnvoll, sich von Zeit zu Zeit über diese Praxis Rechenschaft abzulegen.

I. Umfang und Ablauf der Visitation

In der Diözese Mainz gibt es in den Dekanaten, in denen die bischöfliche Visitation stattfindet, eine sogenannte Vorvisitation durch den Dekan, der mit Hilfe der Finanz- und der Bauabteilung des Bischöflichen Ordinariates die pfarramtlichen Bücher, die Verwaltung und Rechnungsführung sowie den Zustand der Gebäude und der gottesdienstlichen Geräte der Pfarreien überprüft. Das Ergebnis wird dem visitierenden Bischof schriftlich mitgeteilt.
Dem Bischof und, in seinem Auftrag, den Weihbischöfen obliegt die Pastoralvisitation. Sie umfaßt die Pfarrgemeinden, die Personalgemeinden, die kirchlichen Dienststellen im Caritasbereich, im Bildungsbereich und in der kategorialen Seelsorge, die im betreffenden Dekanat liegen. Dazu kommen in der Regel Besuche in den Klöstern oder anderen kirchlichen Einrichtungen, die nicht der Leitung des Bischofs unterstehen, und gegebenenfalls Höflich-

keitsbesuche bei kommunalen Funktionsträgern oder solchen auf der Ebene des Regierungsbezirkes oder Landkreises.
Mit allen hauptberuflichen pastoralen Mitarbeiterinnen und Mitarbeitern sind Einzelgespräche von einer Dreiviertelstunde bzw. Stunde vorgesehen. Außerdem findet eine gemeinsame Sitzung von Pfarrgemeinderat und Verwaltungsrat zusammen mit dem Visitator statt und in der Regel eine Zusammenkunft mit ehrenamtlichen Mitarbeiterinnen und Mitarbeitern aus den verschiedenen Diensten, Gruppen und Verbänden in der Pfarrei.
Gewöhnlich ist mit der bischöflichen Visitation auch die Feier der Firmung verbunden. Um vielen Gemeindemitgliedern die Teilnahme am Firmungsgottesdienst zu ermöglichen, findet die Feier der Firmung normalerweise innerhalb des Gemeindegottesdienstes am Samstagabend oder am Sonntagvormittag statt. Ich visitiere in dieser Weise gewöhnlich drei Pfarreien pro Woche und brauche dafür die Zeit von Donnerstagfrüh bis Sonntagmittag. Dabei sind die Zeiten am Vormittag häufig für die Einzelgespräche vorgesehen, der Nachmittag für Besuche in kirchlichen Einrichtungen und für die Begegnung mit den Firmkandidaten sowie den ehrenamtlichen Helfern der Pfarrei, der Abend ist für die Sitzung mit den Räten reserviert. Oft feiere ich an den Werktagen gegen Abend einen einfachen Gemeindegottesdienst in Form der Eucharistiefeier oder der Vesper.

II. Beobachtungen und Eindrücke

Die bischöfliche Visitation wird von langer Hand angekündigt und durch meinen Assistenten vorbereitet. Monate vorher finden die notwendigen Terminabsprachen statt, die Vordrucke für den schriftlichen Visitationsbericht werden den Pfarreien zugesandt, oft gibt es eine vorbereitende Dekanatskonferenz der hauptberuflichen pastoralen Mitarbeiterinnen und Mitarbeiter, schließlich wird ein detaillierter Terminplan erstellt und allen Beteiligten zugesandt. So kommt die bevorstehende Visitation ins Gespräch und verursacht insbesondere den Verantwortlichen in der Pfarrei einen nicht unerheblichen Arbeitsaufwand. Dazu kommt gewöhnlich der gemeindekatechetische Kurs zur Firmvorbereitung und die Vorbereitung des Firmungsgottesdienstes. All dies hat zur Folge, daß die Räte und die Seelsorger sich intensiver als gewöhnlich mit der Situation der Pfarrei befassen und so auch ein Reflexionsprozeß schon im Gange ist, wenn der Bischof kommt.

Wenn auch nicht mehr der Ort mit Girlanden oder Kirchenfahnen geschmückt wird, wie dies früher vorwiegend in katholischen Gegenden üblich war, so ist doch häufig eine gewisse gespannte Erwartung auf den Bischofsbesuch hin zu spüren. Trotz aller zusätzlichen Mühe der Vorbereitung habe ich in den Gemeinden durchweg den Eindruck, willkommen zu sein. Dies drückt sich oft auch in herzlicher Gastfreundschaft und in festlich vorbereiteten Räumen aus. Auch wenn die Visitation gewöhnlich am Werktag stattfindet, so bekommt doch dieser Tag einen gewissen festlichen Charakter, den freilich nur der innerste Kreis der engagierten Gemeindemitglieder zu spüren bekommt. Vielleicht im Unterschied zu früheren Gewohnheiten besteht aber dennoch kein Anlaß für die oben angeführte Mahnung des Kirchenrechts, unnötigen Aufwand zu vermeiden. Ich erlebe vielmehr meistens eine wohltuende Selbstverständlichkeit und Schlichtheit in der Art und Weise, wie ich als Visitator aufgenommen werde. Man nimmt sich Zeit für den alle fünf Jahre fälligen Bischofsbesuch und nutzt diese Gelegenheit zur Begegnung mit dem Bischof und untereinander. Oft ist es eine erstaunliche große Zahl von Menschen, mit denen ich so in Kontakt und auch ins Gespräch komme, je nach Größe der Pfarrei kaum je unter fünfzig und oft mehrere hundert Personen.

III. Erwartungen an den Bischof

Es gibt bei vielen Gemeindemitgliedern eine allgemeine Erwartung oder auch Neugier im Hinblick auf den »Besuch aus Mainz«. Er kommt schließlich als Repräsentant der Ortskirche, zu der man sich sehr bewußt zählt, und er ist Träger des bischöflichen Weiheamtes, das nach meinem Eindruck für viele Gläubige einen hohen Stellenwert hat. Der Bischofsbesuch macht bewußt, daß ein katholischer Christ nicht nur Glied der örtlichen Gemeinde, sondern eben auch der bischöflichen Teilkirche und damit der großen Weltkirche ist. Ich spüre aber auch die Erwartung, daß der Bischof für den oft so angefochtenen Glauben eintreten und in geradezu väterlicher Autorität Ermutigung und Bestätigung geben soll. Insofern ist mit dem Bischof eben auch die ganze Kirche da und gibt dem Einzelnen, der sich in seiner säkularen Umwelt oft vereinzelt fühlt, das Gespür für das Einbezogensein in die große Gemeinschaft der Glaubenden.

Neben solchen oft wenig ausdrücklich artikulierten und mehr zwischen den Zeilen spürbaren Erwartungen treffe ich aber auch auf sehr konkrete Wünsche und Anfragen. Viele Gemeindemitglieder, auch aus der engagierten Kerngemeinde, machen sich berechtigte Sorgen um die Zukunft des kirchlichen Glaubensweges. Viele sind betroffen von der oft harten Kirchenkritik, die von außen kommt und von den nicht minder harten Anfragen aus dem Bereich innerkirchlicher Kritik. Und so erlebe ich mich oft in der Rolle dessen, der besorgten oder auch beunruhigten und nicht selten ärgerlichen Gesprächspartnern Rede und Antwort stehen soll. Insbesondere in den Zusammenkünften mit den Firmkandidaten, den Ehrenamtlichen und den Räten kommt nach dem ersten vorsichtigen Abtasten meiner Gesprächsbereitschaft manchmal geradezu eine Lawine von angestauten Fragen oder auch von Ärger und Kritik im Hinblick auf weltkirchliche Fragen über mich. Manchmal braucht es viel Zeit, um all den Schutt von Mißverständnissen, Fehlinformationen und auch berechtigten Anfragen und Infragestellungen zu bearbeiten, damit dann erst ein konstruktiver Austausch über positive Möglichkeiten und gangbare Wege in die Zukunft möglich wird. In solchen Runden werde ich zunächst als Amtsträger angefragt, leider sehr oft auch als Repräsentant der »Amtskirche«, ein Begriff, der sich trotz seiner Fragwürdigkeit überall eingebürgert hat. Wohltuend ist es dann, wenn ich erfahren darf, daß ich nicht nur in meiner Funktion, sondern auch als Person angesprochen werde, die einen eigenen Weg im Glauben geht und die eigenen Erfahrungen mitbringt, wenn ich also nicht nur als Gegenüber von außen, sondern auch als Mitgehender, Mitglaubender, von allen Fragen Mitbetroffener vorkommen darf.

Manchmal spüre ich bei solchen Treffen auch eine aggressive Atmosphäre: Jetzt kommt mal einer von der kirchlichen Führung; dem werden wir die Meinung sagen. Manchmal fühle ich mich von oben herab belehrt: Wißt ihr in Mainz denn überhaupt, was heute los ist? Wir werden Ihnen mal die Augen öffnen! Manchmal bekomme ich den Ärger über vermeintliche oder wirkliche Fehler der kirchlichen Verwaltung ab und oft das Unverständnis im Blick auf gesamtkirchliche Vorgänge, über die in den Medien – meist negativ – berichtet wurde.

All dies kann belastend sein – und ist doch in erster Linie ein positiver Ausdruck dafür, daß es Erwartungen an die Kirche und Erwartungen an den Amtsträger in der Kirche gibt. Von dem oft beklagten Desinteresse vieler Menschen an kirchlichen Fragen ist in diesem Zusammenhang nichts zu spüren. Vielmehr zeigt ja gerade die oft scharfe und gelegentlich auch verletzende Kritik ein hohes Maß an Interesse und echter Mitsorge am Weg der Kirche.

Häufig staune ich darüber, mit welcher Selbstverständlichkeit vom Bischof ein ungewöhnlich hoher Informationsstand erwartet wird und die Fähigkeit, unvorbereitet auch auf komplizierte Fragen überzeugend und informativ antworten zu können. Gelegentlich muß ich solche Erwartungen hinterfragen, um sie auf ein realistisches Niveau zurückzuführen. Oft ist es auch nötig, die Diskussion auf die örtlichen Aufgaben und Fragen zu lenken, damit nicht die weltkirchlichen Probleme zum Alibi werden. Denn zweifellos empfinden gerade engagierte Gemeindemitglieder einen erheblichen Druck im Sinn des Angefragtseins durch von außen kommende Kirchenkritik und im Sinn der Sorge angesichts zurückgehender Zahlen von Kirchenbesuchern und der wachsenden Schwierigkeit der Glaubensvermittlung gerade in die nachwachsende Generation. Solcher Druck braucht und sucht ein Ventil; der Bischofsbesuch bietet die Gelegenheit dazu.

IV. Und was will ich selbst?

Angesichts der investierten Zeit und Kraft ist die Frage unausweichlich, was ich selbst für Ziele verfolge, wenn ich zur bischöflichen Pastoralvisitation komme.

1. Gegenseitige Stärkung im Glauben

Ein Altphilologe, der mich im Namen des Pfarrgemeinderates begrüßte, hat bei dieser Gelegenheit die Bedeutung des lateinischen Wortes »visitatio« erläutert. Von der Form her ist es ein Intensivum, »visitatio« kennzeichnet einen häufigen und intensiven Besuch. Nicht nur eine beiläufige Visite ist gemeint, sondern ein aufmerksames Nachschauen mit prüfendem Blick und mit der Berechtigung zur Bewertung und Korrektur. Gelegentlich werde ich mit dieser Bedeutung von Visitation konfrontiert: Ob ich wohl komme, um nach dem Rechten zu schauen? Scherzhaft weise ich gelegentlich darauf hin, daß ich jedem Pfarrer so viel zutraue, daß er fähig ist, vor mir zu verbergen, was er verbergen will, und es deshalb nicht sinnvoll sei zu kontrollieren. Für mich ist über diesen klassischen Begriff der »Visitatio« hinaus die Bedeutung wichtiger, die dieses Wort in der Liturgie bekommen hat: »Visitatio Beatae Mariae Virginis«, der lateinische Ausdruck für »Mariä Heimsuchung«. In der Begegnung von Maria und Elisabeth kommt zur Erscheinung, worum es geht. Beide Frauen tragen als Frucht ihres Leibes, ihres Lebens, ein Kind unter dem Herzen, das jeweils Ausdruck des göttlichen Heilsplans für die Welt ist: Der Messias und sein Vorläufer. Beide Frauen wissen um das unaussprechliche Wirken des Heiligen Geistes, der das menschlich Unmögliche tut und der unfruchtbaren alten Frau und der jungfräulichen jungen Frau gottgeweihte Fruchtbarkeit schenkt. Im Heiligen Geist erkennen sie einander und können Gottes Größe preisen und sich so gegenseitig im Glauben an das Mysterium der Gegenwart und Wirksamkeit Gottes bestärken.

Eben dies ist der erste und tiefste Sinn der Visitation: In der Begegnung zwischen Bischof und Gemeinde soll sich im Licht des Heiligen Geistes ein gegenseitiges Erkennen ereignen und eine gegenseitige Bestärkung im Glauben. Der Dienst des Bischofs, zu deuten, zu bestätigen und zu fördern, was Gottes Geist in der Gemeinde und im Einzelnen wirkt, umfaßt gewiß auch den Auftrag, zurechtzurücken, richtigzustellen und in diesem Sinne aufzurichten. Diesen Dienst kann der Bischof nur tun, wenn er seinerseits vom Glauben und Gebet der Gemeinde getragen, aufgerichtet und zu seinem Dienst aufgefordert wird. In solcher gegenseitiger Begegnung wird nicht selten die kostbare Freude spürbar, die eine Frucht des Heiligen Geistes ist (vgl. Gal 5, 22) und dort aufleuchtet, wo Gottes Wirken bezeugt und dankbar gepriesen wird.

2. Dienst an der Einheit

Ein weiteres Ziel der Visitation liegt darin, den Gläubigen und den Gemeinden als ganzen den Zusammenhang ihres Weges mit dem Bistum und der ganzen Kirche zu verdeutlichen. Angesichts der Größe unserer Diözesen und der Differenziertheit der kirchlichen Dienste bekommt der Dienst an der Einheit ein großes Gewicht. Gleichzeitig gilt es, Eigenständigkeit und Verantwortung der einzelnen Gemeinde und ihrer Verantwortlichen zu fördern und für die Einbindung ins Ganze zu sorgen. Dazu muß der Abstand zwischen Bistumsleitung und örtlicher Gemeinde klein gehalten werden. Durch persönliches Kennenlernen, Erfahrungsaustausch, durch das Teilen von Sorgen und Erfolgen, von Rückschlägen und Hoffnungen entsteht die notwendige Vertrautheit, die für einen gemeinsamen Weg im Glauben Voraussetzung ist. Die Visitation bietet Gelegenheit, Erfahrungen anderer Gemeinden anregend weiterzugeben und die jeweiligen Situationen der örtlichen Gemeinden zu sammeln und daraus Konsequenzen für den Dienst der Leitung des Bistums abzuleiten. Der Bischofsbesuch bietet aber auch die

Gelegenheit, die gemeindlichen Gruppen untereinander ins Gespräch zu bringen, die oft zwar von ihrer jeweiligen Existenz wissen, aber doch gelegentlich wenig von den spezifischen Fragen und Erfahrungen der Gruppen, in denen man selbst nicht mitwirkt. Dazu kommt noch die Möglichkeit, Außenkontakte zu fördern. Oft gibt es eine wenigstens kurze Begegnung mit den evangelischen Geistlichen, die dem ökumenischen Klima guttut. Der Besuch bei dem Bürgermeister, dem Landrat oder anderen Funktionsträgern des öffentlichen Lebens bietet die Möglichkeit, Themen zur Sprache zu bringen, die im gesellschaftlichen und politischen Umfeld der Gemeinde von Bedeutung sind. So stellt sich der Dienst der Einheit als Prozeß der Kommunikation in mehreren Dimensionen dar, die der Bischof kraft Amtes und im Einsatz seiner Person fördern kann und soll.

3. Stärke deine Schwestern und Brüder

Viel Raum nehmen bei der Visitation die persönlichen Einzelgespräche mit den hauptberuflichen pastoralen Mitarbeiterinnen und Mitarbeitern ein. »Mit besonderer Fürsorge hat der Diözesanbischof die Priester zu begleiten, die er als Helfer und Ratgeber hören soll« (c. 384 CIC). Diese Bestimmung des kirchlichen Rechtsbuches ist hierzulande in entsprechender Weise auf alle hauptberuflichen pastoralen Dienste auszuweiten. Seelsorgerinnen und Seelsorger stehen unter einer hohen Belastung. Sie sollen den oft differenzierten und auch anspruchsvoller gewordenen Dienst in den herkömmlichen pfarrlichen Aufgaben tun und zugleich offen sein für neuere Formen seelsorglicher Begleitung. Sie werden von den Gläubigen der Kerngemeinde beansprucht und sollen für Kirchendistanzierte offen sein. Sie leiden mit an der oft negativen öffentlichen Meinung über die Kirche, müssen sich immer wieder verteidigen und rechtfertigen und zugleich mit den eigenen Glaubensfragen umgehen. Ihr Dienst bedarf der Ermutigung, aber sie sollen auch in ihrer persönlichen Eigenart, ihren Fähigkeiten und Grenzen angenommen sein. Im persönlichen Gespräch geht es auch darum, ob die Einzelnen an ihrer Stelle am rechten Ort sind, ob sie im Team zurechtkommen, ob sie als geistliche Menschen inmitten der beruflichen Anforderungen bestehen können, ob sie, wenn sie Familie haben, genügend Zeit und Kraft für ihre Angehörigen finden. Gewiß kann auch in diesem Gespräch manches zurechtgerückt und vielleicht in ein anderes Licht gestellt werden; gewiß braucht es auch den schweren Dienst der brüderlichen Zurechtweisung.

Aber vor allem sollen die Seelsorgerinnen und Seelsorger das Vertrauen des Bischofs spüren und seine Bereitschaft, ihre Lasten mitzutragen und für das Gelingen ihres Lebens in den Anforderungen der Seelsorge mitzusorgen. Durch solche Gespräche entsteht ein persönliches Vertrautsein, das auch die sachliche Besprechung der pastoralen Notwendigkeiten ermöglicht.

V. Bischöflicher Dienst in Communio

Wenn der Weihbischof visitiert, tut er es im Auftrag des Diözesanbischofs. Dabei kann es aber nicht nur um die Erfüllung eines dienstlichen Auftrags gehen, sondern der Beauftragte wird im Sinn des Bischofs und dessen Intentionen und Richtlinien entsprechend seinen Dienst tun. Dies ist nur möglich, wenn neben der unabdingbaren Loyalität dem Bischof gegenüber auch ein Vertrautsein mit seinen Absichten und Plänen gegeben ist. Für die Gemeinden ist es notwendig, daß sie die Einheit unter ihren Bischöfen spüren und so auch die Einheit des bischöflichen Dienstes, wenn er selbstverständlich auch von den verschiedenen Personen unterschiedlich wahrgenommen wird. Jeder Visitator ist in der Visitation auf sich gestellt und muß der vorgefundenen Situation nach bestem Vermögen gerecht zu werden suchen. Er kann sich nicht rückversichern, wie auf dieses oder jenes Problem der Diözesanbischof antworten würde. Um so notwendiger ist es also, daß er mit seinem Bischof eines Sinnes ist, um so den bischöflichen Dienst auf seine Weise mitzutragen. Die wöchentlichen Berichte in der Konferenz der Bistumsleitung helfen zu dieser Einmütigkeit und geben dem Einzelnen den notwendigen Rückhalt nach außen.

VI. Auswirkungen

Unter dem Gesichtspunkt der Effektivität ist die Visitation nur schwer zu bewerten. Bestärkung im Glauben, Dienst an der Einheit, Ermutigung der Mitarbeiter lassen sich in ihrer Wirkung nicht bemessen. Es ist vielmehr ein Dienst an der Atmosphäre, dem Klima, in welchem Leben gedeihen kann. Dennoch gibt es natürlich auch benennbare Auswirkungen. Personalprobleme können deutlicher erkannt und anschließend bearbeitet werden. In diesem oder jeden Arbeitsfeld ist Hilfe von Fachreferenten nötig; anläßlich der Visitation kann dies besprochen und dann vom Visitator weitergegeben werden. Entscheidungen im Personalbereich oder auch im Verwaltungsbereich können sachgerechter getroffen werden, wenn der Visitator aus seiner persönlichen Kenntnis der Situation die Bistumsleitung entsprechend beraten kann. Manche Seelsorger und auch Pfarrgemeinderäte bitten ausdrücklich um eine Einschätzung der pfarrlichen Situation durch den Visitator und um Anregungen zur Weiterarbeit. So ist die Visitation ein wichtiges Instrument der Führung des Bistums und zugleich ein geistlicher Dienst, der ins Zentrum der bischöflichen Hirtenaufgabe gehört.

VII. Und wie geht es weiter?

Wenn ich mehrere Wochen lang in einem Dekanat unterwegs war, fällt mir der Abschied schwer. Durch die gemeinsamen Konferenzen, durch die persönlichen Gespräche, durch das Erleben der Einzelnen in ihrem Lebens- und Arbeitsfeld sind Beziehungen gewachsen. Der Visitator geht; er wendet sich einem anderen Dekanat zu. Anders als die Pfarrseelsorger hat er keine feste Gemeinde, in der er lebt und für die er da ist. Es ist ein Pilgerweg mit wenig Kontinuität und nur selten der Möglichkeit, etwas wachsen und reifen zu sehen. Ein solcher Dienst baut auf dem Vertrauen, daß das ausgestreute Samenkorn zur rechten Zeit Frucht trägt, auch wenn ich es nicht sehe. Ich verabschiede mich im Vertrauen, daß meine Worte nicht in den Wind gesprochen sind und meine Gegenwart nicht ins Leere gelaufen ist. So ist es ein Dienst, der teilhat an der »Ortlosigkeit« des Herrn (vgl. Lk 9, 58) und seine Kraft daraus bezieht, daß er umsonst geleistet wird, nicht vergeblich, aber umsonst (vgl. Mt 10, 8). Im Lateinischen heißt dies »gratis« und hat mit der »gratia«, dem Geschenk der Gnade zu tun; im Griechischen »dorean«, in der Weise eines Geschenkes. Wie gut, wenn die Visitation Beschenkte zurückläßt: den Visitator, der mit dem Vertrauen und der Liebe der Gemeinden und ihrer Seelsorger beschenkt wurde, und die Gemeinden, die in der Visitation etwas vom lebensstiftenden Hirtendienst des Herrn erspüren konnten.

Manfred Lochbrunner

Prüft alles, und behaltet das Gute
(1 Thess 5, 21)

Kleines Plädoyer für den Cantus Romanus

»In labore requies, in aestu temperies, in fletu solatium: In der Unrast schenkst du Ruh, hauchst in Hitze Kühlung zu, spendest Trost in Leid und Tod«[1]. In der Hitze des Tages, in der Unrast der Zeit, an den leidvollen Grenzen des Lebens schenkt der Heilige Geist dem bedrängten Menschen Erfrischung, Ruhe und Trost. Diese Erfahrung erfüllt den Verfasser der Pfingstsequenz »Veni Sancte Spiritus«, die aus der Feder des scholastischen Theologen Stephan Langton (gestorben 1228) stammt. Die Aussagen der Pfingstsequenz korrespondieren mit dem älteren Hymnus »Veni Creator Spiritus«, der mit großer Wahrscheinlichkeit dem Fuldaer Abt und namhaften Mainzer Erzbischof Hrabanus Maurus (gestorben 856) zugeschrieben werden kann. Die bischöflichen Weihehandlungen werden auch heute noch mit diesem Hymnus eingeleitet.
Wenn der Hymnus oder die Sequenz gesungen werden, erklingen sie meistens in der gregorianischen Weise. Sicher kommt Papst Gregor der Große (590–604) nicht als Tonschöpfer der Melodien des nach ihm benannten musikalischen Repertoires in Frage. Erst rund 300 Jahre nach dem Tod des Papstes unter dem Einfluß der »Vita Gregorii«[2] des Johannes Diaconus (gestorben um 880) entstand diese Zuweisung, um dem liturgischen Gesang ein höheres Ansehen zu geben. Aus historischer Sicht ist also das bekannte ikonographische Motiv verfehlt, das den Kirchenlehrer mit der Taube des Heiligen Geistes am Ohr an einem Schreibpult die Neumen des Chorals niederschreibend darstellt, aber aus theologischer Sicht bringt es eine Anschauung zur Geltung, die in diesen Melodien nicht nur Menschenkunst hört, sondern die inspirierende Kraft des »Spiritus Creator« am Werk sieht. Wohl vor diesem Hintergrund wird die Aussage zu verstehen sein, die in der Liturgiekonstitution des Zweiten Vaticanums begegnet: »Die Kirche betrachtet den Gregorianischen Choral als den der römischen Liturgie eigenen Gesang; demgemäß soll er in ihren liturgischen Handlungen, wenn im übrigen die gleichen Voraussetzungen gegeben sind, den ersten Platz einnehmen«[3]. In der Tat erscheint diese Vorrangstellung uns

Heutigen kaum plausibel. Die gottesdienstliche Praxis läßt eher an das Wort vom letzten Platz denken, mit dem Paulus den Korinthern seine apostolische Existenz klarmachen will (1 Kor 4, 9). Warum eigentlich empfinden viele den Choral als so unzeitgemäß?

I. Schwierigkeiten und Chancen im heutigen Gebrauch des Cantus Romanus

1. Eine eigene Klangwelt

Unser musikalisches Ohr ist entscheidend von der Mehrstimmigkeit geprägt. Der einstimmige Choral, der in der Regel ohne Orgelbegleitung gesungen wird, klingt dem Ohr zunächst fremd. Auch der tonartliche Charakter dieser Musik ist ungewohnt. Die sogenannten acht Kirchentonarten oder die acht »Modi«[4] geben dem frei rhythmischen Gesang eine eigene Diktion. Es bedarf also eines längeren Einhörens und Einfühlens in die archaisch anmutende Klangwelt der Gregorianik. Der Geschmack an der eher herben Einstimmigkeit muß erst geweckt werden, wie man ja auch die Qualität der trockenen Weine entdecken muß.

2. Eine eigene Sprache

Neben der Melodie ist die Sprache das tragende Element. Kaum eine andere Musik ist in gleicher Weise an das Wort gebunden wie der Choral. Mit vollem Recht spricht man von einer Wort-Ton-Symbiose. Die Grundlage des Choraltextes bildet die Heilige Schrift, vor allem der Psalter. Die Sprache aber ist das Latein, die vokalreiche Artikulation der römischen Liturgie. Die Väter des Zweiten Vatikanischen Konzils haben sich einen jahrhundertealten Wunsch zu eigen gemacht, der schon in der Reformationszeit laut geworden war. »Da bei der Messe, bei der Sakramentenspendung und in anderen Bereichen der Liturgie nicht selten der Gebrauch der Muttersprache für das Volk sehr nützlich sein kann, soll es gestattet sein, ihr einen weiteren Raum zuzubilligen, vor allem in den Lesungen und Hinweisen und in einigen Orationen und Gesängen...« (SC 36 § 2).

Durch diese Neuerung ist die Liturgie dem Volk zugänglicher geworden, weil der Wortlaut ihrer heiligen Texte nun unmittelbar verstanden wird. Gerade beim Wortgottesdienst der Meßfeier wird der Segen der Reform nachhaltig erfahren. Für die Jüngeren, die die

vorkonziliare Liturgieform nicht mehr erlebt haben, ist die muttersprachliche Liturgie eine Selbstverständlichkeit geworden. Die Muttersprache bedeutet eine Hilfe und Erleichterung. Freilich, der lateinische Choral ist dadurch in ein betrübliches Abseits geraten. Auch wenn das »Gotteslob« (1975) einen Grundstock lateinischer Akklamationen und Meßgesänge aufgenommen hat[5], so ist die lebendige Praxis des Cantus Romanus doch in den meisten Gotteshäusern erstorben. Ist ein Ausweg aus der Situation zu finden?
Zwischen Scylla und Charybdis, zwischen dem Schreckgespenst, den Meß-Choral zu übersetzen und ihn auf Deutsch singen zu wollen[6], und dem gänzlichen Verstummen des Chorals gibt es meines Erachtens eine dritte Möglichkeit. »Es steht nämlich nichts im Wege, in derselben Feier einzelne Teile in einer anderen Sprache zu singen«[7]. Warum wird dieser Weg so wenig beschritten? Warum unterwerfen wir uns bewußt oder unbewußt dem Joch eines rigorosen Sprachpurismus? Wohl überlegt lassen sich nämlich Latein und Deutsch, amtliche Kirchensprache und Muttersprache sehr gut in der Hochform des gesungenen Amtes miteinander verbinden. Denn die »forma nobilior«[8] ist der angestammte Rahmen für den Meß-Choral.
Langfristig gesehen wäre eine solche Praxis folgenreich. Einmal würde die Fähigkeit zur lateinischen Messe, die bei den Älteren gerade noch vorhanden ist, auch an die heranwachsende Generation weitergegeben werden können, wie es im Grunde der Wille der Konzilsväter war: »Der Gebrauch der lateinischen Sprache soll in den lateinischen Riten erhalten bleiben, soweit nicht Sonderrecht entgegensteht«[9]. Vor allem aber wäre damit ein wichtiger Schritt getan, den Choral und überhaupt den gesamten Schatz der lateinischen Kirchenmusik durch lebendige Pflege im Gottesdienst zu erhalten. Das Repertoire der »Musica sacra« liegt dem Konzil ausdrücklich am Herzen: »Der Schatz der Kirchenmusik möge mit größter Sorge bewahrt und gepflegt werden« (SC 114). Die Chöre an den Kathedralen und die vielen Kirchenchöre in Stadt und Land kommen diesem Auftrag in vorbildlicher Weise nach. Dank einer langen Tradition haben viele Chöre im deutschen Sprachgebiet ein hohes Niveau, das oft weit über dem Durchschnitt der Weltkirche liegt.

3. Eine feste Form

Neben der musikalischen Diktion und der lateinischen Sprache gibt es noch ein drittes Charakteristikum des Chorals, das den Umgang mit ihm erschwert. Besonders in den ersten Jahren nach der Liturgieänderung machte sich mancherorts eine Improvisierlust breit, die das Pendel vom Rubrizismus in das entgegengesetzte Extrem ausschlagen ließ. Die zur Erprobung verbreiteten Studientexte begünstigten bis zum Erscheinen der revidierten und verbindlichen Liturgiebücher einen solch freien Stil. Die feste und vorgegebene Form des Gregorianischen Repertoires mußte der damaligen Improvisierlust als ein Korsett erscheinen, mit dem man nichts anzufangen wußte. In dieser Hinsicht hat sich manches gebessert. Der anfängliche Übereifer ist schon längst einer nüchternen Einschätzung der tatsächlichen kreativen Potenz gewichen. Ohne ein gutes Repertoire, auf das man zurückgreifen kann, kommt die liturgische Gestaltung nicht aus.

Damit dürften einige Gründe genannt sein, die den Zugang zum Gregorianischen Gesang behindern, wenn nicht gar verwehren: Melodie, Sprache und Form passen nicht mehr so recht zu unserer liturgischen Praxis. Aber sollte nicht auch in diesem Kontext die Mahnung des Apostels gehört und beherzigt werden: »Prüft alles, und behaltet das Gute!« (1 Thess 5, 21)? Müßten wir beim Abwägen der liturgischen Gestaltung nicht den Rang der Qualität im Auge behalten?

II. Der Cantus Romanus im Gottesdienst

Die Pflege des Chorals bedeutet eine Entscheidung für die Qualität und für das Behalten des Guten. Seine musikalische und spirituelle Qualität sprechen für ihn. Als liturgische Musik muß der Cantus Romanus aber dort erklingen, wohin er gehört: im Raum der gottesdienstlichen Versammlung. Ist es nicht eine merkwürdige, ja beschämende Verdrehung, wenn die Choralmelodien zwar auf Musikcassetten und Schallplatten archiviert, wenn sie als religiöses Versatzstück von den Medien verschnitten und zur »mystischen« Hintergrundsmusik von Filmszenen degradiert werden, aber in ihrem angestammten Raum der liturgischen Feier immer mehr verstummen? Die Ausübung und angemessene Interpretation des Gregorianischen Gesanges setzen zwar die mühevolle Arbeit der Musikologen (Paleographie und Semiologie) voraus, jedoch sollte sich das Interesse an der Gregorianik nicht auf die Wissenschaft allein beschränken. Auch die Zelebranten, die Vorsteher der Liturgiefeier sollten ihre Verantwortung erkennen und dem Choral seinen Platz einräumen.

Der Choral ist hohe Kunst. Seine Wirkung auf die abendländische Musikgeschichte darf nicht unterschätzt werden. Viele Komponisten haben ihn bewundert und haben gregorianische Motive in ihren eigenen Werken verarbeitet[10]. Der Cantus Romanus ist ein abendländisches Kulturgut, das die Kirche – die freilich über die Grenzen des Abendlandes weit hinausreicht – als ihr Eigentum betrachten darf. Er ist auf dem Mutterboden ihrer Liturgie gewachsen. Er steht im vollen Einklang mit dem Geist und der Gebärde der römischen Liturgie. Doch wäre es ein schweres Mißverständnis, wenn diese Kunst als elitär oder sogar als esoterisch abgestempelt würde. Genau das Gegenteil ist wahr. Von seiner gestuften Vielgestaltigkeit her ist dieser Kunstgesang allen offen, weil er jeden nach seinen Fähigkeiten am liturgischen Singen beteiligt. So verwirklicht der Choral schon immer ein Prinzip, das die Liturgiekonstitution wieder in die Mitte gerückt hat: die »actuosa participatio«[11], die tätige Teilnahme des ganzen Volkes an der Liturgie. Die solistischen Partien der großen Melismen erfordern die geübte Stimme des Cantors, die Teile des Propriums das Können einer Schola, und die einfachen Melodien des Ordinariums[12] sind von allen zu bewältigen. Zur »Missa in cantu« gehört auch der gesungene Vortrag der Lesungen und der Amtsgebete des Priesters. Die schlichte Cantillation der heiligen Texte dürfte weder den Lektor noch den Zelebranten überforden, sie verlangt nur den überlegten Umgang mit dem Text und den persönlichen Einsatz der Stimme.

Kurz gesagt: Die Pflege des Gregorianischen Gesanges ist motiviert und wird getragen von der Überzeugung, daß unser Gottesdienst auf Dauer nicht jene Musik gänzlich entbehren kann, der die universale Kirche den ersten Platz zuspricht: »Die Kirche betrachtet den Gregorianischen Choral als den der römischen Liturgie eigenen Gesang; demgemäß soll er in ihren liturgischen Handlungen, wenn im übrigen die gleichen Voraussetzungen gegeben sind, den ersten Platz einnehmen«[13]. Musik lebt aber nur im Erklingen.

Was also ist von der Unzeitgemäßheit des Chorals zu halten? Erweist sich nicht das altmodische Kleid des scheinbar Unzeitgemäßen bei näherer Betrachtung (d.h. bei längerem, achtsamen Hinhören) als ein edles Gewand mit klassischem Zuschnitt? Bleibt nicht gerade deshalb der Choral zeitgemäß, weil er einem Mutterboden gleich die Komponisten zu neuem Schaffen anzuregen vermag? Zeitgemäß, weil diese Musik des inspirierten Gotteswortes ein heilsames Gegengewicht darstellt zur oft beklagten dürren »Verwortung« der Liturgie. Wesenhaft zeitgemäß, weil hier jene

Töne schwingen, die dem Herzen das Geheimnis der bleibenden Gegenwart und Nähe des transzendenten Gottes verspüren lassen. Von dieser auf die tiefsten Schichten der Person treffenden Wirkung der Musik legt der hl. Augustinus ein schönes Zeugnis ab. In den »Confessiones« erinnert er sich der Gesänge, die Ambrosius damals nach der Weise des Ostens in Mailand eingeführt hatte[14]. Diese Hymnen und Psalmen haben ihm den Weg zum Empfang der Taufe geebnet. »Wie weinte ich bei Deinen Hymnen und Gesängen, tief bewegt von den Stimmen Deiner lieblich singenden Kirche! Die Stimmen drangen in mein Ohr, und in ihrem Strom träufelte die Wahrheit in mein Herz, das Gefühl für Gott taute auf, es flossen Tränen und mir war wohl dabei«[15].

III. Ein praktischer Beitrag zur Förderung des Cantus Romanus

Daß solche Überlegungen einen Sitz im Leben haben, daß ihnen existentielles Erleben und praktische Erfahrung zugrunde liegen, mag ein Blick in die Chronik der »Schola Cantus Romanus« dokumentieren.

Bei einem Doktorandenausflug des Dogmatischen Seminars von Professor Dr. Dr. Karl Lehmann am 2. Mai 1975 wurde in der »Badischen Weinstube« in Endingen am Kaiserstuhl die Idee geboren, eine Choralschola zu gründen. Nach dem Grundsatz »Tres faciunt collegium« waren wir der Meinung, daß mit drei Sängern der Anfang für eine Schola gemacht werden kann. Mir fiel die Aufgabe der musikalischen Leitung zu.

Zuerst trafen wir uns unregelmäßig zum Proben. Bald aber stellte sich ein fester Rhythmus im Abstand von ein bis zwei Wochen ein. Die Proben wurden eingeleitet mit gründlichen Atem- und Stimmübungen, auf die großer Wert gelegt wurde. Danach erarbeiteten wir die einzelnen Teile eines Sonntag-Propriums (Introitus – Alleluia – Offertorium – Communio). In der Regel waren drei Probentermine notwendig, bis die Melodien so verinnert waren, daß das Ziel des »ex corde cantare« erreicht schien. Nach der Probe, die anderthalb bis zwei Stunden beanspruchte, beschlossen wir den Abend in geselliger Runde. Gerade für uns Doktoranden war der freundschaftliche Austausch ein wertvolles Gegengewicht neben der einsamen Schreibtischarbeit des Tages. Als zuständiger Gastgeber fungierte jeweils derjenige, bei dem gerade geprobt worden war.

Freilich sollte fast ein Jahr vergehen, bis wir uns zutrauten, das

Choralamt in einer Pfarrgemeinde zu gestalten. Am 1. Fastensonntag »Invocabit«, am 7. März 1976, trat die Schola in der Freiburger Pfarrei St. Andreas zum erstenmal öffentlich in Erscheinung. Als im folgenden Jahr am Dreifaltigkeitsfest die Schola im Freiburger Münster singen konnte, hatte sich die Zahl ihrer Mitglieder bereits verdoppelt. Zwischen sechs bis zehn pendelte sich die Zahl der Sänger ein, die sich aus Freisemestlern oder Doktoranden (auch anderer Fakultäten) rekrutierten. Besonders günstig erwies sich die kleine, von den Franziskanerpatres betreute Kirche St. Cyriakus, wo die Gemeinde regen Anteil am Gesang nahm. Die Chronik vermerkt 17 Gottesdienste in dieser Kirche. Albert Raffelt, der damals als Organist in St. Märgen tätig war, vermittelte den Kontakt zum dortigen Pfarrherrn. So kam es, daß wir auch außerhalb Freiburgs gesungen haben. Am 5. April 1980 sang die Schola wieder einmal in St. Märgen; es war die Osternacht. Aus diesem Anlaß notierte der Chronist: »In der wahrhaft seligen Nacht, der allein es vergönnt war, die Stunde zu kennen, in der Christus erstand von den Toten, darf die Schola zum 50. Mal einen Gemeindegottesdienst durch den Cantus Romanus bereichern.« In der Zeit zwischen 1976 und 1980 hatte die Schola also bereits 50 Choralämter gestaltet. Die Orte seien kurz festgehalten: Freiburg: Münster, St. Andreas, St. Blasius, St. Cyriakus, St. Luitgart, Adelhauserklosterkirche, Franziskushaus, Josefskrankenhaus; Günterstal: Liebfrauenkirche; Denzlingen: St. Jakob, St. Josef; St. Peter: Seminarkirche; St. Märgen: Mariä Himmelfahrt, Judas-Thaddäus-Kapelle auf dem Ohmen; Lindenberg; Bad Krozingen: St. Georg-Krankenhaus; Bad Bellingen: Sanatorium St. Marien; Mariabronnen; Hofstetten.

Beim 83. Deutschen Katholikentag, der vom 13. bis 17. September 1978 in Freiburg stattfand, war die Schola an drei Tagen bei der Laudes in der Evangelischen Ludwigskirche eingesetzt.

In besonders lebendiger Erinnerung ist mir ein Ausflug mit der Schola nach Ronchamp am 4. Mai 1978, dem Fest Christi Himmelfahrt. In der Turmkapelle von »Notre Dame du Haut« feierten wir die Hl. Messe und sangen das herrliche Proprium des Festes. Die Akustik des genialen Raumes war beeindruckend.

Ein großer Gewinn für die Schola wurde die Bekanntschaft mit dem langjährigen Cantor der Erzabtei Beuron, P. Dr. Maurus Pfaff OSB. Er lud uns ins Kloster ein. Es gab aber auch seine Gegenbesuche in Freiburg. Pater Maurus hat die bekannte »Choralschule« von Dominikus Johner in der 8. Auflage (Regensburg 1956) überarbeitet herausgegeben. Von 1956 bis 1974 versah er einen Lehrauftrag für Gregorianik am Musikwissenschaftlichen Seminar der Uni-

versität München. So kamen wir bei ihm in den Genuß von »Privatissima« in Sachen Choral.
Aus dem Kreis der Sänger, die zwischen 1976 und 1980 in der Schola mitgewirkt haben, sind fünf Priester und ein Ständiger Diakon hervorgegangen. Ein ehemaliges Gründungsmitglied wurde vor kurzem von Papst Johannes Paul II. zum Weihbischof für das Bistum Hildesheim berufen.
Unter dem Datum des 25. Januar 1981 beschließt der Chronist mit folgenden Worten seinen Eintrag: »Für die Schola Cantus Romanus beginnt die zweite Generation, da nun auch das letzte Gründungsmitglied ausgeschieden ist. Denen, die die Tradition fortsetzen, rufen wir aber zu: Cantate vocibus, cantate cordibus, cantate oribus, cantate moribus: Cantate Domino canticum novum! (Singt mit der Stimme, singt mit dem Herzen, singt mit dem Mund, singt mit dem Leben: Singt dem Herrn ein neues Lied!) (Augustinus, Sermo 34).«
Im folgenden November 1981 wurde die Tradition der »Schola Cantus Romanus« tatsächlich in München fortgesetzt. Diese zweite Periode der Schola von 1981 bis 1989 gehört aber nicht mehr in den Freiburger Kontext. Nur drei größere Unternehmungen seien noch herausgegriffen, bei denen die Verbindung mit den Freiburger Sängern wiederauflebte.
Im August 1982 durften drei von uns P. Maurus Pfaff im Auto nach Solesmes begleiten, wo wir etwa eine Woche im Kloster als Gäste aufgenommen wurden. Dort gab es ein Wiedersehen mit P. Eugéne Cardine OSB, der von Rom kommend gerade seine Ferien dort verbrachte. P. Cardine (1905 – 1988) hatte während meiner Studienzeit im »Collegium Germanicum et Hungaricum« die wöchentlichen Choralübungen geleitet und uns so in die Welt der Gregorianik eingeführt. Mit seinem »Graduel Neumé« (Solesmes 1966) hat er die gregorianische Semiologie begründet und den Weg zum »Graduale Triplex« (Solesmes 1979) bereitet. Einen tiefen Eindruck hinterließ die Führung durch das »Institut für Paleographie«, in dem neben einer beachtlichen Spezialbibliothek die Microfilme von Choralhandschriften aus allen Teilen Europas aufbewahrt werden. Von diesem Institut werden die von Dom André Mocquereau (1849 – 1930) initiierte Sammlung der »Paléographie musicale« und die Zeitschrift »Etudes Grégoriennes« herausgegeben. Bei der Feier des täglichen Konventamtes um 10 Uhr konnten wir die hohe Gesangskultur der Mönche bewundern.
Im August des folgenden Jahres 1983 organisierte ich eine Choralfreizeit in der Wieskirche bei Steingaden, die die Münchener und Freiburger Scholasänger vereinigte. Neben einem theoretischen

Teil füllten vor allem praktische Übungen und kurze Exkursionen in die benachbarten Kirchen des Pfaffenwinkels die Zeit aus. Beim Musizieren im Prälatensaal des Priesterhauses konnten auch wir den »genius loci« verspüren, der einst den Bauherrn, den Prämonstratenserabt Marianus II. Mayr, bewogen hat, mit dem Diamant seines Abtsringes folgende Worte ins Fensterglas zu ritzen: »Hoc loco habitat fortuna, hic quiescit cor. Hier wohnt das Glück, hier findet das Herz Ruhe.« In etwas veränderter Besetzung wurde die Choralfreizeit im August 1985 im Benediktinerkloster Ettal wiederholt.

Dieser kurze Bericht will nicht nur die Erinnerung an die Freiburger Jahre wachhalten, sondern auch den Weggefährten danken, die sich neben ihren beruflichen Studien für die ganzheitliche Schule des Cantus Romanus begeistert haben. Aber auch den Pfarrern sei gedankt, die vom Wert dieses Gesanges überzeugt waren und der Schola gastliche Aufnahme gewährt haben.

Anmerkungen

1 Pfingstsequenz »Veni Sancte Spiritus«, um 1200 von Stephan Langton, seit 1570 im römischen Meßbuch; deutsche Übertragung von Maria Luise Thurmair und Markus Jenny 1971.

2 PL 75, 59–242.

3 Liturgiekonstitution »Sacrosanctum Concilium« (= SC), Nr. 116. Neben dem knappen Kommentar von J.A. Jungmann im LThK, 2. Auflage, Ergänzungsband I (1966) sei vor allem auf die detailliertere Kommentierung des hier einschlägigen 6. Kapitels (»De musica sacra«) von J. Overath hingewiesen in: K. G. Fellerer, Geschichte der katholischen Kirchenmusik Bd. 2, Kassel 1976, 370–394 (Lit. 406f.). Vgl. E. Jaschiniski, Musica sacra oder Musik im Gottesdienst? Die Entstehung der Aussagen über die Kirchenmusik in der Liturgiekonstitution »Sacrosanctum Concilium« (1963) und bis zur Instruktion »Musicam sacram« (1967) (= Studien zur Pastoralliturgie 8), Regensburg 1990. Im Artikel 116 haben die Väter des Zweiten Vatikanums ein Urteil festgeschrieben, das auf das Motu proprio »Tra le sollecitudini« (22. November 1903) Nr. 3 von Pius X. zurückgeht.

4 Vier »ursprüngliche«, authentische Tonarten: dorisch, phrygisch, lydisch, mixolydisch, und vier plagale, »abgeleitete« Tonarten, die zur authentischen Reihe um eine Quart nach unten versetzt sind.

5 Gotteslob Nr. 376–Nr. 424.

6 Das Konzil hat in dieser umstrittenen Frage keine Entscheidung getroffen. Auf jeden Fall muß zwischen dem Meß-Choral (»Graduale Romanum«) und dem Choral des Officiums (»Antiphonale Romanum«) differenziert werden. Wäh-

rend beim Officium mit dem »Antiphonale zum Stundengebet« (Freiburg/Münsterschwarzach 1979) für unseren deutschen Sprachraum ein gangbarer Weg beschritten worden ist, wäre m.E. beim Meß-Choral ein solcher Weg aufgrund musikalischer Strukturgesetze ungangbar.

7 S. Congr. Rituum, Instructio de musica in sacra liturgia »Musicam sacram« (5. März 1967) Nr. 51 (= Nachkonziliare Dokumentation Bd. 1, Trier 1967, 41).

8 SC 113. Das vorliegende Plädoyer bezieht sich bewußt nur auf die gesungene Hochform der Eucharistiefeier. Die Ziele, die die sogenannte »Volkschoralbewegung« in der ersten Hälfte des Jahrhunderts verfolgt hat, sind nicht impliziert.

9 SC 36 § 1. Vgl. auch SC 54: »Es soll jedoch Vorsorge getroffen werden, daß die Christgläubigen die ihnen zukommenden Teile des Meß-Ordinariums auch lateinisch miteinander sprechen oder singen können.«

10 Erinnert sei nur an einen Passus des Komponisten (evangelischen Bekenntnisses!) Paul Hindemith aus seinen Vorlesungen an der Harvard-University 1949/50: »Denken wir doch nur an einige der sehr beredten, ausladenden Gregorianischen Melodien, wie sie um die Oster- und Pfingstzeit gesungen werden – von jedem einigermaßen erfahrenen, geschmackvollen Musiker als die vollkommensten, überzeugendsten einstimmigen Linien bewundert. Um völlig ihre lineare Kraft zu verstehen, genügt es allerdings nicht, sie nur zu lesen oder zu hören; man muß sich singend an der Darstellung dieser melodischen Wunder beteiligen und wird dann erst fühlen, wie sie die singende Gruppe in eine geistige Einheit zusammenschmelzen, unabhängig vom individualistischen Gehabe eines Dirigenten, einzig geführt von der erhabenen Größe und der technischen Vollkommenheit des Werkes« (Komponist in seiner Welt, Zürich 1959, 134f.). Romano Guardini notiert in seinen Aufzeichnungen eine Begegnung mit dem Musiker (11. 6. 1959): »Kam mit Hindemith ins Gespräch über die Möglichkeit moderner Sakral-Gebrauchsmusik. Er glaubt, daß sie nicht möglich sei, nur gregorianisch« (Wahrheit des Denkens und Wahrheit des Tuns. Notizen und Texte 1942–1964, Paderborn 1980, 116f).

11 SC 14 u. ö. Leider ist der Begriff bisweilen mißbraucht und im Sinne feststellbarer äußerer Aktivität verengt worden. Auch durch intensives Hören und Schweigen nimmt das Volk aktiv am liturgischen Geschehen teil, siehe SC 30, wo das Schweigen eigens genannt ist.

12 Zum Ordinarium gehören Kyrie – Gloria – Credo – Sanctus – Agnus Dei.

13 SC 116; siehe oben Anm. 3.

14 Augustinus berichtet: »Vor gar nicht langer Zeit erst hatte die Kirche von Mailand diese Art von Erbauung und Erhebung, wobei die Brüder in heiligem Eifer wie aus Einer Kehle, Einer Seele zusammen sangen, in ihren Brauch genommen … Damals war das Singen von Hymnen und Psalmen nach der Weise der Ostkirche eingeführt, damit das Volk im Übermaß seiner Niedergeschlagenheit sich nicht erschöpfe. Seither, bis auf diesen Tag, hat sich der Brauch erhalten und ist bereits von vielen, ja fast allen Deinen Kirchengemeinden auch sonst auf dem Erdkreis übernommen worden« (Confessiones IX 7, 15; dt. von J. Bernhart, München [3]1966, 447f.).

15 Confessiones IX 6, 14.

Hans-Peter Arendt

Einladung zum Dialog

Chancen und Aufgaben eines kirchlichen Bildungshauses

Von den Schwierigkeiten, der Notwendigkeit und den Bedingungen des Dialogs in der gegenwärtigen Kirche sprach der Vorsitzende der Deutschen Bischofskonferenz im September 1994 zu den deutschen Bischöfen[1]. Dabei behandelte Bischof Lehmann ein Thema, das ihm schon immer ein großes Anliegen war: den Dialog als Weg zur Wahrheitsfindung. Gern denke ich an meine ersten Begegnungen und Gespräche zurück, die ich in den bewegten 70er Jahren mit dem um einige Jahre älteren damaligen Professor der Dogmatik und der ökumenischen Theologie hatte. Der Universitätslehrer ließ sich trotz seiner überwältigenden Belesenheit, Erfahrung und Fachkenntnis geduldig und mitsuchend auf meine Fragen und Bedenken ein; mit vielen Anregungen und wohlwollender Kritik förderte er meine Arbeit an der Dissertation, die sich langsamer als erwartet entfaltete. Aus der gemeinsamen Suchbewegung wurde für mich eine Schule des Dialogs, die meine weitere Tätigkeit in der Seelsorge und am Schreibtisch, in der Schule und in der kirchlichen Verwaltung stark mitprägte. Diese Erfahrungen ermutigen und begleiten mich weiterhin.
Als ich vor über drei Jahren die Gesamtleitung der Einrichtung Maria Rosenberg übernahm, wurde mir erst nach und nach bewußt, auf welche verwirrende Fülle von Arbeitsbereichen ich mich eingelassen hatte. Gehören doch zu diesem alten Wallfahrtsort, der im Westen der Pfalz zwischen Kaiserslautern und Pirmasens liegt, ein Bildungs- und Exerzitienhaus, ein Mädchenheim, eine Heimschule und ein Alten- und Pflegeheim. In vielen Gesprächen mit den hier tätigen Mitbrüdern, Ordensschwestern und Angestellten ist zu klären, wie wir miteinander in der heutigen Zeit vielfältiger Umbrüche die so verschiedenartigen Aufgaben erfüllen können. Ziele und Methoden sind immer neu zu überprüfen, damit wir möglichst gut unserem umfangreichen pastoralen Auftrag gegenüber Bewohnerinnen und Bewohnern, Gästen und Wallfahrern gerecht werden.
Wenn unser Bildungs- und Exerzitienhaus Tagungen und Kurse, Exerzitien, Meditationswochen und Zeiten der Besinnung anbietet, lädt es Menschen ein, sich Zeit zu nehmen für grundlegende Lebens- und Glaubensfragen. Den Gästen bietet es Räume an, daß sie

miteinander ins Gespräch kommen, sich selbst mit ihren Fähigkeiten und Schwierigkeiten erfahren und einbringen, in der Auseinandersetzung mit Themen, die sie angehen, Klarheit finden. So wird es zu einem Lernort des Dialogs: Statt gedankenlos dahinzuleben, kann der einzelne sich selbst entdecken. Statt sprachlos sich abzukapseln, nimmt man das Gespräch mit anderen auf. Statt in der Meinungsvielfalt orientierungslos zu werden, stellt man sich den Fragen nach Sinn und Glück. Statt kontaktlos und haltlos herumzuirren, erlebt man in der gemeinsamen Suche den Wert einer Gemeinschaft, die unterstützt und trägt.
Eine Weiterbildung, die den Christen zur geistigen Auseinandersetzung mit anderen befähigt, forderte vor 20 Jahren die Gemeinsame Synode der Bistümer in der Bundesrepublik Deutschland. Die Leitsätze ihres Beschlusses »Schwerpunkte kirchlicher Verantwortung im Bildungsbereich« erhalten neue Dringlichkeit in einer Zeit, in der Dialogverweigerung und Mißlingen von Gesprächen so oft beklagt werden[2]. Wie können die zahlreichen Einrichtungen der katholischen Erwachsenenbildung Haltungen und Einstellungen fördern, die einer echten Gesprächsbereitschaft dienen? Wie kann ein Bildungshaus am Rand des Pfälzerwaldes dazu beitragen, daß solche Einübung in den Dialog gelingt? Im Blick auf neue theoretische Überlegungen zur Erwachsenenbildung, auf unsere Eigenveranstaltungen und auf die viel zahlreicheren Gastveranstaltungen in unserem Haus möchte ich eine Antwort auf diese Fragen versuchen. Dabei können die einzelnen Gesichtspunkte nur knapp angerissen oder grob skizziert werden.

1. Das Bildungshaus: ein Ort des Gesprächs

Da unsere Bildungsstätte über etwa hundert Gästezimmer verfügt, können wir gleichzeitig sehr verschiedenartigen Gruppen Raum bieten. Kirchenchöre und Besinnungsgruppen, Fortbildungskurse und Gesprächskreise, Pfarrgemeinderäte und Gruppen der koreanischen Gemeindeerneuerung, amerikanische Jugendgruppen und eine Pfälzer Jugendkantorei können miteinander zusammentreffen. Bei den Mahlzeiten und in den Pausen ergeben sich so nicht selten vielfältige Gesprächsmöglichkeiten. Vielleicht wird auch dabei etwas eingeübt vom »Zusammenleben in Verschiedenheit«[3]. Manchen Fortbildungskursen oder Entscheidungsgremien, die mit Sorgenfalten über Probleme nachdenken, tut es gut, die gesammelte Frömmigkeit einer koreanischen Gebetsgemeinschaft, die unbeschwerte, ansteckende Fröhlichkeit einer amerikanischen Gruppe oder die Freude eines Kirchenchors über die gelungene Probe zu erleben. Nicht selten führen die erstaunten Gespräche übereinander auch zu erfrischenden Begegnungen miteinander. Schädliche Berührungsängste werden abgebaut, andere Lebensstile werden kennengelernt, Toleranz und Geduld wachsen.

Wie verschiedenartig sind oft die Prägungen und Erwartungen, die Menschen zu einem Wochenende der theologischen Erwachsenenbildung zusammenführen! Manchmal prallen bei den Diskussionen die vielfältigen Meinungen sehr hart aufeinander. Vorurteile, Mißverständnisse und Resignation behindern die Verständigung. Trotzdem bedeutet es viel, wenn man sich Zeit nimmt, den anderen anzuhören, auf seine Argumentation einzugehen, in einen echten Diskurs zu treten. So werden Dialogsperren überwunden, durch die sich oft kirchliche Gruppen voneinander abschließen.

Wenn ein neuer »Stil der Offenheit und Gesprächsbereitschaft in allen Lebensäußerungen«[4] unter den Christen wächst, dann drückt er nicht nur die kirchliche Gemeinschaft aus, sondern fördert sie auch. Wenn ein Meinungsstreit in Ruhe ausgetragen wird, dann wird dabei eine Konfliktfähigkeit eingeübt, die auch außerhalb des jeweiligen Gesprächs fruchtbar wird. Gerade in einer Zeit, in der Christen in so viele Konflikte hineingestellt sind, brauchen sie die Fähigkeit, solche Auseinandersetzungen durchzustehen. Würde nicht manchmal ein Gespräch miteinander mehr erreichen als öffentliche Erklärungen übereinander oder gegeneinander?

Ein vom Dialog geprägtes Kirchenbild erhebt H. Heinz aus der wichtigen Enzyklika Papst Pauls VI. »Ecclesiam suam«[5]. Um diesem Bild zu entsprechen, braucht die Kirche Mitglieder, die sich auf den Prozeß des Dialogs einlassen. Sie hören auf das Geheimnis des anderen hin und teilen ihre eigene Überzeugung mit; dabei bleibt offen, wie Erfolg und Ergebnis sich einstellen.

Eine wichtige Voraussetzung solcher Gespräche, die aus einer aktiven Hörbereitschaft fruchtbar werden, wird bei unseren Meditationszeiten eingeübt: das gemeinsame Schweigen. Menschen, die miteinander schweigen, kommen sich nahe. Wir entdecken dabei eine wichtige Bedingung gelingender Gespräche: das geduldige gemeinsame Hinhören auf das, was die verschiedenen Partner trotz aller Unterschiede in Meinungen, Charakter und weltanschaulicher Prägung verbindet. So kann ein wirklicher Austausch gelingen. Der eine ist offen für die guten Erfahrungen, die der andere ihm mitteilt; beide erkennen dankbar an, was dem anderen an wertvoller Einsicht geschenkt worden ist. So reift das gemeinsame Glaubenszeugnis heran – ein Gegenbild zu manchen Auseinandersetzungen, bei denen man einander verständnislos anschweigt oder gespannt auf Schwächen in der Argumentation des anderen wartet.

Daß theologische Erwachsenenbildung als dialogischer Prozeß gelingt, hängt wesentlich vom jeweiligen Erwachsenenbildner ab, wie überzeugend er weitergibt, was ihn selbst an dem vorgetragenen Gegenstand begeistert hat[6]. Zwar bevorzugen manche, die eigenen Anliegen eher unterkühlt, mit einem gewissen kirchenkritischen Unterton darzubieten. Doch können wir bei regelmäßig wiederkehrenden Tagungen mit demselben Referenten feststellen, wie eine engagierte Begeisterung auch die Zuhörenden erfaßt; dann kommt eine Hörergemeinde zustande, die sich gern wieder zum nächsten gemeinsamen Termin einfindet, weil sie sich eine Wegweisung verspricht. Wenn ein Vortrag Auswege aus einer aktuellen Krise aufzeigt, ermutigt er die Beteiligten, selbst zu geeigneten Lösungen beizutragen.

G. Fuchs stellt im Blick auf eine verbreitete aktuelle Stimmungslage unter Christen fest: »Was weithin fehlt, ist ein authentisch christliches Selbst- und Sendungsbewußtsein mit Visions- und Innovationskraft, das die gegenwärtigen Lebens- und Überlebensprobleme weder dämonisiert noch verharmlost«[7]. Kann in der drohenden Resignation die kirchliche Erwachsenenbildung eine not-wendende Blickerweiterung vermitteln? Gewiß sind die Krisensymptome ernstzunehmen, dürfen aber auch nicht überschätzt werden. Wenn bei Tagungen Hauptamtliche und Engagierte aus den Pfarreien neue Glaubensfreude und neue Zuversicht schöpfen, wird das gemeinsame Gespräch für die Gemeinden fruchtbar. Werden sich Gegner und Befürworter des umstrittenen Kirchenvolksbegehrens zur Auswertung der bisherigen Diskussionen zusammenfinden und miteinander um die Erneuerung der Kirche aus Christi Geist ringen?

Wer im Dialog ein brauchbares Ergebnis erreichen will, darf nicht unkritisch an Schlagworten festhalten, mögen sie noch so verbreitet sein. Im Gespräch sind sorgfältig die einzelnen Positionen zu klären. Dabei können Konsenspapiere, die an anderer Stelle erarbeitet worden sind, eine wichtige Hilfe bedeuten; leider sind solche Ergebnisse gelungener Dialoge oft zu wenig bekannt. Für heutige theologische Gespräche gilt eine Bemerkung, die K. Lehmann schon vor über einem Jahrzehnt zur Theologie und ihren »Problemwellen« gemacht hat: »Die Theologie braucht wesentlich mehr Gründlichkeit und Sorgfalt, Ausdauer und Mut zum Differenzieren, wenn sie den Fragen der Gegenwart wirklich gewachsen sein will, ohne sich selbst und ihren Auftrag in den sterilen Formen simpler Anpassung, reinen Protestes oder einer gewinnbringenden Vermarktung preiszugeben«[8].

Die Fragen der Gegenwart dürfen wir nicht außer acht lassen, wenn wir im kleinen Leitungsteam unseres Bildungshauses das neue Halbjahresprogramm unserer Eigenveranstaltungen erarbeiten. Geht unser Programm auf Fragen ein, die sich heutzutage Menschen stellen, wenn sie nach Sinn und Glück suchen? Gelegentlich erleben wir eine ernüchternde Antwort, wenn unser Angebot – besonders aus dem gesellschaftspolitischen Bereich – nicht angenommen wird. Wir müssen uns selbst auf einen Dialog einlassen, in den wir auch andere Einrichtungen und Verbände einbeziehen. Unser Gespräch wird zu einer gemeinsamen Suchbewegung, die viel Geduld und Umsicht erfordert.

Zusammen mit der Katholischen Akademie Speyer gestalten wir Wochenendtagungen zu theologischen und historischen Fragen. Mit dem Bildungsreferenten von Missio weisen wir im Monat Oktober auf Schwierigkeiten und Chancen heutiger Missionsarbeit hin. Mit der Stefanus-Gemeinschaft bieten wir eine Rhetorik-Ausbildung an, die besonders von jungen Leuten wahrgenommen wird. Mit dem Kreuzbund laden wir Menschen, die von einer Sucht betroffen sind, dazu ein, miteinander einen Weg zu Glück und Sinn zu suchen. Mit der katholischen Arbeitnehmerbewegung zeigen wir Frührentnern und Arbeitslosen Möglichkeiten auf, ihre Zeit fruchtbar zu gestalten. So kann Erwachsenenbildung Lebenshilfe bieten. Sie erfüllt damit eine diakonische Funktion, die M. Blasberg-Kuhnke angesichts globaler Krisen anmahnt[9]. Menschen, die in Lebenskrisen geraten sind, empfangen bei solchen Tagungen Impulse, um lähmende Resignation zu überwinden. Die Lerngemeinschaft ermutigt zum Engagement[10]. Zugleich hilft sie den Beteiligten, die eigene Einstellung zu überprüfen und zu klären. Da aktuelle Resolutionen und Kommentare zu Fragen des Glaubens oder des kirchlichen Lebens manchmal nur oberflächlich und einseitig die anstehenden Probleme behandeln, ist die Gewinnung eines eigenen Standpunkts um so dringlicher.

2. Das Bildungshaus als Ort der Selbstfindung

»Unter-Brechung« heißt der Titel einer kürzlich erschienenen Schrift über Standort und Perspektiven theologischer Erwachsenenbildung[11]. Sie fordert auf zur Selbstvergewisserung und weist

auf einen Prozeß der Selbstbesinnung hin, auf den sich Verantwortliche in der kirchlichen Erwachsenenbildung – nicht erst seit dem dokumentierten Symposion – eingelassen haben.
Zur Unterbrechung des gewohnten Lebensstils fordern die Kurse unseres Bildungs- und Exerzitienhauses Menschen auf, die hierher kommen. Wenn ich einen Kurs begleite, holt er mich heraus aus den vielfältigen Aufgaben, die mit der Gesamtleitung der Institution verbunden sind – auch eine Übung des Loslassens. Wer sich auf die für viele Gäste ungewohnte Stille einläßt, öffnet »die Ohren des Herzens«. Selbst wenn Fortbildungskurse und theologische Tagungen zunächst den Verstand ansprechen, verlocken doch die Landschaft, in die unser Haus eingebettet ist, und die Wallfahrtsanlagen zu einem ruhigen Spaziergang in den Pausen; erst recht steht die über 800 Jahre alte Kapelle für die vertiefende Betrachtung offen. Es ist erfreulich, wie viele Teilnehmer diese Chance wahrnehmen und eine neue Wertschätzung für Zeiten der Stille entwickeln. So wächst auch neue Bereitschaft zum Gebet.
An die Tradition des Exerzitienhauses knüpfen wir an, indem wir außer den Exerzitien- und Glaubenswochen verschiedene Formen der Meditation, Einkehrtage, Oasentage, Fastenwochen und Besinnungszeiten anbieten. Konzentriertes Hinhören und Hinschauen werden eingeübt; ein Weg von den Sinnen zum Sinn kann gefunden werden. Durch Leibübungen, Atemerfahrung, Eutonie, Yoga und autogenes Training finden gerade jüngere Leute zu einer vertieften Selbsterfahrung und manchmal auch zu einer neuen, dialogischen Gottesbeziehung. Mit vermehrten Angeboten dieser Art wollen wir nicht auf einer modischen »Gesundheits- und Psychowelle« mitschwimmen, sondern von körperlicher Entspannung zur seelischen Offenheit hinführen. Damit leisten wir einen Beitrag dazu, daß Menschen ihren Durst nach Glück nicht an trüben Wassern der Esoterik, sondern an Quellen wirklichen Lebens stillen. Wer solche Kurse leitet und begleitet, darf dieses Ziel nicht außer acht lassen. Vom behutsamen und klaren Dialog, der dabei geführt wird, hängt es ab, ob die verschiedenen Übungen zugleich Einübungen in ein Leben mit dem dreieinigen Gott werden.
Wenn Betrachtungsimpulse, aktives Schweigen und Aussprache in der Gruppe miteinander abwechseln, so wächst eine Grundlage für fruchtbare Einzelgespräche, Beratungsgespräche[12] und Beichtgespräche. Mitfühlende Begleitung, die den Partner dort abholt, wo er steht, und in Ruhe zur vertieften Selbsterkenntnis führt, kann viel erreichen, zuweilen einen neuen Weg der Umkehr und der Versöhnung eröffnen. Leider fehlt es uns an Christen, die zu solcher

geistlichen Begleitung bereit und fähig sind. Diesem Mangel abzuhelfen, wird eine Aufgabe der nächsten Jahre sein. Denn eine Hilfestellung von geistlich geprägten Menschen ist wichtig bei geistlichen Prozessen.

Manche Suchenden kommen zu unseren Meditationsangeboten, weil sie sich mitten im Wohlstand einer Überflußgesellschaft haltlos und heimatlos fühlen. Andere schauen nach einer neuen Orientierung aus. Durch die gemeinsame Betrachtung des Evangeliums können unsicher gewordene Menschen das verlorene Urvertrauen neu entdecken und ein gesundes Selbstwertgefühl entwickeln[13]. Sie nehmen sich mit ihren Verletzungen und Schwächen leichter an. In der Hinführung zu biblischen Texten werden sie angeregt, im Wort Gottes eine Lebensweisung zu entdecken und das Schriftgespräch zu pflegen. Beispielsweise werden an den diesjährigen Pfingsttagen Psalmen als Lebensorientierung erschlossen, zugleich wird ihr Beten eingeübt.

Ähnlich wie solche Zeiten der Besinnung helfen auch verschiedene theologische und psychologische Tagungen, den eigenen Standpunkt zu finden und Lebenskrisen zu bestehen. Wege der Versöhnung in einer Welt wachsender Gewalt werden an einem Wochenende dieses Frühjahrs von einem Psychologen aufgezeigt, zum verantwortungsvollen Umgang mit der Freiheit will ein Moraltheologe hinführen. In einer Zeit der Reizüberflutung und der wachsenden Unübersichtlichkeit wollen solche Angebote dem Verlust des Subjekts[14] entgegenwirken. Zugleich steuern sie einer gefährlichen Individualisierung in einer Erlebnis- und Risikogesellschaft wie auch der einseitigen Leistungsorientierung entgegen. Eine »Option für das Subjektseinkönnen aller«, die M. Blasberg-Kuhnke für die theologische Erwachsenenbildung fordert[15], wird auch auf diese Weise erfüllt. Der einzelne soll sich bewußt werden, eine Person zu sein, die in der Beziehung zu Gott und zum Mitmenschen ihren eigenen, unverwechselbaren Wert erlebt.

Indem Menschen in ihrer Lebensgeschichte das Wirken Gottes erkennen, gewinnen sie Klarheit und Entschiedenheit für die weitere Gestaltung ihres Weges. So entfaltet sich eine neue Sensibilität für Gottes Anruf. Wenn mir gelegentlich Gäste berichten, welche Prägung ihrem Lebensweg vor Jahrzehnten ein Exerzitienkurs in Maria Rosenberg gegeben hat, dann frage ich mich, wie wir heutzutage diesem alten Profil des Hauses gerecht werden können. Es müssen nicht nur neue Adressatenkreise – besonders unter jungen Erwachsenen – für Exerzitien und Besinnungszeiten gewonnen werden. Zur Berufsfindung würde sich dieser Ort, an dem etwa 150 Leute im kirchlichen Dienst arbeiten, besonderes eignen. Dazu genügen nicht die ausgelegten Prospekte über kirchliche Berufe, wenn auch solche Faltblätter in überraschend großer Zahl mitgenommen werden. Seit Jahrzehnten haben Seminare für Paare, die sich auf die Ehe vorbereiten, einen festen Platz in unserem Programm. Leider findet ein mehrtägiges Angebot einer intensiveren Ehevorbereitung noch zu wenig Nachfrage.

3. Das Bildungshaus als Stätte der Sinnsuche und der Glaubensvertiefung

Nach J. Werbick sollten Menschen den Glauben kennenlernen »als die heilsame Alternative zu den jeweils herrschenden menschen- und lebensfeindlichen Weltanschauungen«[16]. So finden sie ein »Lebenswissen«, das der Macht des Todes entgegensteht[17], ihre Identität in Freiheit und Reifung[18] und »verdichtete Beziehungserfahrungen«[19]. Kirchliche Erwachsenenbildung soll daher Menschen dazu befähigen, die befreiende Botschaft des Evangeliums zu erfassen und in der Welt weiterzusagen[20]. Im Hören der Offenbarung läßt sich der Mensch auf ein dialogisches Geschehen ein, das im Lebensaustausch des dreieinigen Gottes verwurzelt ist[21].
In einer Vielfalt von Methoden erschließen unsere Kurse den Reichtum der biblischen Botschaft: Wochenendtagungen informieren über einzelne Bücher oder zentrale Aussagen der Bibel, Meditationsübungen gehen von Worten der Hl. Schrift aus oder führen zu ihnen hin, ein »Grundkurs Bibel« erschließt Zugänge zu den manchmal so fremden Texten. Besonders in diesem Bereich eröffnet ökumenisches Zusammenwirken neue Perspektiven, so daß man trotz aller Unterschiede der konfessionellen Prägung in der Begegnung mit dem Wort Gottes die gemeinsame Mitte erreicht.
»Das innere Wort«, so der Titel eines Kontemplationswochenendes, das vor kurzem zusammen mit der Evangelischen Erwachsenenbildung Pfalz angeboten wurde, verbindet über die Grenzen der Konfessionen hinweg.
Wenn kirchliche Gruppen miteinander über biblische Texte reden, so bleiben sie nicht – wie leider sonst so oft – an Strukturfragen der Kirchen hängen. Das Gepräch erhält eine tiefere Dimension: Im Bibel-Teilen oder im Bibliodrama erleben manche Teilnehmer besonders intensiv Lebensimpulse aus der Bibel.
Eine echte Erneuerung der Kirche, wie sie immer wieder ins Auge gefaßt wird, soll auf diesem Fundament aufbauen. Die Sätze, die K.

Lehmann schon 1982 in dem bereits zitierten Bändchen schrieb, passen auch gut zur heutigen Situation: »Wir haben nicht zuletzt deshalb so viel Traurigkeit, Überdruß, Frustration und Abschied von der Kirche, weil es so wenig bleibende und tiefgreifende Kirchenreformen gibt. Eine solche ist freilich nur möglich, wenn sie beständig und gegen alle Schwierigkeiten aus spirituellen Wurzeln genährt wird«[22]. Umgekehrt wachsen bei Pfarrgemeinderäten und anderen kirchlichen Gremien nicht selten geduldige Zuversicht und engagierte Gelassenheit, wenn sie sich zu einem Einkehrtag aufgemacht, im Licht der biblischen Botschaft das Leben der Gemeinde betrachtet und Visionen für die Zukunft entwickelt haben. Ein solcher Tag der gemeinsamen Suche und Glaubensvertiefung führt manchmal zu einer neuen Kirchenerfahrung, die für die zukünftige Arbeit vor Ort Richtung und Kraft schenkt.

Je mehr die Kirche nach einem Wort von Bischof K. Hemmerle eine »soziale Ikone« des Evangeliums wird, desto mehr kann sie die Entfremdung vom Evangelium überwinden[23]. Wo sich eine kirchliche Gruppe und eine Gemeinde immer wieder von der biblischen Botschaft erneuern und durchdringen lassen, werden sie zu einem lebendigen Evangelium, das andere zum Mitleben einlädt. Dieser Dialog macht nicht halt an den Grenzen der sichtbaren Kirche, sondern bezieht auch Angehörige anderer Konfessionen, anderer Religionen und anderer Weltanschauungen ein. Theologische Erwachsenenbildung kann diesen Prozeß unterstützen und begleiten. Als Lerngemeinschaft entwickelt die Kirche religiöse Deutungsmuster und vermittelt sie gerade angesichts der Tradierungskrise des Glaubens. Sie wirkt in die Gesellschaft hinein, indem sie diese einerseits nach dem Evangelium mitgestaltet, andererseits die sozialen und kulturellen Gegebenheiten in ihrer Eigenständigkeit ernst nimmt[24]. Bei solchem Wirken braucht sie Konfliktfähigkeit. Im Anschluß an die Konzilskonstitutionen »Gaudium et spes« und »Lumen gentium« wie auch an die Enzyklika »Evangelii nuntiandi« von Paul VI. stellt B. Uphoff fest: »In der Auseinandersetzung mit der Welt erweist das Evangelium seine Relevanz als befreiende und praxisverändernde Botschaft«[25]. Sollten die herausfordernden Konzilstexte nicht häufiger bei Fortbildungstagen und Besinnungstagen für kirchlich Engagierte thematisiert werden? So könnten wir ein Stück Rezeptionsgeschichte des Konzils mitschreiben. Bei der Auseinandersetzung mit der Gesellschaft ergänzen einander Dialog und Solidarität[26]. In der »Option für Gerechtigkeit« trägt die Kirche bei zum Aufbau von Gottes Frieden in der Welt[27].

Kirchliche Bildungseinrichtungen sollen nicht nur zum Zeugnis und zum diakonischen Handeln befähigen, sondern auch zur gottesdienstlichen Feier. Gerade in einer Zeit, in der viele Formen und Symbole der Liturgie nur schwer verstanden werden, kann der Aufenthalt am Wallfahrtsort einen neuen Sinn für religiöse Zeichen wecken. Die Wallfahrtskapelle lädt täglich zur Mitfeier der Gottesdienste und zur stillen Anbetung ein. Wenn sich Gruppen, die in unserem Haus tagen, zur Eucharistiefeier zusammenfinden, dann erfahren sie mitten in allen Sorgen und Planungen, in Auseinandersetzungen und neuen Erkenntnissen, welche Lebensbedeutung die Aussage des Zweiten Vatikanischen Konzils hat: »Dennoch ist die Liturgie der Höhepunkt, dem das Tun der Kirche zustrebt, und zugleich die Quelle, aus der all ihre Kraft strömt« (SC 10). Nicht wenige Mitfeiernde erkennen in der Ausnahmesituation der Gruppenmesse deutlicher als beim gewohnten Gemeindegottesdienst, wie die Eucharistiefeier einen Ruhepunkt und Kraftquell im Leben des einzelnen Glaubenden, eines kirchlichen Verbandes und der ganzen Gemeinde bietet. Im aktiven, kreativen Mitwirken bereichern einerseits die einzelnen die gemeinsame Feier mit ihrer Begabung und mit ihren Fähigkeiten, die vielleicht sonst ungenutzt brachliegen und nicht abgerufen werden. Andererseits nehmen besonders Mitglieder pfarrlicher Liturgiekreise und Verantwortliche der Kirchenmusik Anregungen für ihre eigenen Arbeitsbereiche mit.

Im Angebot gemeinsam gestalteter und sorgfältig vorbereiteter Gottesdienste leisten Bildungshäuser einen wichtigen Beitrag zur liturgischen Bildung. Sie üben Grundfunktionen der Kirche aus: die Martyria, indem sie Menschen den Lebenssinn erschließen und sie zur Glaubensvertiefung hinführen, die Liturgia, indem sie die Heilstaten Gottes feiern, und die Diakonia, indem sie zum verantwortungsbewußten Handeln in der Gesellschaft befähigen und ermutigen[28]. Je mehr es gelingt, Entfremdung vom Evangelium und distanzierte Fremdheit unter den Besuchern zu überbrücken, um so stärker wird ein Wesenszug der Kirche spürbar: die Koinonia, die sich vom Leben des dreifaltigen Gottes durchformen läßt. Damit leuchtet zugleich für die gläubigen Christen eine trinitarische Tiefendimension der menschlichen Dialoge auf. Sie gewinnen schöpferische Ursprünglichkeit im Vertrauen auf den schaffenden Vater, Leben aus dem Bemühen um echte Partnerschaft im Blick auf den Sohn Gottes, der ganz auf den Vater als dessen Ebenbild bezogen ist, sie wissen sich getragen von der Liebe des Heiligen Geistes, die Vater und Sohn verbindet.

4. Das Bildungshaus als Rastplatz der Glaubensgemeinschaft

»Gast-stätten des Friedens«[29] brauchen die Menschen in einer Zeit der Umbrüche und Spannungen: Orte an denen man ausruhen, Gemeinschaft erleben, miteinander reden, zurückschauen und nach vorne ausschauen kann. Die Kirche als das Volk Gottes, das zum großen Ziel hin unterwegs ist, braucht Orte und Zeiten der Sammlung, damit sie Kraft für den weiteren Weg schöpft. Daher kommen seit Jahrhunderten Christen nach Maria Rosenberg, um mit ihren Anliegen in der kleinen Kapelle vor Gott hinzutreten und die Fürsprache Mariens zu erbitten.
Besonders an den Wochenenden können Gäste unseres Bildungshauses beobachten, daß sich Menschen zu den gottesdienstlichen Feiern zusammenfinden oder auch das Bußsakrament in der Wallfahrtskirche empfangen. Zugleich wissen sie sich zur Teilnahme eingeladen. Wie die Kirche jungen und alten Menschen Heimat schenken will, erfahren sie im Blick auf das Mädchenheim und das Alten- und Pflegeheim. Immer wieder ergeben sich Gespräche über den Sinn und den Zweck solchen sozialen Einsatzes. Können Menschen, die sonst nur selten ein kirchliches Gebäude betreten, auf diese Weise Kirche von einer liebenswerten Seite erfahren?
Mitglieder eines Teams von Psychologen, das zweimal jährlich hier Seminare für seelische Gesundheit leitet, sagten mir vor kurzem, Maria Rosenberg sei ihnen wie eine Heimat geworden. Ähnliches höre ich immer wieder von Verantwortlichen der zahlreichen Gastveranstaltungen. Ein Akkordeonspieler, der einer Tagungsgruppe von Behinderten und deren Eltern angehörte, rief an einem Abend Mitgliedern eines anderen Kurses zu: »Kommt zu uns! Wir wollen unbehindert miteinander feiern.« Im zwanglosen Beisammensein von Gruppen, die sich zunächst fremd oder sogar etwas mißtrauisch gegenüberstanden, ergeben sich nicht selten Gespräche über Glaubens- und Lebensfragen.
»Eine Vision wird Wirklichkeit – Maria Rosenberg in Geschichte und Gegenwart.« So hieß das Thema einer Ausstellung, die im Herbst 1995 an das Wirken einer für uns wichtigen Stiftergruppe erinnerte. In einer ordensähnlichen Gemeinschaft haben sich im letzten Jahrhundert junge Leute aus der Umgebung zusammengeschlossen. Sie arbeiteten in der Landwirtschaft ihrer Heimat, in einer französischen Schuhfabrik und schließlich auf einer amerikanischen Farm dafür, daß bei der alten Wallfahrtskapelle eine große Kirche gebaut und eine Seelsorgestelle errichtet werden konnte. Als nach langwierigen Verhandlungen die Kirche und ein benachbartes

Gebäude errichtet waren, wuchs Maria Rosenberg viel stärker, als es sich die Stiftergruppe erträumt hätte. Dieser Einblick in die Geschichte des Ortes ermutigt Christen, die angesichts der heutigen Schwierigkeiten der Kirche nicht nur »einen Untergang verwalten«, sondern einen »Übergang gestalten« wollen[30]. Angesichts mancher »Alterserscheinungen« lohnt es sich, den Blick für Neuaufbrüche, die manchmal unvermutet und unbeachtet geschehen, zu öffnen.

5. Förderung des Dialogs unter den für die Seelsorge Verantwortlichen.

Der Mangel an Priestern und Ordensleuten, den wir auch hier in Maria Rosenberg schmerzlich erfahren, bereitet vielen Gemeinden Sorgen. Erst recht belastet der Auszug aus der Kirche viele, die für die Seelsorge Verantwortung tragen. Das Gefühl der Ohnmacht und die Gefahr der Vereinsamung breiten sich unter den Priestern aus. Gelegentlich verhindern wachsende Verbitterung, Zweifel an der eigenen Tüchtigkeit und rasche Schuldzuweisungen an irgendeine Adresse einen unbefangenen Gedankenaustausch über die schwierigen Erfahrungen. Die Verschiedenartigkeit der Lebens- und Glaubensstile belastet den Dialog zwischen Jüngeren und Älteren, in der Seelsorge tätigen Laien und Priestern. Gegenseitige Vorwürfe werden laut, die anderen hätten keine Spiritualität, kein Durchhaltevermögen, keine Konfliktfähigkeit.

Bei der Erstellung und erst recht bei der Umsetzung von Pastoralplänen, die den Schwierigkeiten gegensteuern wollen, spüren die Beteiligten: Die fälligen Veränderungen können wir nicht einfach aus eigener Kraft bewältigen. Nicht selten werden zunächst nur die Pläne nachgebessert oder die Aktivitäten verstärkt. Bricht dabei nicht zuweilen der von manchen Kritikern beklagte »ekklesiale Atheismus« durch? Müßte statt dessen nicht diese Not noch mehr beten lehren? Bemühen sich die Betroffenen, im Blick auf das Evangelium die bitteren Erfahrungen zu deuten? Wenn der Übergang gestaltet werden soll, muß zunächst mancher Untergang in gläubiger Hoffnung angenommen werden.

Immer wieder finden sich Priester, Ordensleute, Mitarbeiterinnen und Mitarbeiter der Kirche im Bildungshaus ein, um miteinander ihren Dienst und seine Anforderungen zu bedenken. Besonders bei Exerzitien und Besinnungszeiten, aber auch bei Fortbildungstagen und bei manchen Dekanatsgesprächen gelingt es, im Blick auf das Evangelium neue Orientierung, Geduld und Kraft zu finden. Leidensdruck, Termindruck, Arbeitsdruck und Erfolgsdruck werden relativiert. Auf eine erneuerte Gestalt des Glaubens hin kann man dann miteinander Visionen entwickeln, die eine Richtung weisen. Bei solchen geistlichen Gesprächen erfahren sich die Beteiligten als eine Lerngemeinschaft, die einen Weg sucht. Dabei gelingen auch Feiern des Glaubens, aus denen trotz aller Hilflosigkeit und aller Ohnmachtserfahrungen heilende Kräfte fließen[31]. Wenn unsere Bildungsstätte eine Atmosphäre schafft und Hilfen gibt, daß Menschen sich hier gern zum Dialog zusammenfinden, leistet sie einen wichtigen Dienst an der Kirche und an unserer Gesellschaft. Denn Gespräche, die zur gemeinsamen Mitte hinführen, überwinden Grenzen und schlagen neue Brücken.

Anmerkungen

1 Eine Lebensfrage für die Kirche, in: Herder-Korrespondenz 49 (1995) 29 – 35.

2 Vgl. B. Blum, Episode oder Leitbild? Schwerpunkte kirchlicher Verantwortung im Bildungsbereich – Die katholische Erwachsenenbildung 20 Jahre nach Abschluß der Gemeinsamen Synode, in: Erwachsenenbildung 41 (1995), bes. 168f.

3 Gemeinsame Synode der Bistümer in der Bundesrepublik Deutschland: Beschlüsse in der Vollversammlung. Offizielle Gesamtausgabe I, 546 (Beschluß: Schwerpunkte kirchlicher Verantwortung im Bildungsbereich, Nr. 9).

4 K. Lehmann, in: Eine Lebensfrage für die Kirche, in: Herder-Korrespondenz 49 (1995) 33.

5 Vgl. H. Heinz, Kirche im Dialog – Dialog in der Kirche. Zur Aktualität der Enzyklika Pauls VI. »Ecclesiam suam«, in: A. Schavan (Hrsg.), Dialog statt Dialogverweigerung. Impulse für eine zukunftsfähige Kirche, Kevelaer 1994, 79 – 88.

6 Vgl. R. Englert, Religiöse Erwachsenenbildung. Situation – Probleme – Handlungsorientierung, Stuttgart 1992 (Praktische Theologie 7), 391 – 395.

7 Der eigenen Botschaft hinterher: Trinitarische Einheit, in: Kath. Bundesarbeitsgemeinschaft für Erwachsenenbildung (Red. B. Nacke), Unter-Brechung, Standort und Perpektiven theologischer Erwachsenenbildung, Würzburg 1995, 20.

8 Neuer Mut zum Kirchesein, Freiburg/Basel/Wien 1982, 51.

9 Vgl. M. Blasberg-Kuhnke, Erwachsene glauben. Voraussetzungen und Bedingungen des Glaubens und Glaubenslernen Erwachsener im Horizont globaler Krisen (= Studien zur praktischen Theologie 42), St. Ottilien 1992, 225.

10 Ebd. 220 – 225; 440 – 451.

11 Vgl. Anm. 7.

12 Vgl. H. Loduchowski, Zehn Empfehlungen für befreiende – beratende – helfende Gespräche, in: Katechetische Blätter 110 (1985) 392 – 394; A. Grün, Intensivformen der geistlichen Begleitung, in: K. Baumgartner/W. Müller (Hrsg.),

Beraten und Begleiten. Handbuch für das seelsorgliche Gespräch, Freiburg 1990, 101 – 110.

[13] Vgl. A. Grün, Selbstwert entwickeln – Ohnmacht meistern. Spirituelle Wege zum inneren Raum, Stuttgart 1995, bes. 53 – 67, 82 – 86.

[14] Vgl. B. Guggenberger, Geistige Orientierung heute – Zum Verhältnis von Religion und Gesellschaft, in: Unter-Brechung (vgl. Anm. 7) 7 – 17.

[15] Vgl. Blasberg-Kuhnke, Erwachsene glauben, a.a.O. 361.

[16] Glaubenlernen aus Erfahrung, Grundbegriffe einer Didaktik des Glaubens, München 1989, 40.

[17] Vgl. ebd. 67.

[18] Vgl. ebd. 79.

[19] Ebd. 109.

[20] In Auseinandersetzung mit verschiedenen theoretischen Überlegungen und im Blick auf die historische Entwicklung wird das Verhältnis von Bildung und Evangelisierung beleuchtet von B. Uphoff, Kirchliche Erwachsenenbildung, Befreiung und Mündigkeit im Spannungsfeld von Kirche und Welt (= Praktische Theologie heute 3), Stuttgart 1991.

[21] Vgl. Paul VI., Ecclesiam suam Nr. 18.

[22] Neuer Mut zum Kirchesein, a.a.O. 92.

[23] Vgl. K. Hemmerle, Die Stunde des Neubeginns. Ein theologischer Gedanke zur Evangelisierung heute, in: Das Prisma 1 (1989) Nr. 2, 4 – 10, bes. 9.

[24] Vgl. Englert, Religiöse Erwachsenenbildung, a.a.O. 244 – 251.

[25] Kirchliche Erwachsenenbildung, a.a.O. 30.

[26] Vgl. Wort des Zentralkomitees der deutschen Katholiken zum 30. Jahrestag der Verabschiedung der Pastoralkonstitution des Zweiten Vatikanischen Konzils »Gaudium et spes«, dokumentiert in: KNA Dokumente 2 (Februar 1996) 29 – 23, bes. 20f.

[27] Vgl. Blasberg-Kuhnke, Erwachsene glauben, a.a.O. 347 – 351; 354 – 356.

[28] Vgl. B. Nacke (Hrsg.), Glaubenshorizonte erweitern. Antworten auf die Tradierungskrise, München 1989, bes. 39 – 86.

[29] K. H. Schmitt, Gast-stätten des Friedens schaffen. Perspektiven für die Katechese in Europa, in: Katechetische Blätter 112 (1987) 730 – 739.

[30] Vgl. P. M. Zulehner, Ein Obdach für die Seele. Geistliche Übungen – nicht nur für fromme Zeitgenossen, Düsseldorf 1994, 106.

[31] Vgl. A. Grün, Selbstwert entwickeln, a.a.O. 67 – 72.

Thomas Schreijäck

Option für die Armen als praktizierte Diakonie

Impulse aus lateinamerikanischer Perspektive

Es war in der zweiten Hälfte der 70er Jahre. In einigen Kreisen der deutschsprachigen Theologie war eine heftige Diskussion entbrannt, die durch das Buch »Theologie der Befreiung« ausgelöst wurde.[1] Theologie der Befreiung war das neue Thema und schlug wie eine Bombe ein. Politisch und gesellschaftlich stand zu dieser Zeit alles im Zeichen der 68er Bewegung und ihrer Auswirkungen auch auf die universitäre Arbeit. Im innerkirchlich-theologischen Kontext war dieser Aufbruch durch die Impulse des II. Vatikanums zusätzlich spürbar, ohne die wiederum der Einbruch der Theologie der Befreiung – insbesondere aus lateinamerikanischer Perspektive – nicht denkbar gewesen wäre.

Aber worum handelte es sich bei dieser Theologie, in deren Umfeld bald Programme wie Theologie der Revolution, um nur ein weiteres Schlagwort zu nennen, auftauchten? Ein von Prof. DDr. Karl Lehmann an der Freiburger Theologischen Fakultät angebotenes Seminar zum Anliegen und Verständnis der Theologie der Befreiung löste bei mir ein Interesse aus, dessen Reichweite ich damals noch nicht ansatzweise erahnte. Wir lernten an diesem Beispiel sehen, was es heißt, das Generalprogramm des Konzils – das Aggiornamento –, in diesem Fall den kontinentalkirchlichen Aufbruch aus lateinamerikanischer Perspektive, umzusetzen, ohne die Konflikte und offenen Fragen einzuebnen oder auszuklammern. Ich lernte jedenfalls zum ersten Mal ansatzweise zu ahnen, was weltkirchliche Dimensionen für eigenes theologisches Denken bedeuten können. Zwischenzeitlich ist die lateinamerikanische Kirche und ihre Theologie, ihre pastoralen und katechetischen Konzepte ein unverzichtbarer Bestandteil meiner eigenen Arbeit geworden. Seit den 80er Jahren führt mich mein Weg regelmäßig nach Lateinamerika, und nach anfänglichen Kontakten mit verschiedenen Ländern, ihren Kirchen, Theologinnen und Theologen wuchsen tiefreichende Freundschaften, die sowohl persönliche als auch theologische Herausforderungen bedeuten und manche Bekehrung provozierten und weiter provozieren.

Der theologisch-kirchliche Entwicklungsprozeß in Lateinamerika indes schreitet unaufhaltsam weiter, und die weltkirchliche Bedeutung ist heute noch nicht abschätzbar. Deshalb ist das Gespräch und der Brückenbau wichtig, wie es die Lateinamerikaner ausdrücken. Ich möchte im Rahmen des hier Möglichen einige Grundimpulse beschreiben, wie ich sie vor Ort erlebt habe (1–4), und anschließend ihre Bedeutung im Kontext meiner Aufgaben hier im Arbeitsbereich der Praktischen Theologie, Religionspädagogik und Kerygmatik im Auge behalten, gleichsam im Gespräch mit gegenwärtigen Positionen bei uns, die sich vielfach von lateinamerikanischer Kirchenfreude inspirieren lassen.

1. Maß-gebende Perspektiven und vorrangige Optionen

Bisweilen ist heute zu hören, daß es die Kirchen der Rheinländer waren, die das Konzil initiiert hätten, daß es aber die Kirchen des Südens seien, die die Ergebnisse des Konzils realisierten. Wahr jedenfalls ist, daß die lateinamerikanische Kontinentalkirche unter Einschluß Mexikos und der Karibik bereits 1968 in Medellín/Kolumbien in konsequenter und ausdrücklicher Weise durch die Einberufung einer gesamtlateinamerikanischen Bischofsversammlung, zu der Vertreter aller in der Kirche engagierten Gruppen zusammenkamen, sich die Umsetzung des II. Vatikanums zu eigen gemacht und sich der Aufgabe der Kirche angesichts der damals weltweit sich vollziehenden Umwälzungen in Politik, Wirtschaft und Kultur im Lichte des Konzils ausdrücklich zugewendet hat.[2]
Wegen der erkannten Bedeutung dieses Ereignisses folgte gut zehn Jahre später eine weitere gesamtlateinamerikanische Bischofsversammlung, die in Puebla/Mexiko 1979 stattfand.[3]
1992 wurde aus Anlaß der 500jährigen Gedenkfeiern der Kolonisierung und Evangelisierung Amerikas die gesamtlateinamerikanische Bischofsversammlung in Santo Domingo abgehalten.[4]
Die zentralen Themen von Medellín und Puebla sind in bewußter, ausdrücklicher Kontinuität formuliert und zugleich Programm der Kirche und Pastoral in den verschiedenen Ländern nach ihren jeweiligen besonderen ortskirchlichen Herausforderungen. Dieses Programm ist in sogenannten vorrangigen Optionen zusammengefaßt, die bereits in Medellín erarbeitet, in Puebla wieder aufgenommen und ausdrücklich bestätigt wurden. Die grundlegende Option ist die vorrangige Option für die Armen; weiter die vorrangige Option für die Jugend und schließlich die Option zur Förderung der kirchlichen Basisgemeinschaften.

In diesen vorrangigen Optionen und in allen von ihnen ausgehenden kirchlich-theologischen und pastoralen Aktionen drückt sich ein Paradigmenwechsel von der modernen Theologie zur solidarischen Nachfolge aus, über den in den nachfolgenden Abschnitten und exemplarisch gesprochen werden soll.

2. *Die vorrangige Option für die Armen*

Die vorrangige Option für die Armen als bevorzugte Adressaten Gottes für die Botschaft des Evangeliums schließt die Reichen nicht aus. Aber sie bestimmt die Armen als Subjekte der befreienden Botschaft und macht aus ihnen, den Marginalisierten in Gesellschaft und Geschichte, geschichtliche Protagonisten, die ihre sozio-ökonomische Realität selbst in die Hand nehmen. Ihrer Misere bewußt geworden, treten sie miteinander auf, um in Solidarität für Gerechtigkeit, Menschenwürde und Befreiung zu kämpfen im Glauben an den Gott des Lebens, der seine Herrschaft auf dem Kontinent des Todes durch die Armen installieren will. Sie sind sein bevorzugter Ort für die Ansage des aufkommenden Reiches Gottes in der Geschichte als anfänglicher Heilsgeschichte.
Deshalb verpflichtet sich die Kirche Lateinamerikas als arme Kirche zur Anklage von Ungerechtigkeit und Unterdrückung und fordert zur Solidarität mit den Armen auf. Solidarität wird zur vorrangigen Haltung und Grundlage für die Option mit den Armen. Eine wirkliche Umkehr verlangt zunächst die Umwandlung der individualistischen Mentalität in eine das Gemeinwohl fördernde und dafür Sorge tragende Haltung. Aus ihr wächst stetig das Konzept der »Pastoral de conjunto«[5].
Hervorzuheben ist dafür, daß diese Bekehrung der Kirche gleichsam als zweiter Schritt zu verstehen ist, der als Antwort der Kirche auf die Analyse der Lebenssituation der Armen folgt. Den »Einbruch der Armen« in die Geschichte richtig zu lesen, verlangt nach einer kirchlichen Haltung, die ihre Aufgabe von der Rückseite der Geschichte zu deuten und zu betreiben bereit ist, und impliziert das Hören auf den Schrei der Armen nach Befreiung aus Ungerechtigkeit und Unterdrückung. Darüber hinaus ist unbedingt festzuhalten, daß es sich dabei nicht bloß um einen humanitären oder existentiellen Schrei handelt, sondern um einen Schrei, der aus den konkreten Lebenssituationen der Armen anhebt, die diese als Frucht der sozialen Ungerechtigkeit und Unterdrückung und so als soziale Sünde erfahren und deuten. Darauf zu hören und theolo-

gisch zu reflektieren, fordert pastorale Konsequenzen, die das Schweigen der modernen Theologie gegenüber dieser Realität überwindet.

Puebla nimmt gut 10 Jahre später wortwörtlich auf, was Medellín ausdrücklich festgestellt hat. Aus dem ehemals stummen Schrei von Millionen von Armen ist ein klar vernehmbarer und stetig wachsender Schrei geworden, so schreiben die Bischöfe. Es ist der Schrei eines Volkes, das leidet und Gerechtigkeit, Achtung der Grundrechte, der Menschenwürde und gesellschaftliche und politische Mitbeteiligung fordert und die Befreiung vor allem von seinen Hirten erbittet, weil sie sonst von niemanden gewährt wird.[6] Für eine evangelisierende Kirche und für das Selbstverständnis ihrer Bischöfe heißt das programmatisch: »Wir bestätigen die Notwendigkeit der Umkehr der gesamten Kirche im Sinne einer vorrangigen Option für die Armen mit Blickrichtung auf deren umfassende Befreiung.«[7]

Die Bischöfe sehen freilich die Gefahr der Reduktion auf eine nur einseitige soziale Förderung, der auf der anderen Seite ein bloß geistlich verstandener Auftrag der Kirche gegenübersteht. Trotz der Schwierigkeiten erkennen sie aber eindeutig Zellen wirklich gelebten und verwirklichten Glaubens in den Familien, die sie wahre »Hauskirchen« nennen, und es sind vor allem die kirchlichen Basisgemeinschaften, die zu Brennpunkten der Evangelisierung und zu Motoren der Befreiung und Entwicklung geworden sind.[8]

Deshalb ist der bevorzugte Ort für dieses Hinhören die christliche Basisgemeinschaft, und der Ausgangspunkt für die Umsetzung der Optionen liegt in der Situationsanalyse, auf die die theologische Reflexion folgt und zur pastoralen Aktion führt. Sie ist im Umwandlungsprozeß vom gesellschaftlichen Verband zur »Familie Gottes«, Grundlage und Kern pastoraler Erneuerung, wie die Bischöfe feststellen, und damit gleichsam »der erste und fundamental kirchliche Kern, der sich in seinem eigenen Bereich für den Reichtum und die Ausbreitung des Glaubens wie auch für die des Kults, der sein Ausdruck ist, verantwortlich machen muß. So ist sie Kernzelle kirchlicher Strukturierung, Quelle der Evangelisierung und gegenwärtig der Hauptfaktor der menschlichen Förderung und Entwicklung«.[9]

Entscheidend für die prophetische Aktion der Kirche, die aus der Option für die Armen und zugleich aus dem Werdeprozeß der kirchlichen Basisgemeinschaften resultiert, ist die Entdeckung des evangelisatorischen Potentials der Armen, das implizit und unaufhörlich zur Umkehr und Solidarität mahnt.[10]

3. Die Bedeutung der kirchlichen Basisgemeinschaften für eine gelebte Solidarität

Durch das Entstehen und Wachsen der kirchlichen Basisgemeinschaften finden die Armen ein Forum für den Befreiungsprozeß, der lateinamerikaweit stetig wächst. Die Basisgemeinschaften sind – so formuliert Puebla – in Gemeinschaft mit dem Bischof und in Kontinuität mit Medellín zu Brennpunkten der Evangelisierung und zu Motoren der Befreiung und Entwicklung geworden, deren Lebenskraft zur Quelle für kirchliche Dienste, insbesondere für Laien wurde, die als Katecheten und Missionare Zeugnis ablegen vom Glauben an den Gott Jesu Christi.[11]
Die Kirche als Volk Gottes versteht sich als historisch, gesellschaftlich gegliedertes und als institutionelles Volk. Das heißt für die Basisgemeinschaften, daß sie Teil der universalen Weltkirche sind und sich nicht abseits oder außerhalb dieser umfassenden Struktur entwickeln. Vielmehr gliedern sie sich ein in die Gesamtheit des Gottesvolkes, aber im bzw. aus dem Kontext ihrer jeweiligen lebensweltlichen Realität.
Diese wird gedeutet im Lichte des Evangeliums mit Hilfe einer Situationsanalyse, die auch die Bischöfe für alle Themenbereiche ihrer Beschlüsse, vor allem in Puebla, anwenden, damit so alle Aufgaben – von der Familienkatechese angefangen durch alle anderen Bereiche der Glaubensunterweisung und pastoralen Handlungsfelder hindurch – in einer gerechteren und lebensrelevanten Perspektive erscheinen. Die kirchliche Basisgemeinschaft umfaßt Familien, Erwachsene und junge Menschen in einer zwischenmenschlichen Beziehung im Glauben, die zur tätigen Hoffnung und Liebe bestärkt und das Wort Gottes in Solidarität und gegenseitiger Verpflichtung feiert. Puebla führt dazu aus: *»Die in der kirchlichen Basisgemeinschaft vereinten Christen bemühen sich in stärkerer Treue gegenüber Christus um ein Leben unter ihren Mitmenschen, das vom Evangelium durchdrungen ist. Sie helfen, den Egoismus und das Konsumdenken der Gesellschaft in Frage zu stellen und machen die Berufung zur Gemeinschaft mit Gott und ihren Brüdern deutlich, indem sie einen wertvollen Anstoß zum Aufbau einer neuen Gesellschaft, der ›Zivilisation der Liebe‹, geben.*
Die kirchlichen Basisgemeinschaften sind Ausdruck der besonderen Zuneigung der Kirche zum einfachen Volk. In ihnen kommt die Religiosität des Volkes zum Ausdruck, dort wird sie gewertet und geläutert. Dort erhält es die konkrete Möglichkeit, an der kirchlichen Aufgabe und an der Verpflichtung, die Welt zu ändern, mitzuwirken.«[12]

Deshalb beschließen die Bischöfe, die kirchlichen Basisgemeinden entschlossen zu fördern und diese – meist in den Elendsvierteln oder in ländlichen Regionen entstanden – als Basisgemeinschaften in die Gesamtpastoral des Kontinents zu integrieren.[13]
Was die Bischöfe in Medellín formulieren, ist bereits geronnene Erfahrung kirchlicher Organisationsformen aus der Zeit zwischen der ersten großen lateinamerikanischen Bischofsversammlung von Rio de Janeiro im Jahr 1955, die auf Anregung von Papst Pius XII. stattfand, und der großen nachkonziliaren Versammlung von Medellín. Man muß wissen, daß diese Form des Kircheseins in ursprünglichster Nähe zu den Lebensformen der lateinamerikanischen Völker und Ethnien gehört und eine stumme Antwort auf das Rätsel des Überlebens der Menschen angesichts der sozialen, wirtschaftlichen und kulturellen Misere seit Beginn der Kolonisierung ist.
Ein weiteres Indiz für die Notwendigkeit dieser basisorientierten und nach dem Prinzip der Ämterrotation organisierten Lebensgemeinschaften sind die Funktionsprinzipien der sogenannten Nicht-Regierungsorganisationen. Das sind unabhängige und vom Volk selbst initiierte und organisierte Zusammenschlüsse zur Verbesserung der Lebenssituationen, so z. B. durch die Einrichtung einer Volksküche (comedor popular), um wenigstens einmal am Tag eine Mahlzeit für die Familien zu ermöglichen, oder die gemeinsame Einrichtung eines Kinderhorts u.ä., die bis zum heutigen Tag nach basisdemokratischen Gesichtspunkten angelegt sind und funktionieren. Dieses Organisationsprinzip ist selbst in den bedrückendsten Überlebenskämpfen der lateinamerikanischen Bevölkerung anzutreffen, nämlich dort, wo sich arbeitende Kinder und Jugendliche aus christlichen Arbeiterfamilien selbst organisieren.[14]
Gleiches gilt für Bewegungen, die angesichts von Marginalisierung, sozio-kultureller und wirtschaftlicher Desintegration ihre Rechte einfordern und sich dafür zusammenschließen und organisieren. Besondere Erwähnung verdienen die Organisationen von Frauen, die um ihre Rechte kämpfen, sowie alle gemeinsam organisierten Überlebensstrategien, die im sogenannten informellen Sektor dafür kämpfen, daß das Erleben des nächsten Tages, z.B. durch eine Volksküche, gesichert ist.[15]
Analog wird im Bildungsbereich vorgegangen, wenn es um Lernstrategien bei Alphabetisierungskampagnen und der sogenannten Volkserziehung (educacion popular) geht, die mit bescheidenen Mitteln das Mündigwerden der Adressaten im Umgang mit Massenmedien und öffentlicher Meinungsbildung anstreben. Selbst im Gesundheitssektor werden bescheidene Ausbildungs- und Auf-

klärungskampagnen nach basisgemeindlichen Prinzipien organisiert und durchgeführt.[16]

Allen Ansätzen liegt der methodische Dreischritt zugrunde, der ausgehend vom Sehen, d.h. von der Analyse der konkreten Situation und ihrer strukturellen Zusammenhänge, zum Urteilen, d.h. zur Bewertung dieses analysierten Kontextes, fortschreitet, um schließlich im Handeln, d.h. im Umgestalten der lebensweltlichen Zusammenhänge, auf eine menschenwürdige Zukunft hin aktiv zu werden.

Die Förderung einer basiskirchlichen Infrastruktur ist somit eine effiziente Adaption bestehender gesellschaftlicher Aktions- und Kommunikationsformen, die kirchlich-kommunikative Möglichkeiten einer adressatenorientierten Katechese und Evangelisierung fruchtbar macht. Die Berücksichtigung dieser so organisierten und den Menschen vertrauten Lebenswelten für die Evangelisierung beruht nicht auf einer ideologischen Vorentscheidung, sondern ist eine realistische und basisorientierte Entscheidung.

4. Die vorrangige Option für die Jugend

Im Kontext des bisher Gesagten und darüber hinaus gilt der Jugend als dritter vorrangiger Grundoption ein besonderes Augenmerk. Die Gründe dafür sind vielfältig und bedrückend zugleich. Lateinamerika ist nicht nur ein überwiegend christlicher Kontinent, sondern vor allem ein Kontinent der Jugend. Das liegt zunächst an der ungebrochenen Tradition, daß Kindersegen zugleich auch soziale Absicherung bzw. Versorgung im Alter bedeutet. Entscheidend für den hohen Anteil der Jugendlichen am Gesamt der Bevölkerung sind jedoch vor allem die vergleichsweise geringe Lebenserwartung, mangelnde Ernährung und gesundheitliche bzw. medizinische Versorgung. Aus diesen Gründen sterben die Armen vor ihrer Zeit, wie es die Theologen und Bischöfe Lateinamerikas ausdrücken. Der großen Zahl der Jugendlichen steht ein nur geringes Arbeitsmarkt- und Bildungsangebot gegenüber. Damit hat die Mehrheit ein Leben ohne Zukunftsperspektiven vor sich. Deshalb erkennen die Bischöfe das Leidensantlitz Christi im konkreten alltäglichen Leben nicht nur in den Gesichtern der Indios und der Afroamerikaner oder der besitzlosen Landbevölkerung, der Arbeitslosen und Unterbeschäftigten, der Randgruppen oder der Alten[17], sondern an erster Stelle in »den Gesichtern der Kinder, die schon vor ihrer Geburt mit Armut geschlagen sind ... und die in

unseren Städten, oftmals ausgebeutet, als Produkt der Armut und des moralischen Zerfalls der Familie ein Vagabundendasein fristen; in den Gesichtern der jungen Menschen ohne Orientierung, da sie keinen Platz in der Gesellschaft finden und frustriert sind, insbesondere in ländlichen Gebieten und den Randzonen der Städte, da sie weder Ausbildung noch Beschäftigung finden«.[18]
Den Jugendlichen gilt eine vorrangige Option, deren Umsetzung jeweils aus der Analyse ihrer konkreten Lage im gesellschaftlichen und kirchlichen Gefüge Lateinamerikas je neu und flexibel, kreativ und innovativ in pastoralen Konzeptionen entwickelt wird. Die Leitbegriffe solcher Konzeptionen sind Integration, Partizipation, Mitverantwortung, Kooperation und Solidarität. Puebla formuliert diese Vision und stetige Aufgabe so: »Den jungen Menschen ist der lebendige Christus als der einzige Erlöser nahezubringen, damit sie, selbst evangelisiert, evangelisieren und mit einer Antwort der Liebe zu Christus beitragen zur umfassenden Befreiung des Menschen und der Gesellschaft, indem sie ein Leben der Gemeinschaft und Mitbeteiligung führen.«[19]
Bezüglich der pastoralen Kriterien für eine lateinamerikanische kontextuelle Jugendpastoral sprechen die Bischöfe eine unmißverständliche Sprache. Der Messias Christus ist den jungen Menschen als umfassender Befreier zu erschließen und zu deuten, der allen das Angebot zur Umkehr und Versöhnung in der Gemeinschaft und in der Feier der Sakramente anbietet. Die Kirche muß dementsprechend zum Erfahrungsraum und zur Stätte der Gemeinschaft und Mitwirkung werden, in dem sich Jugendliche als Volk der Seligpreisungen entdecken; als Arme, die vorrangige Adressaten der befreienden Botschaft des Evangeliums sind und im Lichte dieser Botschaft ihr Leben als Botschafter des Friedens, der Versöhnung und im Einsatz für Menschenrechte als Träger des Vorhabens der umfassenden Befreiung entdecken und experimentieren können.[20]
Leitende Ziele in diesem Prozeß sind Erziehung zur Einfachheit und Gewaltlosigkeit, die Förderung einer apostolischen Spiritualität als tragender Grund für gelebte Solidarität, die Umgestaltung einer ungerechten und unmenschlichen Lebenswelt in eine neue mit menschlichen Zügen; Kritikfähigkeit im Umgang mit Medien, öffentlicher Meinung und Ideologien, um Manipulationsversuche zu durchschauen und schöpferisch, dem Lebensgefühl und der Sprache der Jugendlichen entsprechend, die befreiende und würdigmachende (Dignificacion) Kraft des Evangeliums vital und plausibel bezeugen zu können.
Schließlich sind es die Jugendlichen, die als Leiter und Verantwort-

liche (Animadores) eine lebendige und ganzheitliche Evangelisierung tragen und in Verbindung mit ihrer Gemeinde und dem Bischof eine Katechese verwirklichen, deren Vision eine »Zivilisation der Liebe« und des Friedens auf der Grundlage der Gerechtigkeit ist.[21]

Was bis hierher aus Gründen der Zugänglichkeit in Einzelthemen behandelt wurde, gehört in Wirklichkeit zusammen. Das Anliegen einer im Geist des II. Vatikanums entworfenen Evangelisierung für das dritte Jahrtausend ist als Gesamtprozeß aufzufassen, der aus lateinamerikanischer Perspektive »Pastoral Integral«, deutsch »Ganzheitliche Verkündigung« heißt. So verstanden ist dieser Prozeß auch nicht ausschließlich inhaltlich oder auf die jeweiligen Adressatengruppen eingegrenzt zu konzipieren. Vielmehr ist damit ein alle Aspekte der Realität aufnehmender, also ganzheitlicher und lebenslanger Prozeß intendiert, der aus den je neu und je anders vorfindbaren Situationen heraus Umkehr und Neuanfang aus biblisch-christlicher Perspektive und auf der Basis klarer Optionen fordert.

5. Option für die Armen als praktizierte Diakonie

Es kann nicht geleugnet werden, daß die Impulse und Erfahrungen der lateinamerikanischen Evangelisierung in nahezu alle Bereiche der katechetischen und praktisch-theologischen Arbeit bei uns direkt oder indirekt einwirken.

Insbesondere in methodischer und gruppenpädagogischer Hinsicht gehören lateinamerikanische Ansätze zum Grundbestand praktischer Arbeit. Zu ihnen zähle ich die Anregungen und konstruktiven Konzeptionen, die von der Pädagogik Paulo Freires ausgegangen sind.[22] Freire thematisiert bzw. setzt dort an – ungeachtet seiner ideologischen Position –, wo bewußte gestalterische Veränderung der konkreten Lebensverhälnisse notwendig sind. Dem entspricht das oben Gesagte vom Ansatz des Theologie-Treibens von der Rückseite der Geschichte aus. Die Situationsanalyse, zu der dieser pädagogische Ansatz vorrangig befähigen soll, macht die Beteiligten mündig, ihre Situation zu erkennen und Schritte für die soziale Aktion selbst zu entwickeln. Grundlage für die konkrete Aktion ist der Dialog, der auf die Befreiung des Menschen abzielt und ein Akt der Liebe ist, der die Bereitschaft zur Demut voraussetzt. Demut ist hier die Grundhaltung zur Bereitschaft, Macht in Dienmut, also zum Dienst am Anderen, zu übersetzen. Damit erst erscheint auch der Andere im Horizont eines gleichberechtigten oder herrschaftsfreien Dialogs. Wiederum auf die einleitenden Hinweise bezogen bzw. in pastoraler oder katechetischer Absicht gedeutet, führt also die konkrete Option in Verbindung mit einer geeigneten pädagogischen Konzeption zum Werden jener Subjekthaftigkeit, die das Evangelium für die Armen als vorrangige Adressaten vorsieht. Aber dieses Lernen ist gemeinschaftlich konzipiert mit dem Ziel, in Solidarität aller Wege aus der Unterdrückung und Abhängigkeit als Befreiung und Überwindung der Strukturen der sozialen Sünde im Lichte des Evangeliums zu entwickeln und zu experimentieren.

Auf der Grundlage des Kirchenverständnisses des II. Vatikanischen Konzils als Volk Gottes, das auf dem Weg ist, wurden im Kontext des Entwurfs einer Sozialpastoral, basierend auf der Option für die Armen, Konkretisierungen bzw. Operationalisierungen vorgeschlagen, die in Gegensatzpaaren formuliert sind.[23] Von der Annahme ausgehend, daß solche Prozesse einen Wegcharakter haben, der von einer defizitären Praxis über eine verändernde zu einer veränderten führt, wird aus der Option für die Armen »Politische Diakonie« bzw.« Kirche für andere«.[24] Kritische Reflexion und gegebenenfalls Überwindung von Routineverhalten und unbefragter Rollenübernahme im Kontext gemeindlicher oder katechetischer Aufgabenfelder ist angesichts der Herausforderung unbedingter Solidarität und Parteilichkeit unverzichtbar. Sie gelingt in Wahrheit nur, wenn die Wahrnehmungsfähigkeit für die Anderen bis zur Fähigkeit reicht, die Wirlichkeit mit deren Augen sehen zu lernen. Was die Soziologie Perspektivenübernahme nennt, wird theologisch zur radikalen Annahme des Anderen in seiner Andersheit und damit zur Annahme von dessen Individualität, die umgekehrt erst meine eigene Individualität ermöglicht und erfahrbar werden läßt. In diesem Sinne geht es also nicht um Uniformität oder Gleichmacherei aller mit allen, sondern um die kommunitäre Dimension des Mensch-Seins als Person.

Um die Option für die Armen nicht mißzudeuten oder zu verkürzen und sie als tätige Solidarität angemessen zu bestimmen, wird in der praktisch-theologischen Diskussion deutlich auf folgendes hingewiesen: *»Option für die Armen meint nicht zunächst einen ethischen Appell, sondern zuvor die glaubende Zustimmung zur biblischen Verheißung, daß Gott in Jesus Christus die Armen als die vorrangigen Adressaten der frohen Botschaft vom anbrechenden Reich Gottes erwählt hat. Andererseits erweist sich die Option für die Armen daran, daß sie zum Handeln, zur Umkehr anstiftet, also nicht* *lediglich Gesinnung bleibt. Unter diesen beiden Voraussetzungen besteht das revolutionär Neue dieses Diakonieverständnisses und der ihm korrespondierenden diakonischen Praxis wiederum in zwei Merkmalen: Diakonie richtet ihren Blick nicht nur auf die Opfer, die Notleidenden, sondern auch auf die Ursachen von Not, Armut und (jedenfalls bestimmten Formen von) Leid. [Und zugleich gilt (Anm. d. Verf.)] Diakonie ergreift Partei für die Armen, Fremden, Marginalisierten.*«[25]

Eine solche Verortung der Orthopraxie verlangt nach einem ihr gemäßen Forum, vor dem und aus dem sie ihre Plausibilität und ihren Rückhalt bezieht, um bezeugend und orientierend als christliche und kirchliche Praxis in der Welt, sich als subjektorientiert im Unterschied zur bloßen gesinnungsbezogenen oder assistentialistisch verengt motivierten Aktion zu erweisen. Eine basiskirchliche Gemeinschaft kann diese Aufgabe übernehmen.

6. *Schule des Dialogs in weltkirchlicher Perspektive*

Als Leitbegriffe einer ganzheitlichen oder integralen Evangelisierung wurden Integration, Partizipation, Kommunikation und Kooperation genannt. In das konkrete Leben integriert sind sie Ausdrucksgestalten der Solidarität und dienen, ungeachtet situativer Aktionsschwerpunkte, dem Ziel, eine gemeinsame Basis für ein erfülltes menschliches Zusammenleben zu erreichen. Dieses gemeinsame Ziel hat verschiedene Dimensionen, die sich gegenseitig beeinflussen und durchdringen. In einer relativ offenen Beschreibung sind es drei Dimensionen: eine kognitive, in der wir versuchen, unsere Wahrnehmungen und unsere Lebenserfahrungen zu verstehen; eine praktische, mittels derer wir versuchen, auf die Welt einzuwirken, und eine spirituelle Dimension, in der wir die tiefere Bedeutung unserer Erfahrungen entdecken.[26] Entscheidend ist, keine dieser Dimensionen weder übermächtig werden noch wegfallen zu lassen. Jede von ihnen partizipiert in einer gewissen Weise an den Leitbegriffen und schafft Balance durch gelebten und gesuchten Austausch in einer gemeindlich strukturierten Kommunikationsgemeinschaft. Diese ist vor allem Lerngemeinschaft, die Wirklichkeit verstehen und in diesem Verstehen wachsen will.

Kennzeichen einer solchen Kommunikationsgemeinschaft ist der Dialog. Ein solcher kann nur zwischen Gleichgestellten stattfinden. Diese Motivation steht am Anfang des lateinamerikanischen und auch basisgemeinschaftlichen Aufbruchs bei uns. Eine Bestandsaufnahme aus heutiger Perspektive für Lateinamerika zeigt einen Wandel von anfangs vorrangig politisch motivierten Zielen hin zu stärker sozialen und zivilen. Das umfaßt den ganzen Bereich der zivilen Solidaritätsarbeit, zu denen die Jugendlichen, die Frauen, die Menschenrechte und die Verteidigung des Bodens und der Schutz des Lebens im umfassenden Sinn gehören. Weiter läßt sich eine Verschiebung »vom Exodus zum Exil, vom Prophetisch-Apokalyptischen zum Weisheitlichen, von der sozio-ökonomischen Analyse zur Einbeziehung der kulturellen Vermittlung und vom Voluntarismus der Praxis zur Erfahrung der Geschenkhaftigkeit« feststellen.[27] Codina nennt diese Veränderung im lateinamerikanischen Kontext eine neue Ekklesiogenese, die nicht Regression, sondern Neuwerdung und angesichts veränderter globaler Strukturen Rückhalt und Stärkung der Gemeinschaft im Licht des Evangeliums bedeutet.

Ähnlich erlebe ich die Suche und die Anliegen vieler Menschen bei uns. Auf der Suche nach Wegen christlicher Spiritualität angesichts einer sich immer brüchiger zeigenden technischen Rationalität und ihren Folgen in Wirtschaft, Ökologie, Gesellschaft und Politik sind basisgemeindschaftlich, dialogisch orientierte Gemeinden ein wichtiges Korrektiv und ein Erfahrungsraum gelebten Christentums, die sich durchaus in Gemeinschaft mit der Gesamtkirche verstehen und suchenden Menschen Begegnungsräume anbieten, ohne in Rekrutierungsverdacht oder bloße Erbauungsaktivitäten verfallen zu müssen. Dabei geht es weder um bloße Aktionen um der Aktionen willen noch um den postmodernen Rückzug in die Privatheit. Hier lernen die Menschen und üben ein, daß es in einer Gemeinde gleichzeitig verschiedene Meinungen und Überzeugungen geben kann, die nebeneinander oder miteinander koexistieren können, ohne eingeebnet zu werden. Hier wird Zuhören gelernt und eine Grundhaltung eingeübt, die Andere und Anderes gleichzeitig und nebeneinander stehen lassen kann, ohne richten zu müssen; hier wird gemeinsam die Bibel gelesen und ausgelegt, sie wird geteilt und auf diese Weise mit-geteilt, und es wird gemeinsam gebetet, Eucharistie gefeiert und gedankt. Leben und Glauben bilden eine Einheit und erhellen sich gegenseitig. Die Erfahrung der Gratuität, des unverfügbaren Geschenks der Gemeinschaft und des sie tragenden und verbindenden Geistes erschließt und fördert eine Spiritualität des Christ-Seins von Frauen und Männern, die dem Fremden und Anderen Raum geben und Einlaß gewähren kann, ohne sich ängstlich abgrenzen zu müssen. Eine von solcher Spiritualität durchströmte und getragene Gemeinschaft ist fähig und bereit zur

Umkehr und zu geschwisterlicher Kritik. Sie wird in wachsendem Maß zu einer Lerngemeinschaft Weltkirche[28], die in partnerschaftlicher Beziehung und Solidarität sich realistisch und konstruktiv einmischt und nicht einseitig, durch materielle Aktionen, das Gewissen beruhigt. Sie wird die anderen auch nicht als Objekte der Hilfsbedürftigkeit mißdeuten und so der Gefahr des Assistentialismus verfallen, ohne die eigene gesellschaftlich-kirchliche Situation kritisch zu analysieren. Eine solche kirchliche Basisgemeinschaft wird sich in die Ursachenanalyse der Misere anderer einschalten, zu Wort melden und die Erkenntnisse in die eigene Bewußtseinsbildung als Ortskirche integrieren im Wissen um die weltweite Zusammengehörigkeit und Mitverantwortung im Ganzen der Schöpfung als Weltkirche.

7. Messianische Spiritualität als Aufgabe kirchlicher Jugendarbeit

An die Jugendlichen gerichtet bekennen die Bischöfe Lateinamerikas, daß diese ihre Hoffnung und die Hoffnung des ganzen Kontinents seien, auf die sie Vertrauen setzen und die sie einladen, aktiv am kirchlichen Leben und am Aufbau des Reiches Gottes in dieser Welt als aktiver Umgestaltung des gesellschaftlichen Lebens in eine Zivilisation der Liebe mitzuarbeiten. Auch dafür werden die mehrfach genannten Leitbegriffe maß-gebend sein, nun aber besonders aus der Sicht der Erfahrungs- und Sprachwelt der Jugendlichen buchstabiert und fruchtbar gemacht. Die Grundvoraussetzung einer wirklichkeitshaltigen Option für die Jugendlichen verlangt zuerst eine sorgfältige Wahrnehmung ihrer Situation im gesellschaftlich-kirchlichen Kontext. Sie setzt an bei einer Ressourcenorientierung, also bei den ermutigenden Lebenszeichen der Jugendlichen, ist von der Bereitschaft zur Prozeßbegleitung statt Betreuung und Anpassungserwartung getragen und setzt auf Anleitung zum selbstbestimmten Lernen, Denken, Entscheiden und Handeln.[29] So kann eine Spiritualität der »Berührbarkeit«, des Mitfühlens und der Ansprechbarkeit in der Begegnung und beim Anblick Notleidender Raum gewinnen und wachsen, also ganzheitlich, jenseits aller Versuchungen des Helfersyndroms in das persönliche Leben integriert und verortet werden.[30] Sie umzusetzen braucht einen lebendigen Prozeß der Glaubenskommunikation, der im Miteinanderleben Raum gibt für die Bearbeitung von Kommunikations-, Beziehungs- und Glaubensstörungen.[31]

An anderer Stelle habe ich darauf hingewiesen, daß innerhalb der

praktisch-theologischen und religionspädagogischen Diskussion die lateinamerikanische Option für die Jugendlichen hierzulande den größten Einfluß genommen hat. Entscheidend dafür war die kooperative Entwicklung einer messianischen und gesellschaftskritischen Spiritualität, die Aufforderung, heil-lose Verhältnisse anzuklagen und somit zur überzeugenden und glaubwürdigen kirchlichen Jugendarbeit durchzustoßen, die in der bezeugenden Ankündigung und Verkündigung des Reiches Gottes gründet.[32]
Diese Aufgabe gewinnt noch einmal an Schärfe durch die These, daß sich angesichts der dramatischen politisch-gesellschaftlichen Veränderungen und globalen Herausforderungen auch die Theologie – gegenwärtig, nach der Erfahrung des Exodus – nun im Exil befinde.[33]
Dieser These korrespondiert die Forderung nach einer Spiritualität der Versöhnung, die keine Strategie, sondern eine Haltung meint. Drei Eigenschaften sind dafür einzuüben: zunächst eine Haltung des Zuhörenkönnens und des Wartens. Dazu gehört auch ein neuer Umgang mit der Zeit. Fehlende Zeit oder »verlorene Zeit« in vorhandene Zeit umzuwandeln, sensibilisiert das Unterscheidungsvermögen zwischen wirklichem und illusionärem Leben. Eine zweite Eigenschaft dieser Spiritualität ist das mehr und mehr Sensibel-Werden für Aufmerksamkeit und Mitleidsfähigkeit auf allen Ebenen des Lebens. Und schließlich die dritte Eigenschaft, die als »Nach-Exil-Haltung« qualifiziert wird.[34] Sie ist der Aufbruch aus den Ruinen einer alten Gesellschaft zu neuen Ufern, in eine geläuterte Welt. Dieser Aufbruch geschieht aus Berufung zur Mitverantwortung; dafür sind Jugendliche besonders sensibel und empfänglich. Ihnen gehört die Zukunft, und sie sind – auf der Grundlage der vorrangigen Option für sie – die Träger und Protagonisten der innerweltlichen Hoffnung auf Zukunft.
Erinnert sei abschließend noch einmal daran, daß dieser Prozeß orientiert und korrigiert wird durch die Leitbegriffe Kommunikation, Integration, Partizipation und Kooperation. Er ist also immer teilhabend am gemeinsamen optionalen Weg einer Gemeinschaft als kirchlicher Prozeß, der immer wieder zurückfindet in das gemeindliche Forum der kritischen Reflexion und Evaluation, die im Licht des Evangeliums geschehen und Richtung geben für die Befreiung aus den Strukturen des Todes hin zum Leben und zum Anbrechen des Reiches Gottes. In der Nähe zu kirchlichen Basisgemeinschaften und zu den Jugendlichen realisiert die Kirche ihre Zuneigung und Nähe zum einfachen Volk in besonderer Weise.
Lateinamerikanische Impulse in unserem Kontext realisiert und

nicht einfach kopiert, fließen auch wieder zurück im partnerschaftlichen Austausch zwischen Gemeinden hier und dort. Sie fördern und bestärken besonders bei uns das Gespräch und den Erfahrungsaustausch auf gemeindlicher, regionaler und diözesaner Ebene und zwischen diesen. So werden ortskirchliche Erfahrungen in übergreifende Strukturen eingebracht und relevant und haben Bedeutung bis hinein in das weltkirchliche Gespräch. Diese Erfahrung ist angesichts einer immer näher zusammenrückenden Welt und ihrer digitalen Kommunikationsmittel eine für Jugendliche prägende und aufrüttelnde Erfahrung, die ihnen ihre Anteile an der Weltgestaltung durch Partizipation, Kooperation und Integration hautnah vermittelt. Sie trägt dazu bei, in der Vielfältigkeit und im lebendigen Pluralismus lähmenden Uniformismus zu überwinden und ist zugleich Einübung in die zukünftig vorrangige kirchliche Aufgabe in weltkirchlicher Perspektive: die Inkulturation des Christlichen im Umfeld nicht-christlicher Kulturen.

Dieser Aufgabe hat sich in besonderer Weise die eingangs erwähnte 4. gesamtlateinamerikanische Bischofsversammlung von Santo Domingo angenommen. Bei uns wird diese Herausforderung erst anfänglich in Diskussionen zum interreligiösen Dialog, interkultureller Kommunikation bzw. Lernen für eine Welt in multikultureller Wirklichkeit thematisiert. Darauf kann hier aber nicht mehr eingegangen werden.

Anmerkungen

[1] Vgl. G. Gutiérrez, Theologie der Befreiung, Mainz [10]1992.

[2] Vgl. Die Kirche in der gegenwärtigen Umwandlung Lateinamerikas im Lichte des Konzils, in: Die Kirche Lateinamerikas (= Stimmen der Weltkirche 8), hrsg. vom Sekretariat der Deutschen Bischofskonferenz, Bonn o.J.; zit. als: Medellín.

[3] Vgl. Die Evangelisierung Lateinamerikas in Gegenwart und Zukunft, in: Die Kirche Lateinamerikas (= Stimmen der Weltkirche 8), hrsg. vom Sekretariat der Deutschen Bischofskonferenz, Bonn o.J.; zit. als: Puebla.

[4] Vgl. Neue Evangelisierung. Förderung des Menschen. Christliche Kultur (= Stimmen der Weltkirche 34), hrsg. vom Sekretariat der Deutschen Bischofskonferenz, Bonn o.J.; zit. als: Santo Domingo.

[5] Vgl. Medellín Kap.15. Dieser Begriff wurde in der deutschen Ausgabe nicht übersetzt. Gemeint ist das Zusammenspiel aller pastoralen Handlungsfelder, ihrer verantwortlichen Träger und Aufgaben als gemeinsamer Heilsdienst der Kirche, die ihre Aufgabe in der Umgestaltung der menschlichen Gesellschaft zur »Familie Gottes« in Christus sieht und fördern will.

[6] Vgl. Puebla 87–89.
[7] A.a.O. 1134.
[8] Vgl. a.a.O. 94–100.
[9] Vgl. Medellín 15, 10.
[10] Vgl. Puebla 1147.
[11] Vgl. Puebla 96–98.
[12] A.a.O. 642–643.
[13] Vgl. a.a.O. 648.
[14] Vgl. exemplarisch: G. Schibotto, Unsichtbare Kindheit. Kinder in der informellen Ökonomie, Frankfurt 1993. Diese Publikation ist die neueste ihrer Art und trotz ihrer bedrückenden Thematik ein eindrucksvolles Beispiel für die o.g. These. Die darin zu Wort kommenden Personen sind Kinder und Jugendliche zwischen 7 und 16 Jahren.
[15] Es wäre für die genannten Bereiche vieles zu sagen und wegen der ohnehin nur spärlichen Informationslage durch fehlende deutsche Übersetzungen aus der spanischsprachigen Literatur zu ergänzen. Aus Raumgründen muß hier der Hinweis genügen.
[16] Vgl. exemplarisch: N. Rocha Zapana/M.E.Miyashiro, Jugemos a la salud, Puno 1993.
[17] Vgl. Puebla 34–39.
[18] A.a.O. 32–33.
[19] A.a.O. 1166.
[20] Vgl. a.a.O. 1182–1185.
[21] Vgl. a.a.O. 1188–1205.
[22] Vgl. exemplarisch: P. Freire, Pädagogik der Unterdrückten, Stuttgart 1971; ders., Pädagogik als Praxis der Freiheit, Stuttgart 1974; ders., Dialog als Prinzip, Wuppertal 1980. Dieser Ansatz wurde religionspädagogisch besonders im Kontext des Konziliaren Prozesses aufgenommen. Vgl. E. Meyer, Zur Pädagogik des Konziliaren Prozesses, in: Katechetische Blätter 115 (1990) 845f.
[23] Vgl. H. Steinkamp, Solidarität und Parteilichkeit, Mainz 1994.
[24] Vgl. a.a.O. 98f. Hilfreich und anschaulich sind die genannten Gegensätze im Blick auf kreative und innovative Gemeindeprozesse und zugleich für die Evaluierung überkommener und unbefragter Selbstverständlichkeiten und Selbstmißverständnissen auf allen gemeindlichen Ebenen und in verschiedenen Verantwortungsbereichen.
[25] H. Steinkamp, Diakonisches Handeln, in: E. Arens (Hrsg.), Gottesrede – Glaubenspraxis, Darmstadt 1994, 139/140.
[26] Vgl. L. Swidler, Die Zukunft der Theologie, Regensburg/München 1992, 68f.
[27] V. Codina, Die Weisheit der lateinamerikanischen Basisgemeinden, in: Concilium 30 (1994), 348f.
[28] Vgl. K. Piepel, Lerngemeinschaft Weltkirche, Aachen 1993.
[29] Vgl. U. Baumann, Gemeinsame Schritte in die Zukunft, in: Katechetische Blätter 121 (1996) 34f.
[30] Vgl. H. Steinkamp, Begleitung Jugendlicher bei ihrer Suche nach Spiritualität, in: Katechetische Blätter121 (1996), 41 f; 45.
[31] Vgl. W. Tzscheetzsch, Verwandlung im Innern – Veränderung im Außen, in: A.

Biesinger/W. Tzscheetzsch (Hrsg.), Das Geheimnis erspüren – Zum Glauben anstiften, Freiburg 1989, 164f.

32 Vgl. Th. Schreijäck, Religionspädagogik im Kontext befreiungstheologischer Ansätze, in: H.-G. Ziebertz/W. Simon, Bilanz der Religionspädagogik, Düsseldorf 1995, 222 f; 237.

33 Vgl. V. Codina, Creo en el Espiritu Santo, Maliaño 1994; ders., Die Weisheit der lateinamerikanischen Basisgemeinden, vgl.oben Anm. 27.

34 Vgl. R. Schreiter, Wider die schweigende Anpassung, Luzern 1993, hier bes. 113f. Schreiters Exil-Begriff geht auf die südafrikanische Theologie zurück im Anschluß an die Nach-Apartheid-Situation, also analog der lateinamerikanischen Exodus-Erfahrung im Anschluß an die Aufbrüche von Medellín und Puebla.

Werner Löser

Bewegungen zwischen den reformatorischen Kirchen in Europa

Unter den ökumenischen Texten, die wir vor mehr als zwanzig Jahren in Freiburg im Doktorandenkreis mit unserem Lehrer Professor Karl Lehmann, der damals noch nicht Bischof von Mainz war, besprachen, war auch die »Leuenberger Konkordie«. Wir hatten das Empfinden, es mit einem bedeutsamen Text zu tun zu haben, und fragten uns, was sich aus ihm auf die Dauer wohl ergeben würde. Diese Gespräche gehörten damals wohl auch zu dem Hintergrund für die Übereinkunft zwischen Professor Lehmann und einer seiner Doktorandinnen, Frau Elisabeth Schieffer, die Vorgeschichte der »Leuenberger Konkordie« zum Thema einer Dissertation zu machen. Sie ist wenige Jahre später als umfangreiches Buch erschienen: »Von Schauenburg nach Leuenberg. Entstehung und Bedeutung der Konkordie reformatorischer Kirchen in Europa«[1]. Professor Lehmann war an den durch die »Leuenberger Konkordie« angestoßenen Vorgängen immer aufs lebhafteste interessiert, nicht zuletzt wegen seiner Mitarbeit und Mitverantwortung bei dem in manchem damit vergleichbaren Projekt »Lehrverurteilungen – kirchentrennend?«.
Zwei Jahrzehnte sind seit der Veröffentlichung der Konkordie inzwischen ins Land gegangen. Was ist aus den damaligen Anfängen geworden? Welche Entwicklungen zeichnen sich ab?

1. Die Liebfrauenberg-Konsultation (6. bis 10. September 1995)

Europa als politische Größe und als kultureller Raum hat in den letzten Jahren tiefgreifende Umwälzungen erlebt. Ideologische Systeme sind zerbrochen, Grenzen sind gefallen. Europa bildet neue Strukturen politischer und ökonomischer Einheit aus. Es ist auf der Suche nach einem neuen Ethos, das für die Zukunft tragfähig ist. In diesem Kontext kommen auch die christlichen Kirchen vor, und sie sind dabei, ihre spezifische Aufgabe als Beitrag zum Aufbau eines künftigen Europa zu erkennen und zu ergreifen.[2] Auch die aus der Reformation des 16. Jahrhunderts stammenden Kirchen unternehmen große Anstengungen, sich zu sammeln und sich gleichzeitig für das Zeugnis und den Dienst im heutigen und künftigen Europa zu rüsten. Dabei entfaltet der Zusammenschluß, der sich von der »Leuenberger Konkordie« von 1973 her inzwischen »Leuenberger Kirchengemeinschaft« nennt, eine eigene Dynamik. Doch zeigt ein Blick auf die Kirchenkarte Europas, daß es neben der »Leuenberger Kirchengemeinschaft« innerreformatorisch inzwischen noch zwei weitere, auch verbindliche Formen annehmende Bewegungen von Kirchen aufeinander zu gibt. Im einen Fall engagieren sie sich im Sinne der »Erklärung von Meißen«, im anderen Fall im Sinne der »Erklärung von Porvoo«.

Die Tatsache, daß in Europa derzeit drei verschiedene Gruppierungen reformatorischer Kirchen existieren, läßt darauf schließen, daß die Ausgangspunkte und die Zielvorstellungen der sich aufeinander zu bewegenden Kirchen in Europa nicht überall ganz gleich sind. Daß sich die drei Zusammenschlüsse nicht nur unabhängig voneinander weiterentwickeln, sondern sich mehr als bisher füreinander öffnen und schließlich vielleicht sogar in einen einzigen Zusammenschluß aufheben, ist das Anliegen vieler. Es führte im September 1995 zu einer Konsultation von Vertretern der drei genannten Gruppierungen auf dem Liebfrauenberg im Elsaß. Aus dem offiziellen Konsultationsbericht[3] ist zu entnehmen, daß sich die Gesprächsteilnehmer zunächst der vielen unter den Kirchen waltenden Gemeinsamkeiten in Fragen des Glaubens und der Kirchenverfassung versicherten. Sie benannten sodann die Wege, die sie auf das Ziel der vertieften Gemeinsamkeit hin zu setzen für möglich hielten. Durch den Berichtstext hindurch ist jedoch auch zu erkennen, daß nicht alle bestehenden Differenzen leicht behebbar sind; denn sie gehen aus unterschiedlichen theologischen Einsichten hervor. Es zeigt sich, daß vor allem der Stellenwert des Bischofsamtes in der Kirche und somit die Verfaßtheit der Kirche im ganzen strittig ist. Daraus ergibt, daß auch die Form der Einheit unterschiedlich gesehen wird, die zwischen den Kirchen langfristig anzuzielen ist.[4]

Was hier stichwortartig angedeutet ist, soll im folgenden eingehender dargelegt werden. Nicht nur die verschiedenen kirchlichen Zusammenschlüsse werden beschrieben; vor allem werden die theologischen Schwerpunkte nachgezeichnet, wie sie sich aus den hinter den Zusammenschlüssen stehenden Dokumenten erkennen lassen.

2. *Die »Leuenberger Kirchengemeinschaft«*

Diese Kirchengemeinschaft umfaßt den Kreis der Kirchen, die ihre Zustimmung zu der »Leuenberger Konkordie« gegeben und dadurch ihre Kirchengemeinschaft mit allen anderen Unterzeichnerkirchen erklärt haben.[5] Zu solch einem Akt waren alle reformatorischen Kirchen lutherischen, reformierten und unierten Bekenntnisses in Europa eingeladen. Schon in den 70er Jahren sind alle Kirchen der genannten bekenntnismäßigen Prägung in Zentraleuropa dieser Einladung gefolgt. Sie haben seitdem Kanzel- und Abendmahlsgemeinschaft miteinander. Sie gehen in ihrem Zeugnis und in ihrem Dienst zusammen. Sie vertiefen ihre Lehrgemeinschaft nach der Überwindung früherer Lehrverurteilungen, indem sie zu regelmäßig stattfindenden Lehrgesprächen zusammentreten. In bislang vier »Vollversammlungen« der Vertreter der Unterzeichnerkirchen wurden die Ergebnisse solcher Lehrgespräche entgegengenommen und Aufträge zu weiteren Lehrgesprächen erteilt.[6]
Das bedeutsamste Dokument, das aus solchen Lehrgesprächen bisher hervorgegangen und dann auf der vierten Vollversammlung der Leuenberger Kirchengemeinschaft in Wien-Lainz im April 1994 angenommen wurde, trägt den Titel: »Die Kirche Jesu Christi. Der reformatorische Beitrag zum ökumenischen Dialog über die kirchliche Einheit«[7]. In diesem großen Dokument vergewissern sich die Signatarkirchen der Leuenberger Kirchengemeinschaft ihrer ekklesiologischen Grundlagen.[8] Die theologische Grundperspektive dieses Textes ist gekennzeichnet durch eine Dominanz unierten Denkens. Dieses tritt – wie schon in der »Leuenberger Konkordie« von 1973 – durch nichts so scharf hervor wie durch die alles bestimmende Bedeutung, die dem Artikel 7 des »Augsburgischen Bekenntnisses« zukommt. Dieser Artikel enthält als eine seiner Spitzenaussagen das berühmte »satis est«, das im Blick auf die Bedingungen kirchlicher Einheit von der rechten Verkündigung des Evangeliums und von der evangeliumsgemäßen Darreichung der Sakramente ausgesagt wird. Die Gestalt der Kirche und also auch ihrer Ämter gilt so lange als variabel, als die genannten Grundvollzüge der Kirche gewährleistet bleiben. Unter der Voraussetzung dieses ekklesiologischen Grundsatzes konnten und können sich reformatorische Kirchen unterschiedlicher Gestalt und unterschiedlicher Ämterstruktur zu einer Kirchengemeinschaft zusammenschließen.
Daß lutherische und reformierte und unierte Kirchen sich in Zentraleuropa in der Lage sahen, das ekklesiologische Basisdokument

der »Leuenberger Konkordie« anzunehmen und zwei Jahrzehnte später die Kirchenstudie »Die Kirche Jesu Christi« zu verabschieden, ist nicht verwunderlich. Seit Jahrhunderten lebten lutherische und reformierte Gemeinden nah beieinander. Sie wirkten aufeinander ein. Innerhalb ihrer jeweiligen konfessionellen Prägung setzten sie ihre Akzente so, daß sie als gemeinsam aus der Reformation hervorgegangene Kirchen auch theologisch und praktisch nicht zu weit auseinanderdrifteten, sondern nah beieinanderblieben. Gleichzeitig ist in Rechnung zu stellen, daß sowohl für die lutherischen als auch für die reformierten Kirchen und Gemeinden in Zentraleuropa immer auch die katholische Kirche gegenwärtig war und blieb. Daraus folgte, daß sie sich gedrängt sahen, sich in Theologie und Liturgie deutlich von ihr abzusetzen. So bereitete sich in Jahrhunderten – der Sache nach – das vor, was wir jetzt als uniertes Denken bezeichnen können und in einer profilierten Weise in den Dokumenten der »Leuenberger Kirchengemeinschaft« vorfinden. Es ist ein Denken, das sich einerseits aus einer entschiedenen Abhebung vom katholischen Denken entfaltet und sich andererseits aus dem Aufeinanderzugehen lutherischer und reformierter Theologie ergibt.

3. Die Kirchen der »Porvoo-Erklärung«

In der finnischen Stadt Porvoo wurde für den Raum Nordeuropa im Jahre 1992 eine »Erklärung« oder genauer: »Gemeinsame Feststellung« (common statement), die in mehreren Arbeitssitzungen vorbereitet worden war, einstimmig verabschiedet.[9] Darin kommt zum Ausdruck: Die reformatorischen Kirchen in Nordeuropa haben einen eigenen Weg eingeschlagen. Sie schicken sich an, verbindlich voreinander zu erklären, daß sie die »volle, sichtbare Einheit erzielt haben und sich als eine Kirche verstehen«[10]. Sie wurde folgenden Kirchen, in deren Auftrag sie auch erarbeitet worden war, übergeben: der Kirche von Dänemark, der Kirche von England, der Estnischen Evangelisch-Lutherischen Kirche, der Evangelisch-Lutherischen Kirche von Finnland, der Evangelisch-Lutherischen Kirche von Island, der Kirche von Irland, der Evangelisch-Lutherischen Kirche von Lettland, der Evangelisch-Lutherischen Kirche von Litauen, der Kirche von Norwegen, der Schottischen Bischöflichen Kirche, der Kirche von Schweden und der Kirche von Wales.[11] Alle anglikanischen und lutherischen Kirchen in Nordeuropa sind also engagiert.[12] Sie sind durch die »Porvooer Gemeinsame Feststellung«

eingeladen und aufgefordert, bis zum Juli 1996 verbindlich zu bekunden, daß sie die in der Erklärung dargelegten Glaubensüberzeugungen gemeinsam bejahen und die volle, sichtbare Einheit mit den anderen Kirchen für gegeben ansehen. Solch ein weitgehender Schritt wird für möglich und nun angezeigt gehalten »auf der Basis unseres gemeinsamen Verständnisses von Wesen und Zweck der Kirche, fundamentaler Übereinstimmung im Glauben und unserer Übereinstimmung über den Episkopat im Dienst der Apostolizität der Kirche«[13]. Am 1. September 1996 wird von den beteiligten Kirchen in der Kathedrale von Trondheim in Norwegen die Unterschrift unter die Erklärung vollzogen. Daß es zu dieser Entwicklung in Nordeuropa kommen konnte, ist auch das Ergebnis einer schon langen Geschichte des Zusammengehens und Zusammenwachsens, deren wichtigste Schritte im Vorwort zur »Porvooer Gemeinsamen Feststellung« in Erinnerung gerufen werden.[14]

Der entscheidende Punkt innerhalb der »Porvoo-Erklärung« liegt offenbar in der Feststellung, daß in den anglikanischen und lutherischen Kirchen Nordeuropas ein gemeinsames Verständnis des Bischofsamtes und damit der episkopalen Grundgestalt der Kirche gegeben ist. So heißt es in der »Erklärung« in Nr. 58 a (VI): »Wir anerkennen, daß in allen unseren Kirchen das bischöfliche Amt als ein sichtbares Zeichen hochgeschätzt und aufrechterhalten wird, das der Einheit und Kontinuität der Kirche in apostolischem Leben, Sendung und Dienst förderlich ist und diese zum Ausdruck bringt.« Das Bischofsamt und die episkopale Verfaßtheit der Kirche sind für die reformatorischen Kirchen Nordeuropas nicht nur eine unter anderen denk- und handhabbaren Möglichkeiten einer Regelung der Struktur der Kirche, sondern andere Möglichkeiten als diese sind aus historischen und vor allem aus theologischen Gründen ausgeschlossen. Der offene Gestaltungsraum, der sich für die reformatorischen Kirchen Zentraleuropas durch die Inanspruchnahme von Artikel 7 des »Augsburgischen Bekenntnisses« mit seinem »satis est« auftut, besteht für die nordischen Kirchen nicht. Sie betonen demgegenüber erheblich deutlicher als die zentraleuropäischen Kirchen ihre sichtbare Kontinuität mit der frühen Kirche.

In den anglikanischen Kirchen bestand bezüglich der Einschätzung des Bischofsamtes niemals Unsicherheit. Neuere Dokumente, in denen sie sich zu dieser Frage äußern, bringen dies zum Ausdruck. So kann es in der 1994 veröffentlichten Studie der Kirche von England »Apostolizität und Sukzession«[15] heißen: »Die theologische Konvergenz, die sich im ökumenischen Dialog (u.a. bezüglich des

Platzes des Bischofsamtes in der Kontinuität der Kirche; hinzugefügt von mir, W.L.) entwickelt hat, steht in Einklang mit dem anglikanischen Verständnis von Apostolizität und Sukzession, wie es in den anglikanischen *Formularies*[16] sowie in der anglikanischen Praxis und Erfahrung bezeugt wird. Das wurde ausführlich im Bericht *Episcopal Ministry*[17] behandelt, der von der Generalsynode 1990 debattiert wurde.« Im übrigen ist es für die anglikanischen Kirchen wichtig, daß sie nicht nur mit den lutherischen Kirchen in Skandinavien und im Baltikum in neue verbindliche Beziehungen hineinwachsen. Vergleichbare Entwicklungen gibt es auch andernorts, vor allem in Nordamerika.[18]

Die lutherischen Kirchen Skandinaviens lebten – ähnlich wie die anglikanischen Kirchen – seit ihren Anfängen in einer ungebrocheneren Kontinuität zur vorhergehenden katholisch geprägten Tradition in Theologie, Liturgie und Kirchenverfassung. Weil der Anschluß an die Reformation jeweils durch die Völker im ganzen erfolgte und also die katholische Kirche als verfaßte Größe dann weitgehend verschwunden war, bedurfte es seitens der nun lutherisch gewordenen Kirchen auch keiner Akte der Absetzung von ihr. Unproblematisch konnte vieles Frühere mehr oder weniger unverändert in die neue Situation hinübergenommen werden. Der Bruch zwischen dem Alten und dem Neuen war vergleichsweise gering und wurde von vielen Menschen vermutlich kaum wahrgenommen. Dazu kam, daß die lutherischen Kirchen Skandinaviens auch keine eigenen Berührungen mit reformierten Kirchen und ihren andersbetonten Theologien, Liturgien, Strukturen hatten. So waren sie nicht genötigt, sich mit ihnen auf der Grundlage eines begrenzten gemeinsamen Nenners zu treffen. So etwas wie ein uniertes Konzept reformatorischen Glaubens- und Kirchenverständnisses konnte sich aus historischen Gründen in Skandinavien nicht entwickeln. Und noch ein weiteres ist in Rechnung zu stellen, will man die Unterschiede zwischen den reformatorischen Kirchen in Skandinavien und in Zentraleuropa verstehen. Wie vor Jahrzehnten bereits Paul Graff nachgewiesen hat[19], fand die Ablösung der Glaubens- und Kirchenerfahrung vieler evangelischer Christen von der entsprechenden vorreformatorischen Erfahrung in einem besonders tiefgehenden Sinne in Deutschland erst im ausgehenden 18. und beginnenden 19. Jahrhundert statt. Dies war die Folge des sich in der Aufklärungszeit auch in Theologie und Kirche ausbreitenden Rationalismus. Vieles Überlieferte wurde in Frage gestellt oder auch preisgegeben. Eine ähnlich einschneidende Entwicklung hat es in den reformatorischen Kirchen Skandinaviens nicht gegeben. So

lebt in ihnen strukturell und spirituell in den Grundlinien vieles so weiter, wie es in den vorhergehenden Jahrhunderten gewachsen war. Besucht man einen Gottesdienst in einer evangelischen Gemeinde in Skandinavien, so fällt dies sogleich auf. Zu den fortbestehenden Traditionen in den skandinavischen lutherischen Kirchen gehört an wichtiger Stelle das in apostolischer Sukzession stehende Bischofsamt. So kann man wohl verstehen, daß sich die lutherischen Kirchen Skandinaviens und die anglikanischen Kirchen in England und Irland auf einen neuen gemeinsamen Weg begeben konnten. Sie teilen miteinander viel an Gemeinsamkeit.
Und die lutherischen Kirchen in den baltischen Staaten? Sie haben eine uneinheitlichere Herkunftsgeschichte aufzuweisen als die skandinavischen.[20] Man wird davon ausgehen können, daß der Hauptgrund dafür, daß sie sich angesichts der neueren Bewegungen zwischen den reformatorischen Kirchen in Europa dem nordeuropäischen Kreis zugesellt haben, darin liegt, daß sie sich immer schon und auf vielen Ebenen den skandinavischen Ländern und ihren Kulturen verwandt und verbunden gefühlt haben.
Die Wahrnehmung der mannigfachen Gemeinsamkeiten in Glaube und Kirchenverfassung, in Theologie und Liturgie hat die anglikanischen und lutherischen Kirchen in Nordeuropa dahin geführt, sich nun in einem Maße zusammenzuschließen, das über alle sonst bekannt gewordenen Einigungen hinausgeht. Die diesen Schritt vorbereitende theologische Vergewisserung der beteiligten Kirchen hat ihren Niederschlag in dem »Porvoo Common Statement« gefunden. Dieser Text läuft – wie bereits früher angedeutet – auf die Feststellung einer Übereinstimmung über Wesen und Aufgabe eines Bischofs zu. Doch hat eine solche Aussage eine Stimmigkeit und Verständlichkeit nur innerhalb eines weit ausgreifenden Gefüges entsprechender theologischer Erörterungen. Und diese werden in dem Dokument auch in genügender Ausführlichkeit entfaltet.
Die Erklärung umfaßt insgesamt fünf Kapitel. Das Kapitel I bietet eine Schilderung der gegenwärtigen Lage, in der sich die nordeuropäischen Kirchen heute vorfinden und zu der verschiedenartige Faktoren beitragen: historische, theologische, politische. Diese Lage macht die neuen Anstrengungen der reformatorischen Kirchen in Nordeuropa, in ganz neuer Weise zusammenzukommen, möglich und notwendig. Das Kapitel II ist überschrieben: »Wesen und Einheit der Kirche«. Hier wird eine um den Begriff koinonia kreisende, biblisch ansetzende Ekklesiologie ausgebreitet. Sie trägt trinitarische Züge und macht auf die Bedeutung ihrer sichtbaren Geeintheit aufmerksam. Das Kapitel III gibt Rechenschaft von den

von Anglikanern und Lutheranern gemeinsam vertretenen Glaubensüberzeugungen. Bei deren Darstellung kommen die altkirchlichen Glaubensbekenntnisse sowie die Sakramente auffallend breit zur Sprache. Das Kapitel IV ist innerhalb der Erklärung wohl das wichtigste: »Der Episkopat im Dienst der Apostolizität der Kirche«. Hier wird eine ausführliche Theologie des kirchlichen Amtes im allgemeinen und des Bischofsamtes im besonderen geboten. Das Kapitel V schließlich bietet unter dem Titel »Unterwegs zur engeren Einheit« drei Abschnitte: die »Gemeinsame Erklärung«, die den Kirchen zur verbindlichen Annahme empfohlen wird und alle bedeutsamen Inhalte des gemeinsamen Verständnisses von Glaube und Kirche zur Sprache bringt; eine Empfehlung zur Gestaltung der Liturgischen Feier, in der die Übereinkünfte feierlich in Kraft gesetzt und bestätigt werden; eine Zusammenstellung möglicher Formen, in denen das weitere Zusammenwachsen sich vollziehen kann.

Daß die skandinavischen Kirchen zu einem gemeinsamen Verständnis des Bischofsamtes gelangt sind, kommt vor allem in zwei Übereinkünften zum Ausdruck, die in Kapitel V formuliert sind. In Nr. 58 b (V) heißt es: »Wir verpflichten uns, Personen, die in irgendeiner unserer Kirchen zum Amt des Bischofs, des Priesters oder des Diakons bischöflich ordiniert sind, auf Einladung und in Übereinstimmung mit etwaigen, von Zeit zu Zeit eventuell geltenden Vorschriften, zum Dienst in jenem selbigen Amt in der empfangenden Kirche ohne Reordination willkommen zu heißen«. Und in Nr. 58 b (VI) lautet der Text: »Wir verpflichten uns, Bischöfe unserer Kirchen zur routinemäßigen Teilnahme an der Handauflegung bei der Ordination von Bischöfen gegenseitig einzuladen als ein Zeichen der Einheit und Kontinuität der Kirche.« Die Vorbehaltlosigkeit, die hier im Blick auf die Anerkennung der Ämter zwischen den Kirchen deutlich wird, findet sich in entsprechender Weise da, wo es um die alles grundlegende Kirchengliedschaft geht. In Nr. 58 b (III) findet sich die Formulierung: »Wir verpflichten uns, getaufte Glieder aller unserer Kirchen als Glieder unserer jeweils eigenen zu betrachten.« Es ist verständlich und berechtigt, daß angesichts so weitreichender wechselseitiger Verpflichtungen von einer »vollen, sichtbaren Einheit« gesprochen wird und daß die nordeuropäischen reformatorischen Kirchen sich schließlich als eine Kirche verstehen und verhalten.

4. *Die Kirchen der »Meißener Erklärung«*

Nicht nur durch die gemeinsame Herkunft aus der Reformation des 16. Jahrhunderts und nicht nur durch die gemeinsame Zugehörigkeit zum Kreis der vielen reformatorischen Kirchen in Europa und in der Welt, sondern auch durch neu geknüpfte Fäden sind die reformatorischen Kirchen in Nordeuropa und in Zentraleuropa trotz der Unterschiedlichkeit der Wege, die sie gehen, miteinander verbunden. Es sei hier vor allem an den Zusammenschluß von reformatorischen Kirchen erinnert, die sich um die »Meißener Erklärung«[21] gesammelt haben. Diese Erklärung wurde von Vertretern der Kirche von England einerseits und von Vertretern des Bundes der Evangelischen Kirchen in der DDR und der Evangelischen Kirche in Deutschland andererseits ausgearbeitet, im Jahre 1988 verabschiedet und angenommen. Durch Ihre Unterzeichnung in einem Gottesdienst, der am 29. Januar 1991 in der Westminister Abbey in London stattfand, wurde sie in Kraft gesetzt. Nun kann sie ihre Intention entfalten. Die Evangelische Kirche in Deutschland, die nach der Wiedervereinigung Deutschlands um den ehemaligen Bund der Evangelischen Kirchen in der DDR erweitert wurde, und alle ihre Gliedkirchen und die Kirche von England erkennen einander nun als Kirchen an. Bei der genaueren Darlegung dessen, was wechselseitig anerkannt wird, zeigt sich, daß die Evangelische Kirche in Deutschland und die Kirche von England geringfügig hinter dem zurückbleiben, was die Anglikanischen und Lutherischen Kirchen Nordeuropas im Porvoo-Text zu teilen in der Lage sind. Dies ist nicht verwunderlich, da in der Evangelischen Kirche von Deutschland Gliedkirchen unterschiedlicher Bekenntnistradition vereint sind – lutherische Kirchen, reformierte Kirchen, unierte Kirchen. Eine volle Übereinkunft über das Wesen und die Stellung des Bischofsamtes konnte somit nicht erwartet werden. Zwar sind wechselseitige Kanzel- und Abendmahlsgemeinschaft vereinbart, aber eine Interzelebration der Geistlichen beider Seiten in einem Gottesdienst ist ebensowenig vorgesehen wie eine gemeinsame Handauflegung bei einer Ordinationsliturgie.

Die Bedeutung des durch die »Meißener Erklärung« besiegelten Zusammenschlusses der Kirche von England und der Evangelischen Kirche in Deutschland und ihrer Gliedkirchen liegt nicht zuletzt darin, daß durch ihn der nordeuropäische und der zentraleuropäische Kreis der reformatorischen Kirchen wenigstens teilweise miteinander verschränkt werden.

5. Wohin führt der Weg?

Aus den Berichten über die Konsultation, die im September 1995 auf dem Liebfrauenberg stattgefunden hat, ist erkennbar, daß alle beteiligten Gruppierungen daran interessiert sind, daß der Prozeß der Sammlung der reformatorischen Kirchen in Europa nicht bei einem Nebeneinander der derzeitigen Zusammenschlüsse bleibt. Die Möglichkeiten des Aufeinanderzugehens stellen sich freilich bei den verschiedenen Gruppierungen unterschiedlich dar. Die zentraleuropäischen Kirchen werben nachdrücklich um die nordeuropäischen und haben von ihren theologischen Voraussetzungen her auch am ehesten die Möglichkeit, zu der nordeuropäischen Variante des reformatorischen Kirchenwesens ja zu sagen. Sie weisen die Nordeuropäer auf ihr neues Dokument »Die Kirche Jesu Christi«[22] hin und bitten sie zu prüfen, ob dieses es ihnen nicht ermöglicht, ihre bisherige Haltung zu ändern. Die anglikanischen und lutherischen Kirchen Nordeuropas zeigen sich dem zentraleuropäischen Werben gegenüber zurückhaltend oder gar zurückweisend. Für sie ist die Bejahung der bischöflichen Verfaßtheit der Kirche mit allem, was sie theologisch impliziert, für ein Mehr an sichtbarer Einheit unabdingbar. Aus den Referaten, die Dr. Ragnar Persenius und Dr. Eero Huovinen als Vertreter der Porvoo-Kirchen auf dem Liebfrauenberg gehalten haben, geht dies ebenso hervor wie aus dem Vortrag, den Dr. Stephen Sykes, der Bischof von Ely, auf der IV. Vollversammlung der Leuenberger Kirchengemeinschaft in Wien-Lainz unter dem Titel »The Church of England and the Leuenberg Church Fellowship in Europe – Opportunities, Limits, Possibilities« dargeboten hat.[23] Der Bericht über die Liebfrauenberg-Konsultation läßt erkennen, daß die Kirchen auf mehrere Projekte neue Hoffnungen setzen. Gemeint ist zum einen das für März 1996 vorgesehene theologische Gespräch zwischen der Evangelischen Kirche in Deutschland und der Kirche von England über die Frage der Episkopé. Zum anderen geht es um den schon laufenden Dialog zwischen den anglikanischen Kirchen Großbritanniens und Irlands und den französischen lutherischen und reformierten Kirchen.

Wie soll man katholischerseits die Bewegungen, die es zwischen den reformatorischen Kirchen in Europa gegenwärtig gibt, beurteilen? Zunächst gilt es, diese Bewegungen zur Kenntnis zu nehmen und in ihrer Tragweite zu verstehen. Die Unterschiede zwischen den zentraleuropäischen und den nordeuropäischen reformatorischen Kirchen sind seit langem in eher vager Form bekannt. Ihr theologischer Gehalt kann jedoch nach der Veröffentlichung der oben beschriebenen Dokumente erheblich deutlicher benannt werden. Jetzt liegt es auch offen, daß die nordeuropäischen Kirchen in vielfacher Hinsicht der katholischen Kirche viel näher stehen als die zentraleuropäischen. Die reformatorischen Kirchen des Nordens sehen es selbst so, und sie stehen dazu. Sie haben auch ein wachsendes Bewußtsein davon, daß ihnen so etwas wie eine Brückenrolle zwischen der protestantischen und der katholischen Welt zukommt. Dies ist katholischerseits mehr als bisher zu würdigen. Mit neuer und wohlwollender Aufmerksamkeit ist seitens der katholischen Theologie auf die Entwicklungen zu achten, die die Kirchen der »Porvoo-Erklärung« ekklesiologisch vollziehen. Ihr Verständnis des Bischofsamtes berührt sich in sehr vielem mit dem, was in der katholischen Kirche (und natürlich auch in den orthodoxen Kirchen) dazu gilt. Es ist erneut zu prüfen, wie es um den Unterschied zwischen dem »historischen Bischofsamt« – das »Porvoo-Dokument« spricht in der Regel vom »Bischof in historischer Sukzession« – und dem »hierarchischen Bischofsamt« bestellt ist.[24] Dabei sind auch die einschlägigen Dokumente aus den beiden Dialogreihen von ARCIC zu berücksichtigen, in denen es an vielen Stellen auch um ekklesiologische, zumal das Bischofsamt betreffende Fragen geht.

Anmerkungen

1 E. Schieffer, Von Schauenburg nach Leuenberg. Entstehung und Bedeutung der Konkordie reformatorischer Kirchen in Europa (= Konfessionskundliche und kontroverstheologische Studien 48), Paderborn 1983.

2 Vgl. dazu u.a. J. Beutler/W. Löser (Hrsg.), Europa – Aufgabe für Christen, Frankfurt 1992.

3 Dieser Bericht ist veröffentlicht im Dokumentationsteil des Berichtsbands der Liebfrauenberg-Konsultation: Leuenberg, Meißen und Porvoo (= Leuenberger Texte 4), Frankfurt 1995.

4 Im Konsultationsbericht heißt es unter II 1.2: »Trotz des Konsenses in den einzelnen theologischen Fragen sind die Schwerpunkte nicht dieselben. Dies gilt insbesondere für das Verständnis und die Gewichtung der Episkopé, des Bischofsamtes und apostolischer Sukzession. Damit verbunden sind verschiedene Visionen der Einheit der Kirche und unterschiedliche Beschreibungen des Ziels der sichtbaren Einheit.«

5 Eine gründliche Darstellung der Leuenberger Kirchengemeinschaft findet sich in: F.-O. Scharbau, Leuenberg. Theologische und kirchenrechtliche Folgerungen, in: Zeitschrift für evangelisches Kirchenrecht 40 (1995) 320–344.

[6] 1. Vollversammlung: Sigtuna, 10. – 16. Juni 1976; vgl. M. Lienhard (Hrsg.), Zeugnis und Dienst reformatorischer Kirchen im Europa der Gegenwart (= Ökumenische Perspektiven 8), Frankfurt 1977; 2. Vollversammlung: Driebergen, 18.–24. Februar 1981; vgl. A. Birmelé (Hrsg.), Konkordie und Kirchengemeinschaft reformatorischer Kirchen im Europa der Gegenwart (= Ökumenische Perspektiven 10), Frankfurt 1981; 3. Vollversammlung: Straßburg, 18.–24. März 1987; vgl. A. Birmelé (Hrsg.), Konkordie und Ökumene. Die Leuenberger Kirchengemeinschaft in der gegenwärtigen ökumenischen Situation, Frankfurt 1988; 4. Vollversammlung: Wien-Lainz, 3.–10. Mai 1994; vgl. W. Hüffmeier/Ch.-R. Müller (Hrsg.), Wachsende Gemeinschaft in Zeugnis und Dienst. Reformatorische Kirchen in Europa, Frankfurt 1995.

[7] = Leuenberger Texte 1, Frankfurt 1995.

[8] Eine eingehende Analyse dieser Dokumente und eine erste Beurteilung findet sich in W. Löser, Die Leuenberger Kirchenstudie aus katholischer Sicht, in: Catholica 49 (1995) 261–275.

[9] Der ursprüngliche und authentische Text ist in englischer Sprache abgefaßt. Er ist zusammen mit begleitenden Texten veröffentlicht in: Together in Mission and Ministry. The Porvoo Common Statement with Essays on Church and Ministry in Northern Europe, London 1993. Im Folgenden wird die deutsche Übersetzung zugrundegelegt. Sie findet sich in »Die Erklärungen von Meißen und Porvoo« = epd-Dokumentation Nr. 23/95, 9–27.

[10] So Paul Oppenheimer/Karlheinz Schmale in ihrer Einführung in die Dokumentation, a.a.O. 2.

[11] In dieser Reihenfolge und mit diesen Bezeichnungen werden die betroffenen Kirchen in der »Erklärung« Nr. 58 aufgeführt.

[12] Vgl. zum Ganzen auch G. Gassmann, Das Porvoo-Dokument als Grundlage anglikanisch-lutherischer Kirchengemeinschaft im nördlichen Europa, in: Ökumenische Rundschau 44 (1995) 172–183.

[13] Porvoo-Erklärung Nr. 58.

[14] In Nr. 2 (epd-Dokumentation 23/95, 9f.) heißt es: »Die *Porvooer Gemeinsame Feststellung* geht auf einige Haupteinflußquellen zurück. Die erste war eine Reihe von theologischen Gesprächen, die in der Zeit zwischen 1909 und 1951 zwischen Anglikanern und Lutheranern in der nordischen und baltischen Region stattfanden, sowie die aus diesen Gesprächen hervorgegangenen Vereinbarungen. Zweitens wurde die Bekanntschaft zwischen diesen Kirchen durch andere gemeinsame Ereignisse erheblich gestärkt, die nicht direkt mit Verhandlungen über Kircheneinheit zu tun hatten – vor allem durch die noch andauernde Reihe von anglo-skandinavischen Konferenzen, und zwar die (1929 begonnenen) theologischen und die (1978 begonnenen) pastoralen Konferenzen. Drittens wurde ein neues Klima der theologischen Debatte auf der Weltebene durch die bilateralen und multilateralen ökumenischen Dialoge der 70er und 80er Jahre geschaffen, wie insbesondere durch folgende Berichte dokumentiert wird: Pullach 1973, Lima (BEM) 1982, Helsinki 1982, Cold Ash 1983 und Niagara 1988. Vor allem dieser zuletzt genannte Bericht hat neues Licht auf alte Fragen über Glauben und Kirchenverfassung geworfen.«

[15] Auch dieser Text ist – in deutscher Übersetzung – in epd-Dokumentation 23/95 aufgenommen worden. Vgl. a.a.O. 29–47.

[16] Gemeint sind die *Thirty-nine Articles of Religion*, das *Book of Common Prayer* und das *Ordinal.*

[17] The Cameron Report, Church House Publishing 1990.

[18] Über analoge Vorgänge gibt die Studie »Apostolizität und Sukzession« – vgl. Anm. 15 – in den Nummern 71 bis 73 Auskunft; a.a.O. 44–45.

[19] P. Graff, Geschichte der Auflösung der alten gottesdienstlichen Formen in der evangelischen Kirche Deutschlands, Göttingen, Bd. 1: 1921; Bd. 2: 1939.

[20] Vgl.dazu z.B. Peter Hauptmann, Art. Baltikum II. Das Christentum im Baltikum, in: Theologische Realenzyklopädie, Bd. 5, Berlin 1980, 145–159.

[21] Der Text findet sich ebenfalls in epd-Dokumentation 23/95, 3–7.

[22] Vgl. Anm. 7.

[23] Die Texte von Dr. Persenius und Dr. Huovinen liegen dem Vf. nur in Kopien vor. Der Vortrag von Bischof St. Sykes ist abgedruckt in W. Hüffmeier/Ch.-R.Müller (Hrsg.), Wachsende Gemeinschaft in Zeugnis und Dienst, a.a.O. 248–254.

[24] Wertvolle Hilfen zur Beschreibung ihres Unterschieds finden sich bei Gerhard Müller, Das Bischofsamt – historische und theologische Aspekte, in: Zeitschrift für evangelisches Kirchenrecht 40 (1995) 257–279.

III.
Schnittfelder von Kirche und Gesellschaft

Hans-Joachim Höhn

»Wir lernen das Eigene besser im Streit mit dem Fremden«

Christentum und urbane Öffentlichkeit

Große Veränderungen gehen von Städten aus. Was Großstädten zum Problem wird, ist zugleich ihre Chance: ihre Größe, das Neben- und Ineinander des Verschiedenen, des Alten und Neuen, Geordnetes und Unübersichtliches, das Cleane und das Schmutzige. Hier können auf komplizierte Fragen angemessen komplexe Antworten gefunden werden. Nur in großen Städten sind genug Talente, Köpfe und Sinne beieinander; nur hier gibt es das komplizierte und vergängliche Miteinander von Phantasie und Geld, von Avantgarde und Macht[1]. Die politische »Wende« des Jahres 1989 bahnte sich in den Großstädten an: Leipzig, Dresden, Warschau, Prag, Budapest. In den Metropolen fallen die großen und wichtigen Entscheidungen. Sie sind der Maßstab; hier gilt es. Dorthin muß man kommen, um sich zu beweisen, um sich oder etwas durchzusetzen: »If I can make it there, I'm gonna make it everywhere!« Das Religiöse macht von dieser Regel keine Ausnahme – erst recht nicht das Christentum. Ephesus, Korinth, Athen, Rom – die Frühzeit des Christentums ist bestimmt von seinem Weg in die Großstädte der Antike. Dagegen erscheinen auf den ersten Blick die Großstädte der Moderne als jene Orte, an denen am ehesten und nachdrücklichsten die »Exkulturation« des Christentums manifest wird. Der statistisch belegbare Schwund an sozialer Anerkennung, weitreichende Traditionsabbrüche innerhalb der kirchlich gebundenen Religiosität und eine allgemeine »Entchristlichung« der Religiosität legen den Schluß nahe, die moderne Stadt sei nichts als ein säkularer Ort, an dem sich nur das behaupten könne, was den Bedingungen des Säkularen entspreche. Aus dieser Vermutung wird nicht selten auf ein Konkurrenz- oder Ausschlußverhältnis von Urbanität und Religiosität geschlossen. Wer sich dieser These nicht anschließen will, muß allerdings mehr leisten, als einfachhin kontrafaktisch zu einer »Neuevangelisierung« aufzufordern. Ehe es darum gehen kann, pastorale Strategien zur Selbstbehauptung des Christlichen im Urbanen zu entwerfen, ist eine »andere« Praxisreflexion angezeigt. Hierbei gilt es, jene gegenläufigen Tendenzen der

Moderne, jenes Ineinander und Gegeneinander des Stadtlebens zu sondieren, wodurch es sowohl zu einem »religionsbedrohenden« als auch zu einem »religionsproduktiven« sozialen Ort wird.

I. Modernität, Pluralität, Religion: Soziologische Streiflichter

Im urbanen Raum begegnet verdichtet und potenziert das, was die moderne Welt ausmacht: das Auseinandertreten von Privatsphäre und Öffentlichkeit, das Aufeinanderprallen der verschiedensten Charaktere, Identität in und durch Differenz. Hier läßt sich »vor Ort« studieren, wie die für die Moderne typische, grundlegende Veränderung in der überkommenen Zuordnung von Sozialstruktur, Kultur und Individuum verläuft: Die für sozio-kulturelle Ordnungsgefüge konstitutive »Verflechtung von Sozialstruktur (als ›System‹ handlungsregulierender Instanzen), Kultur (als Weltansicht: als handlungsorientierender Sinnkonfiguration) und Einzelmensch (als lebenszeitlich handelndem Sinn- und Rollenträger)«[2] verliert zunehmend an Bindungs- und Integrationskraft. Die Pluralität der Weltansichten, das Auseinandertreten von System und Lebenswelt stellen das Individuum nicht mehr in eine schicksalhaft vorgegebene Sinn- und Handlungswelt. Diese Entwicklung schlägt auch durch auf die gesellschaftliche Verfassung des Christentums. Was einstmals als Leitbegriff zur Kennzeichnung eines christlichen Minderheitsstatus unter anderen religiösen Bekenntnissen und Denominationen fungierte, muß nach Meinung kritischer Beobachter längst als Kennzeichen für die gesellschaftliche Ortung des Religiösen überhaupt betrachtet werden: die Aussiedlung und Zerstreuung, die Diaspora.

Wo es Religion gibt, dort existiert sie überdies im Plural. Soziologen verzeichnen eine zunehmende Vielfalt religiöser Ausdrucksformen, aber zugleich eine abnehmende sozio-kulturelle Verankerung einer dominanten Sozialform der Religion, d.h. des Christentums. Für das Religiöse läßt sich zudem kein fester Aggregatzustand mehr ausmachen. Große Teile kirchlich gebundener Religiosität verflüssigen sich und verdunsten. Allerdings kondensiert fast ein ebenso großer Teil auch wieder in der Gesellschaft – oft jedoch in den nicht-religiösen Segmenten der Kultur und auch dort nur in erheblicher Streuungsbreite[3]. Das Spektrum reicht von synkretistischen Mythologien über esoterische Lebensstilszenarios bis hin zu fundamentalistischen Kleinaktionären von Christentum und Islam.

Die individualisierte und privatisierte Religiosität ist zwar lebensweltlich verankert und kann aufgrund ihrer Biographienähe normierende, sinn- und identitätsstiftende Funktionen wahrnehmen. Sie bleibt aber »weit entfernt von jedem prägenden Einfluß auf die sozialstrukturell relevanten ›großen‹ politischen und wirtschaftlichen Institutionen«[4]. Ihr stehen die Formen einer hochgradig institutionalisierten Religiosität gegenüber (»Amtskirche«), die zwar an Alltagsrelevanz verlieren, deren Vertreter aber darum wissen, daß eine sozialstrukturelle Bedeutung für Religion als »Kulturfaktor«, als politische Größe, nur über organisatorisch generalisierte Zusammenhänge der Selbstdarstellung und Einflußnahme möglich ist. Der Verzicht auf diese Sozialform des Religiösen und die Favorisierung der »Individualreligion« ist kaum ein Fortschritt. Er begibt sich vielmehr der Möglichkeit, angesichts der funktionalen Imperative sozialer Systeme und der Verwertungsinteressen moderner Marktmechanismen auf die Lösung von Problemen hinzuarbeiten, die in den funktionalen Teilsystemen Wirtschaft und Technik erzeugt werden, aber in den Lebenswelten der Individuen aufbrechen (z.B. Arbeitslosigkeit, ökologische Risiken). Eine individualisierte Gesellschaft braucht Institutionen, die sich um der Individuen willen für mehr interessieren und einsetzen als bloß für Individualinteressen. Dabei ist nach zwei Richtungen hin zu fragen: »Wie vollzieht sich unter den Bedingungen der Pluralität die Artikulation dessen, was alle angeht? Wie kommen diejenigen Ziele zur Geltung, die nicht mit den partikularen Interessen am Markt konkurrierender Individuen, Unternehmen oder Verbände identisch sind?«[5]

II. Pluralitätskompetenz und Resonanzfähigkeit: Theologische Herausforderungen

Die Divergenz von Institution und Lebenswelt stellt ein Kernproblem für die gesellschaftliche Selbstbehauptung und kulturelle Zukunftsfähigkeit des Christentums dar. Dies gilt nicht nur für die Einlösung seines gesellschaftlich-politischen Geltungsanspruchs. Vielmehr ist davon auch seine Bedeutung für den Aufbau individueller Sinn- und Lebenswelten betroffen. Zu den »anthropogenen« Kontingenzerfahrungen, die an den Übergängen und Bruchstellen der Biographie aufbrechen (Geburt und Tod, Schuld und Leid) und traditionell religiöser »Bewältigung« überwiesen wurden, sind »soziogene« Kontingenzen hinzugekommen. Die »neuen« Sinnfragen drängen sich aus dem politisch-ökonomischen

Prozeß der Moderne, aus den Zumutungen und Härten einer technisch-industriellen Kultur auf: Was ist die Berechtigung menschlicher Existenz jenseits der Möglichkeit bzw. des Zwangs, durch Leistung einen Platz in der Gesellschaft zu behaupten? Was ist der Sinn menschlichen Daseins, wenn der Mensch austauschbar geworden ist, wenn jeder andere an seine Stelle treten kann (und wenn dies nicht nur für seine Berufsrolle gilt, sondern sogar für private, intime Beziehungen)? Wie kann es der Mensch verwinden, daß seine Gedanken, Worte und Werke ihn nicht in der Welt halten können und daß der Lebenssinn, den er sich selbst gibt, ebenso vergänglich ist wie sein Stifter?

Auf viele dieser Fragen kursieren in einer weltanschaulich pluralen und individualisierten Gesellschaft Antworten, die sich die Individuen auf dem Markt der Weltanschauungen aussuchen und in eigener Regie zusammenstellen[6]. Die in vielen Großstädten seit einiger Zeit registrierte unerwartete Nachfrage nach Religion äußert sich vor allem in der ästhetisch bzw. therapeutisch orientierten Suche nach einem »Lebenswissen«, nach einer neuen »Lebenskunst«, welche die Grundkonflikte und Reifungskrisen des Menschen kreativ zu bewältigen hilft und seine Biographie sinnhaft strukturieren kann, d.h. Identität und Kontinuität gibt. Im Religiösen erhofft man Gegenmittel für den Utopieverlust, die Phantasielosigkeit und die Resignationslust einer an ihre Grenzen gelangten Moderne[7]. Religiöse Traditionen stehen für die kritische Erinnerung an das, was inmitten aller Selbstzufriedenheit mit dem Erreichten und allem Sichabfinden mit dem Verlorenen geltend macht, daß solche Einstellungen Verdrängungen und Verkümmerungen der Suche nach dem »eigentlichen« Leben sind.

Gleichwohl führt dieser Trend zur Religion am Christentum weithin vorbei[8]. An diesem Umstand sind Theologie und Kirche nicht ganz unschuldig. Denn noch immer wird die Diffundierung des Religiösen nur sehr unscharf wahrgenommen. Nach wie vor werden die existentiell-religiösen Sinnfragen der Gegenwart im Raum der Kirche überwiegend im Sprachspiel der Moral oder des Dogmas »beantwortet«. Im ethisch-dogmatischen Sprachcode lassen sich aber kaum jene Erfahrungen erschließen oder vermitteln, die zu einer existentiellen »Beglaubigung« der Wahrheit genuin christlichen Lebenswissens führen. »Es bleibt zu oft bei dogmatischen Wahrheitsbehauptungen und ethisch-moralischen Programmentscheidungen, die nicht den Weg zu religiöser Selbstgewißheit führen, weil sich nicht im eigenen Erleben der Zugang zu ihnen öffnet«[9]. Die Diastase von Individuum und Institution in dieser Weise zu beschreiben, bedeutet nicht, ihre Überwindung mit dem Verzicht auf Dogma und Moral zugunsten von Erfahrung und Erlebnis garantiert zu sehen und auf die »Selbstorganisation« des Religiösen zu setzen. Angezeigt ist vielmehr, daß die Kirche »sehr viel stärker die existentiell-religiösen Sinnerwartungen, die von den Menschen im Kontext ihrer Lebens- und Alltagswelt selber immer schon entworfen werden, aufsuchen, aufnehmen und im Auslegungszusammenhang des Evangeliums verarbeiten müßte«[10]. Die weiteren Strategien und Konkretisierungen solchen Bemühens sind abhängig von der Bestimmung jener Konsequenzen, die sich aus dem Auseinandertreten von institutionalisierter und individualisierter Religiosität für eine realistische Einschätzung der Vermittlungschancen und der Plausibilitätsbedingungen einer genuin christlichen Lebenskultur ergeben. Es zeichnet sich ab, daß ohne die Entwicklung einer »Pluralitätsfähigkeit« und »Resonanzfähigkeit« von Theologie und Kirche angesichts jener existentiellen Sinnerwartungen, die vorgängig zur Begegnung mit dem Evangelium in lebensweltlichen Zusammenhängen immer schon gedeutet und gelebt werden, dieses »Schisma« nur vergrößert wird[11]. Es besteht ein dringender Bedarf an neuen Umgangsformen mit frei flottierenden religiösen Interpretamenten des Daseins, die von einer festen Matrix längst abgelöst sind und von den religiösen Subjekten je nach individueller Befindlichkeit jenseits der institutionellen Zuständigkeiten und Hierarchien selektiv aufbereitet und rekombiniert werden[12]. Die entscheidende Frage ist, inwieweit es der Kirche in ihrer institutionellen Gestalt – damit sind vor allem die in ihr professionell Zuständigen gemeint – auf Dauer gelingt, sich darauf einzulassen, daß das moderne Subjekt auch in religiösen Angelegenheiten das tut, was es in anderen Fragen der Stilisierung seines Daseins schon längst praktiziert: nolens vel volens über einen Zuwachs an Entscheidungsmöglichkeiten und subjektiv wählbaren Optionen zu verfügen und dieser Pluralität eigenhändig Rechnung tragen zu müssen.

Der in der Moderne eingetretene Verlust einer kollektiv verbindlichen und plausiblen Sinn- und Identitätsmatrix im Raum des Sozialen nötigt das Individuum nicht nur zum Entwurf und zur Inszenierung der eigenen Biographie, sondern auch zu ihrer Einbindung in Beziehungen und soziale Netze. Alle notwendigen Koordinations- und Integrationsleistungen von der Berufs- und Partnerwahl, der Mitgliedschaft in Vereinen über die Auswahl der passenden Schule für die Kinder und den Verbleib in einer Religionsgemeinschaft bis hin zur Verfügung über die Art der Bestattung hat das Subjekt zunehmend in eigener Regie vorzunehmen. »Chancen, Gefahren, Unsicherheiten der Biographie, die früher im Familienverbund, in der dörflichen Gemeinschaft, im Rückgriff auf ständische Regeln oder soziale Klassen definiert waren, müssen nun von den einzelnen selbst wahrgenommen, interpretiert, entschieden und bearbeitet werden«[13]. Vordergründig erscheint die Individualisierung des sozialen Lebens als späte Einlösung eines Versprechens, das zu Beginn der Moderne gegeben wurde: Emanzipation von allen Autoritäten, Traditionen und Institutionen, von obrigkeitlich verordneten Formen der Existenz, die der kritischen Prüfung (und Auswahl) durch die autonome Vernunft nicht standhalten können. Der moderne Mensch sollte soweit wie möglich ein »homo optionis« sein, der wird, was er wählt, und aus sich macht, was er auswählt[14]. Auch sein religiöses Verhalten wird mehr und mehr von dieser Einstellung beeinflußt. Man/frau ist »selektiv« religiös. Dabei erstreckt sich dieses Wahlhandeln sowohl auf Orte und Zeiten, die religiös unterlegt werden, als auch auf die Inhalte. Man/frau ist »auf Zeit« religiös und womit diese Zeit gefüllt wird, ist Sache eigener Entscheidung. Solche religiösen »Passanten« behalten sich auch die Wahl bzw. die Abstufung von Nähe und Distanz zur institutionalisierten Religion selbst vor. Ihre Entscheidung über Engagement und Abstinenz in Sachen Religion erfolgt immer seltener durch den Abgleich mit kirchenoffiziellen Verhaltenserwartungen. Für die Kirche ist kein widerstandsloses Sichanpassen an diesen Individualismus an der Zeit, wohl aber ein widerständiges Sicheinlassen auf die Individualisierungsprozesse der Moderne. Sie wird nicht umhin können, einen veränderten Umgang mit der persönlichen Freiheit des »homo urbanus«, mit seinen religiösen und ethischen Optionen einzuüben. Sie kann nicht mehr einfach die traditionellen Vorgaben für Glaube und Moral formal dekretieren und mit Sanktionen belegen. Sie muß sich kommunikativ verständlich machen und den einzelnen Subjekten, die meinen, sich nichts mehr bieten lassen zu dürfen, bei ihrer Suche nach Selbstfindung und Lebensgestaltung in der Weise dialogischer Präsenz kompetent beizustehen versuchen[15]. Damit ist mehr verbunden als ein Wechsel im pastoralen Stil der Kirche. Angezeigt ist ebenso eine Überprüfung der sozialen Ortes und der Sozialform pastoralen Handeln. Nichts spricht dagegen, damit dort anzufangen, wo sich die skizzierten Modernisierungsprozesse zuerst manifestieren: im Kontext urbaner Lebenswelt, inmitten urbaner Lebensverhältnisse und Strukturen.

III. Urbanität und Christentum: Pastorale Perspektiven

Neue Versuche, das Christliche im Urbanen zu behaupten, können nur gelingen, wenn sie eine Innovation im Verhältnis von Kirche und Stadt darstellen und Alternativen zu bisherigen Formen kirchlicher Präsenz in der Stadt entwickeln. Eine Form der herkömmlichen Antreffbarkeit bildet die *architektonische Präsenz,* die weithin zu einer Kulissenexistenz verkümmert ist. Kirchen fungieren hierbei als Zubehör zum traditionellen Stadtbild; sie stehen herum, begrenzen Plätze oder flankieren Straßen. Im besten Falle rangieren sie unter den touristischen Attraktionen, auf die das städtische Verkehrsamt hinweist. Wo und wenn sie ihrer ursprünglichen Bestimmung gemäß genutzt werden, gelten Regeln, die den säkularen Kirchenbesucher leicht zum »Kirchenfremden« machen, weil sie ihm plötzlich ein Verhalten untersagen, das geeignet schien, sich bislang Unvertrautes und Unbekanntes zu erschließen: »Das Umhergehen ist während des Gottesdienstes nicht gestattet!« – eine in deutschen Domen häufig aufgestellte Verbotstafel. »Nur für Beter!« – ein ebenso häufig angebrachtes Gebots- bzw. Warnschild. Gottesdienste, Meditationen und Exerzitien finden hinter verschlossenen Türen statt. Viele Zeitgenossen innerhalb und außerhalb der Kirche möchten, daß die Kirche eine geschlossene Gesellschaft bleibt, in der es nach eigenen Regeln zugeht. Für die einen ist der Umstand, daß das Religiöse seine eigenen Regeln braucht, um sein Proprium darzustellen, Grund genug, um daraus die Normen zu machen, welche die »Kirchenfernen« erst einmal erfüllen müssen, wollen sie in Kontakt treten mit dem Christlichen. Für die anderen ist derselbe Umstand Grund genug, Religion am Ende nur für eine Angelegenheit von Menschen zu halten, die mit den Regeln des Säkularen nicht zurechtkommen.

Die andere Form einer Antreffbarkeit von Kirchen in der Stadt ist ihre *caritativ-diakonische Präsenz*. Hierzu zählen die vielen Projekte der Sozialpastoral, Beratungsstellen, Sozialarbeit, Therapieeinrichtungen. Die Kirche ist hier an der Seite derer, die nicht mehr mithalten können mit der Ellbogengesellschaft; sie steht auf der Seite der Ausgegrenzten, Außenseiter und Randexistenzen. Viele Zeitgenossen möchten, daß sie dort bleibt, daß sie Sozialstationen unterhält und selbst Station macht am Rande der Gesellschaft. Auf diese Weise läßt sich politisch-soziale Glaubenspraxis leicht entpolitisieren. Eine an der sozialen Peripherie stationierte Kirche stört nicht – im Gegenteil: sie entschärft das soziale Störpotential der Randgruppen.

Für die Wahrnehmung christlicher Zeitgenossenschaft genügt es nicht, als stumme Zeugen aufzutreten. Und es reicht auch nicht, sich abseits der großen Straßen und Plätze derer anzunehmen, die ins soziale und politische Abseits geraten sind. Hier ist eine andere Form der Selbstvergegenwärtigung des Evangeliums bzw. der Korrelation von Religiosität und Urbanität angezeigt. Es geht darum, das Evangelium aus dem Halbdunkel der kathedralen Seitenkapellen herauszuholen und ebenso die an die Peripherie gedrängte Armut dort sichtbar zu machen, wo man üblicherweise mit ganz anderen Dingen beschäftigt ist: im Zentrum der Städte. Nicht für eine »Vorfeldpastoral« wird hier plädiert, nicht für die Errichtung vorgeschobener Posten einer »Neuevangelisierung« der Gesellschaft wird hier geworben. Gefragt ist die Fähigkeit von seiten der Kirche, Räume und Zeiten freizuhalten, in denen sie selbst sich als resonanzfähig für die vielfältigen Suchbewegungen in der Stadt erweisen kann, die sich den ethisch-spirituellen Erblindungstendenzen des Säkularen widersetzen und seine ökonomisch-politischen Verkrustungen durchbrechen wollen.
Für das Christentum gibt es zwei Grundmotive, die nicht nur in seinen vielfältigen Sozialformen spannungsvoll koexistieren, sondern das Christentum als ganzes zugleich konstituieren: »Glauben bezeugen – Gesellschaft gestalten«[16]. Mit dieser Kurzformel für neue Formen einer *ästhetisch-politischen Realpräsenz* des Christentums im Kernbereich moderner Städte[17] zu werben, bedeutet große Worte zu machen, in denen sich große Erwartungen anmelden. Die Erfahrung lehrt, daß nichts so rasch in die Resignation führt wie eine Idee, von der man sich zuviel erwartet und mit der man anderen zuviel verspricht. Das Gegenmittel gegen selbstverursachte Resignation besteht in einer selbstverordneten Diät der Erwartungen und Versprechungen. Eine solche Diät beginnt mit einer realistischen Einschätzung der eigenen Situation. Diese ist um so illusionsloser und wirklichkeitsnäher, je mehr sie aus der Außenperspektive kommt. Für eine theologische Deutung des Verhältnisses von Urbanität und Christentum bleibt eine soziologische Ortung des Religiösen im Urbanen daher unverzichtbar, wenngleich sie auch ernüchternd ist.

1. Teilnehmende Aufmerksamkeit – oder: Sensibilität für »religionsproduktive« Tendenzen in der Stadt

Aus soziologischer Sicht erscheint die Religion in der Stadt als eine Randgröße. Im alltäglichen Wettbewerb um öffentliche Aufmerksamkeit steht sie höchst selten im Mittelpunkt. Dies gilt sowohl für »neue« religiöse Bewegungen wie auch für die »etablierten« Kirchen und Konfessionen. Die Eindrücke, die kirchliche Großveranstaltungen in Großstädten (z.B. Kirchen- und Katholikentage) hinterlassen, sind nicht dauerhafter als andere kulturelle Ereignisse. Die Öffentlichkeit, die sich mit kirchlichen Themen beschäftigt, ist in der Regel eine kirchliche Öffentlichkeit. Mit den üblichen Medien und Methoden kirchlicher Öffentlichkeitsarbeit und Erwachsenenbildung lassen sich nur selten Erstkontakte mit dem Evangelium herstellen. Sich um solche Kontakte zu bemühen, wird jedoch immer dringlicher, wenn man am Öffentlichkeitscharakter des Evangeliums festhalten will. Gelingen kann das wiederum nur, wenn man dabei dem Charakter der »säkularen« Öffentlichkeit gerecht wird. Christliche Zeitgenossenschaft in der Großstadt beginnt daher als teilnehmende Beobachtung der real existierenden religiösen und kulturellen Unübersichtlichkeit. Sie schlägt sich nieder in einer gewachsenen Sensibilität für die »religionsproduktiven« Tendenzen des Stadtlebens.

Das Leben in der Stadt ist temporeich. Was passiert, steht unter Zeitdruck. Wer etwas zu erledigen hat, klagt über Zeitmangel. Religiöse Institutionen können zunehmend nur noch mit punktuellen Kontakten rechnen. Urbanes Leben wird aber auch geprägt von der Dialektik des »zuviel« und »zuwenig«; nicht zuletzt in dieser Dialektik liegt eine »religionsproduktive« Dimension des Urbanen. Auch in der Stadt liegt das Glück nicht auf der Straße. Das Überangebot an Waren und Erlebnissen, das sich in der City ballt, wirft bald die Frage auf, was man davon hat, wenn man alles hat. Davon bewegt sind Menschen, die vorübergehend eine unkalkulierbare religiöse Neugier überfällt und die nach Symbolen, Erlebnissen, Zeiten und Räumen suchen, in denen mehr und anderes zur vorhandenen Wirklichkeit antreffbar wird. Es sind Menschen, denen die City bald »zuviel« wird mit all dem Aufwand, den sie betreibt, damit das Leben interessant bleibt: mit ihren Moden und Allüren, mit In- und Out-Listen. Es sind Menschen, denen die City zugleich auch »zuwenig« bietet. Sie ahnen, daß auf den »dernier cri« oft der letzte Atemzug folgt[18]. Sie suchen nach etwas Definitivem – nach etwas, das nicht mehr veralten kann. Sie suchen nach Gelegenheiten, wo sie konzentriert, aber unaufdringlich etwas über Gott und die Welt erfahren. Eine solche Religiosität läßt sich nicht eingemeinden. Ihr wird man mit dem Angebot pfarrlicher, verbandlicher oder vereinsmäßiger Zugehörigkeit nicht gerecht. Mit Menschen Kontakt aufzunehmen, die nur auf Zeit religiös sind, kann nur gelingen, wenn es ein Ambiente gibt, das solche Flaneure, Passanten und Pendler in Sachen Religion anspricht. Gesucht ist ein Ambiente, das bereits von außen erkennen läßt, was in ihm erlebt werden kann: Gelassenheit, Diskretion, voraussetzungslose Zuwendung und absichtslose Gastfreundschaft.

Ein solcher »genius loci« ist am ehesten antreffbar in Räumen, die den Charakter von Foyers, Studios, Ateliers, Galerien und Passagen haben. Ihnen ist eine Architektur gemeinsam, welche die Unterschiede von »drinnen« und »draußen« fließend macht. Wer sie betritt, ist drinnen und fühlt sich dennoch nicht vereinnahmt. Genau das ist es, was selbstbewußte Zeitgenossen wollen: selber Nähe und Distanz bestimmen, selber dosieren zwischen Engagement und Zurückhaltung und sich nicht durch ebenso hohe wie rigide Teilnahmebedingungen einbinden lassen.

2. *Antreffbarkeit – oder: Charismen der Extrovertiertheit*

In einem architektonisch »halboffenen« Ambiente wäre Gelegenheit für eine vielfältige Kontaktaufnahme zwischen Kirche und Stadt, was mehr besagt als die Errichtung einer Informationsbörse über das kulturelle und diakonische Angebot der Kirche. Hier wäre die Chance für eine »Inszenierung« des Evangeliums – durch Straßentheater, Talkshows, die Einrichtung »runder Tische« (an denen sich Christen zu aktuellen Fragen äußern und sich auf diese Weise in das »Stadtgespräch« einmischen)[19]. Hier müßte Platz sein für die Entdeckung des Eigenem im Fremden. In diesen Räumen könnte erfahrbar werden, daß das »unterscheidend« Christliche auch in dem besteht, was die Menschen eint und verbindet. Die Vitalität des Christentums in einer »multireligiösen« Stadtkultur hängt ohnehin daran, daß Christen in der Lage sind, vergessene oder unentdeckte Wahrheiten ihres Glaubens auch außerhalb der eigenen Reihen zu erkennen und umgekehrt der Welterfahrung der »Anderen« mit dem Evangelium größere Tiefenschärfe geben zu können. Worin die Wahrheit des Evangeliums besteht, »wird immer wieder erst in Auseinandersetzungen und Verwandlungen offenbar.

Das reine Christentum gibt es in dieser Zeit nicht. Wir lernen das Eigene besser im Streit mit dem Fremden, und so zeigt sich auch manchmal, daß das Fremde uns etwas sagt, was uns hilft oder mindestens uns zu uns bringt«[20]. Resonanz finden solche Versuche des Dolmetschens nur dann, wenn die Themen solcher religiöser Workshops von der Straße kommen und die Träger ihrer Umsetzung sich durch entsprechende Eigenschaften auszeichnen. Sie müssen eher die Merkmale neugieriger Flaneure, Straßenkünstler und Grenzgänger aufweisen, als sich durch soziale und ideologische Seßhaftigkeit auszeichnen.

Die Stadt definiert Identität über Pluralität, d.h. durch Identität und Differenz: Ein »Selbst« sein heißt hier: »Anders« sein müssen. Anders zu sein gelingt jedoch nur im Miteinandersein. »Wer nur seine runde und unverwundbare Identität um ihrer selbst willen pflegt, der findet sich bald – ob er will oder nicht – im Getto. Wer nur auf die Identifikation mit anderem und anderen eingeschworen ist, verliert leicht sein eigenes Gesicht und gleicht den Kopien der gesellschaftlichen Trends, anstatt ein Original zu sein«[21]. Nötig ist daher von seiten des kirchlich sich manifestierenden Christentums die Entdeckung und Förderung von *Charismen der Extrovertiertheit.* Der Auferbauung der christlichen Gemeinde kommt es zugute, wenn die Christen im Labyrinth der Straßen der Stadt Bestes suchen, wenn sie »prophetisch«, ermutigend und in diesem Sinne »tröstend« zu den Menschen reden (vgl. 1 Kor 14,3-5). Dazu braucht es Charismen und Charaktere von der Art der Spurensucher und Scouts, der Vor- und Querdenker, der Kundschafter und »Fremdenführer«...

3. Enttrivialisierung – oder: Die Ästhetik des blinden Flecks

Seit Mitte der 80er Jahre hat Ästhetik wieder Konjunktur[22]. Auf einer ersten, vordergründigen Ebene besteht diese »Ästhetisierung« in Verhübschungs- und Verschönerungsprozessen, in der dekorativen Ausstattung der Lebenswelt. »Am offenkundigsten ist die Ästhetisierung im urbanen Raum, wo so gut wie alles in den letzten Jahren einem Facelifting unterzogen wurde. Die Einkaufszonen wurden elegenat, chic, animatorisch gestaltet. Längst sind nicht mehr nur die Innenstädte, sondern ebenso die Randzonen und ländlichen Refugien von diesem Trend betroffen. Kaum ein Pflasterstein, keine Türklinke und kein öffentlicher Platz blieb von diesem Trend verschont«[23]. Vieles an dieser Ästhetisierung der Alltagswelt dient ökonomischen Zwecken. Wo die Verpackung wichtiger geworden ist als die Ware, läßt sich durch Verbindung mit Ästhetik leichtgängige Ware noch rascher verkaufen und auch Unverkäufliches noch absetzen.

Der Trend zur Ästhetisierung des Daseins paßt zu einer Gesellschaft, in der es für ihre Mitglieder wichtig ist, »es« den anderen zu »zeigen«. Vor allem in der Stadt kommt es darauf an, den Zeitgenossen zu zeigen, wer man ist. Selbstwahrnehmung und Selbstdarstellung dürfen nicht im Privaten verkümmern. Nur wer es den anderen zeigt, wird etwas. Wenn man es den anderen gezeigt hat und daraufhin etwas geworden ist, bekommt man wiederum etwas dafür, was man herumzeigen kann: eine Urkunde, eine Auszeichnung, ein Verdienstkreuz. Bevor es so weit ist, zeigt man, wer man sein will, indem man sich stylt. Das Design ist ebenso wichtig wie das Dasein. Das Schöne boomt, und schön ist, was sich rechnet. Solange sich Sponsoren finden, verschmelzen von Stadt zu Stadt Musikfestivals zu einer neuen Legierung von Kultur und Kommerz. Die Stadt liebt und begünstigt alles, was medial darstellbar und reproduzierbar ist. Kulturelle Ereignisse werden vielfach von vornherein auf ihre mediale Attraktivität hin konzipiert, finanziert und inszeniert. Umgekehrt wird nur das gefördert, was ein Kunst-»Ereignis« zu werden verspricht. Der »Erlebniskunst« gehört die Zukunft.

Ästhetik und Religion kommen darin überein, Sehhilfen für die Wahrnehmung von Sein und Schein, Wirklichkeit und Wahrheit zu sein[24]. Auch die Kirche kommt daher nicht aus ohne symbolische Übersetzungen, Verdeutlichungen und Dramatisierungen dessen, was in ihr Sache ist. Die Kirche muß ihre eigene Existenz, ihren Grund und ihre Ziele ebenso unverwechselbar wie unübersehbar in Szene setzen. Wenn es darum geht, die Gehalte des Evangeliums öffentlich zugänglich zu machen, muß sich die Kirche darum auch auf die Interaktionsebene des Ästhetischen begeben. Aber eines kann vom Christentum in der Großstadt nicht erwartet werden, soll es nicht seine Identität verlieren: Religion zur schnell konsumierbaren Ware zu machen oder den Banalitäten des städtischen Unterhaltungs- und Zerstreuungsmilieus eine religiöse Variante an die Seite zu stellen. Es kann auch nicht darum gehen, sich an jener Oberflächenästhetisierung zu beteiligen, die sich im Dekorativen, Ornamentalen, Kompensatorischen erschöpft oder als pure Wirklichkeitskosmetik auftritt.

Ästhetik ist – recht verstanden – weder eine Kommerzstrategie, ein Lifestyle-Emblem oder ein Erlebnissurrogat[25], noch eine Sache elitären Bildungsgehabes oder vergeistigter Weltfremdheit. Sie ist eine Schule der Wahrnehmung und zuweilen auch der öffentlichen Demaskierung des vermeintlich Erhabenen. Der christliche Glaube, der ohne Ästhetik und Symbolik kulturell unsichtbar wird, muß um seiner Sache willen daran interessiert sein, von frommem Gehabe unterscheidbar zu sein. Als Ausdruck und Medium der Enttrivialisierung menschlicher Existenz darf er sich »nicht in eine weltlose Innerlichkeit flüchten, sei es des eigenen Herzens oder des Binnenraums der Gemeinde; es ist ihm aber nicht minder verwehrt, die ureigene Kraft dadurch zu verraten, daß er sich anpaßt an das, was jeweils ist«[26].

Die Kirche muß Reibungsfläche bieten, sie muß widerständig bleiben und provozieren. Sie darf sich nicht zum Agenten einer Ästhetisierung machen lassen, die letztlich in die Anästhesie führt, d.h. Unempfindlichkeit erzeugt, die Sinne betäubt durch ständige ästhetische Überdrehtheit. Es gilt, den urbanen Ästhetisierungstrubel zur rechten Zeit zu durchbrechen und für das zu sensibilisieren, was in den Städten an Sinnressourcen verloren zu gehen droht oder übersehen wird. Ein eindrucksvolles Beispiel solcher Ästhetik »von unten« ist die sogenannte »Klagemauer« am Kölner Dom. Entstanden zur Zeit des Golfkrieges (1991) und mißtrauisch beäugt von der kirchlichen ebenso wie von der kommunalen Obrigkeit ist die Klagemauer ein Ort der Provokation, der Kritik und des Gebetes geworden. Auf Blättern im Format DIN A4, befestigt an Wäscheleinen, sind hier die großen Sorgen, Hoffnungen und Träume der kleinen Leute zu lesen: der Protest der Wohnsitzlosen gegen ihre Vertreibung aus U-Bahnschächten ebenso wie die Zukunftshoffnungen junger Touristen, Zeitungsausschnitte, selbstgemachte Collagen, Notrufe und Appelle, Poesie und Polemik, nie künstlerisch ambitioniert, dafür authentischer Ausdruck des »Unbeholfenen«. Hier ereignet sich keine ästhetische Hochkultur, sondern die Ästhetik des Rinnsteins und des Boulevards; hier vergegenwärtigt sich die Szene der Gutwilligen und der Störenfriede, der Träumer und der Spielverderber.

Einer solchen urbanen »Szene« sollte sich die Kirche öffnen. Auch für sie gilt es, aufmerksam zu machen auf die vielen »blinden Flecke« einer Gesellschaft, in der es darauf ankommt, es den anderen zu »zeigen«. Das Christentum stellt die Frage, was Menschen fehlt, die alles haben, und die Kirche muß auf seiten derer stehen, die nichts vorzeigen können. Die politische Ästhetik, welche die Kirche in der Stadt hervorzubringen hat, ist die Ästhetik der Übersehenen und nach bürgerlichen Maßstäben Unansehnlichen.

Anmerkungen

[1] Zu einer aktuellen kultursoziologischen Reflexion des Urbanen vgl. etwa G. Fuchs u.a. (Hrsg.), Mythos Metropole, Frankfurt 1995.

[2] Th. Luckmann, Die »massenkulturelle« Sozialform der Religion, in: H.-G. Soeffner (Hrsg.), Kultur und Alltag, Göttingen 1988, 38.

[3] Vgl. H.-J. Höhn, GegenMythen. Religionsproduktive Tendenzen der Moderne, Freiburg/Basel/Wien 1994.

[4] W. Gräb, Institution und Individuum. Überlegungen zur Diagnose der modernen Religionskultur, in: Pastoraltheologie 79 (1990) 258.

[5] W. Huber, Öffentliche Kirche in pluralen Öffentlichkeiten, in: Evangelische Theologie 54 (1994) 170.

[6] Vgl. H. Barz, Religion ohne Institution? Eine Bilanz der sozialwissenschaftlichen Forschung, Leverkusen [3]1995; A. Dubach/R. J. Campiche (Hrsg.), Jede(r) ein Sonderfall? Religion in der Schweiz. Ergebnisse einer Repräsentativbefragung, Zürich/Basel [2]1993; P. M. Zulehner/H. Denz, Wie Europa lebt und glaubt. Europäische Wertestudie, Düsseldorf 1993, 231–264; P. M. Zulehner (Hrsg.), Vom Untertan zum Freiheitskünstler. Eine Kulturdiagnose anhand der Untersuchung »Religion im Leben der Österreicher 1970 bis 1990« – »Europäische Wertestudie – Österreichteil 1990«, Freiburg/Basel/ Wien 1991.

[7] Vgl. H.-J. Höhn (Hrsg.), Krise der Immanenz. Religion an den Grenzen der Moderne, Frankfurt 1996.

[8] Vgl. M. Widl, Sehnsuchtsreligion. Neue Religiöse Kulturformen als Herausforderungen für die Praxis der Kirchen, Frankfurt 1994; dies., Christentum und Esoterik. Darstellung, Auseinandersetzung, Abgrenzung, Graz/Wien/Köln 1995.

[9] W. Gräb, Auf den Spuren der Religion. Notizen zur Lage und Zukunft der Kirche, in: Zeitschrift für evangelische Ethik 39 (1995) 48.

[10] Ebd. 49.

[11] Vgl. hierzu auch V. Drehsen, Wie religionsfähig ist die Volkskirche? Sozialisationstheoretische Erkundungen neuzeitlicher Christentumspraxis, Gütersloh 1994.

[12] Zur kritischen Evaluierung religiöser Bewegungen außerhalb der Kirche und ihrer Bedeutung für Theologie und Praxis der Kirche vgl. K. Lehmann, Signale der Zeit – Spuren des Heils, Freiburg/Basel/Wien 1983, 58–82.

[13] U. Beck/E. Beck-Gernsheim (Hrsg.), Riskante Freiheiten, Frankfurt 1994, 15.

[14] Allerdings wird dabei oft übersehen, daß der tatsächliche Lauf der Dinge nicht überall zur umfassenden Selbstermächtigung des Subjekts geführt hat. Der gewonnenen Selbstverantwortlichkeit, Freiheit und Entscheidungskompetenz steht in komplexen Gesellschaften eine Abhängigkeit von ökonomisch, technisch und politisch definierten Lebensbedingungen gegenüber, die sich dem individuellen Zugriff entziehen. Diese »Außenleitung« gilt auch für den Bereich der privaten Lebenswelt. Manche individualistischen Verhaltensweisen geben sich bei näherem Hinsehen als Übernahme gesellschaftlich vorgestanzter Verhaltensschablonen zu erkennen. Der weltanschauliche Maßanzug ist dann letztlich nichts anderes als ideologische Konfektionsware.

[15] Vgl. hierzu auch K. Lehmann, Gesellschaftlicher Wandel und Weitergabe des Glaubens (hrsg. vom Sekretariat der Deutschen Bischofskonferenz), Bonn 1989; ders., Vom Dialog als Form der Kommunikation und Wahrheitsfindung in der Kirche (hrsg. vom Sekretariat der Deutschen Bischofskonferenz), Bonn 1994.

[16] Vgl. K. Lehmann, Glauben bezeugen, Gesellschaft gestalten. Reflexionen und Positionen, Freiburg/Basel/Wien 1993.

[17] Vgl. hierzu ausführlicher H.-J. Höhn, Gegen Mythen, a.a.O. 127–138; ders., Religion in der City – oder: Den Glauben zu Markte tragen?!, in: Lebendige Seelsorge 43 (1992) 1–6; ders., Sinnsuche und Erlebnismarkt, in: Theologisch-praktische Quartalschrift 143 (1995) 361–371.

[18] Natürlich ist nicht zu leugnen, daß die »neue« Aufgeschlossenheit für Religion in einer individualisierten Gesellschaft auch und nur ein Kompensationsphänomen sein kann: Der Anspruch auf Autonomie und religiöse Selbstvergewisserung kommt hier um so mehr zum Vorschein, als in den anderen Lebensbereichen eine wachsende Vergleichgültigung und Nivellierung von Individualität erfahren wird. Religiöse Lebenswelten degenerieren unter diesen Umständen zu kulturellen Ersatz- oder Gegenwelten, wenn sie unkritisch auf die rasche Befriedigung religiöser Bedürfnisse abzielen.

[19] Hinsichtlich der Interaktionsformen und der »Besetzung« von Themen ließe sich viel von den »freien« und öffentlich geförderten Initiativen der städtischen Kulturszenen lernen. Vgl. dazu B. Brandner u.a. (Hrsg.), Kulturerlebnis Stadt. Theoretische und praktische Aspekte der Stadtkultur, Wien 1994; H. Glaser, Die Kulturstadt und die Zukunft der Industriegesellschaft, Wien 1991.

[20] K. Lehmann, Signale der Zeit – Spuren des Heils, a.a.O. 81 f.

[21] Ders, Kirche wozu – Enttäuschung oder Hoffnung?, in: P. Gordan (Hrsg.), Die Kirche Christi – Enttäuschung und Hoffnung, Graz/Wien/Köln 1982, 60.

[22] Vgl. hierzu W. Welsch, Ästhetisierungsprozesse. Phänomene, Unterscheidungen, Perspektiven, in: Deutsche Zeitschrift für Philosophie 41 (1993) 7–29; ders., Ästhetisches Denken, Stuttgart [2]1991.

[23] Ders., Ästhetisierungsprozesse, a.a.O. 8.

[24] Vgl. hierzu W. Lesch (Hrsg.), Theologie und ästhetische Erfahrung. Beiträge zur Begegnung von Religion und Kunst, Darmstadt 1994.

[25] Beim kommerziellen »Erlebnisdesign« wird nicht mehr ein Artikel besonders gestylt; vielmehr dient dieser nur noch als Medium für den Erwerb eines Erlebnisses, einer Selbsterfahrung, die mit der Aura des Produkts in Beziehung steht. »Gelingt es der Werbung, ein Produkt mit einer für den Konsumenten interessanten Ästhetik zu verbinden, so wird das Produkt, was immer seine realen Eigenschaften sein mögen, gekauft. Man erwirbt nicht eigentlich den Artikel, sondern kauft sich mittels seiner in den Lifestyle ein, den die Werbung mit ihm assoziiert hat. Und da die Lifestyles heute vornehmlich ästhetisch bestimmt sind, gilt: Man erwirbt primär das Gut Ästhetik – für das der Artikel bloß noch ein Vehikel ist«. W. Welsch, Ästhetisierungsprozesse, a.a.O. 10.

[26] K. Lehmann, Signale der Zeit – Spuren des Heils, a.a.O. 5.

Barbara Nichtweiss

»Damit ein wahres Bild von der Kirche vermittelt wird«

Herausforderungen kirchlicher Öffentlichkeitsarbeit zwischen Einheit und Vielfalt

I. Was macht eigentlich »die Öffentlichkeitsarbeit« im Bistum?

Wenn man heute in katholischen Kreisen etwas vom Tun als Öffentlichkeitsarbeiterin berichten soll, trifft man bei der Zuhörerschaft zumeist nur auf vage Vorstellungen, die zudem nur einen kleinen Ausschnitt des tatsächlichen Spektrums umfassen: In der laufend ergänzten Stichwortsammlung von J. H. Bürger[1] beispielsweise sind mittlerweile ca. 65 in sich vielfach nochmals differenzierte Aufgabenbereiche der Öffentlichkeitsarbeit aufgeführt. Deckt sich dieses im Blick auf unterschiedlichste Organisationsstrukturen – von der kleinen Firma über den Großkonzern, der Verbandsarbeit bis hin zur Behörde – zusammengetragene Instrumentarium mit den Anforderungen und Leistungen kirchlicher Öffentlichkeitsarbeit?

Man kann zur Klärung dieser Frage bisher kaum auf Grundsatzpapiere, Ausbildungsordnungen, Dienststellenbeschreibungen oder gar theoretisch fundierte Standardwerke von katholischer Seite zurückgreifen. Entsprechend uneinheitlich ist das Bild, das die Stellen für Öffentlichkeitsarbeit in den Diözesen und katholischen Einrichtungen hinsichtlich ihrer inneren Struktur, ihrer organisatorischen Anbindung, ihrer personellen und finanziellen Austattung abgeben. Vielfach werden Elemente der Public Relations je nach Bedarf einfach von den Pressestellen der Diözesen miterledigt. Im Bischöflichen Ordinariat von Mainz gibt es hingegen eine eigene Abteilung für die Öffentlichkeitsarbeit, die zusammen mit den jeweils eigenständigen Ressorts der Pressestelle und der vorwiegend mit dem Rundfunkbereich befaßten Abteilung »Kirche und Medien« als Teil des Zentraldezernats direkt dem Generalvikar unterstellt ist.

Als ich vor gut drei Jahren die Leitungsstelle der Abteilung Öffentlichkeitsarbeit übernahm, tat ich das »unbelastet« von den Vorgaben eines genauen Berufsprofils oder einer detaillierten Aufgabenbeschreibung der Abteilung und konnte zu einem guten Teil selbst entscheiden, welche Dienstleistungen fortgeführt und welche neuen Aufgaben in Angriff genommen werden sollten. Der Hauptakzent der Öffentlichkeitsarbeit im Bistum Mainz lag in der Vergangenheit in einem Maße auf der Herausgabe gedruckter Publikationen, daß hier ein Kleinverlag mit über hundert Titeln – angefangen vom Faltblatt über vielfältige Kleinschriften bis zur ausgewachsenen Monographie – herangewachsen ist. Des weiteren obliegt der Abteilung unter Einsatz eines professionellen Messebausystems die Repräsentation des Bistums bei besonderen Anlässen wie z.B. Katholikentagen, größeren Ausstellungen und sonstigen Aktionen aus dem gesellschaftlichen Umfeld. Wichtig ist die Entwicklung eines sogenannten »Corporate Designs«, d.h. einer optisch möglichst einheitlichen Erscheinung der verschiedenen diözesanen Verlautbarungs- und Werbemittel. Nach Maß ihrer Kräfte unterstützt die Abteilung auch andere diözesane Dienststellen und Einrichtungen bei der Gestaltung ihrer öffentlichen Auftritte; außerdem wird sie gelegentlich um Beratung der Bistumsleitung im Bereich der »innerbetrieblichen Information« oder des sogenannten »Krisenmanagements« gebeten und von Fall zu Fall in innerdiözesane Großprojekte eingebunden. In letzter Zeit ist die Entwicklung neuer Präsenzmöglichkeiten des Bistums in der expandierenden Kommunikationswelt der Computernetze bzw. des Multimediabereichs hinzugekommen. Die Abteilung baut außerdem ein kleines Fotoarchiv auf, hilft bei der Beantwortung verschiedenster Anfragen und unterstützt gelegentlich die Pressestelle bei der aktuellen Berichterstattung. Nicht zuletzt war die Abteilung in den vergangenen drei Jahren mit Planung und Koordinierung einer längerfristigen, mit drei anderen Diözesen durchgeführten Öffentlichkeitsinitiative betraut, von der noch die Rede sein wird.

II. Von der Theorie und Theologie »öffentlicher Beziehungen«

Dieses vielschichtige und teilweise unsystematisch gewachsene Aufgabenfeld ist nicht nur für die kirchliche Öffentlichkeitsarbeit, sondern vielfach auch (noch) für die Praxis der Public Relations vor allem kleinerer Organisationen in Wirtschaft, Gesellschaft und Politik typisch. Vor allem im angelsächsischen Raum, zunehmend aber auch bei uns, sind die Public Relations jedoch seit längerem auch das Objekt theoretischer Aufmerksamkeit, nicht zuletzt mit dem Ziel, sie als ernstzunehmende Wissenschaft mit den dazugehörigen (akademischen) Ausbildungsgängen zu etablieren[2]. Die

damit gegebene Spannung zwischen Praxis und Theorie hängt nicht zuletzt damit zusammen, daß sich das spezielle Tätigkeitsfeld der »Public Relations« in den letzten Jahrzehnten des vergangenen Jahrhunderts in den Vereinigten Staaten im Blick auf einen unmittelbaren Handlungsbedarf im Interaktionsfeld zwischen einem zunehmend kritischeren Journalismus einerseits und großen Industrieunternehmen sowie der Regierung andererseits zunächst als praktisches Instrumentarium entwickelt hat, während Systematisierungsversuche und Theoriebildung erst in zweiter Linie erfolgten. In Deutschland setzte die bewußte Rezeption dieser Entwicklungen überhaupt erst nach dem Zweiten Weltkrieg ein.[3]
Es gibt hunderte von Definitionsversuchen, was Öffentlichkeitsarbeit eigentlich ist und bezweckt, und sie differieren je nachdem, ob sie eher eine additive empirische Deskription spezieller Techniken und einzelner Ziele – wie es der deutsche Begriff »Öffentlichkeitsarbeit« besonders nahelegt – oder eine theoretische Grundlegung des kommunikativen, interaktiven Beziehungsfeldes (der »Public Relations«) einer Organisation im Gesamtkontext eines gesellschaftlichen Systems anstreben, ob sie eher aus dem Blickwinkel der Betriebswirtschaft und Unternehmensführung, des Marketing und der Werbung, des Medienbereichs, der Kommunikationswissenschaft oder der Gesellschaftstheorie formuliert sind. In Deutschland war lange Zeit die Formel Albert Oeckels aus dem Jahr 1964 bestimmend, derzufolge unter Öffentlichkeitsarbeit »das bewußte, geplante und dauernde Bemühen, gegenseitiges Verständnis und Vertrauen in der Öffentlichkeit aufzubauen und zu pflegen«, zu verstehen sei[4]. Neuere Definitionen gehen stärker davon aus, daß Öffentlichkeitsarbeit weniger eine nach außen gerichtete Spezialfunktion ist, sondern es grundsätzlich mit allen äußeren und inneren Kommunikations- und Interaktionszusammenhängen einer Organisation zu tun hat, die sie bewußtzumachen und gezielt zu fördern hat. Die Wissenschaft und die Praxis der Public Relations erscheinen unter kommunikations- und systemtheoretischer Perspektive als eine *conditio sine qua non* für das Funktionieren des heutigen hochkomplexen Beziehungsgefüges einer demokratischen Öffentlichkeit mit ihren zahllosen Subsystemen und ihrer hauptsächlich über die Medien verhandelten Interessen[5]. Man wird darum auf Dauer auch im kirchlichen Raum nicht dabei stehenbleiben können, unter Öffentlichkeitsarbeit nur das marginale Anhängsel einiger Spezialaufgaben an die »eigentlichen« Vollzüge der Kirche zu verstehen. Freilich: »Ein Verständnis von Öffentlichkeitsarbeit, das sich an einer kommunikativen Gemeindepraxis, an

den Vermittlungsaufgaben der Kirche und an ihrer Kommunikationsfähigkeit orientiert, ist erst in groben Zügen erkennbar.«[6]
Die Notwendigkeit einer bewußten Gestaltung von »öffentlichen Beziehungen« und die Herausbildung spezieller Kommunikationsformen ist im Grunde so alt ist wie die Menschheit selbst, insoweit sich in strukturierten sozialen Zusammenschlüssen auch Formen der Öffentlichkeit auszubilden begannen. Dieser Befund gilt besonders auch für die jüdisch-christliche Geschichte des Gottesvolkes, für die der Glaube niemals in erster Linie die Privatsache des einzelnen, sondern immer eine auf eine bestimmte religiöse Sozialform bezogene und von ihr wiederum ins weitere politisch-gesellschaftliche Umfeld reflektierte öffentliche Angelegenheit war. Auch Jesus steht mit seiner Verkündigung des Evangeliums in Worten und Zeichen primär in dieser Tradition und ebenso seine Kirche. Sie ist nach ihrem Selbstverständnis freilich nicht aus sich selbst Produzentin bestimmter selbstbezogener Zielsetzungen und der damit verbundenen öffentlichen Beziehungen, sondern »nur« Medium im Prozeß der schöpferischen Selbstmitteilung des dreifaltigen Gottes und seines Dialogs mit der Welt. Zugespitzt formuliert könnte man in der Kirche als ganze eine Public-Relation-Instanz sehen, durch die Gott in besonderer Weise mit seiner Schöpfung in Kontakt tritt und sie sich in versöhnender Überwindung von Beziehungsstörungen (Sünde) mit dem Ziel einer umfassenden Neugestaltung im wahrsten Sinne des Wortes einver»leibt«.
Die Kirche hat dabei in der Ausübung ihrer drei Grundaufträge von Verkündigung, Liturgie und Diakonie eine Fülle öffentlicher Kommunikationsformen und institutionalisierter Beziehungen ausgebildet, die vom speziellen Rede- und Dialoginstrumentarium (z.B. Homilie, Katechese, Apologetik) bis zur Vielfalt symbolischer Repräsentation in Architektur, bildender Kunst und Musik reicht. Es ist darum kaum zufällig, daß in modernen Handbüchern der Public Relations die geschichtliche Wirksamkeit der Kirche immer wieder einmal – ernst gemeint oder ironisch – als Paradebeispiel höchst erfolgreicher Öffentlichkeitsarbeit angeführt wird: »Auch die Kirchen sind Meister der Public Relations: sie verkaufen seit 2000 Jahren eine Ware, die noch niemand geprüft hat: das ewige Leben als Versprechen, wenn man zu Lebzeiten lieb ist und brav seinen Obolus abgibt.«[7]

III. Die »öffentlichen Beziehungen« der katholischen Kirche in der Gegenwart

Die katholische Kirche hat seit dem vorigen Jahrhundert gewiß sukzessive den Kontakt zu verschiedenen Bevölkerungsschichten und Lebensbereichen verloren und tut sich zunehmend schwer, Beziehungen zu neuen (post-)modernen Lebenswelten aufzubauen. Auf der anderen Seite leidet sie aufgrund ihrer komplexen volkskirchlichen Strukturen sowie der z.T. staatskirchenrechtlich garantierten Einbindung in das nicht minder differenzierte öffentliche Leben auch heute keineswegs an einem Mangel »öffentlicher Beziehungen« – im Gegenteil bestehen auf allen Ebenen kirchlicher, politischer und gesellschaftlicher Verantwortung mehr oder weniger institutionalisierte Kontakte, Gesprächsforen und Kooperationen. Deren Existenz wird auch – mehr oder weniger bewußt, professionell und gezielt – unablässig in den unterschiedlichsten kircheneigenen Medien und Publikationsmitteln wie auch im Forum der säkularen Medienwelt veröffentlicht: »Wenn man mit den Augen eines Marketing-Mannes auf den Erfolg der beiden Kirchen in unserem Land sieht, ist es erstaunlich, wie kräftig diese eigentlich noch sind, welche Stimme sie als Anteil an der Gesamtkommunikation der Gesellschaft noch haben. Nur wünschte man sich manchmal, daß das deutlicher zum Ausdruck käme, weil das Lärmniveau allgemein sehr hoch ist.«[8]

Genau hier liegt das größte Problem kirchlicher Öffentlichkeitsarbeit hierzulande: Die Vielfalt der Public Relations der Kirchen und ihrer medialen Vermittlungsversuche entspricht offenbar nicht der erwünschten Wirkung. Das »Image« der katholischen Kirche ist dem subjektiven Empfinden wie diverser Umfragen und Analysen zufolge eher schlecht (was freilich nicht selten auch die Kehrseite noch vorhandener, aber enttäuschter Erwartungen darstellt). Eine der Hauptursachen für dieses Mißverhältnis mag darin liegen, daß immer weniger Bürger und auch Katholiken das kirchliche Innenleben und seine vielfältigen Schnittstellen zur Gesellschaft aus eigenem Erleben kennen. Kirche konkretisiert sich für sie nicht mehr als eine bestimmte Pfarrgemeinde, als ein Verband oder gar als eine Diözese, denen man sich zugehörig fühlt, sondern verflüchtigt sich zu einer schematischen Fassade von Amtskirche, als deren öffentliche Repräsentanten neben dem Papst allenfalls noch die Bischöfe diffus wahrgenommen werden. Als wichtigste Informationsquelle tritt an die Stelle des kontinuierlichen, persönlichen Kontaktes hauptsächlich die Berichterstattung und Kommentierung kirchlicher Ereignisse in den Medien. Hier jedoch beherrschen bekanntermaßen einige partielle Reibungspunkte zwischen Kirche und modernem Leben das Bild.[9]

Es wäre zu einfach, diesen Befund einfach in eine generelle Medienschelte münden zu lassen, zumal – die Gründe seien hier einmal dahingestellt – es der Kirche derzeit nicht gelingt, durch Sachlösungen oder wenigstens eine Beruhigung der Fronten diese Reizthemen vom Feuer zu bekommen. Es sind auch nicht nur die Kirchen allein von einer zunehmenden Image-Verschlechterung betroffen, vielmehr dürfte z.B. auch die gegenwärtige Politik- und Parteienverdrossenheit wenigstens zum Teil mit der sukzessiven Akkumulation von konfliktorientierten Negativ-Schlagzeilen zusammenhängen, die das Bild einer Institution oder Organisation offenbar dauerhafter prägen als die weniger aufregenden Erfolge in der kontinuierlich geleisteten Alltagsarbeit – die ja durchaus auch in den (vor allem regionalen) Medien kommuniziert werden.

Das Institut Allensbach hat 1993 im Fazit der von der Deutschen Bischofskonferenz in Auftrag gegebenen demoskopischen Umfrage zu den Gründen der Kirchenaustritte die dringende Empfehlung ausgesprochen, die Kirche müßte angesichts der Verengung der öffentlichen Diskussion auf eine Erweiterung der im Zusammenhang mit der Kirche verhandelten Themenpalette hinarbeiten. Das ist freilich leichter gesagt als getan: An thematisch ergiebigen Gesprächsbeiträgen und an Engagement in vielfältigsten Bereichen öffentlichen Interesses besteht zwar, wie gesagt, an und für sich kein Mangel, wohl aber an einem Konzept, wie diese dauerhaft auch nur einen annähernd so hohen öffentlichen Aufmerksamkeitswert erlangen und damit zur kirchlichen Profilbildung beitragen könnten wie die erwähnten Reizthemen. Jene länger- oder auch langanhaltenden öffentlichen Diskussionen der Gegenwart, in denen es der katholischen Kirche gelang, wenigstens annäherungsweise geschlossen einen eigenen Standpunkt zu verdeutlichen, entsprangen weniger ihrer eigenen Initiative als einer defensiven Reaktion auf die gesellschaftlich-politische Infragestellung zentraler christlicher bzw. »katholischer« Werte, wie z.B. in der Diskussion um den § 218, das sogenannte »Kirchenasyl« oder jüngst das Karlsruher Kruzifix-Urteil. Hingegen die aus eigener Initiative entsprungenen Verlautbarungen und Aktionen der verschiedenen kirchlichen Absender unterschiedlicher Ebenen und Arbeitsgebiete, die Bemühungen um identitätsbildende Maßnahmen einzelner Einrichtungen erfolgen weitgehend in Eigenverantwortung, darum aber auch unkoordiniert mit der Gesamtheit, nicht selten sogar in verwirrender Konkurrenz, mit hohen Streuverlusten bei der Verbreitung und meist nur sehr kurzlebiger Resonanz im hektischen Mediengeschäft. Bei nicht wenigen kirchlichen Einrichtungen ist sogar die Tendenz zu beobachten, das Epitheton »katholisch« bei öffentlichen Auftritten wie bei personalen Kontakten eher schamhaft zu verbergen, wohl im Bestreben, nicht in den Sog des Negativ-Images der Kirche zu geraten und etwaige Berührungsängste seitens der Zielgruppe möglichst gering zu halten. Aus solchen kirchlich anonymisierten Kontakten erfolgen dann freilich auch keine positive Rückwirkungen auf das Gesamtbild der Kirche.

IV. Die »Magna Charta« kirchlicher Kommunikation

Wenn es zwar bislang auch kaum diözesane und überdiözesane Konzepte für die Aufgabe einer »integrierten Kommunikation« gibt, so haben wir als Frucht des Zweiten Vatikanischen Konzils von höchster Stelle immerhin seit einem Viertel Jahrhundert so etwas wie eine »Magna Charta« kirchlicher Öffentlichkeitsarbeit, und zwar in Form der Pastoralinstruktion über die Instrumente der sozialen Kommunikation »Communio et Progressio«[10]. In diesem Dokument ist von den Public Relations ausdrücklich zwar nur im 174. ihrer insgesamt 187 Kapitel die Rede. Vor dem Hintergrund der anfangs erwähnten neueren Definitionsversuche der »Public Relations« als »Grundform gesellschaftlichen Kommunizierens«[11] kann man jedoch feststellen, daß der weitgespannte Themenrahmen der Instruktion sich in nicht wenigen Fragestellungen mit dem Forschungsgebiet und der Praxis der Öffentlichkeitsarbeit deckt. Bemerkenswert scheint mir vor allem zu sein, daß die reichhaltigen Hinweise der Instruktion sich ganz ausdrücklich nicht auf einen Sonderbereich, sondern auf die Ausbildung und Ausübung aller zentralen kirchlichen Dienste und Lebensbereiche beziehen. Außerdem versteht das Dokument unter Kommunikation keineswegs nur eine Einbahnstraße, die von der Kirche in die Welt führt, vielmehr wird der sozialen Kommunikation bzw. den kirchlichen Kommunikationsstellen eine Vermittlungsrolle nach beiden Seiten zuerkannt: Der Austausch von Nachrichten und Informationen unter Voraussetzung eines partnerschaftlichen Kontakts der Kirche mit den verschiedensten Menschen und Gruppen sei nötig, »damit einerseits ein wahres Bild von der Kirche vermittelt wird, andererseits die Strömungen, Meinungen und Erwartungen der Öffentlichkeit sichtbar werden und die Verantwortlichen der Kirche darüber genau informiert sind« (Art. 175). An anderer Stelle wird den Kommunikatoren auch noch die Förderung des innerkirchlichen Gesprächs auferlegt (vgl. Art. 57). Diese Dreidimensionalität ist auch für viele neuere säkulare Reflexionen über die Aufgaben der organisierten PR kennzeichnend, die nicht mehr nur dem Modell einer rein von innen nach außen gerichteten Informationsstrategie folgen, sondern die Symmetrie, ja sogar den dialogischen Charakter der Öffentlichkeitsarbeit fordern – Aufmerksamkeit für die Wandlungen im gesellschaftlichen Umwelt als Voraussetzung z.B. für erforderliche Kurskorrekturen der Unternehmenspolitik[12] – und zugleich die Gestaltung der internen Kommunikation und Interaktion zum unbedingt gleichrangigen Aufgabenbereich der Öffentlichkeitsarbeit erklären[13].

Der Abschnitt 174 der Instruktion, der sich speziell mit den Public Relations befaßt, läßt seine Hinweise leider recht unverbunden im Gesamtkontext der Aussagen über die soziale Kommunikation stehen und bezieht sie zudem etwas vage auf die Personengruppe von (Presse-)-Sprechern und allen, »die sonst noch die Kirche in der Öffentlichkeit vertreten«. Diese freilich *»müssen die Regeln und Techniken der sogenannten ›Public Relations‹ gründlich beherrschen. Sie sollen die verschiedenen Strömungen im Publikum, das sie ansprechen, gut kennen und auf der Basis gegenseitigen Vertrauens und Verstehens fruchtbare Beziehungen zur Öffentlichkeit pflegen. Solche Beziehungen können sich nur dann entwickeln und von Dauer sein, wenn man einander als Mensch achtet und sich stets der Wahrheit verpflichtet weiß.«* In der besonderen Betonung zweier ethischer Grundsätze – die menschliche Achtung und die Verpflichtung zur Wahrheit – wird indirekt auch ein oft geäußerter Vorbehalt gegenüber diesem Tätigkeitsfeld deutlich, das sich nicht immer vor der Versuchung zur Manipulation, Schönrednerei oder Propaganda gefeit zeigt.[14]

V. Probleme der Öffentlichkeitsarbeit einer Diözese

Für ein Konzept der katholischen Öffentlichkeitsarbeit, das die Anregungen von »Communio et progressio« aufgreift, ist gewiß zunächst die Ebene der Ortskirche in den Blick zu nehmen, auf der kirchenrechtlich und organisatorisch die meisten Stränge kirchlicher Verantwortung zusammenlaufen. Die Frage nach einer genuinen, integrativen Zielsetzung diözesaner Public Relations ist den-

noch nicht ganz einfach. Zum einen hat man es auf diözesaner Ebene permanent mit Frage- und Problemfeldern zu tun, die nicht das Spezifikum einer einzelnen Diözese sind, sondern die katholische Kirche als solche bzw. die katholische Kirche in einem Land mit westlicher Zivilisation betreffen. Dies korreliert mit der Erwartungshaltung mittlerweile weiter Teile der Bevölkerung, für die Begriffe wie »Bistum« und »Diözese« schlichtweg unverständliche Fremdwörter sind. Auch Journalisten können oftmals mit bistumsbezogenen Informationen wenig anfangen, da sich die Reichweiten ihrer Zeitungen und Rundfunkanstalten nur in wenigen Fällen mit den Grenzen einer Diözese decken. Wie weit hat sich also die diözesane Öffentlichkeitsarbeit in ihrer Informationspolitik diesem Trend zu übergreifenden Themen und Informationswünschen zu widmen, wie weit soll sie diesem pauschalierten Kirchenbild eher entgegenwirken, in dem sie sich um die Erarbeitung eines besonderen Diözesanprofils bemüht?
Hinzu kommt das Problem, daß die Bistümer in sich ebenfalls föderativ aufgebaut sind, es also kaum möglich ist, Öffentlichkeitsarbeit für die abstrakte Größe eines Bistums als solchem zu machen. Vielmehr kann sich die diözesane Öffentlichkeitsarbeit immer nur auf das Bistum in seinen Konkretionen verschiedener Arbeitsbereiche und -ebenen beziehen, ist also auch hier vor allem eine Koordinierungs- und Vermittlungsinstanz. Diese spannungsvolle Aufgabe einer Vermittlung von Vielfalt und Einheit ist nicht schon durch die Verordnung eines einheitlichen Etiketts (etwa in Form eines gemeinsamen »Logos«) gelöst, vielmehr gilt es, auch die innere Rückbindung der verschiedenen Arbeitsbereiche an die Diözese als einer Ausprägung von katholischer Kirche zu verdeutlichen und vor allem auch deren gegenseitige Vernetzung zu fördern.
Diese Koordinations- und Integrationsleistung auf diözesaner Ebene kann freilich nicht nur von einer Arbeitsstelle für Öffentlichkeitsarbeit geleistet werden, sondern bedarf nicht zuletzt der Vorgaben und der Unterstützung seitens der diözesanen Führung (Public Relations sind nicht zuletzt, wenn nicht sogar vor allem auch eine Funktion des »Managements«). Die Frage nach dem spezifischen Profil der katholischen Kirche hierzulande und eines einzelnen Bistums wird sich dabei in den kommenden Jahren ohnehin verstärkt stellen, wenn angesichts der wachsenden Geld- und Personalnot jede Diözese neu überlegen muß, wo eigentlich ihre unverwechselbaren Kernbereiche in der Verkündigung und Verwirklichung des Evangeliums angesichts der gesellschaftlichen Situation hier und jetzt liegen. Bei diesem Prozeß einer Schwerpunktsetzung

und damit auch einer schmerzlichen Reduzierung mancher Felder bisherigen Engagements sollte die Notwendigkeit einer argumentativen, gesprächsorientierten Öffentlichkeitsarbeit nach innen und außen von vornherein berücksichtigt werden, damit sich die unvermeidlichen Konflikte nicht auf Jahre hin zu einem unkontrollierbaren Medienspektakel auswachsen.

VI. Erfahrungen einer vernetzten Öffentlichkeitsarbeit mehrerer Diözesen

1. Werbekampagne oder Öffentlichkeitsinitiative?

Eine dreijährige, gemeinsam von den Diözesen Limburg, Mainz, Speyer und Trier durchgeführte Öffentlichkeitsinitiative wollte in jüngster Zeit der Notwendigkeit einer sowohl auf überdiözesane wie innerdiözesane Integration bedachten, gezielten Kommunikation nachkommen. Ursprünglich kam die Idee von den Pressesprechern der Diözesen. Bald machten sie sich die Finanzdirektion zu eigen, die von der anhaltenden Diskussion um Sinn und Verwendung der Kirchensteuer sowie den steigenden Kirchenaustritten zunehmend beunruhigt waren. An vier säkulare PR-Agenturen erging darum im Sommer 1992 der Auftrag, ein Konzept zur Verbesserung der Akzeptanz der Kirchensteuer zu erarbeiten. Noch bevor die Diözesen sich jedoch klar darüber werden konnten, ob und wie sie sich auf dieses Experiment wirklich einlassen wollten, verbreitete sich schon über die Medien die Nachricht von einer geplanten millionenschweren »Werbekampage« der katholischen Kirche. Das Medieninteresse ist der Kampagne vor allem in den ersten Monaten übrigens so treu geblieben, daß es schwierig war, über das Stadium eines »the medium is the message« hinaus zu Plazierung konkreter Sachthemen zu kommen. Obwohl einzelne kirchliche Einrichtungen – vor allem, wenn sie auf immer wieder neu auf Kauf- oder Spendenentscheidungen angewiesen sind –, sich schon seit längerem des professionellen Know-hows »weltlicher« Berater bedienen, war es offensichtlich eine echte Sensation, daß nun die Kirche als solche, die sonst so oft und gerne belehrend den Zeigefinger erhebt, durch die Beauftragung einer Agentur den Offenbarungseid leistete, mit eigenen Kräften bei der gesellschaftlichen Kommunikation nicht mehr so recht weiterzukommen.

Eine Erwartungshaltung nach dem Motto »Wir liefern die Botschaften, und eine säkulare Agentur leistet den Transfer in die

Welt« war freilich zu optimistisch. Tatsächlich mußten sich nicht nur die Kirchenkreise erst an die Sondersprache der Anfang 1993 beauftragten Frankfurter Agentur gewöhnen, umgekehrt mußte sich auch das für das Kirchenprojekt abgestellte Agenturteam erst ausgiebig in die unübersichtliche Welt von gleich vier Diözesen sowie die kirchliche Denkweise einarbeiten. Im Laufe der Monate fand darum nicht nur ein Know-how-Transfer von der Agentur zu den Diözesen statt, sondern umgekehrt auch so etwas wie ein »Verkirchlichung« des Agenturteams, das sich sukzessive mit den Kirchen nahestehenden bzw. theologisch ausgebildeten Mitarbeiterinnen und Mitarbeitern anreicherte. Die Verständigung und Konsensbildung wurde durch diese Angleichung der Verstehensvoraussetzungen wesentlich erleichtert.

In der breiteren (kirchlichen) Öffentlichkeit war das in Leserbriefen und Protestschreiben lautwerdende Echo auf die vermeintlich geplante »Werbekampagne« negativer als in den Medien selbst. Hier schlugen grundlegende Vorbehalte gegenüber dem Instrument der »Werbung« durch, mit denen zwar auch die PR-Branche generell zu kämpfen hat[15], die im kirchlichen Bereich (bzw. ursprünglich im Gefolge Karl Barths und Reinhold Niebuhrs speziell in den evangelischen Kirchen) aber wohl noch ausgeprägter sind[16]: Gott bzw. Glauben und Kirche seien nicht wie ein Konsumartikel an den Zeitgeschmack zu vermarkten; die Kirche wolle durch Mittel der Werbung nur von ihren derzeitigen Schwächen ablenken und sich in einem selbstzufriedenen Pharisäismus ergehen.

Nicht zuletzt wurde der finanzielle Aspekt geltend gemacht: Drei Millionen Mark (für insgesamt drei Jahre und verteilt auf die Schultern von vier Diözesen) sind für den normalen Bürger und erst recht für den kirchlichen Mitarbeiterstab viel Geld, und dieses sollte nun verwerflicherweise für »Werbung« ausgegeben werden, statt damit im sozialen Bereich Gutes zu tun.[17] Eine »Werbekampagne« wäre mit unserem Etat freilich gar nicht zu finanzieren gewesen, weil Werbung weitgehend über bezahlte Flächen (Großplakatierung, Anzeigen, Fernseh- und Rundfunkspots u.ä.) läuft, während »Öffentlichkeitsarbeit«, die auf die freiwillige Kooperation der Berichterstatter in den Medien und die Unwägbarkeiten des persönlichen Dialogs angewiesen ist, in der Regel nur $^1/_{10}$ der Mittel einer Werbeaktion erfordert.

Im Rahmen der Initiative wurden zwar auch werbliche Kommunikationsmittel entwickelt, vor allem in Form einer durchlaufenden Plakatserie, die verschiedene »Botschaften« und Aufgabenfelder der Kirche (davon bewußt auch einige aus dem Bereich von Verkündigung und Spiritualität) vorstellte. Diese Motive konnten jedoch weitgehend nur über die kircheneigenen Aushangsflächen und vor allem die redaktionelle Medienberichterstattung publiziert werden.[18] Dies wiederum konnte nur gelingen, wenn die thematischen Aussagen – gemäß der Ethik einer seriösen Öffentlichkeitsarbeit und erst recht der Kirche selbst – nicht nur in blanken, ungedeckten Behauptungen dieser oder jener Stärke gegenwärtigen Kircheseins bestanden, sondern auch durch Argumente bzw. den Erweis einer Übereinstimmung von Wort und Tat begründet werden konnten. Begleitende Sachinformationen für die Pressearbeit und Pressekonferenzen sollten das leisten, aber auch mehrere – recht gelungene – Telefonaktionen, bei denen sich Repräsentanten der Kirche und Fachleute der jeweiligen Arbeitsbereiche den ungefilterten Fragen seitens der breiten Bevölkerung stellten.

2. Auf der Suche nach dem »wahren« Bild der Kirche

Die ursprüngliche thematische Zielsetzung der Initiative – die Akzeptanz der Kirchensteuer zu erhöhen – erwies sich sehr schnell als zu eng, da es sich bei der Kirchensteuerfrage im Grunde nur um eine Stellvertreterdiskussion handelt. Da eigentliche Problem liegt bei der schwächer werdenden Akzeptanz der Kirche als solcher. Es mußte also grundlegender darum gehen, in der öffentlichen Meinungsbildung das vorherrschende Bild der katholischen Kirche hierzulande – ihr »Image« – zu differenzieren und aufzuhellen. Der Imagebegriff leidet freilich selber unter einem Negativ-Image, insofern unter den z.T. unbewußten Vorurteilen bei der Verhältnisbestimmung von Wirklichkeit und Abbild vielfach angenommen wird, es ginge bei der Arbeit am Image einer Organisation nur um eine fragwürdige, weil die Realität verdeckende Kosmetik. Die Frage und die Suche nach einem kohärenten und glaubwürdigen Image ist – wenn auch nicht unumstritten – für den Bereich der Public Relations freilich unverzichtbar: Images sind als Orientierungskategorie »ein wesentlicher Teil jedes Kommunikationprozesses. Wie kann man mit Öffentlichkeiten kommunzieren, wenn diese nicht wissen, wer man ist?«[19] Die Pastoralinstruktion »Communio et progressio« zeigt übrigens grundsätzlich keine Berührungsängste gegenüber dem Begriff des Bildes (imago), insofern an mehreren Stellen die erste Aufgabe der kirchlichen Öffentlichkeits- und Medienarbeit darin gesehen wird, »ein zutreffendes Bild von der Kirche und ihrem Leben« (Art. 122) bzw. »ein wahres Bild von der Kirche« (Art. 174) zu vermitteln.

Beim Versuch, diese Vorgabe praktisch in der Öffentlichkeitsarbeit umzusetzen, stößt man freilich sofort auf eine Fülle von Problemen. Zunächst: Definieren sich »zutreffend« und »wahr« durch einen Bezug auf das sakramentale und eschatologische Selbstverständnis der Kirche oder bestimmen sich diese Adjektive in bezug auf die gelebte Realität, die hinter diesem leuchtenden Vor-Bild notwendig immer zurückbleibt?[20] Des weiteren: Es gab bekanntlich zu keiner Zeit – noch nicht einmal im Neuen Testament – nur *ein* Bild von der Kirche und entsprechend auch niemals nur *eine* konkrete Ausformung des kirchlichen Lebens[21]. Erst recht ist die Gegenwart von einer extensiven Pluralisierung der Kirchenbilder gekennzeichnet, und dies bekanntlicherweise nicht nur im Sinne eines schiedlich-friedlichen Neben- und Miteinanders, sondern vielmehr noch als ein kämpferisches, von interner wie öffentlich ausgetragener Ab- und Ausgrenzung bestimmtes Gegeneinander. Hinzu kommen eine Reihe mehr externer (aber durchaus auch innerkirchlich vorfindlicher) Bilder, etwa von der Kirche als einem sozialen Dienstleistungsbetrieb oder als eine auf die individuelle Kontingenzbewältigung in existentiellen Krisensituationen spezialisierte Agentur.

Der Problematik eines einheitlichen Images entspricht auf der Innenseite die Frage der »Corporate Identity«, d.h. der integrierenden Identität bzw. Selbstidentifikation einer Organisation bzw. ihrer Glieder. Auch gegenüber diesem Begriff gibt es eine Reihe von moralischen Vorbehalten, etwa im Blick auf die berüchtigte interne Unternehmenspolitik japanischer Unternehmen, die Firmenzugehörigkeit zur primären Existenzkategorie ihrer Mitarbeiter zu machen. Kirchlicherseits muß man meines Erachtens die Ausbildung einer »Corporate Identity« jedoch keineswegs ablehnen, denn wenn es eine Institution gibt, die gegenüber ihren Gliedern diesen Anspruch mit allem Recht erheben kann, so ist es doch gerade die Kirche als »Leib Christi«. Freilich ist es um diese »Leib-Identität« und das damit verbundene »Wir«-Gefühl nicht minder schlecht bestellt als um die Suche nach einem die Vielfalt der Kirchenbilder integrierenden Leitbild der internen und externen kirchlichen Kommunikation.

Für die Konzeption einer längerfristigen Aktion zur Akzeptanz der Kirche stellte sich also grundsätzlich wie auch bei der Planung jeder einzelnen Maßnahme die Frage, welchem der verschiedenen Kirchenbilder und unterschiedlichen Formen der Selbstidentifikation man inwieweit entgegenkommen dürfe, ohne den innerkirchlichen Streit in kontraproduktiver Weise zu verschärfen und ohne den verkürzten Aufgabenzuweisungen an die Kirche seitens der Gesellschaft weiteren Vorschub zu leisten. Die Diskussion um die Ziele der Initiative stand dabei vor allem am Anfang immer wieder in der Gefahr, einen Stein aufheben zu wollen, der für eine solche begrenzte Kampagne viel zu schwer ist, nämlich nichts weniger als zunächst eine Reform der Kirche selber zu versuchen, bevor man sich an die Öffentlichkeit wagt. Im März 1993 wurde schließlich festgehalten, daß es das Ziel der Gesamtinitiative sein solle, »eine begründete und begründbare Kirchenmitgliedschaft in der katholischen Kirche zu fördern«, wobei die Kirche nicht als »Trägergesellschaft von Serviceleistungen« vorgestellt werden solle, vielmehr die »Beziehung zum Evangelium im Auge zu behalten« sei und Inhalte sowie Argumente nicht (nur) den gegenwärtigen Trends des Zeitgeistes entsprechen dürften.

3. Kommunikation einer Existenz »nicht von dieser Welt, aber in dieser Welt«

Schon bei der Präsentation eines ersten Konzeptes seitens der schließlich auch beauftragten Agentur brach die Frage nach dem Leitbild kirchlicher Kommunikation mit aller Schärfe auf. Der durchlaufende »Slogan« der Initiative sollte nämlich nach Vorstellung der Agentur lauten: »Wir sind von dieser Welt«. Der Vorschlag hatte ohne Zweifel die Stärke, daß er die Katholiken – die sich in diversen Arbeitsgruppen und diözesanen Gesprächsforen damit auseinandersetzen – unmittelbar ins Mark ihrer verunsicherten Identität traf und entsprechende Diskussionen auslöste. Vom einen Teil wurde er mit großer Begeisterung aufgenommen, denn genau das wollte man sein: »von dieser Welt«, d.h. nicht weltfern und weltfremd, sondern weltzugewandt, auf der Höhe und am Puls der Zeit, mit beiden Beinen im Leben stehend. Die »Gegenfraktion« lehnte den Slogan ebenso dezidiert ab, und zwar vor allem aus biblischen und theologischen Erwägungen. Er war nämlich – vermutlich eher unbewußt – in direktem Gegensatz zum Johannesevangelium formuliert, in dem Jesus nicht nur vom Reich Gottes, sondern auch direkt von seinen Jüngern und Jüngerinnen sagt: »Die Welt hat sie gehaßt, weil sie nicht von dieser Welt sind, wie auch ich nicht von der Welt bin« (Joh 17, 14; vgl. 15, 19). Der Slogan erlag also der Versuchung, angesichts des gegenwärtig wieder verstärkt spürbaren Vorbehalts der »Welt« gegenüber der Kirche die johanneische Spannung eines Seins »nicht von der Welt, aber in der Welt« einseitig aufzulösen und hätte der Akzeptanz wie der Orien-

tierung der Initiative darum einen schlechten Dienst erwiesen. Aus einer Mischung von theologischen und pragmatischen Erwägungen wurde dieser Slogan darum schließlich auch abgelehnt.[22]
Die Diskussion um die Formel »Wir sind von dieser Welt« erhielt damals zusätzlich eine reizvolle dialektische Note, als just zur selben Zeit eine Biermarke eine umfangreiche Anzeigenkampagne mit der unverfälschten Kurzformel von Joh 15, 19 und 17, 14 startete: »Nicht von dieser Welt«. Warum darf ein so überaus irdisches Produkt wie ein Bier heutzutage mit offenbar verkaufsfördernder Wirkung einen quasi-theologischen Anspruch stellen, der der Kirche als ursprünglicher Bezugsgröße bei der Gestaltung ihrer Public Relations verwehrt wird? Gewiß liegt der Grund zu einem guten Teil darin, daß die Behauptung »nicht von dieser Welt« dem Bier zwar möglicherweise eine diffuse Aura von außerirdischer Qualität zu verleihen vermag, aber jeder Betrachter dieser Anzeigen natürlich weiß, daß dieser Anspruch nicht ernst gemeint, sondern eben nur ein Werbegag ist. Wenn die Kirche hingegen sich explizit als »nicht von dieser Welt« präsentieren würde, liegt die begründete Vermutung nahe, daß diese Aussage durchaus ernst gemeint sei, wobei es dann äußerst schwierig wäre, den tieferen Sinn ihrer dialektischen Existenz zwischen ihrem transzendenten Ursprung und Ziel einerseits und ihrem möglichst hautnahen Weltengagement andererseits herauszuarbeiten. Dieses Beispiel zeigt meines Erachtens auch, daß das Problem, wie sich die Kirche der Welt von heute verständlich machen kann, nicht einfach mit dem pauschalen Hinweis auf ihre veraltete Sprache und die erforderliche Modernisierung ihrer Ausdrucksweise erledigt werden kann. Die »Welt« versteht manchmal diese Sprache durchaus – zumindest auf einer unbewußten, emotionalen Ebene. Die Differenz liegt tiefer auf der Ebene des Wahrheitsanspruchs bzw. des, wenn ich so sagen darf, ontologischen Status dieser Sprache und Begriffe, reicht damit aber auch in den Bereich jenes Ärgernisses, das unablösbar mit dem Evangelium, das »nicht von dieser Welt« ist, verbunden ist.
Von den früheren Erfolgen der Kirche bei ihrer »Imagebildung« durch eine aussagekräftige Symbol- und Zeichensprache zehren die säkulare Werbewirtschaft und Kulturszene auch im Gebrauch verschiedener Versatzstücke wie weihrauchgeschwängerter romanischer Kirchenräume, Beichtstühle, Mönche, Nonnen und soutanierter Kleriker, liturgischer Details und alter Sakralmusik, durch die sie – z.T. affirmativ, z.T. kontrastiv – ihre eigenen Botschaften verdeutlichen. An die kirchliche Öffentlichkeitsarbeit wird nun – von außerhalb der Kirche fast noch mehr als von innen – immer

wieder der gute Rat herangetragen, sich dieser ureigenen Zeichen und Symbole bei der Formung ihres Erscheinungsbildes doch wieder zu bemächtigen. Dies geschah auch in manchen Text- und vor allem Bildvorschlägen seitens unserer PR-Agentur. Die Öffentlichkeitsarbeit der Kirchen kann freilich in vielen Bereichen unmöglich solche Vorschläge übernehmen, wenn sie sich dem Auftrag, ein »wahres« und »zutreffendes« Bild von der Kirche zu vermitteln, verpflichtet weiß. Sie kann sich nicht generell mit einem Bild behaften bzw. behaften lassen, das sich ausschließlich aus Relikten ihrer Vergangenheit zusammensetzt, und etwa in einer Zeit, in der kaum noch Priester in Soutane vorkommen und es viele pastorale Laienmitarbeiter/innen gibt, Gestalten in Soutane zur Verdeutlichung von Seelsorge einsetzen. Vielfach aber hat sich das heutige Erscheinungsbild kirchlichen Wirkens – zumindest äußerlich – der »Welt« in einem Maße angepaßt, daß nur noch das begleitende Wort verdeutlichen kann, daß es sich hier um eine kirchliche Tätigkeit handelt: die individuellen und kollektiven Gesprächssituationen in der Seelsorgs- und Bildungsarbeit, die caritativen Tätigkeiten unterscheiden sich eben auf den ersten Blick nicht mehr von den analogen Tätigkeitsbereichen weltlicher Dienstleistungen. Das mag wünschenswert sein oder nicht, für die Öffentlichkeitsarbeit stellt sich damit in jedem Falle immer wieder die Frage nach der Möglichkeit unmittelbar wiedererkennbarer Merkmale kirchlichen Wirkens.

4. Externe und interne Kommunikation der Kirche

Die Öffentlichkeitsinitiative der vier Bistümer war von vornherein nicht als Missionierungskampagne von Nichtchristen konzipiert, vielmehr wollte sie den Kontakt zu den in ihrer Zugehörigkeit oder in ihrem Selbstbewußtsein verunsicherten Kirchenmitglieder suchen. Da die Kirchenmitglieder jedoch keine abgrenzbare gesellschaftliche Sondergruppe darstellen, sondern noch immer in hunderttausendfacher Personalunion mit der breiten Bevölkerung identisch sind, sollte dieses Ziel vor allem »durch eine stärkere und selbstbestimmte Beteiligung der Kirche am öffentlichen Gespräch (Medienpräsenz) erreicht werden«. Es wurde anfangs lange über die Art der erforderlichen Verzahnung von nach außen gerichteten Öffentlichkeitsmaßnahmen und einer nach innen gerichteten Förderung der Kommunikation nachgedacht, zumal die haupt- und ehrenamtlich engagierten Katholikinnen und Katholiken nicht nur als Adressaten, sondern selbst wiederum als Multiplikatoren gewonnen werden mußten. So wichtig es war, daß vor allem die beteiligten Bischöfe ihren Willen zu dieser Aktion deutlich zum Ausdruck brachten, ließ sich die Einbindung der verschiedenen diözesanen Kräfte nicht allein durch den Einsatz bischöflicher Autorität erreichen, vielmehr mußte in vielen Debatten und Informationen immer wieder um einen Konsens für das Experiment dieser Öffentlichkeitsinitiative oder wenigstens eine Duldung gerungen werden. Ein schier unüberwindliches und größtenteils organisatorisch-technisches Problem war dabei nicht zuletzt immer wieder die Frage, wie angesichts des eher zähen mündlichen Informationsflusses aus diözesanen Arbeitsstellen und Gremien in die jeweils untergeordneten Ebenen sowie der notorischen Verstopfung der Pfarrbüros mit schriftlichen Materialien die Verbreitung solcher Übereinkünfte und der jeweiligen konkreten Maßnahmen in die Gemeinden hinein gelingen könnte.

5. Mehr als nur eine Plakataktion

Aus der großen Liste anderer teils analytischer, teils kommunikativer Maßnahmen der dreijährigen Initiative kann hier nur noch stichwortartig das eine oder andere genannt werden: eine große Malaktion zum Thema »Fremdenfreundlichkeit« unter Mitwirkung z.B. vieler Schulklassen, Gemeinden, aber auch Repräsentanten aus den Bereichen Politik, Sport und Kultur; Unterstützung bei der Vorbereitung der Pfarrgemeinderatswahlen 1995; Entwicklung mehrere Kommunikationsmittel zum wieder neu entflammten Thema »Kirchensteuer«: Faltblätter, für die sich die vier Diözesen mühsam auf ein gemeinsames Schema in der Darstellung ihrer Haushalte geeinigt haben; Konzepte für eine Ausstellung sowie eine Art von diözesanem »Geschäftsbericht«; umfangreiche Materialien für den Religionsunterricht sowie Vorarbeiten zu einem Wissensspiel rund um kirchliche und religiöse Themen und ein Konzept innerdiözesaner Krisenkommunikation. In der letzten Phase der Initiative konzentrieren sich die gemeinsamen Bemühungen von Diözesen und Agentur schließlich auf die wenigstens ansatzhafte Implementierung verbesserter Strukturen in der innerdiözesanen Aus- und Fortbildung sowie der – auch thematischen – Vernetzung im Bereich von Öffentlichkeitsarbeit.

VII. Aufgaben künftiger Öffentlichkeitsarbeit der katholischen Kirche

1. Ergebnis und Weiterführung einer stärkeren Zusammenarbeit

Es ist aus verschiedenen Gründen schwer, die Frage zu beantworten, was die interdiözesane Öffentlichkeitsinitiative denn nun »gebracht« hat. Es ist zwar nachzuweisen, daß die Berichterstattung über einzelne Maßnahmen eine stattliche Zahl von Haushalten in der ganzen Bundesrepublik erreicht hat, aber damit ist noch nichts über deren tatsächliche Wirkung ausgesagt. Da die Initiative de facto nur aus ersten Versuchen und kleinen Bausteinen neben dem ansonsten ungebremst wie bisher weiterlaufenden Public-Relations-Betrieb der katholischen Kirche auf allen Ebenen bestand, wäre es unsinnig, etwa Schwankungen der Kirchenausstrittszahlen, partielle Imageveränderungen oder auch die immerhin leicht gestiegene Beteiligung an den Pfarrgemeinderatswahlen als alleinige Wirkungen der Initiative vereinnahmen zu wollen. In jedem Fall ist innerhalb der beteiligten Diözesen vielfach die Aufmerksamkeit in Sachen Öffentlichkeitsarbeit der Kirche geschärft worden.
Es war zudem ein Fortschritt, daß vier Diözesen gemeinsam und bewußt als katholische Kirche aufgetreten sind, gemeinsame thematische Schwerpunkte gesetzt und unter Verteilung des Arbeitsaufwandes Materialien mit einheitlichem Erscheinungsbild entwickelt haben. Dadurch wurde nicht nur eine diözesenübergreifende Vernetzung – verbunden mit wertvollem Erfahrungsaustausch – erreicht, sondern zugleich auch die wenigstens partielle Einbindung der verschiedenen Träger kirchlicher Arbeit innerhalb der einzelnen Bistümern. Auf dieser Linie müßte in Zukunft – ob mit oder ohne Hilfe externer Profis – unbedingt weitergearbeitet werden.
Das gilt um so mehr, als der Bedarf an knapp gefaßter, allgemeinverständlicher Grundinformation und größerer Transparenz des kirchlichen Lebens spürbar wächst. Hier berühren sich die Aufgaben der Öffentlichkeitsarbeit auch mit der im pastoralen und katechetischen Bereich erforderlichen »Elementarisierung« des Glaubens. Solche kommunikativen Mittel zu den Grundfragen von Glauben und Kirche sollten meines Erachtens in Zukunft möglichst gemeinsam von bzw. für die 27 Diözesen konzipiert werden.
Hilfreich wären in diesem Zusammenhang Überlegungen, ob vor allem auf überdiözesaner Ebene in gemeinsamen Beratungen zwischen den Stellen für Öffentlichkeits- und Medienarbeit und den

Bischöfen in der Vielzahl von kirchlich relevanten Themen nicht verstärkt längerfristige Schwerpunkte gefunden und von den Diözesen samt ihrer verschiedenen Kommunikationsebenen mitgetragen werden könnten. In der »Woche für das Leben« und im Konsultationsprozeß zur wirtschaftlichen und sozialen Lage gibt es ja auch schon gute Schritte in diese Richtung. Freilich setzt dies auf den verschiedenen Ebenen die Bereitschaft voraus, solche Formen thematischer Konzentration nicht nur als unzulässigen und störenden Eingriff in die eigenen autonomen Planungen und Programme zu sehen, sondern als Unterstützung, die unnötige Mehrarbeit erspart, die öffentliche Resonanz verstärkt sowie generell die Identifizierbarkeit kirchlicher Anliegen intern wie extern fördert.

2. Flüssigerer innerkirchlicher Austausch

Damit verbunden ist wiederum die Aufgabe einer nicht zuletzt organisatorischen Verbesserung des innerkirchlichen Informationsaustausches, der bisher weitgehend – mit zeitlichen Verzögerungen, hohen Kosten und Streuverlusten – durch Druckerzeugnisse über den Postweg erfolgt. Wenigstens mittelfristig, vielleicht aber sogar schon kurzfristig zeichnet sich hier im Ausbau und der verstärkten Nutzung der Computernetze eine alternative Möglichkeit ab, im Bereich der internen wie externen Kommunikation Informationen und Arbeitshilfen unterschiedlicher Absender rasch für einen Abruf nach Bedarf bereitzustellen.

3. Theologische Reflexion kirchlicher Public Relations

Eine längerfristige PR-Initiative gilt gemeinhein als die »hohe Schule« der Public Relations, denn sie zwingt eine Organisation, sich über die eigene Identität und Zielsetzung sowie die Art ihrer internen und externen Interaktion grundsätzlich klarzuwerden. Es muß meines Erachtens jenseits spezifischer kirchlicher Arbeitsgebiete und ihrer jeweiligen Zielgruppendialoge auch der Versuch unternommen werden, die Kirche samt ihrem Auftrag als integrative Größe auf den großen Foren der gesellschaftlichen Kommunikation wieder stärker sichtbar werden zu lassen, wenn man nicht auf Dauer das »katholon« in eine Vielzahl einzelner Segmente zerfallen lassen will. Als Quereinsteigerin aus den Gefilden der akademischen Theologie habe ich nicht zuletzt dank der Öffentlichkeitsinitiative sehr schnell zu sehen gelernt, daß ich bei den Public Relations nicht in einem beruflichen Randgebiet der Kirche gelan-

det bin, sondern hier fortwährend mit Grundfragen der christlichen und kirchlichen Existenz konfrontiert werde.
Darum wünsche ich mir, daß man in Zukunft schon im Bereich der theologischen Wissenschaften selbst den Aspekt der Public Relations als (eine) Grundform kirchlicher und gesellschaftlicher Kommunikation stärker berücksichtigt, den Anschluß an das säkulare Reflexionsniveau von Theorie und Praxis der Öffentlichkeitsarbeit findet und an die kirchlichen Bedingungen adaptiert[23]. Hier stellen sich nicht nur Aufgaben für die praktische Theologie, sondern zunächst vor allem für die Fundamentaltheologie (teilweise auch die Dogmatik) und die christlichen Gesellschaftswissenschaften. Wenn schon für den säkularen Bereich gilt, daß die Geschichte der Öffentlichkeit als Problemfeld auch einer Public-Relations-Theorie bisher kaum aufgearbeitet wurde[24], so gilt dies erst recht für die genannten theologischen Disziplinen. Sie müßten sich noch stärker z.B. einer Reflexion des spezifischen, gegenüber der »Welt« durchaus dialektischen Öffentlichkeitscharakters von Offenbarung, Verkündigung und Kirche widmen. Aus verschiedenen Teilbereichen der Theologie – etwa der Gesellschaftslehre oder des (Staats-)Kirchenrechts – und einigen Sondertheologien gibt es hierzu schon etliche Ansätze[25].

4. Einbindung der Öffentlichkeitsarbeit in die theologisch-praktische Ausbildung

Schließlich müßte man in Deutschland auch hinsichtlich der Public Relations versuchen, dem dringenden Wunsch der Instruktionen »Communio et progressio« und »Aetatis Novae« nach einer Integration des Aufgabenspektrums der »sozialen Kommunikation« in die kirchlichen Ausbildungsgänge nachzukommen[26]. Wenn »die soziale Kommunikation bei allen Gesichtspunkten des kirchlichen Sendungsauftrags eine Rolle spielen« soll (Aetatis novae, a.a.O. 21), wäre es im Rahmen der theologischen Ausbildung wichtig, von verschiedenen Disziplinen aus zunächst ein Verständnis für die grundsätzlichen Fragestellungen und Aufgaben bewußt gestalteter »öffentlicher Beziehungen« zu wecken. In zweiter Linie sollten sich die Diözesen überlegen – in einigen gibt es dazu schon Konzepte und Ansätze – , für welche Berufsgruppen bzw. Dienststellen zusätzlich spezielle Aus- und Fortbildungen in den verschiedenen Techniken der Public Relations vonnöten und auch verpflichtend wären, und ein entsprechendes kohärentes Angebot erarbeiten.[27]

5. Das eine Notwendige

Öffentlichkeitsarbeit kann und soll die kirchlichen Grundaufträge von Verkündigung, Liturgie und Diakonie nicht ersetzen, vielmehr setzt sie deren wenigstens partielles Gelingen voraus. Eine Kirche, die hier auf der ganzen Linie versagen würde, kann auch mit den Mitteln der Öffentlichkeitsarbeit nicht gerettet werden. Das Verständnis der Public Relations und die Anwendung ihres praktischen Instrumentariums kann jedoch das Gelingen dieser kommunikativen Grundaufträge vielfach fördern. Die Klärung der eigenen Identität, dialogbereite Offenheit und Glaubwürdigkeit sind dabei sowohl Voraussetzung wie auch immer wieder Ziel. Das aber sind bekanntlich nicht nur nur Kategorien der Öffentlichkeitsarbeit, sondern grundsätzliche Merkmale des christlichen Lebens, das als ganzes ein öffentliches, freimütiges und glaubwürdiges Zeugnis für die Wahrheit sein soll. Insofern ist letztlich jeder Christ ein Öffentlichkeitsarbeiter bzw. eine Öffentlichkeitsarbeiterin im Auftrag des Herrn der Kirche.
Der Bischof von Mainz stellt sich nicht nur als Theologe und Repräsentant der Kirche selbst unermüdlich dem innerkirchlichen Gespräch wie auch der öffentlichen Kommunikation mit Gesellschaft und Medien, sondern mahnt zugleich auch immer wieder, das eine Notwendige beim Christsein in allen Formen öffentlichen Engagements – und das gilt auch als kritische Korrektiv für die Öffentlichkeitsarbeit – nicht aus dem Auge zu verlieren: *»Das Auftragswort des auferstandenen Herrn ›Ihr werdet meine Zeugen sein ... bis an die Grenzen der Erde‹ gilt für alle und für jeden an seinem Ort. Dies ist für die Christen der Platz, an den Gott uns zum Zeugnis hingestellt hat. Hier ist der erste und unersetzliche Ort unserer Bewährung. (...) Wenn wir nicht zuerst und in allem dem spirituellen Leben und der Erneuerung des Glaubens Vorrang geben, täuschen wir uns selbst über seine tiefe Krise hinweg. Deshalb müssen alle unsere Reformvorhaben sich fragen lassen, ob sie an dieser Stelle genügend tief ansetzen (...): alles, was das christliche Lebenszeugnis nach innen und nach außen fördert, besitzt eine erste Dringlichkeit.«*[28]

Anmerkungen

1 Vgl. J. H. Bürger, PR. Gebrauchsanleitungen für praxisorientierte Öffenlichkeitsarbeit, Landsberg 1989, 25. Nachlieferung 1996.
2 Vgl. dazu H. Avenarius/W.Armbrecht (Hrsg.), Ist Public Relations eine Wissenschaft? Opladen 1992.
3 Vgl. dazu G. Barthenheier, Auf der Suche nach Identität – Zur historischen Entwicklung der Öffentlichkeitsarbeit/Public Relations, in: G. Haedrich/G. Barthenheier/H. Kleinert, Öffentlichkeitsarbeit. Dialog zwischen Institutionen und Gesellschaft. Ein Handbuch, Berlin/New York 1982, 3–13; W. Faulstich, Grundwissen Öffentlichkeitsarbeit: kritische Einführung in Problemfelder der Public Relations, Bardowick 1992 (= IfAM-Arbeitsberichte 6), 103f.
4 Vgl. Faulstich, ebd. 9.
5 Vgl. Faulstich, ebd. 17 sowie H. Avenarius, Public Relations. Die Grundform der gesellschaftlichen Kommunikation, Darmstadt 1995 (hier auch ein guter Überblick über die weitläufigen praktischen und theoretischen Selbstbestimmungsbemühungen der PR-Branche).
6 H. Tremel, Art. Öffentlichkeitsarbeit (der Kirche), in: Theologische Realenzyklopädie, Bd. 25, Berlin/New York 1995, 26–29, 28 (im Blick auf den in dieser Aufgabe sogar schon weiter fortgeschrittenen evangelischen Bereich formuliert).
7 Bürger, PR, a.a.O. 7.
8 Peter Carlberg im Interview »Mission ist Werbung für den Glauben«, in: Herder-Korrespondenz 46 (1992) 314–319, 317.
9 Vgl. zur Differenzierung dieser mehr pauschalen Bemerkungen K. Lehmann, Kirchliche Konflikte in der Öffentlichkeit, in: ders., Glauben bezeugen, Gesellschaft gestalten. Reflexionen und Positionen, Freiburg/Basel/Wien 1993, 475–480.
10 Herausgegeben von der Päpstlichen Kommission für die Instrumente der sozialen Kommunikation, Trier, [2]1991.
11 Avenarius, Public Relations, a.a.O. 52.
12 Vgl. dazu z.B. Avenarius ebd. 21, 53, 88f.
13 Vgl. dazu z.B. Faulstich, Öffentlichkeitsarbeit, a.a.O. 26, sowie die Beiträge von Wilhelm Scior und Michael Kalmus zum Bereich der »Unternehmensinternen Öffentlichkeitsarbeit«, in: Haedrich/Barthenheier/Kleinert, Öffentlichkeitsarbeit, a.a.O. 77–103.
14 Vgl. dazu R. Hammerschmidt, Öffentlichkeitsarbeit der Katholischen Kirche, in: Haedrich/Barthenheier/Kleinert, Öffentlichkeitsarbeit, a.a.O. 395–404; 396.
15 Es fehlt nicht an vielfältigen Abgrenzungsversuchen zwischen den beiden Bereichen: Während die Werbung als eine meist auf die unmittelbare Kaufentscheidung zielende, einlinig erfolgende, mit eher emotionalen Mitteln arbeitende Strategie angesehen wird, sieht man die Öffentlichkeitsarbeit als eine eher langfristig und mit argumentativen Mitteln auf Überzeugung bauende, dialogorientierte Kommunikationsform an. Diese Differenzierungsversuche trifft man – z.T. jedoch auch wiederum kritisch in Frage gestellt – in praktisch allen Handbüchern und Theorieversuchen zur Öffentlichkeitsarbeit an, vgl. z.B.

Faulstich, Öffentlichkeitsarbeit, a.a.O. 9 ff; Gero Kalt (Hrsg.), Öffentlichkeitsarbeit und Werbung. Instrumente, Strategien, Perpektiven, Frankfurt 1994.

16 Vgl. dazu z.B. B. Müller, Kommunikation kirchlicher Organisationen. Funktionen der Werbung in der Kirche, Gütersloh 1975; St. W. Hillebrecht, Kirchliche Werbung. Ein Abriß ihrer Geschichte, in: Communicatio Socialis 28 (1995) 228 – 252. H. Albrecht, Kirche und Werbung: Dem Worte zum Bilde verhelfen, in: Holger Tremel/Rainer Lange (Hrsg.), Öffentlichkeitsarbeit der Kirche, völlig neubearbeitete 3. Auflage, Hamburg/Stuttgart 1995, 76 – 86. In »Communio et Progressio« (Art. 59 – 62) wird die Werbung als Orientierungsmittel akzeptiert, solange sie sich auf wahrheitsgemäße Produktinformation beschränkt, und kritisiert, insofern sie durch den bloßen Reiz der Instinkte zum Kauf unnötiger Produkte verführt. Die Pastoralinstruktion »Aetatis Novae«, die 1992 nochmals einige Themen von »Communio et Progressio« aufgegriffen hat, erwähnt die Werbung nur noch unter diesem negativen Aspekt verantwortungsloser Manipulation (vgl. in der Ausgabe des Sekretariats der Deutschen Bischofskonferenz als »Arbeitshilfe Nr. 98«, 10). Ähnlich ist die Position im Zweiten Band des Katholischen Erwachsenenkatechismus (1995), 464 f, wogegen übrigens dieser Tage aus den Reihen der Werbewirtschaft öffentlicher Protest angemeldet wurde (vgl. KNA-Inlandsdienst Nr. 36, 21.2.1996).

17 Im übrigen ist »Communio et progressio« auch in der Geldfrage dem Bewußtsein des Kirchenvolks voraus gewesen, insofern sie forderte, daß die kirchlichen Medienbeiträge von ihrer Qualität »unbedingt auf der Höhe der nichtreligiösen Produktionen stehen« müßten (Art. 128) und die Gläubigen angesichts der erforderlichen »beträchtlichen Geldmittel« für die verschiedenen Öffentlichkeitsaufgaben ihrer Verantwortung für diesen Bereich »auch durch großzügige finanzielle Unterstützung« gerecht zu werden hätten (Art. 133).

18 Ein Versuch, die Motive auch in Form von Kino-Spots bekanntzumachen, scheiterte freilich am Gelächter des Kino-Publikums bzw. eigentlich ihrer – a conto begrenzter Mittel – mangelnden Qualität.

19 Avenarius, Public Relations, a.a.O. 160, sowie insgesamt ebd. 156 ff; vgl. weiter z.B. Faulstich, Öffentlichkeitsarbeit, a.a.O. 68ff.

20 Die gleichzeitige PR-Initiative des Evangelischen Stadtkirchenverbandes Köln ging offenbar diesen Weg, da ihre Plakatentwürfe z.T. in einer schonungslosen Offenlegung eigener Schwächen und de facto nicht eingelöster Ansprüche bestanden, verbunden mit dem Aufruf »Misch dich ein«. Vgl. dazu: Misch Dich ein. Standpunkte verstehen, Wandel beginnen. Die Kommunikationskampagne des Evangelischen Stadtkirchenverbandes Köln, hrsg. v. M. Kock, Köln (Buchhandlung C. Roemke & Cie. etc.) o.J. (1995).

21 Vgl. z.B. nur die Aufzählung der verschiedenen biblischen »Bilder«, in denen sich »das innerste Wesen der Kirche« erschließt, in Art. 6 von »Lumen Gentium«.

22 Erst kurz vor dem offiziellen Start der Kampagne im Herbst 1993 wurde dann der rettende Ausweg im Sloganproblem mit dem Motto »Wir sind nicht nur sonntags da« gefunden. Diese Aussage ist zwar nicht besonders tiefschürfend und aufsehenerregend, erwies sich jedoch als brauchbares Dach für den im Laufe der drei Jahre anhand verschiedener Arbeitsbereiche und Aufgaben der

Kirche exemplifizierten Anspruch, daß sich das Christ- und Kirchesein nicht auf die Präsenz von einer Stunde am Sonntagmorgen erschöpft.

23 Da unzählige Studenten und Promovenden der Theologie, aber auch der Gesellschafts- und Kommunikationswissenschaften in den vergangenen drei Jahren um Materialien über die Öffentlichkeitsinitiative für ihre wissenschaftlichen Arbeiten gebeten haben, darf hier zumindest schon mal ein wachsendes Interesse vermutet werden.

24 Vgl. Faulstich, Öffentlichkeitsarbeit, a.a.O. 33.

25 Vgl. dazu die einleitenden Bemerkungen sowie Literaturangaben in meinem kleinen Versuch über »Offenbarung und Öffentlichkeit. Herausforderungen der Theologie Erik Petersons«, in: Jahres- und Tagungsbericht der Görres-Gesellschaft 1993, 77 – 106.

26 Vgl. CuP 108 – 111.

27 In der evangelischen Kirche hat sich schon länger das in Frankfurt ansässige Gemeinschaftswerk Evangelischer Publizistik (GEP) speziell der Erfordernisse kirchlicher Öffentlichkeitsarbeit angenommen und bietet zu diesem Zweck seit 1990 ein zweijähriges berufsbegleitendes Fernstudium mit umfangreichen Studienmaterialien und einem Abschluß als Kommunikationswirt an, vgl. zu den verschiedenen Perspektiven, Analysen und Konzepte gegenwärtiger evangelischer Öffentlichkeitsarbeit Tremel/Lange, Öffentlichkeitsarbeit, a.a.O.

28 Bischof Karl Lehmann, Ihr sollt meine Zeugen sein. Vom Sinn und Auftrag des Christseins, Hirtenwort zur Österlichen Bußzeit 1996.

ULRICH RUH

Ein Zwischenzustand besonderer Art

Erfahrungen eines Theologen im kirchlichen Journalismus

Unter »Zwischenzustand« versteht die katholische Dogmatik in ihrer Fachsprache die begrifflich nur schwer zu fassende Existenz des Menschen zwischen seiner individuellen Vollendung im Tod und der endgültigen und umfassenden Vollendung von Welt und Geschichte. Es gibt neben diesem eschatologischen aber auch andere, ganz und gar profane und handfest-irdische Zwischenzustände: So etwa den eines Theologen und Journalisten. Er arbeitet nicht in den heiligen Hallen und mit den höheren Weihen der wissenschaftlichen Theologie, führt aber auch in den Medien nur eine Nischenexistenz. In manchen Kirchen-, nicht zuletzt Klerikerkreisen betrachtet man ihn skeptisch oder zumindest unsicher, weil ihm der richtige Stallgeruch fehlt; für viele Kollegen in Presse, Funk oder Fernsehen wiederum ist er als Theologe und Kirchenspezialist ein ausgesprochener Exot.

Den Zwischenzustand des Theologen, der als Journalist arbeitet, gibt es in verschiedenen Varianten. Eine davon ist der für Kirche und Religion zuständige Redakteur einer regionalen oder überregionalen Tageszeitung. Für ihn ist die Berichterstattung über Bischofsernennungen, päpstliche Dokumente oder kirchliche Konflikte in aller Regel nur ein Teilbereich seiner Tätigkeit, sein Standbein hat er in der Innenpolitik, in der Kultur, dem Lokalen oder der Nachrichtenredaktion. Ein eigenes Ressort Kirche-Theologie-Religion leisten sich nur die beiden kirchennahen Wochenzeitungen. Eine andere Variante ist der Kirchenzeitungsredakteur, der sich schwerpunktmäßig um die Ereignisse und Entwicklungen in einem Bistum kümmert und dessen Blatt auch von der Diözese herausgegeben wird. Dazu kommen die Kollegen aus den Kirchenredaktionen der öffentlich-rechtlichen Rundfunkanstalten, aber auch die Redakteure von kirchlichen »Special-interest«-Blättern, wie etwa Verbands- oder Missionszeitschriften.

1. Erste Gehversuche in einem sensiblen Arbeitsgebiet

Meine Überlegungen zum kirchennahen Journalismus bzw. zum Verhältnis von Kirche, Theologie und Medien stützen sich hauptsächlich auf die inzwischen siebzehnjährige Arbeit in der Redaktion einer katholischen Monatszeitschrift. Natürlich ist man dabei ständig im Kontakt mit Kollegen von Tageszeitungen, Kirchenblättern und Rundfunkanstalten und erfährt dadurch manches über ihre Tätigkeit und ihr unmittelbares berufliches Umfeld. Aber das reicht nicht aus, um im Alleingang flächendeckende Aussagen über »Kirche und Medien« oder auch »Theologie in den Medien« zu riskieren. Ich möchte es hier deshalb auch gar nicht erst versuchen.
Als ich im Frühjahr 1979 nach der Assistentenzeit bei Karl Lehmann meine Redakteurstätigkeit bei der »Herder-Korrespondenz« aufnahm, war Johannes Paul II. gerade ein halbes Jahr im Amt. Ich hatte also die Chance, einen neuen Pontifikat fast von Anfang an als Kirchenjournalist begleiten und kommentieren zu können. Als Theologe an der Fakultät hatten mich päpstliche Verlautbarungen nur am Rande interessiert: Jetzt plötzlich gehörte es (und gehört es nach wie vor) zu meinen beruflichen Pflichten, entsprechende Dokumente genau zu lesen, zu bewerten und einzuordnen. Dadurch entwickelt sich mit der Zeit das Gespür für Eigenarten, Eigengesetzlichkeiten und Nuancen des päpstlich-lehramtlichen Sprachspiels, eine unentbehrliche Voraussetzung für die Aufgabe, für die kirchliche und außerkirchliche Öffentlichkeit die Texte jeweils auf ihre Stärken und Schwächen abzuklopfen.
Ausgesprochen lehrreich war für den Anfänger im kirchlich-theologischen Journalismus auch die Berichterstattung über die Vollversammlung der Bischofssynode vom Herbst 1980. Damals ging es um die Aufgaben der Familien in der Welt von heute, und es waren diverse heiße Eisen wie der Umgang mit wiederverheirateten Geschiedenen oder die Aussagen von »Humanae vitae« über erlaubte und unerlaubte Methoden der Geburtenregelung im Spiel. Während dieser ausgesprochen spannenden Synode machte ich die ersten Gehversuche im Umgang mit der teils restriktiv-übervorsichtigen, teils schlicht unprofessionellen Informationspolitik des Heiligen Stuhls wie auch mit der – damit natürlich unmittelbar zusammenhängenden – römisch-vatikanischen Mischung aus Kollegentratsch, Geheimnistuerei, Gerüchteküche und »praeter legem« beschafften Informationen. Aufschlußreich war damals auch die sich bei späteren Gelegenheiten wiederholende Beobachtung, wie es im Synodenprozedere gelang, unbequem-direkte Voten von

Bischöfen schließlich auf das weltkirchlich-römische Normalmaß zu bringen.

Den Einstieg in journalistische Analyse und Bewertung des kirchlichen Lebens in Deutschland boten mir nicht zuletzt der Evangelische Kirchentag in Nürnberg 1979 und ein Jahr später der Deutsche Katholikentag in Westberlin. Als katholischer Theologe, umgeben von in der Mehrzahl evangelischen Kollegen, einen Kirchentag zu beobachten, war und ist eine Erfahrung eigener Art. Man steht zunächst ziemlich erstaunt vor dem, was sich an protestantischer Vielfalt unter dem Dach eines solchen Großereignisses tummelt, unternimmt tastende Vergleiche mit dem eigenen, geläufigen kirchlichen Milieu, versucht sich an ersten Bewertungen des eher Fremden wie des eher Vertrauten an Bibelarbeiten, Gottesdiensten und Diskussionen.

Wieder anders der erste als Journalist erlebte Katholikentag: Berlin 1980 folgte auf den Freiburger Katholikentag von 1978, der für diese traditionsreiche Institution des deutschen Katholizismus eine Zäsur bedeutete. In Freiburg äußerte sich seinerzeit eine neue Freude am Feiern, an Fest, Begegnung und spiritueller Vertiefung (das »Geistliche Zentrum« gab es in dieser Form erstmals in Freiburg). In Berlin setzte sich diese Linie in einer ganz anderen kulturellen und kirchlichen Umgebung fort, ging es insgesamt freundlich-harmonisch zu, fehlten die gesellschaftlichen wie kirchlichen Zerreißproben. Schon in Düsseldorf 1982 sah es dank des Streits um Nachrüstung und Friedensbewegung anders aus, aber auch auf den Katholikentagen der letzten Jahre, die über weite Strecken von der Diskussion über den innerkirchlichen Problemstau geprägt waren.

Zu meinen allerersten Beiträgen für unsere Zeitschrift gehörten ein Artikel über den Ökumenischen Rat der Kirchen anläßlich einer Tagung seines Zentralausschusses und einer über Auseinandersetzungen in der niederländischen Kirchenprovinz, die sich seinerzeit an Äußerungen des Roermonder Bischofs Gijsen entzündeten. Die weltweite Ökumenische Bewegung mit ihren Strukturen und Institutionen einerseits, das kirchliche und religiöse Leben in europäischen Nachbarländern andererseits: Beides sind Dimensionen, die in der deutschen Kirchenberichterstattung nicht selten unterbelichtet bleiben.

2. Ohne Theologie geht es nicht

Wer sich auf diese beiden Bereiche als Berichterstatter genauer und kontinuierlich einläßt, wird es allerdings nicht bereuen. Das eigene Bild von Kirche und Christentum wird dadurch farbiger und differenzierter, die Versuchung geringer, alles über einen Kamm zu scheren. Ich konnte Ende 1979 in den Niederlanden Recherchen im Vorfeld der im Rückblick nicht sonderlich erfolgreichen Sondersynode anstellen und dabei erste Eindrücke von einer uns direkt benachbarten, aber – vielleicht auch deswegen – recht fremden Ortskirche sammeln. Und der erste unmittelbare Kontakt mit dem ÖRK im Sommer 1980 (damals traf sich der Zentralausschuß in der Genfer Zentrale) schärfte den bis dahin weitgehend aus ökumenisch-theologischer Lektüre gewonnenen Blick für die Vielfalt und die damit verbundenen Spannungen in der nichtkatholischen Christenheit von brasilianischen Pfingstlern bis zu georgischen Orthodoxen.

Schließlich bot die Zeit meines Einstiegs in den kirchlich-theologischen Journalismus auch hinreichend Anschauungsmaterial für die Art und Weise, in der die allgemeine Öffentlichkeit hierzulande Kirchliches bzw. Theologisches aufnimmt. Als kurz vor Weihnachten 1979 Hans Küng die kirchliche Lehrerlaubnis entzogen wurde, wurde dieser Konflikt »draußen« (aber auch weithin im Kirchenvolk) als ein Autoritätskonflikt wahrgenommen, als Auseinandersetzung zwischen dem einzelnen Theologen, der ein breites Publikum gefunden hat, und der sturen kirchlichen Hierarchie, sei es in Deutschland oder in Rom. Mit den inhaltlich-theologischen Aspekten des Konflikts konnte über einen kleinen Kreis von Eingeweihten hinaus kaum jemand viel anfangen. Als Johannes Paul II. im November 1980 seinen ersten Besuch in Deutschland absolvierte, war die veröffentliche Meinung voll von Anerkennung oder sogar Bewunderung für die Person des Papstes aus Polen. Seine Predigten und Ansprachen allerdings wurden zwar in den Medien getreulich und ausführlich wiedergegeben, die sachbezogene Auseinandersetzung mit ihren Aussagen unterblieb aber weitgehend.

Bis jetzt war vor allem von ersten Erfahrungen Ende der siebziger und Anfang der achtziger Jahre in der journalistischen Arbeit auf den Gebieten Kirche, Theologie und Religion die Rede. Im folgenden möchte ich versuchen, über die Aufzählung einzelner Vorgänge, Ereignisse und »Fälle« hinaus einige allgemeine Bemerkungen zum »Zwischenzustand« des journalistisch arbeitenden Theologen zu formulieren, die natürlich nicht erschöpfend sein können und wollen.

An allererster Stelle muß dabei ein entschiedenes Plädoyer für die Theologie als Vorbereitung und – natürlich in etwas anderer Form – auch als ständige Begleitung für die Tätigkeit als Kirchen- bzw. Religionsjournalist stehen. Damit ist überhaupt nicht gemeint, ein Nichttheologe solle von diesem Gebiet besser die Finger lassen oder könne eigentlich nichts Rechtes dabei fertigbringen. Gemeint ist ebensowenig, allein die theologische Ausbildung sei für einen solchen Journalisten wichtig, auf das journalistische Handwerkszeug komme es demgegenüber nur ganz am Rande an. Es genügt auch nicht, »irgendwie« Theologie studiert zu haben, ohne dabei wirklich in die tieferen Zusammenhänge des Fachs eingedrungen zu sein.

Entscheidend ist zunächst ein solides Grund- und Präsenzwissen in den zentralen theologischen Disziplinen. Ohne ein solches Fundament ist es unmöglich, aktuelle kirchlich-religiöse Trends und Entwicklungen, mit denen der Journalist meist als erster konfrontiert wird, einzuordnen und für ein breiteres, auch nichttheologisches Publikum zu bewerten. Dazukommen muß eine möglichst große Vertrautheit mit den verschiedenen Methoden theologischen Denkens und Argumentierens. Wer sich nicht über den Status einer theologischen (sei es exegetischen, dogmatischen oder historischen) Behauptung oder These im klaren ist, kann solche Äußerungen auch nicht in der kirchlichen und nichtkirchlichen Öffentlichkeit darstellen und kommentieren.

Wichtig und ausgesprochen hilfreich sind nicht zuletzt gründliche Kenntnisse über die Geschichte von Kirche und Theologie, eingebettet in die allgemeine Geschichte und die Geistesgeschichte. Nicht nur zahlreiche kirchliche Verlautbarungen, auch Medienkommentare zu entsprechenden Äußerungen und Vorgängen leiden unter historischer Kurzatmigkeit: Auf der einen Seite werden mit einem großzügigen »Die Kirche hat immer gelehrt...« etc. geschichtliche Entwicklungen, Brüche und Verschiebungen unterschlagen, auf der anderen Seite aktuelle Diskussionen und ihre Themen so behandelt, als wären sie hier und heute vom Himmel gefallen und hätten nicht eine u. U. lange Vorgeschichte bzw. historische Vorbilder und Vorgänger. Das gilt etwa für die aktuelle Zölibatsdiskussion, die etliche Parallelen zu der des frühen 19. Jahrhunderts aufweist.

So sehr der Kirchenjournalist auf die wissenschaftliche Theologie und auf die Arbeit der Fachtheologen immer wieder angewiesen ist, ihm fallen durch den Blick von außen auch Defizite und Probleme des theologischen Betriebs ins Auge, die in dessen Binnenbereich leicht übersehen werden. Dazu gehört sicher die Sprache, in der theologische Publikationen teilweise verfaßt sind. Gemeint sind dabei nicht wissenschaftliche Aufsätze und Monographien im engeren Sinn, sondern Veröffentlichungen, die sich an ein breiteres Publikum richten. Oft bleibt es bei einer Sprache, die entweder vor lauter Wissenschaftstheorie und Methodenreflexion die Sache nicht mehr findet, fromme Floskeln ausbreitet, ohne auf ihren Wirklichkeitsbezug zu achten, nur traditionelle Begriffe und Lehrsätze hin und herwendet oder auch den Zeitgenossen durch Anpassung an ihre – vermeintliche – Ausdruckswelt nahezukommen versucht, ohne dieses Ziel wirklich zu erreichen.

3. Unnötige Empfindlichkeit gegenüber journalistischer Kritik

Ein zweiter Punkt in diesem Zusammenhang: Die Fachtheologie tut sich manchmal schwer, mit ihren eigenen Pfunden zu wuchern, ihre Kompetenz und ihr Differenzierungsvermögen in die öffentliche Auseinandersetzung rechtzeitig und mit dem dafür erforderlichen Geschick einzubringen. Das hat sich in den letzten Jahren vor allem beim Fall Drewermann gezeigt, in dem sich die Theologen insgesamt zu spät und über Jahre hinweg auch zu wenig zu Wort gemeldet haben. Es reicht eben nicht, angesichts eines Außenseiters, der mit enormen sprachlichen Fähigkeiten begabt ist und als theologisch-psychologischer Universalgelehrter und einfühlsamer Heiler auftritt, verwundert oder verärgert den Kopf zu schütteln und sich auf das eigene Fach zurückzuziehen, anstatt Themen wie Mythos und Offenbarung, Religion und Psyche, Institution und Individuum offensiv und methodisch sauber anzugehen.

Mit der Institution Kirche hat unsereiner auf mehrfache Weise zu tun. Kirche ist zum einen durchgängig Gegenstand von Bericht, Analyse und Kommentar; sie ist zum anderen ein Resonanzraum, in den man hineinwirken und in dem man Gehör finden möchte. Sie ist gleichzeitig die eigene religiös-spirituelle Heimat, in der man sich von Kindesbeinen an mehr oder weniger selbstverständlich bewegt, und eine komplizierte Großorganisation, die man als Teil des beruflichen Engagements genauer betrachten, in ihren Funktionsmechanismen auf den verschiedenen Ebenen verstehen und nicht selten auch kritisch unter die Lupe nehmen muß. Es macht sowohl den Reiz wie die besondere Schwierigkeit unseres Geschäfts aus, daß sich diese Dimensionen nie säuberlich voneinander trennen lassen.

Selbstverständlich gilt die journalistische Sorgfaltspflicht für denjenigen, der über Kirche schreibt, genauso wie für den Kollegen, der sich mit Politik, Wirtschaft, Kultur oder Sport beschäftigt. Das beginnt bei den Titeln kirchlicher Würdenträger oder der exakten Wiedergabe kirchlicher Strukturen und schließt ebenso das Bemühen ein, kirchenamtliche Dokumente unvoreingenommen zu würdigen und nicht gleich nach dem immer gleichen Schema schlechtzuschreiben. Wer sich nicht jeweils entsprechend sachkundig macht und verkürzt oder auch schlicht und einfach falsch informiert, muß sich zu Recht von offizieller kirchlicher Seite oder auch von einem »normalen« aufmerksamen Christenmenschen kritisieren und korrigieren lassen.

Allerdings gibt es in manchen kirchlichen Kreisen eine Empfindlichkeit gegenüber journalistischer Kritik, die unter eine ganz andere Rubrik fällt. Kritische Bemerkungen zu einer päpstlichen Enzyklika, einer kirchlichen Personalentscheidung oder bischöflichen Verlautbarung werden da und dort als unzulässige Majestätsbeleidigung oder mindestens als Ausdruck eines massiven Ressentiments gegenüber »Rom«, dem kirchlichen Lehramt, der »Amtskirche« gedeutet, bringen einem auch schon einmal den – impliziten oder expliziten – Vorwurf ein, man sei eigentlich nicht mehr richtig katholisch bzw. zu wenig loyal gegenüber der eigenen Kirche. Dem kann der solchermaßen Kritisierte letztlich nur seine guten Argumente und deren hoffentlich solide Begründung entgegenhalten und gleichzeitig möglichst unspektakulär daran erinnern, daß das »sentire cum ecclesia« nicht fraglose Identifikation mit der institutionellen Ausgestaltung von Kirche in allem und jedem beinhaltet.

Im übrigen verschwinden ja Probleme nicht dadurch, daß sie nicht beim Namen genannt oder nur mit spitzen Fingern vorsichtig angefaßt werden. Es ist eine (bei weitem nicht die einzige und wohl auch nicht die allerwichtigste!) Aufgabe des Kirchenjournalisten, Probleme, Spannungen und Fehlentwicklungen im kirchlichen Leben kompetent, sachlich und ehrlich zu analysieren, einzuordnen und zu bewerten. Nicht aus besserwisserischer, ironischer oder gar zynischer Distanz, sondern als Dienst am kirchlichen Gemeinwohl und der »salus animarum« als oberstem Ziel kirchlichen Handelns. Auch die Öffentlichkeit hat im übrigen ein Recht darauf, ein ungeschönt-ehrliches Bild vom Zustand der Kirche zu erhalten. So läßt sich am besten pauschalen Verdächtigungen oder unzulässigen Verallgemeinerungen beim Thema Kirche entgegentreten.

Es ist ein wichtiges Ziel kirchlicher bzw. kirchennaher Publizistik,

einen Beitrag zur innerkirchlichen Meinungsbildung und Verständigung zu leisten. Gleichzeitig möchte sie aber auch Kirchliches und Theologisches nach »draußen« vermitteln. Zu diesem »draußen« gehören für den katholischen Kirchenjournalisten zunächst die anderen christlichen Kirchen, in Deutschland vor allem die evangelische bzw. der Protestantismus als religiöse und kulturelle Größe.
Wer als Katholik über Protestantisches schreibt, hat es schwer und leicht in einem. Er ist unbelastet von innerprotestantischen Richtungskämpfen und Querelen und verfügt deshalb über eine gewisse Unbefangenheit, die der Berichterstattung über einen Kirchentag, eine Synodaltagung oder einen Text aus der EKD oder einer ihrer Gliedkirchen durchaus zugute kommen kann. Gleichzeitig hat er es aber mit einer kirchlich-kulturellen Landschaft zu tun, die ihm nur begrenzt aus eigenem Erleben vertraut, in die er nicht durch seine religiöse Sozialisation hineingewachsen ist. Das verlangt ein beträchtliches Maß an Umsicht bei der Analyse und an Zurückhaltung beim Urteilen. Das gilt natürlich noch mehr bei Kirchen, die unsereinem kulturell oder geographisch ferner stehen als deutsche Lutheraner oder Unierte, also schon für die Anglikaner, erst recht aber dann für die Orthodoxie.

4. Der notwendige Brückenschlag zwischen Kirche und Öffentlichkeit

Gesamtgesellschaftlich gesehen sind in Deutschland die evangelische und die katholische Kirche nach wie vor die gewichtigsten Repräsentanten von Religion, wenn auch mit den bekannten Unterschieden zwischen der »alten« Bundesrepublik und der ehemaligen DDR. Das religiös-weltanschauliche Klima in Deutschland ist allerdings sehr viel unübersichtlicher, als die zahlenmäßige und institutionelle Dominanz der beiden großen Kirchen zunächst vermuten läßt. Das macht sich natürlich auch überall dort bemerkbar, wo versucht wird, durch journalistische Arbeit Kirche und Christentum in ihrem gegenwärtigen Zustand für eine breitere Öffentlichkeit durchsichtig verständlich zu machen.
Eine unerläßliche Aufgabe in diesem Zusammenhang besteht darin, sich das religiös-weltanschauliche Umfeld zu erschließen. Die entsprechende »Szene« zu beobachten und dann auch in einer Zeitschrift zu analysieren, ist so spannend wie herausfordernd und schwierig. Kirche vollzieht sich zwar in verschiedenen Sozialfor-

men, die sich immer wieder verändern, an Gewicht für das Ganze zu- oder abnehmen (Gemeinden, Gruppen, Bewegungen usw.); aber gleichzeitig hat sie ein stabiles institutionelles und auch lehrmäßiges Gerüst, an dem sich der Berichterstatter und Kommentator festhalten kann. Schon weit schwerer ist das religiöse Profil der Kirchenmitglieder zu fassen, und noch mehr stochert man bei der umfassend gestellten Frage nach dem »Religiösen« in unserer Gesellschaft im Nebel. Eindeutig festzustellen ist eigentlich nur, daß es nicht die eine, fest umrissene Größe gibt, die den Kirchen religiös Konkurrenz machen bzw. für viele Menschen an ihre Stelle treten würde.

In einer solchen Situation mit ihrem Nebeneinander von banalem Säkularismus und neuen religiösen Sehnsüchten, Institutionenskepsis und Suche nach verläßlichen institutionell-gemeinschaftlichen Haltepunkten, Traditionsabbruch und Wertschätzung »alter« Weisheiten und Sinnangebote kann und muß kirchennahe Publizistik vor allem zweierlei tun: Sie muß über Kirche und Christentum so sorgfältig, kompetent und gleichzeitig auch ansprechend und interessant informieren, daß der christliche Glaube und seine institutionelle Gestalt zumindest als Angebot und Herausforderung in der Öffentlichkeit, im allgemeinen Bewußtsein präsent bleiben. Und sie muß ihren Beitrag zur notwendigen »Unterscheidung der Geister« in einer für Glaube und Kirche schwierigen Konkurrenzsituation leisten.

Was in kirchennahen, katholischen Zeitschriften über Religiosität und Religion steht, sollte für die gesellschaftliche Diskussion über dieses Thema möglichst »anschlußfähig« sein, sowohl in der sprachlichen Gestaltung wie in der Art der Aufbereitung. Das gilt auch für die Behandlung ethischer Fragestellungen, die sich aus dem wissenschaftlich-technischen Fortschritt für die Gesamtgesellschaft ergeben und zu deren Klärung Kirche und Theologie ihren Beitrag leisten müssen. Natürlich läßt sich diese Zielsetzung im konkreten Redaktionsalltag längst nicht immer im gewünschten Maß verwirklichen: Man findet vielleicht nicht auf Anhieb den richtigen Autor, behandelt ein Thema zu binnenkirchlich bzw. –theologisch, übersieht neue Trends oder unterschwellige Entwicklungen auf dem Feld von Religion, Spiritualität und Weltanschauung, reagiert zu spät oder auch zu kurzatmig und unsensibel. Aber es darf nichts unversucht bleiben, um im Interesse beider Seiten den Brückenschlag zwischen allgemeiner Öffentlichkeit bzw. gesellschaftlicher Interessen- und Bedürfnislage und kirchlich-theologischer Diskussion voranzubringen.

Das ist auch das eigentlich Spannende an der Arbeit eines Theologen im katholischen Journalismus: Er sieht mehr als andere Kirche, Christentum und Theologie gleichzeitig von innen wie von außen, braucht ständig das Gespür für innerkirchliche Vorgänge im eigenen Land, in anderen Teilen Europas und der Welt und auf der universalkirchlichen Ebene, aber genauso für Veränderungen im religiös-weltanschaulichen, kulturellen und ethischen Profil der Gesellschaft. Er muß versuchen, sehr unterschiedlichen Zielgruppen gerecht zu werden, vom Multiplikator in den säkularen Medien, in Politik und Verbänden über den mehr allgemein religiös-theologisch interessierten Zeitgenossen bis zum Gemeindepfarrer, kirchlichen Hauptamtlichen und in der Gemeinde oder einer bestimmten Gruppe engagierten Laien. Er erwirbt mit der Zeit einen breiten und facettenreichen Horizont und steht gleichzeitig immer neu vor der Herausforderung, aus dieser Fülle die richtigen Themen zur rechten Zeit auszuwählen und zu bearbeiten.

Daß ich einmal in diesem Bereich hauptberuflich tätig sein würde, war während meiner Studien- und Assistentenzeit bei Karl Lehmann in Freiburg ganz und gar nicht abzusehen. Aber die Jahre am Lehrstuhl für Dogmatik und Ökumenische Theologie waren in vieler Hinsicht eine ausgezeichnete Vorbereitung für die anschließende journalistische Arbeit: Vor allem habe ich eine Dogmatik mitbekommen, die sorgfältig und differenziert die Ursprünge und Geschichte des Glaubens aufarbeitet, immer im Horizont der modernen Gesellschaft und in engem Kontakt mit dem kirchlichen Leben betrieben wird. Davon zehre ich nach wie vor, und dafür bin ich Karl Lehmann dankbar.

Hermann Josef Heinz

Horizonte kirchlicher Erwachsenenbildung

»Erwachsenenbildung darf in der Kirche nicht ein weiterer abgegrenzter Sonderbereich sein. Vielmehr gewinnt sie ihre eigentliche Aufgabe und Wichtigkeit gerade darin, die Erfahrungen aus den verschiedenen Sektoren heutigen Lebens und Wirkens im Licht des Glaubens verstehen, deuten und verarbeiten zu lernen, sie in ihrer Bedeutung für die jeweils eigene Biographie wie auch für das gemeinschaftliche, gesellschaftliche und politische Leben einzuschätzen.« (Karl Lehmann)[1]

1. Am Ende die Erwachsenenbildung

Um es gleich an den Anfang zu stellen: die biographischen Notizen haben nichts zu tun mit dem Gestus der Wichtigkeit, sondern sind als absichtsvolle Einleitung, als hermeneutischer Schlüssel für die Reflexion meines heutigen Praxisfeldes gedacht.
Vor genau 20 Jahren, 14 Tage nach dem Abschluß meiner Promotionsexamina bei Karl Lehmann trat ich in den kirchlichen Dienst des Bistums Limburg ein. Ich wurde Praktikant in einer Neubau-Gemeinde am Rande von Wiesbaden. Das Spektrum meiner Aufgaben wurde vom Gemeinde-Alltag bestimmt: beim Frühgottesdienst ministrieren, anschließend Religionsunterricht in der Grundschule, nachmittags Teilnahme an verschiedensten Veranstaltungen im Gemeindezentrum und abends die Betreuung von vielfältigen Aktivitäten, sonntags zuweilen eine »Probepredigt«.
Nach einem Jahr wurde ich Referent für Pastorale Planung im Ordinariat in Limburg – ein unablässiges Reisen durch die Diözese begann: Planung mit den Betroffenen hieß die Parole. Die Aufarbeitung der Visitationsberichte, demoskopische Befragungen und Statistiken waren die Grundlage für die Erarbeitung von pastoralen Schwerpunkten, die »missionarische Gemeinde« und die »Fernstehenden-Pastoral« standen im Mittelpunkt konzeptioneller Diskussionen.
Nach acht Jahren wurde mir dann die Ausbildung der Pastoralreferentinnen und -referenten im Bistum Limburg übertragen. Vier Jahre mit vielen interessanten und spannungsvollen Erfahrungen

lagen hinter mir, als ich am 1. Januar 1988 die Aufgabe der Leitung des Bildungswerks der Erzdiözese Freiburg übernahm. Damit hatte ich mich definitiv von Kernbereichen kirchlichen Wirkens wegbewegt in einen Bereich, der zunächst eher diffuse Assoziationen hervorruft. Warum betreibt die Kirche überhaupt Erwachsenenbildung, was bringt eine »Kirchliche Volkshochschule«? Diese Infragestellungen hatte ich bei meinen bisherigen kirchlichen Aufgaben nicht gehört. War ich an die Peripherie der kirchlichen Arbeit geraten, wo die Luft dünn ist und schnell die Frage auftaucht: »Brauchen wir dies überhaupt?« Akzeptanzprobleme waren mir in meinen bisherigen Aufgaben fremd. Hatte ich mich vielleicht auf schwankenden Boden begeben?

2. *Praxis ohne Theorie?*

In pastoraltheologischen Standardwerken läßt sich über die kirchliche Erwachsenenbildung wenig finden. Sie ist kein »klassisches Feld« kirchlichen Wirkens, das in der Systematik ekklesiologischer Themen vorkommt. Auch die Selbstverständnisdebatten haben in den letzten Jahrzehnten für Pastoraltheologen wenig Anlaß gegeben, sich eingehend mit Erwachsenenbildung zu beschäftigen. Bildung sollte nicht mit Pastoral vermischt werden.

Eine weitere Schwierigkeit kommt noch hinzu: Das viel beschworene Theoriedefizit der kirchlichen Erwachsenenbildung, das trotz einiger neuerer Ansätze nicht beseitigt ist, trägt dazu bei, daß sich viele in der Erwachsenenbildung Tätige unsicher fühlen. Denn was nicht wissenschaftlich reflektiert werden kann, kann leicht infrage gestellt werden. Schon bei der Beschreibung des Feldes der Erwachsenenbildung beginnen die wissenschaftlichen Probleme. Schwierig ist es auch, die Funktion der sogenannten Bezugswissenschaften der Erwachsenenbildung wie Soziologie und Psychologie für die Theoriebildung zu bestimmen. Wie kommen nachvollziehbare Entscheidungen in der Erwachsenenbildung zustande?

Trotz des Theoriedefizits muß der Erwachsenenbildner oder die Erwachsenenbildnerin ständig Entscheidungen fällen, welche Angebote wie, für wen gemacht werden. Welche Themen, welche Schwerpunkte soll das Programm enthalten? Diese Fragen muß jeder Bildungsreferent periodisch neu entscheiden. Der Programmdruck diktiert die Termine. Welche Kriterien bilden die Grundlage für die Entscheidungen? Es erscheint vor diesem Hintergrund sinnvoll, den praxisnahen Weg einer Reflexion der kirchlichen Erwachsenenbildung zu beschreiten und nach den Gründen zu fragen, die einem Programmangebot zugrunde liegen.

Wenn kirchliche Erwachsenenbildung als solche identifizierbar sein soll, dann muß in ihren Veranstaltungen formelhaft verkürzt »christliches Lebenswissen« vermittelt werden. Was in der christlichen Tradition an Kompetenz für die Beantwortung zentraler Lebensfragen entwickelt wurde, kann nicht beiseite gelassen werden. Kirchliche Erwachsenenbildung ist deshalb nicht wertfrei oder weltanschaulich neutral zu betreiben, sondern sie wurzelt in einem christlichen Daseinsverständnis. Dies tritt vor allem in den Bereichen des Programms hervor, die sich unmittelbar mit Fragen nach Gott, dem Sinn des menschlichen Lebens und mit der Gestaltung des persönlichen und gesellschaftlichen Lebens beschäftigen.

Ein anderes Kriterium für die konkrete Entscheidung, welche Themen behandelt werden sollen, ist die Aktualität von Fragen, die mit dem »Zeitgeist« zusammenhängen. Es gehört deshalb zur Professionalität eines Erwachsenenbildners, daß er sich mit Trendberichten – genannt seien hier Naisbitt[2], Popcorn[3] und Horx[4] –, mit demoskopischen Befragungen und mit Trendzeitschriften auseinandersetzt. Auch die Bestsellerlisten sollte er kennen. So läßt sich wenigstens ansatzweise erkennen, womit sich die Menschen aktuell beschäftigen. Diese Themen sind ja oft nichts anderes als die Modulation von Sehnsüchten, Beziehungsproblemen und das Thema des großen Glücks. Es gibt bisher wenig strukturierte Verfahren, wie man in der Erwachsenenbildung mit diesen »Dokumenten des Zeitgeistes« umgehen soll. Und so läßt sich oft an der Themenpalette eines Bildungsprogramms ablesen, welche Lektüre – bewußt oder unbewußt – bei der Themenformulierung mitgespielt hat.

Unverzichtbar ist in einer kirchlichen Erwachsenenbildungseinrichtung, die Trends und Themen herauszufiltern, für die die kirchliche Erwachsenenbildung genuin kompetent ist und die zu ihrem Profil gehören. Eine solche Verfahrensweise verhindert, daß die konkreten Programmangebote nur an der persönlichen Vorliebe und den Hobbies der entsprechenden Mitarbeiterinnnen und Mitarbeiter orientiert sind. Spürsinn und sensible Wahrnehmung sind hier ebenso gefordert wie die Fähigkeit, neue Themen und Fragen gesamtgesellschaftlicher Entwicklung in theologische, soziologische und historische Horizonte zu stellen.

Das Programm entsteht also aufgrund eines christlichen Wertehorizonts, der Wahrnehmung aktueller Fragen und Probleme und weiterer Faktoren, wie zum Beispiel der Frage, welche Zielgruppen angesprochen werden sollen. Als Beispiel kann hier die Beschäftigung mit der sogenannten Esoterikwelle herangezogen werden. Nicht nur sind mehr als 10 % der jährlichen Neuerscheinungen auf dem deutschen Buchmarkt dem Themenfeld Esoterik zuzuordnen, sondern es entstehen auch immer mehr esoterische Bildungs- und Beratungseinrichtungen. Eindrücklich wurde dies für Freiburg und Frankfurt nachgewiesen.[5] In den Programmen der Volkshochschulen gibt es eine ganze Reihe von Veranstaltungen, die sich unmittelbar mit esoterischen Themen beschäftigen, und selbst in kirchlichen Programmheften ist der Einfluß der Esoterik spürbar. Alle Annahmen, es handle sich hier um eine vorübergehende Welle, mit der man sich nicht weiter zu beschäftigen brauche, haben sich als Fehldiagnose erwiesen. Es wurde nicht erkannt, daß sich die esoterischen Angebote mit tiefliegenden religiösen Bedürfnissen von Heil und Erlösung beschäftigen.[6] Dabei stehen die Fragen: »Wo komme ich her, wozu bin ich da und wohin gehe ich?« im Mittelpunkt esoterischer Angebote. Es geht um die letzten Fragen menschlicher Existenz und nicht um versponnene Phantasien, die uns als kirchliche Erwachsenenbildner nicht zu interessieren brauchen. Die Esoterik reklamiert Kompetenz für Fragen nach Spiritualität und Religion, die bis vor wenigen Jahren allein bei den Kirchen lag.

Eine Beschäftigung mit der »esoterischen Szene« ist deshalb innerhalb der kirchlichen Erwachsenenbildung dringend geboten, weil es hier um Kernbereiche von Religion und Glauben geht. Dies hat die Konsequenz, daß die kirchliche Erwachsenenbildung ihre religiösen Themen in Auseinandersetzung mit esoterischen Thesen formulieren sollte. Nur dann kann sie verdeutlichen, daß sie an den Fragen der religiös-suchenden Menschen heute interessiert ist, auch wenn dies zunächst sehr vordergründig erscheinen mag. Es handelt sich dabei nicht um Anpassung an den Zeitgeist oder gar ein Abdriften in dunkle Gefilde, sondern um ein Ernstnehmen von religiösen Bewußtseinsveränderungen, die durch gesellschaftliche Veränderungen ausgelöst wurden. Die christlichen Antworten auf die Existenzfragen der Menschen müssen mit den neuen Sehnsuchtsreligionen[7] in Verbindung gebracht werden. Zu beachten ist dabei, daß nicht die Erwartungen, Hoffnungen, Fragen und Phantasien der Menschen, die in der Esoterik aufgegriffen werden, falsch sind, sondern die Do-it-yourself-Methoden, durch die das Heil herbeigezwungen werden soll und die der trügerischen Hoffnung nachgeben, daß man sich doch selbst erlösen könne. Die kirchliche Erwachsenenbildung hat dies kritisch offenzulegen und im geduldigen Gespräch die christliche Botschaft zu formulieren. Die Rede des Paulus auf dem Areopag (Apg 17, 22 – 31) wäre für diese Form

kirchlicher Erwachsenenbildung nicht nur ein Musterbeispiel, sondern zeigt eine Grundstruktur auf, die in der Auseinandersetzung mit heutigen religiösen Vorstellungen einen Weg zeigen kann.
In diesem Zusammenhang ist auch zu klären, ob in der Theologie die »letzten Fragen« gerade im Blick auf die Esoterikwelle intensiv genug thematisiert wurden. Wie kann man beispielsweise den Befund demoskopischer Befragungen erklären, daß der Reinkarnationsglaube selbst bei Katholiken, die jeden Sonntag zur Kirche gehen, zu finden ist? Diese kritische Rückfrage an die Theologie muß auch an die kirchliche Erwachsenenbildung gestellt werden. Allzu häufig wurde von Erwachsenenbildnern geäußert: »Theologie geht nicht«. Diese allzu simple Feststellung ist eher als eine »déformation professionelle« zu erklären denn als seriöse Wirklichkeitsbeschreibung. Dagegen muß positiv vermerkt werden, daß es mittlerweile theologische Weiterbildungsangebote gibt, an denen nicht nur interessierte Christen teilnehmen, sondern auch Konfessionslose und aus der Kirche Ausgetretene. Hier eröffnet sich ein neues, weites Feld für die kirchliche Erwachsenenbildung.

3. Erwachsenenbildung als kirchliche Aufgabe

Die skizzierten Aufgaben der kirchlichen Erwachsenenbildung lassen nicht einfach auf ihren innerkirchlichen Stellenwert schließen. Es gibt nur wenige kirchliche Dokumente, die sich explizit mit Erwachsenenbildung beschäftigen. Die Selbstdarstellungen von kirchlichen Erwachsenenbildungseinrichtungen geben wenig Aufschluß über ihren Stellenwert in der Kirche. Es sind eher Äußerungen, die Unsicherheit signalisieren. Auch eine systematisch-theologische Begründung der kirchlichen Erwachsenenbildung im Kontext des kirchlichen Verkündigungsauftrages wurde bisher kaum geleistet. Die theologischen Begründungsversuche, wie sie von Uphoff[8] und Englert[9] unternommen wurden, zeigen nur, wie schwierig diese Aufgabe ist.
Auch hier führt der Weg über die Reflexion von praktischen Erfahrungen weiter. Zuallererst sollte man sich mit einigen Zahlen vertraut machen, die den Wirkungskreis der kirchlichen Erwachsenenbildung widerspiegeln. Exemplarisch seien hier die Zahlen der Erzdiözese Freiburg mit 2,2 Millionen Katholiken genannt: Im Jahr 1994 haben insgesamt 468.000 Personen an rund 17.000 Veranstaltungen teilgenommen. 115.000 Teilnehmerinnen und Teilnehmer konnten bei theologischen Veranstaltungen gezählt werden.

Wie läßt sich der Personenkreis beschreiben, der an kirchlichen Erwachsenenbildungsveranstaltungen teilnimmt? Diese Frage, mit der sich die Teilnehmerforschung beschäftigt, wirft mehr ungelöste Fragen auf als es allgemein anerkannte Erkenntnisse gibt. Auch hier sind wir wieder auf Erfahrungen angewiesen, die in den Kursen selbst gemacht werden können. Befragungen am Anfang und am Ende der Kurse geben wenigstens einen Trend wieder. Leicht nachvollziehbar ist, daß je nach Thema das Spektrum der Teilnehmerinnen und Teilnehmer sehr unterschiedlich ist. An einem Rhetorik-Seminar nehmen Personen teil, die sich in diesem Bereich weiterbilden wollen, ihre weltanschaulichen Überzeugungen spielen dafür kaum eine Rolle. Geprüft wird von denTeilnehmern die Qualität des Kurses und das Preis-Leistungs-Verhältnis. Die Schwellenangst, kirchliche Veranstaltungen zu besuchen, ist relativ klein. Wie interessant die Teilnehmerzusammensetzung sein kann, läßt sich beispielsweise an einem in der Erzdiözese Freiburg durchgeführten Seminar »Zum Thema Gott – Einführung in den katholischen Glauben« ablesen. Fast alle Teilnehmenden an diesem Seminar mit zwölf Abendveranstaltungen hatten keine »kontinuierliche« religiöse Biographie. Ganz verschiedene Lebensumstände – Veränderungen im Beruf, das Eingehen einer Partnerschaft – sorgten für gravierende Einschnitte in ihrem Verhältnis zur Kirche. Die Folgen waren Austritt aus der Kirche oder totale Indifferenz. Warum haben solche Menschen den Weg zu einem theologischen Seminar gefunden? Es sind wiederum Veränderungen des Lebensumfeldes, die »Klärungen« notwendig machten. Das Kennenlernen eines »gläubigen Partners«, der Eintritt in eine neue Lebensphase oder Schicksalsschläge zwangen zu einer neuen religiösen Ortsbestimmung. Auch das Experimentieren mit Religion und Glaubensgemeinschaften erscheint unter den Gründen und Motiven, die zur Seminarteilnahme veranlaßten. Es kamen Menschen, die aus verschiedensten Anlässen und Gründen auf der Suche nach religiöser Neuorientierung waren. Diesem Seminar lag die Annahme zugrunde, daß es immer mehr Menschen gibt, die sich aus sehr unterschiedlichen Gründen von Glaube und Kirche abgewendet haben, deren religiöse Fragen aber nicht verstummt sind. Es bedurfte nur des entsprechenden Anstoßes, um diesen Fragen neu nachzugehen, sich neu zu informieren und sich mit anderen Menschen auszutauschen.

An diesem Beispiel ließe sich die »ekklesiologische Bedeutung« der kirchlichen Erwachsenenbildung aufzeigen. Das weitere Fortschreiten der religiösen Pluralisierung, wenn nicht gar einer »religiösen Anarchie« erfordert Angebote, die unterschiedlichste religiöse Erfahrungen und Vorgeschichten der Teilnehmerinnen und Teilnehmer aufgreifen. In Zukunft wird es immer mehr Menschen mit unterbrochenen religiösen Biographien geben, die an bestimmten Schnittstellen ihres Lebens nach der religiösen Dimension ihres Daseins neu fragen werden. Diese religiös Interessierten werden in der Regel nicht mit ihren Pfarreien Kontakt aufnehmen, weil sie oft gar nicht wissen, welchen religiösen Weg sie einschlagen wollen, ob sie sich überhaupt kirchlich binden wollen. Für diese offenen Situationen bietet sich die Erwachsenenbildung als Raum an, in dem Klärungen ermöglicht werden und Entscheidungen heranreifen können. In dem Maße, in dem die bisherigen kirchlichen Sozialisationsstrukturen und gesellschaftlichen Institutionen nur noch begrenzt Wirkung haben und immer mehr Zeitgenossen selbst an ihrer religiösen Biographie basteln, müssen neue Kontaktformen entwickelt werden, um die religiös vereinzelten Menschen zu erreichen und mit ihnen ins Gespräch zu kommen. Die Erwachsenenbildung bietet dafür Möglichkeiten an. Es wäre deshalb näherhin zu klären, ob sie nicht im Kontext der »Evangelisierung« im Sinne von »Evangelii nuntiandi« einen wichtigen Beitrag für die missionarische Aufgabe der Kirche leisten könnte.

Damit ist auch die immer wieder diskutierte Frage berührt, wie das Verhältnis zwischen Pastoral und Bildungsarbeit zu bestimmen ist. Leider wurden hier in der Vergangenheit, geleitet von sehr unterschiedlichen Interessen, auch künstliche Trennungen vorgenommen. Es kann freilich nicht um ein Plädoyer für eine diffuse Vermischung unterschiedlicher kirchlicher Aufgabengebiete gehen. Es gibt aber in der Bildungsarbeit zunehmend die Erfahrung, daß bei Veranstaltungen mit theologischen Themen auch seelsorgerliche Fragen und Probleme angesprochen werden, die eine pastorale Reaktion erfordern. Es soll auch angemerkt werden, daß nicht alles, was als »pastoral« gilt, einfach einen Vorrang vor der Bildungsarbeit hat. Angesichts des gesellschaftlichen Wandels und der Dynamik geistiger Veränderung könnte sich diese Diskussion als abwegig oder zumindest als zweitrangig erweisen. Dies führt uns zu einem weiteren Schritt unserer Begründungsbemühungen für die kirchliche Erwachsenenbildung.

4. Bildungsangebote und Zeitgeistdesign

Wer heute bestimmte Fragen und thematische Interessen hat, sucht sich aus dem großen Weiterbildungsangebot ein entsprechendes Seminar oder einen Workshop aus. Die Akzeptanz von Erwachsenenbildung aller Schattierungen und Veranstalter ist in den letzten Jahren ständig gewachsen. Vor allem die Sekten und Weltanschauungsgruppierungen wissen um die Wirkung von Kursen und Seminaren und verbreiten deshalb ihre Ideen und Vorstellungen auch auf diesem Weg. Kurse und Workshops werden zu Umschlagplätzen von Ideen, Einstellungen und Meinungen. Hier werden neue Erfahrungen vermittelt, aber auch Erwartungen erzeugt und Botschaften verbreitet. Die Wirkung einer Seminarveranstaltung oder eines Workshops in anregender Umgebung mit einer guten Regie ist sehr viel größer als eine Reihe von Vorträgen, die oft nicht die Tiefendimension der Teilnehmer erreichen und meistens nur die Vernunft ansprechen. Nicht selten werden Seminare auch mit dem Hinweis vermarktet, daß man über das eigene Selbst hinauswachsen und zu einer anderen Welt vorstoßen könne. Manche Kurse verwandeln sich zu regelrechten Heilsveranstaltungen, die auch kultische Elemente enthalten. Das Wort von der Bildungsgemeinde und von der Sinnprovinz entspricht einem Trend, sich in freien Gruppen und unterschiedlichsten Formationen das für die Lebensbewältigung notwendige geistige Rüstzeug zu holen.

Diese Entwicklung darf von der Kirche nicht nur kritisch beobachtet werden, sondern es müssen auch die notwendigen Konsequenzen gezogen werden. In den Erwachsenenbildungsveranstaltungen werden die kleinen und großen Fragen nach Gott und der Welt für die Teilnehmerinnen und Teilnehmer so modelliert und »designt«, daß sich damit gut leben läßt. Die Erwachsenenbildungseinrichtungen werden zunehmend mehr zu Sinnagenturen in unserer Gesellschaft. Was kann dies für die kirchliche Erwachsenenbildung heißen?

Die genannten Phänomene zeigen, daß viele Menschen trotz Säkularisierung und Distanzierung von der Kirche ihre religiösen Fragen nicht dauerhaft verdrängen, sondern Orte aufsuchen, um darüber zu reden. Alle Prognosen von einer religionslosen Gesellschaft haben sich als falsch erwiesen. Statt dessen wird von Religionssoziologen eine Wiederkehr der Religion diagnostiziert. Zweifellos werden heute unter dem Begriff Religion sehr unterschiedliche Phänomene subsumiert, von neuen religiösen Kultformen bis hin zu alternativen Heilmethoden. Daran wird erkennbar, daß sich Religion in unserer Gesellschaft in sehr diffuser und kaum noch überschaubarer Pluralität darstellt. Wie immer man diese Situation beschreiben mag, als Rückfall in den Synkretismus, als Wiederkehr der Zauberer, als Neomythologisierung – eines läßt sich festhalten: Ein nicht unerheblicher Restbestand an religiösen Fragen hat nicht nur die Aufklärung überdauert, sondern erweist sich als unausrottbarer Kernbestand des menschlichen Selbstverständnisses. Deshalb sollte die Kirche in den neuen Formen religiösen Denkens und Empfindens die Sehnsucht der Menschen nach Glück und Heil erkennen und mit ihnen darüber ins Gespräch kommen. So kann es gelingen, die christlichen Antworten auf diese religiösen Fragen und Sehnsüchte des Menschen plausibel zu machen. Es geht auch darum, diesen suchenden Menschen nahe zu sein und ihnen den christlichen Glauben als Frohbotschaft zu vermitteln. Daß damit auch Umkehr und Korrektur verbunden ist, bedarf keiner weiteren Begründung.

Die Arbeitsweise und die Formen der kirchlichen Erwachsenenbildung lassen es meines Erachtens zu, gerade mit Menschen, die sich von der Kirche entfernt haben oder sie noch gar nicht kennen – damit muß in Zukunft immer mehr gerechnet werden – in Kontakt zu kommen. Dieser Weg der Kirche zu den Menschen, der durch die Erwachsenenbildung eröffnet wird, wird auch für die Zukunft der Kirche immer wichtiger werden. Es ist allerdings nicht angemessen, sie als Strategie der Kirche, mit Fernstehenden in Kontakt zu kommen, einzusetzen. Erwachsenenbildung darf nicht für bestimmte Ziele instrumentalisiert werden, denn sonst würden die Teilnehmerinnen und Teilnehmer an Veranstaltungen der Erwachsenenbildung zu Objekten strategischer Planungen, die mit dem christlichen Verständnis von Personalität und Subjektivität nicht in Übereinstimmung zu bringen sind. Erwachsenenbildung in kirchlicher Trägerschaft hilft den Menschen, ihre religiösen Fragen und Probleme zu formulieren und Antworten aus dem Evangelium zu finden. Die Botschaft des Evangeliums wird nicht anpasserisch zurechtmodelliert oder in kleinen Dosen wohlverpackt angeboten, sondern offensiv und klar formuliert. Auch dies läßt sich aus der Erfahrung sagen: Die Teilnehmerinnen und Teilnehmer von Kursen und Vorträgen in der kirchlichen Erwachsenenbildung fragen immer mehr die Referenten, was sie glauben, wie sie die einzelnen christlichen Glaubenswahrheiten deuten und welche Konsequenzen dies für die eigene Lebensgestaltung hat. Authentizität ist gefordert, nicht das Ausweichen in unverbindliche und vernebelte Halbwahrheiten.

Weil die kirchliche Bildungsarbeit ein spezifischer Weg ist, mit Menschen in Kontakt zu kommen, die durch andere Formen des kirchlichen Wirkens nicht mehr erreicht werden, sollte man sich um die Zukunft und den Bestand der kirchlichen Erwachsenenbildung nicht allzu sehr sorgen. Erwachsenenbildung ist für die Kirche unverzichtbar geworden, weil die gesellschaftlichen Verhältnisse, der Wandel religiösen Bewußtseins und auch die fortschreitende Individualisierung es erfordern, Kommunikationsmöglichkeiten zu schaffen, die diesen Veränderungen gerecht werden. Dies kann im Blick auf die Diskussion um die Weiterentwicklung unserer Gesellschaft noch etwas vertieft werden.

5. Erwachsenenbildung in der »Postmoderne«

Daß in einer Zeit verschärfter Pluralität, des »anything goes«, der Verabschiedung des Einheitsdenkens und der großen Metaerzählungen der Orientierungsbedarf zunimmt, ist offenkundig. Auch die Pluralität muß überschritten werden auf Konstellationen hin, die Ordnung und Orientierung ermöglichen. Die Idee von einem »Ganzen« läßt sich so schnell nicht verabschieden. Wie sollte man sonst die Wiederkehr des »holistischen Denkens« erklären: Es ist der Versuch, Divergentes zu vernetzen und es lebbar zu machen. Es entspringt dem Wunsch, sich in größeren kosmischen Zusammenhängen zu beheimaten.

Nicht weniger attraktiv ist es, die Pluralität durch die Sehnsucht nach einer einfachen Formel bewältigen zu wollen. Wenn der Pluralismus bis zur Unerträglichkeit gesteigert wird, werden feste Fundamente wieder akzeptabel. Verständlich ist auch, daß nachdem unsere Welt entzaubert worden ist, die Konjunktur des Geheimnisvollen und Okkulten und auch des faulen Zaubers ungebremst ist. Was die Aufklärung verbannt hatte, kehrt wieder: die Abhängigkeit von sonderbaren Religionen, Mythen, Kulten. Selbsternannte Wendezeitpropheten treten auf und machen ihr Geschäft mit den Ängsten der Menschen.

Die kirchliche Erwachsenenbildung soll hier nicht zum »deus ex machina« stilisiert werden, der diese Situation schnell wenden hilft. Sie hat kein Interesse daran, das Unheil in besonders schwarzen Farben zu zeichnen, um sich dann als Heilsbringerin aufzuspielen. Solche Strategien disqualifizieren sich von selbst. In aller Nüchternheit ist zu fragen, welche orientierende Hilfe die Erwachsenenbildung bieten kann. Auch hier sei ein Blick in die konkrete Praxis getan. Was unter der Rubrik »Orientierung und Wissen« bisher in den kirchlichen Erwachsenenbildungsprogrammen angeboten wird, muß zweifellos in den nächsten Jahren ausgebaut werden. In einer Gesellschaft, in der die »Gleichgültigkeit« von Werten, Lebensstilen, Weltanschauungen und von Religion zunimmt, müssen neue Orientierungsmuster entwickelt werden. Die Bearbeitung von ethischen Grundfragen sollte deshalb in der Erwachsenenbildung nicht nur eine Ausnahme sein.

Diese Andeutungen können zumindest erkennen lassen, welche auch gesellschaftliche Funktion die kirchliche Erwachsenenbildung in Zukunft verstärkt haben wird. Das Aufzeigen von Perspektiven, wie mit der »Unübersichtlichkeit« umgegangen werden kann und wo grundlegende Werte für den Fortbestand unserer Gesellschaft gesichert werden müssen, geschieht nicht durch die Formulierung von hehren Grundsätzen, sondern zum Beispiel durch Angebote von Familienseminaren, Elternwerkstätten, Foren zu Erziehungsfragen und Familienfreizeiten. In diesen Veranstaltungen geschieht Wertebildung und konkrete Orientierungshilfe. Die kirchliche Erwachsenenbildung kann so einen Beitrag leisten, die Kirche in der Welt von heute in den konkreten Lebensverhältnissen der Menschen erfahrbar zu machen und damit auch Kunde zu geben vom Evangelium.

6. Schlußbemerkungen

In einer pluralistischen Gesellschaft muß die kirchliche Erwachsenenbildung profiliert auftreten. Ein verwaschenes Erscheinungsbild, das nicht die Unterschiede zu anderen Erwachsenenbildungseinrichtungen erkennen läßt, ist sowohl innerkirchlich als auch gesellschaftlich nicht akzeptabel. Mit Kompetenz klare Positionen zu markieren, dies ist in der Erwachsenenbildung wirkungsvoller und stößt auf größere Akzeptanz als das profillose Lavieren, das es allen recht machen will. Dies hat nichts mit Indoktrination oder gar Dogmatismus zu tun, sondern mit dem Fundament des christlichen Glaubens, auf dem auch die kirchliche Erwachsenenbildung steht.

In dieser Perspektive läßt sie sich als ein integraler Bestandteil des kirchlichen Wirkens, eine konkrete Form der Evangelisierungsbemühungen der Kirche in einer radikal pluralisierten Gesellschaft begreifen. Sie ist im Schnittpunkt von Kirche und Gesellschaft angesiedelt, wenn man so will: an der Peripherie der Kirche, ohne jedoch für sie peripher zu sein. Sie ist im richtig verstandenen Sinne

Avantgarde, weil sie sich mit den Zukunftsthemen unserer Gesellschaft und den Grundfragen menschlicher Existenz beschäftigt. Dies mag den Eindruck erwecken, daß sie zeitweise weit weg vom Zentrum der Kirche agiert und sich mit allzu Weltlichem beschäftigt. Wenn sie aber Menschen erreichen will, die auf Distanz zur Kirche sind, muß sie sich zwangsläufig dort ansiedeln. Hier zeigt sich die innere Dialektik der kirchlichen Erwachsenenbildung: Indem sie Kontakte aufnimmt zu Menschen, die am Rande der Kirche stehen, erfüllt sie eine wichtige kirchliche Aufgabe. Sie nimmt den Auftrag ernst, der zum Wesensbestand der Kirche gehört, zu den Menschen gesandt zu sein.

Anmerkungen

1 Karl Lehmann, Glauben bezeugen, Gesellschaft gestalten, Freiburg/Basel/Wien 1993, 500f.
2 J. Naisbitt/P. Aburdene, Megatrends, Düsseldorf/Wien/New York [2]1990.
3 F. Popcorn, Der Popcorn Report, München [5]1992.
4 M. Horx/Trendbüro, Trendbuch, Düsseldorf/Wien/New York/Moskau [3]1995.
5 Vgl. M. Ferber/M.Neuhoff/G. Welz, Spirituelle Topographien zweier Städte, in: I.-M. Greverus/G. Welz (Hrsg.), Spirituelle Orte und Wege, Frankfurt 1990, 275 – 285.
6 Vgl. das Vorwort in: Esoterisches Adreßbuch für den deutschsprachigen Raum (ESAB), 5. Ausgabe 1992/93 (1991), Ahlerstedt 1991, 3.
7 Vgl. zu diesem Begriff M. Widl, Sehnsuchtsreligion, Frankfurt/Berlin/New York/Paris/Wien 1994.
8 B. Uphoff, Kirchliche Erwachsenenbildung, Stuttgart 1991.
9 R. Englert, Religiöse Erwachsenenbildung, Stuttgart 1992.

Frank Meessen

Zur Aufgabenvielfalt moderner Erwachsenenbildung in kirchlicher Trägerschaft

Die vorliegenden Überlegungen wollen weder als Theoriediskussion verstanden werden, noch erheben sie den Anspruch auf systematische und konzeptionelle Geschlossenheit. Das Anliegen ist vielmehr, die Praxis kirchlicher Erwachsenenbildung zu reflektieren und aus dieser Beobachtung einige Schlußfolgerungen zu ziehen.

1. Die »konjunkturelle« Lage heutiger Erwachsenenbildung

Wer heute den Versuch unternimmt, sich einen Eindruck über das derzeitige Bildungsangebot zu machen, wird angesichts einer Überfülle von Seminaren, Kursen, Wochenendveranstaltungen und Workshops schnell resignieren. Hinter dieser Vielzahl von Angeboten stehen in Hessen allein zehn Landesorganisationen, die jede für sich nochmals über eine große Anzahl von Mitgliedseinrichtungen verfügen. Neben diesen staatlich anerkannten Trägern von Erwachsenenbildung kommen weitere Veranstalter hinzu, die Erwachsenenbildung auf kommerzielle Weise betreiben und vor allem im Bereich von Therapie und Beratung sowie beruflicher Fort- und Weiterbildung arbeiten. Dieses breite, in sich vielfältige Bildungsangebot scheint für eine Hochkonjunktur in der Erwachsenenbildung zu sprechen. Doch ist hier eine Differenzierung angebracht. Im Unterschied zur allgemeinen Erwachsenenbildung unterliegt die berufliche Fort- und Weiterbildung anderen Nachfragekriterien. Beschleunigung der technologischen Entwicklung, zunehmende Ausdifferenzierung von Arbeitsvollzügen, aber auch die Angst vor beruflicher Inkompetenz und damit vor Arbeitsplatzverlust u.v.a.m. sorgen (gewiß auch in der Zukunft) für eine Nachfrage auf hohem Niveau.
Für die allgemeine Erwachsenenbildung (um die es im weiteren Verlauf der Überlegungen allein gehen soll) liegen die Dinge etwas anders. Bei Angeboten in diesem Bereich spielt die intrinsische Mo-

tivation von Teilnehmern eine wesentlich größere Rolle, d.h. die Veranlassung von außen wiegt weniger. Der Entschluß zur Teilnahme hängt – etwas überspitzt formuliert – am seidenen Faden einer nur aus subjektiver Einsicht gefällten Entscheidung. Sie wird dadurch ebenso authentisch wie störanfällig. Denn betrachtet man Erwachsenenbildung als eine Möglichkeit sinnvoller Gestaltung von freier Zeit, dann stehen Bildungsangebote augenblicklich in Konkurrenz zu weiteren Freizeitgestaltern. Die mögliche Entscheidung für ein konkretes Bildungsangebot konkurriert mit einer Vielzahl attraktiver Alternativen. Vergleicht man diese Situation mit den 50er und 60er Jahren, wird heute gerne von Bildungsmüdigkeit gesprochen. Doch darf die Nachfrage im Bereich der allgemeinen Erwachsenenbildung nicht voreilig beurteilt werden. Zutreffend ist, daß hohe Teilnehmerzahlen für eine einzelne Veranstaltung heute – von Ausnahmen abgesehen – der Vergangenheit angehören. Allerdings hat sich das Bildungsangebot seitdem nachhaltig verändert. Es gibt einen zahlenmäßigen Zuwachs von Angeboten, der auf eine starke Ausfächerung und Differenzierung zurückzuführen ist. Der sinkenden Teilnehmerzahl pro Veranstaltung steht also eine steigende Zahl von Veranstaltungsangeboten gegenüber.

2. Zur Begründung von Erwachsenenbildung in kirchlicher Trägerschaft

In Zeiten knapper Finanzmittel mag sich im Blick auf die große Zahl freier Träger in der Erwachsenenbildung die Frage aufdrängen, ob Kirche ihr Engagement in diesem Bereich nicht überdenken und gegebenenfalls einstellen sollte. Oder anders gefragt: Gibt es ein Spezifikum kirchlicher Erwachsenenbildung, das den Einsatz der Mittel rechtfertigt? Man könnte jetzt auf die lange Tradition kirchlicher Erwachsenenbildung hinweisen, auf die traditionsreiche Bildungsarbeit der Verbände seit dem letzten Jahrhundert und auf die gesellschaftspolitische Bedeutung kirchlicher Akademiearbeit. Und man könnte das Gewicht kirchlicher Bildungsarbeit nennen, das ihr im Kreis der freien Träger zukommt. Entscheidender scheint mir eine andere Überlegung zu sein, die wesentlich theologischer Natur ist. Das Spezifikum kirchlicher Erwachsenenbildung liegt meines Erachtens zunächst nicht in einer thematisch-inhaltlichen Besonderheit, sondern in ihrer Begründung. Das II. Vatikanische Konzil spricht vom Welt- bzw. Kulturauftrag der Christen, »zusammen mit allen Menschen am Aufbau einer menschlicheren

Welt mitzuarbeiten« (GS 57, 1), und rückt diesen bewußt in den größeren Zusammenhang des biblischen Schöpfungsauftrages sowie des Auftrages Christi, »sich in den Dienst seiner Brüder zu stellen«(GS 57, 2). Mit diesem Anliegen, »daß die Kultur auf die Gesamtentfaltung der menschlichen Person und auf das Wohl der Gemeinschaft sowie auf das der ganzen menschlichen Gesellschaft auszurichten ist« (GS 59, 1), läßt sich mühelos der neutestamentliche Auftrag, am Reich Gottes mitzuarbeiten, verbinden. Denn wo menschliches Leben in seinen vielfältigen Bezügen gelingt, ist in der Sache ein Stück Reich Gottes schon verwirklicht. Dieser Kulturbegriff, wie ihn das II. Vatikanische Konzil formuliert hat, liefert mit seiner theologischen Implikation und seiner umfassenden Bandbreite eine tragfähige Begründung für eine Erwachsenenbildung in kirchlicher Trägerschaft. Diese wird damit zu einem überaus bedeutungsvollen (wenn auch gelegentlich immer noch verkannten) kirchlichen Handlungsfeld, in dem die Offenheit und Dienstfunktion der Kirche für die Welt konkrete Gestalt gewinnt.
Aus dieser Überlegung, daß kirchliche Erwachsenenbildung als Kulturauftrag in einem eschatologischen Sinne verstanden wird, ergeben sich inhaltlich-thematische Konsequenzen. Die entscheidende ist, daß der »Aufbau einer menschlicheren Welt« zunächst jede für die menschliche Existenz relevante Fragestellung einschließt und keinesfalls auf eine religiös-theologische eingrenzbar ist. Auf die Sinnhaftigkeit, ja Notwendigkeit dieser thematischen Bandbreite hat Karl Lehmann in einem Festvortrag anläßlich des 25jährigen Bestehens der katholischen Landesarbeitsgemeinschaft für Erwachsenenbildung in Rheinland-Pfalz hingewiesen: »Es ist fatal für die Kirche als ganze wie auch für die Pfarrgemeinden vor Ort und die einzelnen Christen, wenn sie nur noch Nabelschau betreiben und sich nicht mehr den umfassenderen Problemen der heutigen Welt stellen. Im übrigen wäre dies auch für die Gesellschaft nicht gut ...«[1]
Aus dieser Begründung kirchlicher Erwachsenenbildung als deren christliches Spezifikum resultiert aber nicht nur ihre inhaltlich-thematische Bandbreite, sondern auch eine Vielfalt von Aufgabenstellungen. Die tägliche Arbeit kirchlicher Erwachsenenbildung, wie sie sich auf Gemeinde-, Regional- und Diözesanebene darstellt, kann belegen, daß diese Aufgabenvielfalt bereits konkrete Praxis ist. Ihr soll jetzt nachgedacht werden.

3. *Erwachsenenbildung als Ort der Wissensvermittlung*

Als eine, vielleicht sogar die Hauptfunktion von Erwachsenenbildung überhaupt wurde lange Zeit die Vermittlung von Wissen angesehen. Seit den 70er Jahren hat man darin eine problematische Verengung gesehen, weil sie dem Bild des ganzheitlichen Menschen widerspricht. Seine intuitiven, musischen und kreativen Fähigkeiten zu entwickeln, war unter diesem eingeengten Blickwinkel nicht möglich. Auch wenn heute niemand diese Sichterweiterung zurücknehmen möchte, kann nicht verkannt werden, daß die Wissensvermittlung auch für eine moderne Erwachsenenbildung unverzichtbar ist. Die Komplexität unseres Lebens hat zwischenzeitlich einen Grad erreicht, daß auch die Lösung alltäglicher Problemstellungen nicht mehr ohne ein solides Grundlagenwissen möglich ist.

Hinzu kommt die offensichtliche Schwierigkeit, Sinn- und Funktionszusammenhänge, aber auch Hintergründe gegenwärtiger Fragestellungen zu erkennen und zu begreifen. Selbständigkeit im Urteilen und Handeln, sei es als Christ oder als Bürger, setzt profundes Wissen über Einzelheiten und Zusammenhänge voraus. Dieses vielfältige Wissen zu vermitteln – in einem sinnvollen Umfang und einer dem Erwachsenen gemäßen Form-, ist und bleibt deshalb eine wesentliche Funktion kirchlicher Erwachsenenbildung. Darin, Verstehenszugänge zu eröffnen, bleibt sie einer notwendigen Rationalität verpflichtet. Sie als ein kritisches Potential zu pflegen, dürfte in einem postmodernen Zeitalter, das in politischer wie weltanschaulicher Hinsicht neuen Irrationalitäten huldigt, mehr als angezeigt sein. Als Beispiel aus der Praxis sei auf Seminare hingewiesen, die sich mit der Nutzung von Unterhaltungsmedien beschäftigen. Das Ziel, Perspektiven für einen sinnvollen, eigenständigen und kritischen Umgang zu eröffnen, ist nur dadurch zu erreichen, daß zunächst sachliche Informationen vermittelt werden. Hierzu gehören Kenntnisse über die Eigengesetzlichkeit etwa des Mediums Fernsehen, über den Einfluß medial vermittelter Wertestandards auf das eigene Werteverhalten oder über die große Bedeutung der alltäglichen Lebensbedingungen als Voraussetzung für ein bestimmtes Nutzungsverhalten. Aber auch Informationen über die Finanzierung der Medien oder über medienpolitische Entwicklungen sind wichtig. Sie alle dienen dazu, Hintergründe und Zusammenhänge eines Phänomens zu beleuchten, mit dem jeder in dieser Gesellschaft täglich konfrontiert ist. So gesehen betreibt Erwachsenenbildung Aufklärungsarbeit mit dem Ziel, dem einzelnen einen kritischen Abstand und einen bewußten Umgang mit den Medien zu ermöglichen.

4. Erwachsenenbildung als Orientierungs- und Lebenshilfe

Die Komplexität und innere Differenziertheit unserer Lebenswelt, aber auch ihre fortschreitende Individualisierung und Liberalisierung haben dazu geführt, daß der frühere gesellschaftliche Konsens in Fragen ethischer und weltanschaulicher Orientierung, aber auch konkreter Lebensführung und Lebensplanung heute weitgehend verlorengegangen ist. Damit hat sich für den einzelnen ein hoher Verantwortungs- und Entscheidungsdruck aufgebaut, dem das Individuum standhalten muß, will es nicht unter eine neue, subtilere Fremdbestimmung geraten. Die Eindeutigkeit des früheren gesellschaftlichen Konsenses hat sich in die Mehrdeutigkeit pluraler Standpunkte aufgelöst, die zur Frage führen muß, wie das Individuum seinen je eigenen Standpunkt findet. Diese lebendige Auseinandersetzung zu leisten, kostet Kraft, Fluchtwege in Indifferenz oder Fundamentalismen bieten sich an.
Kirchliche Erwachsenenbildung muß hier Orientierungshilfe leisten. Da ihre eigene Position weltanschaulich gebunden ist, wird sie die Pluralität der Standpunkte als Konkurrenz verstehen, die es in redlicher Weise auszutragen gilt. Redlichkeit heißt dabei auch, das legitime Interesse, die christliche Sicht von Welt darzustellen, in der gebotenen Offenheit und Transparenz zu verfolgen. Der moderne Pluralismus, der sich in ethisch-religiöser Hinsicht heute in einer fast unüberschaubaren Kult- und Weltanschauungsszene verkörpert, führt im Alltag vielfach zu sehr konkreten Fragestellungen. In der Praxis kirchlicher Erwachsenenbildung geht es deshalb nicht nur um abstrakte Theoriediskussion gegenwärtiger Sinnsysteme, sondern auch um handfeste Probleme alltäglicher Lebenspraxis. Der gesellschaftliche Pluralismus produziert im Blick auf den einzelnen eine Rollenunsicherheit, die sich in den unterschiedlichsten Lebensbereichen und Situationen niederschlägt. In der praktischen Arbeit zeigt sich an dieser Stelle, daß die Teilnahmemotivation nicht selten in einem subjektiv mehr oder minder deutlich empfundenen Leidensdruck besteht. Fragen im Zusammenhang mit Partnerschaft, Familie, Erziehung, Beruf, mit einer sinnvollen Freizeitgestaltung, mit den Pflege von Familienangehörigen, mit Ruhestand oder Verlusterfahrungen sind deshalb Themen heutiger Erwachsenenbildung, die dem Ziel dienen, Gesichtspunkte und Kri-

terien zu diskutieren, um die konkrete Lebenssituation des einzelnen sinnvoll und eigenständig zu gestalten. Eine Bildungsarbeit, die in der alltäglichen Lebenspraxis ihren Ausgangs- und Zielpunkt sieht, wird dadurch wesentlich zur Lebenshilfe. Die verstärkte Kooperation mit Beratungseinrichtungen, Sozialstationen, Selbsthilfeorganisationen und Angehörigengruppen mag ein praktischer Beleg hierfür sein. Allerdings steht damit auch die Frage nach einer Abgrenzung zu Beratung und Therapie im Raum.
Dieser Lebenshilfecharakter von Erwachsenenbildung kann am Beispiel der Seminare für pflegende Angehörige verdeutlicht werden. In ihnen geht es vor allem um die alltägliche Lebenssituation der Pflegenden. Diese ist von einer Vielzahl von Belastungen geprägt, die diese Menschen nicht selten an die Grenze ihrer Belastbarkeit führen und die es zunächst zu benennen gilt, um dann auch konkrete Entlastungsmöglichkeiten anzubieten. Zur Lebenshilfe werden diese Seminare bereits dadurch, daß die Betroffenen in Kontakt zueinander treten. Denn sie erleben ihren Alltag jetzt nicht mehr nur als ein persönliches Schicksal, sondern als Erfahrung, die sie mit vielen teilen. Und weil niemand ein tieferes Verständnis für ihre Situation aufbringen kann als die Betroffenen selber, machen sie hier die Erfahrung von Anerkennung und Solidarität.

5. Erwachsenenbildung als öffentlicher Kommunikationsraum

Die Vermittlung von Wissen wie auch die Funktion einer Orientierungs- und Lebenshilfe enthalten als Aufgaben gegenwärtiger Erwachsenenbildung eindeutig ein kommunikatives Element. Dennoch scheint es sinnvoll, auf diesen Aspekt im Sinne einer weiteren Funktion kirchlicher Erwachsenenbildung ausdrücklich und gesondert hinzuweisen.
Unsere Alltagskultur hat sich in den vergangenen Jahren durch die Entwicklung neuer, multimedialer Kommunikationstechniken nachhaltig verändert. Fachleute sprechen von einer Kommunikationsgesellschaft, in der es jedem Individuum grundsätzlich möglich ist, an jedem Ort und zu jeder Zeit mit anderen in Verbindung zu treten. Die moderne Technik eröffnet globale Informations- und Kommunikationsmöglichkeiten, die den bislang begrenzten Handlungsspielraum des einzelnen beträchtlich erweitern. Dieser gewaltige Schub der Technisierung mit seinem quantitativen Effekt hat zugleich Einfluß auf die Qualität zwischenmenschlicher Kommunikation. Sie ist in dieser Form nur möglich um den Preis ihrer Un-

mittelbarkeit. Soll Kommunikation nicht auf Datenaustausch reduziert werden, müssen Räume geschaffen oder erhalten werden, die Kommunikation im Sinne zwischenmenschlicher Begegnung zulassen.

Die Praxis gegenwärtiger Erwachsenenbildung läßt deutlich erkennen, daß es ein subjektives Bedürfnis des einzelnen nach zwischenmenschlicher Kommunikation gibt, das mit den modernen Kommunikationsmitteln nicht zu befriedigen ist. Vordergründig tritt dieses Bedürfnis weniger deutlich in Erscheinung als das Interesse an einem konkreten Thema. Aber es kann kein Zweifel darüber bestehen, daß die Auseinandersetzung mit einer Fragestellung in der Regel auch als kommunikatives Ereignis gewollt ist. Im unmittelbaren Kontakt mit anderen können für den einzelnen neue Perspektiven entstehen, können Bestätigung für den eigenen Standpunkt oder die Notwendigkeit von Abgrenzung, aber auch die Erfahrung von Verständnis und Solidarität vermittelt werden. Eine Erwachsenenbildung, die dieses subjektive Kommunikationsbedürfnis sieht und als eine eigene Funktion begreift, trägt wesentlich dazu bei, daß es öffentliche Räume zwischenmenschlicher Kommunikation gibt, auf die – Ironie der Entwicklung – gerade eine hochtechnisierte Kommunikationsgesellschaft angewiesen zu sein scheint.

Sie kommt damit aber nicht allein einer subjektiven Bedürfnislage nach, sondern ebenso einer objektiven Notwendigkeit. Denn in gesamtgesellschaftlicher Hinsicht sind neue Kommunikationsbarrieren entstanden. Soziologen sprechen z.B. von einer »generativen Entmischung« und meinen eine Entwicklung, bei der die Generationen zunehmend auf Distanz zueinander gehen. Ähnliches ließe sich auch vom gesellschaftlichen Verhältnis der Geschlechter behaupten. Bürgerinitiativen entstehen, weil die Kommunikation mit den politisch Verantwortlichen gestört zu sein scheint. Und Behinderte fühlen sich isoliert und gesellschaftlich ausgegrenzt. Eine fortgeschrittene Verinselung von Lebenswelten mag schließlich dazu beitragen, den Mangel an gesellschaftlicher Kommunikation schon nicht mehr als solchen zu empfinden. Wo aber ein öffentlicher Dialog nachhaltig und auf Dauer gestört ist, steht der soziale Friede einer Gesellschaft auf dem Spiel. Die Erwachsenenbildung wird dieses Problem gewiß allein nicht lösen können. Aber sie hat die Möglichkeit, durch ihren Öffentlichkeitscharakter gesamtgesellschaftliche Räume zu erschließen, in denen eine öffentliche Kommunikation wieder in Gang kommt.

Als Praxisbeispiel für einen solchen öffentlichen Kommunikationsraum können die Tagesseminare dienen, die an der Bergstraße schon seit Jahren in enger Kooperation mit Angehörigengruppen psychisch kranker Menschen sowie mit Therapeuten und Beratungseinrichtungen durchgeführt werden. Sie dienen dem Ziel, die Situation psychisch Kranker zu einem öffentlichen Thema zu machen, um auf diesem Weg Offenheit und Sensibilität zu erreichen und einen längst fälligen Dialog zwischen psychisch Kranken und Gesunden in Gang zu setzen.

6. *Erwachsenenbildung und Theologie*

Die Tatsache, daß Kirche als Träger von Erwachsenenbildung in Erscheinung tritt, führt auch heute noch dazu, daß ihre Bildungsarbeit oft auf theologische Erwachsenenbildung eingeengt wird. Diese Reduktion wird teilweise unbewußt von außen vorgenommen, teilweise ist sie (wieder) bewußte Forderung innerkirchlicher Stimmen. Hinzu kommt die lange Tradition kirchlicher Erwachsenenbildung, die bis zum letzten Konzil dieser Gleichsetzung im großen und ganzen entsprochen hat. Ihre religiöse Weltanschauung war Begründung und gleichzeitig ihr Thema. Das proggrammatische »aggiornamento« des II. Vatikanischen Konzils aber hat in dem oben beschriebenen Sinn eine Weitung im Verständnis kirchlicher Erwachsenenbildung herbeigeführt, die eine Reduktion auf einen religiös-theologischen Inhalt nicht mehr zuläßt.
Unstrittig ist allerdings auch, daß die theologische Fragestellung ein zentrales Anliegen kirchlicher Erwachsenenbildung darstellt und auch bleiben wird[2]. Das gilt zunächst für ihre Funktion der Wissensvermittlung. Die christliche Deutung der Welt- und Lebenswirklichkeit setzt die Kenntnis entsprechender Interpretamente voraus. Sie in der gebotenen Klarheit zu vermitteln, ist angesichts eines religiösen und weltanschaulichen Pluralismus notwendig und hilfreich. Dabei muß das in sich komplexe Glaubenswissen akzentuiert und elementarisiert werden, um im Rahmen von Erwachsenenbildung vermittelt werden zu können. Elementarisierung heißt Rückführung auf das Wesentliche und nicht bloße Vereinfachung. Damit ist die Erkenntnis über geschichtliche Entwicklungsbedingungen theologischer Aussagen ebenso eingeschlossen wie exegetische oder hermeneutische Fragen. In diesem Zusammenhang hat sich als nützlich für die Praxis der um Redlichkeit theologischen Denkens bemühte Katholische Erwachsenenkatechismus erwiesen. Denn mit seiner Absicht, die innere Plausibilität

des christlichen Glaubens aufzuzeigen, erfüllt er eine wesentliche Intention theologischer Erwachsenenbildung. Gleichzeitig kommt hier eine mögliche Unterscheidung zur Erwachsenenkatechese hinsichtlich der Zielsetzung in den Blick. Während diese Verstehenszugänge zu Glaubensinhalten eröffnet, um zumindest grundsätzlich auch Zustimmung zu erreichen, ist es Ziel von Erwachsenenbildung, dem Erwachsenen vor allem ein eigenständiges und begründetes Urteil zu ermöglichen.

Relevant ist die theologische Fragestellung auch für die Funktion von Erwachsenenbildung als Orientierungs- und Lebenshilfe. Da der Glaube nicht nur die Summe seiner Inhalte ist, sondern auch die Vielfalt individueller und gemeinschaftlicher Lebenspraxis, zielt er nicht nur auf das Verständnis, sondern auch auf die Gestaltung von Welt- und Lebenswirklichkeit. Das religiöse Lebenswissen entfaltet seine Bedeutung erst dann, wenn es sich in persönlicher Erfahrung verdichtet und konkretisiert. Für eine theologische Erwachsenenbildung mit dem Anspruch, Lebenshilfe zu bieten, muß das heißen, daß sie insbesondere erfahrungsgestützte Arbeitsmethoden anwenden wird. Anteile von Selbsterfahrung sind notwendige Elemente in einem solchen Bildungsprozeß, um die eigene Lebenswirklichkeit als das Erlebte zur Erfahrung zu verarbeiten. Dieser Erfahrungshorizont ist der Ort, an dem das Heilende und Befreiende der biblischen Botschaft zur konkreten Erfahrung verdichtet werden kann. In der praktischen Arbeit hat sich hier vor allem die Methode des Bibliodramas als hilfreich erwiesen. Mit ihr ist es möglich, den inneren Reichtum und die Reichweite eines biblischen Textes in die konkrete Erfahrbarkeit seiner Botschaft und dahinter letztlich seines Botschafters zu übersetzen. Eine so gewonnene Glaubenserfahrung eröffnet grundsätzlich die Möglichkeit, die eigene Lebenswirklichkeit neu zu deuten und darin auch besser zu bewältigen.

Mit diesen beiden Funktionen theologischer Erwachsenenbildung, Glaubenswissen und Glaubenserfahrung zu vermitteln, hat sie außerdem faktisch Anteil am Prozeß der Glaubenstradition. Weil, in Anlehnung an die Aufklärung, jeder Begriff leer ist ohne Anschauung, jede Anschauung aber blind ist ohne Begriff, stehen auch Glaubenswissen und Glaubenserfahrung in diesem inneren Wechselverhältnis. Ist der theologische Begriff mit der Dichte und Konkretheit religiöser Erfahrung gefüllt und diese mit der Klarheit und Eindeutigkeit des theologischen Begriffs verbunden, dann entfaltet der Glaube nicht nur seine Lebendigkeit, sondert liefert der Tradition auch neue Impulse.

Die theologische Fragestellung hat schließlich für die Erwachsenenbildung Bedeutung, wo diese die Aufgabe wahrnimmt, öffentliche Kommunikationsräume zu bieten. Der Gedanken- und Erfahrungsaustausch zu Glaubensthemen ist ein dem Glauben selber wesentliches Element, weil er zum einen entfaltungsbedürftig und zum anderen auf Mitteilung hin angelegt ist.
Auf zwei Aspekte ist dabei noch ausdrücklich hinzuweisen. Für die Glaubenskommunikation im Rahmen von Erwachsenenbildung ist es zum einen wichtig, auch der Skepsis ihren Raum zuzugestehen. Vielleicht hat die Krise der Glaubenstradition auch damit etwas zu tun, daß es Menschen im Raum der Kirche (immer noch) schwerfällt, ihre Glaubensschwierigkeiten und Zweifel zu benennen. Im Rahmen theologischer Erwachsenenbildung muß es deshalb möglich sein, die eigene Skepsis zu artikulieren. Sie darf, wie schon das Neue Testament zeigt, innerhalb der Glaubenskommunikation nicht übergangen werden. In der Praxis zeigt sich immer wieder, daß gerade die Skepsis das Glaubensgespräch befruchtet und vertieft. Der andere Aspekt bezieht sich auf den Öffentlichkeitscharakter der Glaubenskommunikation. Weil Glaube nie nur private Überzeugung, sondern immer auch öffentliches Angebot an eine Gesellschaft ist, bedarf es öffentlicher Räume, in denen Glaubensthemen diskutiert werden.

7. Erwachsenenbildung im Spagat

Mit der Unterscheidung zwischen subjektivem Bedürfnis und objektiver Notwendigkeit zeichnet sich gleichzeitig ein Grundproblem in der Aufgabenstellung kirchlicher Erwachsenenbildung ab. Zunächst kann nicht bezweifelt werden, daß es sinnvoll und richtig ist, wenn sich Themen der Bildungsarbeit am vermuteten oder erwiesenen inhaltlichen Interesse potentieller Teilnehmer orientieren. Je verläßlicher dieses subjektive Bedürfnis erhoben werden kann, umso größer dürfte die Nachfrage für entsprechende Angebote sein. Die heutige Erwachsenenbildung hat damit die Logik der modernen Marktforschung für sich entdeckt und dem subjektiven Interesse eine für ihre Themengestaltung konstitutive Bedeutung zugemessen. Mit dem Eintritt in eine freiheitlich-liberale Gesellschaft hat sie den Primat des Inhalts aufgegeben zugunsten einer Teilnehmer- und Lebensweltorientierung.
Allerdings birgt diese »marktrationale« Sicht auch ihre Probleme. So wenig sie im Grundsatz bezweifelt werden soll, so fragwürdig

muß sie erscheinen, wenn das Kriterium der Marktgängigkeit verabsolutiert wird. Gerade für eine Erwachsenenbildung in kirchlicher Trägerschaft muß es eine permanente Frage sein, ob es neben den artikulierten und als solchen erkennbaren Interessen nicht auch Fragestellungen gibt, die zwar objektiv gegeben sind, sich aber nicht unmittelbar artikulieren und nur latent vorhanden sind. Diese objektiv wichtigen, aber »unpopulären« Themen anzugehen, dürfte für eine kirchliche Erwachsenenbildung eine bleibende Aufgabe sein. Sie kommt gerade ihr zu, weil es Kirche aufgegeben ist, sich in ein kritisches Verhältnis zur Gesellschaft zu setzen. Die prophetische Kritik des Alten Testamentes bis hin zu Jesu Verhältnis zur politischen Öffentlichkeit begründet eine kirchliche Tradition, die vielleicht nicht immer das zeitgenössische Kirchenbild bestimmt hat, die es aber fraglich erscheinen läßt, wenn Kirche zum systemkonformen Sinnlieferanten gemacht werden soll.

Als Beispiel kann hierfür etwa die Frage nach dem deutsch-deutschen Verhältnis nach der Vereinigung angesehen werden. Obgleich es nicht an Anlässen fehlt, auf dieses Problem aufmerksam zu werden – Mauerschützenprozesse, Stasi-Akten, Solidaritätszuschlag, PDS u.a.m. – scheint es schwerzufallen, diese Frage im Rahmen der Erwachsenenbildung zu thematisieren. Dabei wäre es wichtig, dieses jüngste Kapitel deutscher Geschichte aufzuarbeiten, um das innerlich einzuholen, was rein äußerlich schon vollzogen ist.

Insofern kirchliche Erwachsenenbildung ihre Orientierung an artikulierten Zielgruppeninteressen beibehält und gleichzeitig ihre kritische Funktion in und für eine Gesellschaft erwägt, gerät sie unweigerlich in eine Spagatstellung. Diese Spannung auszuhalten, bereitet auch deshalb Mühe, weil sie den Mißerfolg zu verarbeiten hat, der sich rasch einstellt, wenn Themen angeboten werden, für die es allem Anschein nach keine Nachfrage am Markt gibt. Innovativer Geist und Phantasie sind gefragt, um dieser Aufgabe auf Dauer gerecht zu werden. Während Bildungseinrichtungen, die sich im wesentlichen durch den Absatz ihrer Angebote selber finanzieren, auf Marktgängigkeit ihrer Themen angewiesen und deshalb kaum zu einer abweichenden Perspektive in der Lage sind, verfügt eine Erwachsenenbildung in kirchlicher Trägerschaft über finanzielle Rahmenbedingungen, die ihr hierzu wenigstens grundsätzlich einen größeren Spielraum eröffnen.

8. Erwachsenenbildung und Imagepflege

Aus der Vielzahl der recht unterschiedlichen Aufgaben (Wissen zu vermitteln, Lebenshilfe zu bieten, gesellschaftliche Kommunikationsräume zu eröffnen, »unpopuläre« Themen aufzugreifen) resultiert die Schwierigkeit, den Träger dieser Erwachsenenbildung als solchen klar und eindeutig zu identifizieren. Zu groß ist aber die Zahl der Anbieter, als daß kirchliche Erwachsenenbildung auf eine eigene Kontur verzichten könnte. Die tägliche Praxis zeigt, daß für den Erfolg der Arbeit nicht nur Thema, Referent, Methode und die äußeren Rahmenbedingungen einer Veranstaltung stimmen müssen, sondern daß auch das immer schon vorhandene Image des Trägers eine wichtige Rolle spielt.

Das Image kirchlicher Erwachsenenbildung ist faktisch mehrdeutig. Insofern Kirche als ganze heute vielen Menschen weltfern und dogmatisch erscheint, wird sie auch als Träger von Erwachsenenbildung so wahrgenommen. Doch gibt es neben dieser Hypothek auch Erwartungen an die Kirche und ihre Bildungsarbeit, die Beleg dafür sind, daß ihr Lebensnähe, Relevanz und Kompetenz grundsätzlich zugetraut werden. Dieser Bonus ist ihr Kapital, mit dem eine kirchliche Erwachsenenbildung an ihrem öffentlichen Erscheinungsbild arbeiten muß. Sind auf der Grundlage einer christlichen Sicht von Welt Offenheit für gegenwärtige Themen und eine fachliche Kompetenz tatsächlich ihr entschiedener Anspruch an sich selbst, dann ist die wesentliche Voraussetzung gegeben, daß mit den Mitteln moderner PR diese »Firmenphilosophie« auch in einem klaren Erscheinungsbild zum Ausdruck kommt. Gezielte Imagebildung ist ein mühevoller, aber wichtiger Prozeß, zu dem es nur die Alternative gibt, das öffentliche Erscheinungsbild den Kräften des faktisch Zufälligen zu überlassen.

Der Einsatz für ein positives und klar erkennbares Image steht in einem doppelten Zusammenhang mit der konkreten Veranstaltung. Einerseits ist es gewissermaßen ein Vorschuß auf den Wert des Angebotes. Das Image des Trägers ist eine der einzelnen Veranstaltung vorausgehende Botschaft, die das Thema erhellen und potentielle Teilnehmer motivieren kann. Andererseits wird das positive Trägerimage seine notwendige Bestätigung erfahren, wenn die Veranstaltung auch tatsächlich als sinnvoll und bereichernd erlebt wird. Dieser doppelte Zusammenhang macht deutlich, daß Imagepflege mit fachlich guter Arbeit korreliert und nicht als bloße Etikettierung mißverstanden werden darf.

9. Die Brückenfunktion kirchlicher Erwachsenenbildung

Mit ihrer Begründung durch den Kultur- und Schöpfungsauftrag, wie er vom II. Vatikanischen Konzil verstanden wird, erfährt die Erwachsenenbildung als ein wichtiges kirchliches Handlungsfeld eine unübersehbare Aufwertung. Mit ihren spezifischen Möglichkeiten überwindet sie ihre binnenkirchliche Außenseiterrolle und wird zu einem bedeutsamen Bindeglied zwischen Kirche und Gesellschaft. Indem sie individuelle und gesellschaftliche Fragestellungen der Gegenwart, an denen mitzuwirken der Kirche aufgegeben ist, aufgreift und sich mit ihnen auseinandersetzt, übernimmt kirchliche Erwachsenenbildung eine zentrale Funktion von Kirche der Gesellschaft gegenüber. Durch sie kann Kirche ihr Verhältnis zur »Welt« weiter öffnen und beleben. Ein wesentliches Merkmal in diesem Weltverhältnis ist sein Dienstcharakter, und eben dafür setzt sich kirchliche Erwachsenenbildung ein, wenn sie Wissen vermittelt, Orientierungs- und Lebenshilfe bietet oder öffentliche Kommunikationsräume erschließt. Sie tut es mit ihren Mitteln und Möglichkeiten ganz im Sinne der »Pastoralkonstitution über die Kirche in der Welt von heute«, wenn diese programmatisch formuliert: »Freude und Hoffnung, Trauer und Angst der Menschen von heute, besonders der Armen und Bedrängten aller Art, sind auch Freude und Hoffnung, Trauer und Angst der Jünger Christi« (GS 1). Mit ihrer Dienstfunktion, die sie dem einzelnen wie der Gesellschaft gegenüber wahrnimmt, übersetzt sie mit ihren Mitteln den Auftrag der Kirche in die alltägliche Praxis.

Diesem Auftrag, den das II. Vatikanische Konzil als Öffnung der Kirche für die Fragen der Gegenwart umschrieben hat, weiß sich Erwachsenenbildung in kirchlicher Trägerschaft bleibend verpflichtet. Sie hat damit Gelegenheit, die Glaubwürdigkeit von Kirche wieder zu erhöhen. Sie hätte nicht nur deshalb sowohl in pastoral-praktischer Hinsicht als auch im Hinblick auf die Ausbildung von Priestern und Hauptamtlichen mehr Aufmerksamkeit und Wertschätzung verdient.

Anmerkungen

1 Zum Auftrag kirchlicher Erwachsenenbildung heute, in: Glauben bezeugen, Gesellschaft gestalten, Freiburg/Basel/Wien 1993, 496–511, 504 f.

2 Vgl. dazu die jüngste Diskussion in: Unter-Brechung. Standort und Perspektiven theolog. Erwachsenenbildung, hrsg. von der Katholischen Bundesarbeitsgemeinschaft für Erwachsenenbildung, 1995.

Albert Raffelt

Inkunabel, Internet und Theologie

Die Bibliothek als Berufsfeld

Wenn Pascal meint, das Wichtigste für das ganze Leben sei die Wahl des Berufs und der Zufall entscheide darüber (Pensées, Laf. 634), so hätte er – statt Maurer, Soldaten und Dachdecker als Beispiel zu wählen – mindestens ebenso gut Bibliothekare nehmen können, wenn diese als Profession in seinem Blick gewesen wären oder damals überhaupt als Berufsstand gegolten hätten. Denn die Wahl des bibliothekarischen Berufs dürfte typisch für ein Berufsfeld sein, das man aus möglichen Angeboten wählt, nicht aber *primär* anzielt. Es geht im allgemeinen wohl weniger um »Berufung« als um »Job«. Immerhin bietet das Bibliothekswesen eine der doch relativ raren Möglichkeiten, mit der Theologie als Wissenschaft einen Beruf anzusteuern. Das läßt zu, daß man nach dem »Theologischen« gerade dieser Tätigkeit fragt. »Inkunabel« und »Internet« bezeichnen dabei die historischen Endpunkte der Tätigkeit (wenn man die Handschriften einmal einbegreift: Sie alliterieren leider nicht mit Internet). Die Frage ist, wo die Theologie in diesem Rahmen einzubinden ist.

1. Theologie als fachliches Know-how

Zunächst einmal ist zu begrenzen. Legt man Balthasarsche Kriterien an, wonach es keine »Wahrheit [gibt], die nicht in einer Tat, einem ›Wandel‹ zu inkarnieren wäre«[1], und wonach Theologie sodann nur als »kniende« ihrer Wahrheit gerecht wird, so scheint »Bibliothekar« keine Chance zu haben, ein *theologisch* relevantes Berufsfeld zu sein. Denn es ist hier weniger die Wahrheit der Theologie gefragt als die Fakten- und Zusammenhangskenntnis, die es erlaubt, aus dem immer unüberschaubareren Angebot an Publikationen dasjenige auszuwählen, was im Rahmen einer bestimmten Etatsituation für die Aufgaben einer bestimmten Institution (etwa einer Universität[2]) benötigt wird. Damit wären wir beim ersten Haupttätigkeitsfeld: der *Erwerbung.*

Daß der Bibliothekar dabei nicht als Vertreter einer Konfession, Kirche, Religion und als Zensor anderer Standpunkte auftreten kann, versteht sich von den rechtlichen Bedingungen einer – bzw. unserer – modernen Demokratie her gesehen von selbst. Nicht unbedeutende Beurteiler seiner Tätigkeit haben ihm aber zugestehen (oder zumuten) wollen, daß seine Fähigkeiten zur qualitativen Beurteilung von Literatur in dem Sinne zu nutzen seien, daß er dem in der Informationsflut ertrinkenden Wissenschaftler (und anderen Zeitgenossen) gewissermaßen die Literatur ausfiltere, die ernstzunehmen sei. José Ortega y Gasset hat dies in einer Festrede eines internationalen Bibliothekskongresses einmal sehr deutlich formuliert[3]. Aber auch hier ist Skepsis angebracht: Es wäre zum einen zuviel der Ehre. Die Wissenschaft urteilt selbst. Zum andern ist die Voraussetzung Ortegas, daß nur das »echte Buch« Lebensrecht habe, das etwas Einmaliges, nie Geschriebenes enthalte, Illusion. Die obige Formulierung hat deshalb gegenüber solch materialer Sicht der Dinge den funktionalen Sinn der Tätigkeit im Auge. Die Wahrheit der Wissenschaft wird zunächst nicht inhaltlich vom Bibliothekar mitbestimmt; er spannt aber mehr oder weniger geschickt das Netz – durch Vermittlung von Informationen, durch Organisation, durch Rationalisierung von Arbeitsvorgängen und viel Kleinteiliges mehr. Das theologische Wissen in diesem Zusammenhang ist nur der indirekte Hintergrund, der den Blick eröffnet für das, was gebraucht wird.

Eine genauere Diskussion könnte fallweise zeigen, daß die materiale und die funktionale Beurteilung der bibliothekarischen Erwerbungspraxis zwar nicht völlig divergieren, aber doch verschiedene Dinge sind[4]. Beispiele: Nicht alle »kontextuellen« Theologien produzieren Standardwerke; es gibt Machwerke, deren Dünnhäutigkeit schon durch Lektüre von Klappentexten zu durchschauen ist; trotzdem müssen solche Suchbewegungen von einem bestimmten Punkt an ihre Spur hinterlassen; nicht alle Prominenten-Publikationen in Kirche und Welt sind bedeutend; nicht jeder Predigtband eines Kardinals muß gekauft werden; trotzdem müssen auch jenseits von Qualitätsurteilen zeitgeschichtlich wirksame Personen in ihren Publikationen recherchierbar sein. Umgekehrt: nicht alle Fachrichtungen sind offen für die Relevanz inkompatibler Forschungs- oder Denkrichtungen; dennoch müssen Bibliotheken auch hier Forschungsgeschichte archivieren[5]. Eine Bibliothek hat eben auch zu dokumentieren, sowohl das, was den Trends entspricht, wie das, was sie übergehen; sie hat der künftigen historischen Forschung Typisches zu konservieren und anderes mehr. Allerdings ist die Mehrgleisigkeit des deutschen Bibliothekswesens, sind Pflichtexemplar- und Sondersammelgebietsbibliotheken – wie

Tübingen für die Theologie – in solche Entscheidungen einzubeziehen. Eine Bibliothek steht nicht für sich allein.

Die Argumentation für den Kauf (auch) des Symptomatischen jenseits der Qualitätsfrage vermindert anscheinend die Bedeutung des Fachlichen – also hier des Theologischen – in der bibliothekarischen Tätigkeit. Das gilt aber nur bedingt, denn auch die funktionale Auswahl setzt voraus, daß beurteilt werden kann! Aber es besteht auch darüber hinaus kein Grund, das Fachwissen zu verstecken. Das soll am nächsten Teilaspekt der beruflichen Tätigkeit verdeutlicht werden.

Die formalen Leistungen eines modernen Bibliotheksmanagements verlangen in bestimmten Bereichen fachliche Kenntnisse. Im gegenwärtigen Zeitpunkt wäre dies eher stärker zu betonen. Nachdem die führenden Bibliothekare in Deutschland im letzten Vierteljahrhundert ihr Augenmerk vor allem auf eine Rationalisierung bibliothekarischer Verfahren gerichtet haben, auf ein Einbringen betriebswirtschaftlicher, organisations-technischer etc. Kenntnisse, ist im fachlichen Bereich eher ein Nachholbedarf anzumelden. Das Selbstläufertum der Datenverarbeitung verstärkt diese Notwendigkeit. Und wenn auch die Forderung Ortegas Illusion bleibt, so verlangt doch der schnelle Zugriff auf Millionen von Daten, den die EDV ermöglicht, die Strukturierung der Information, die eben in vielem nur mit fachwissenschaftlichen Voraussetzungen zu gewährleisten ist.

Bibliothekarisch wäre dies das klassische Gebiet der *Sachkatalogisierung.* Diese dürfte bald ein wichtiges Thema in den ständig wachsenden Datennetzen ausmachen. Die Situation in Deutschland ist paradox. Sie ist einerseits im Bereich der elektronischen Katalogisierung von erfreulich hoher Konsistenz jenseits aller Kleinstaaterei der Bibliothekslandschaften gekennzeichnet[6], anderseits sind die bibliothekarischen Leistungen dem Publikum weitgehend nicht konsequent zugänglich gemacht. Die Zugriffe über lokale Online-Bildschirmkataloge oder über das Internet (etwa im WorldWideWeb) in die großen Verbundkataloge – etwa des Hochschulbibliothekszentrums in Köln oder des Südwestdeutschen Bibliotheksverbunds in Konstanz – lassen weitgehend nur sehr rudimentäre Schlagwortsuchen zu, die bei thematisch größeren Einheiten kaum sinnvolle Suchstrategien ermöglichen. Die differenzierteren Suchfragen der Geisteswissenschaften stehen eben nicht im Blickfeld derjenigen, die programmieren, und man kann auch nicht sagen, daß die Bibliotheksmanager der letzten Dekade im Bereich der Sachkatalogisierung die nötigen Weichen rechtzeitig gestellt hätten[7].

Beispiele für die Problematik: Ein Benutzer, der sich *on-line* über das Internet in den Südwestdeutschen Bibliotheksverbund (der Baden-Württemberg, Sachsen und Teile der Pfalz umfaßt) einklinkt und mit dem Titelstichwort »Rahner« recherchiert, erhält derzeit 145 Titel; die Suche mit dem Schlagwort »Rahner« erbringt keinen Treffer, über »Rahner*« – mit »truncation« – 149; mit dieser Erfahrung im Hintergrund ergibt die erneute Suche mit dem Titelstichwort »Rahner*« 174 Treffer. Eine ODER-Verknüpfung ist im WWW-Formular leider nicht möglich; in der internen Version der SWB-Recherchedatenbank ergab sie 206 Treffer. Es sind also in den Daten rund 50 Monographien enthalten, die nicht über das Titelwort zu finden sind (was bei Literatur zu Personen ja der Normalfall ist, während bei anderen Gegenständen die Variabilität viel größer ist). Das Beispiel wäre mit »Heidegger« von der reinen Quantität her imposanter ausgefallen: 928, 798, 1122, 1179 wären die Zahlen in obiger Reihenfolge. Es ist aber auch bei Rahner eindrucksvoll genug.

Das Problem beginnt aber jetzt erst, wenn aus der Menge das Relevante oder das Spezifische ausgeschieden werden soll. Das Beispiel aus dem Bereich »Name« (es könnten auch individuelle Benennungen anderer Art sein) ist relativ einfach. Es macht keine fachlichen Probleme und sollte nur die Schlagwort/Stichwort-Problematik veranschaulichen. Bei Sachthemen wird es komplizierter. »Glaube« als Titelstichwort ergibt 1.531 Sätze, »Glaube*« 5.967, »belief« 427, »faith« 1.386 usw. Hier spezifische Informationen zu einem exakt abgegrenzten Sachbereich zu bekommen, setzt eine gezielte Beschlagwortung voraus, nicht nur wegen des Problems der Mehrsprachigkeit. Diese findet zwar statt (wenn auch mit unterschiedlichem zeitlichem Einstiegspunkt und weitgehend ohne Nacharbeitung von Altdaten, die aber formal neukatalogisiert und in die elektronischen Datenbanken eingebracht werden), die Zugangsinstrumente für den Benutzer in den derzeitigen Online-Katalogen sind aber sehr beschränkt. Er kann das Schlagwortvokabular nicht kontrollieren, kann schon an Kleinigkeiten – wie Plural- oder Singularform – gänzlich scheitern, kann keine Hierarchisierungen in der Schlagwortbildung nachvollziehen etc. So bleibt ihm nur, nach Gefühl postkoordiniert mit Schlagwörtern und ggf. zusätzlichen Elementen (Stichwörter, Erscheinungsjahre und was auch immer) zu suchen. Eine gezielte Listenübersicht über die bereits präkoordiniert vorliegenden Schlagwortverbindungen als Einstieg fehlt m.E. bislang gänzlich[8].

Bei der Größenordnung bis 200 Titel mag das noch angehen, da eine Durchsicht des gesamten Materials möglich ist; über 1.000 ist dies schon eine ziemliche Zumutung. Bei Schlagwörtern wie »Deutschland« ist die Recherche derzeit ohnehin aussichtslos. Es erscheint die Meldung »Fehler beim Datenbankzugriff: Retrieval abgebrochen, Bereich zu klein oder Limit erreicht«, – erschiene sie nicht, wären 12.327 Titel anzuzeigen (über die Schlagwortstammdatei des SWB lassen sich die angehängten Titel intern ermitteln). Bei »Geschichte« wären es gar 19.964.

Der Nutzer großer elektronischer Datenbestände dürfte also einige Probleme haben, die nach Verebben der Internet-Euphorie sicher auch stärker artikuliert werden. Die angebotenen Suchmittel sind – selbst wo sie im Datenbestand vorliegen – nicht genügend aufbereitet. Der Nutzer kann im allgemeinen nicht über die Inkonsistenz der zugrundeliegenden Erfassungsschichten Bescheid wissen u.a.m. Er wird »Blindstrategien« entwickeln müssen, wie er in Datennetzen suchen kann... Ein neues Feld der *Benutzerschulung* tut sich hier auf, in dem bibliothekarische und fachwissenschaftliche Kenntnisse zu kombinieren sind[9].

Primäre Aufgabe in diesem Bereich ist aber zunächst einmal die konkrete Knochenarbeit der Beschlagwortung der Bibliotheksmaterialien Stück für Stück, sodann die Mitarbeit an der fachlich adäquaten Strukturierung der Rechercheinstrumente und der Umsetzung in die neuen Technologien.

Die Ausführungen wären anhand der verschiedenen beruflichen Teilfelder über die Erwerbung, Sachkatalogisierung, Benutzerschulung hinaus zu detaillieren und fortzusetzen. Sie sollten hier – eine *erste These* – nur andeuten, daß die bibliothekarische Tätigkeit zu den Gebieten gehört, in denen Fachwissen – auch theologisches – in sehr formaler Art (Kriterien, Einteilungen, Terminologie...) sinnvoll »weiterverwertet« wird. Intensität und materiale Bedeutung können dabei sehr unterschiedlich sein. Zu viel Theologie bringt man allerdings nie mit.

2. Theologie als kulturelles Erbe

Hier wäre zu zeigen, daß »Inkunabel« zu mehr als zur Alliteration gut ist: Sieht man auf die Liste der ersten Druckwerke, so ist die Theologie sowohl im Akzidenzdruck, mit dem schnell Geld zu verdienen war (z.B. Ablaßbriefe), wie prominent in den Spitzenwerken der Druckerkunst vertreten: Gutenberg-Bibel, Mainzer Psalter bis hin zur Schedelschen Weltchronik, die ja auch ziemlich »theologisch« ist. Bleibt man bei den historischen Buchbeständen, so kann man anhand des einschlägigen Handbuchs[10] nachvollziehen, wie stark die europäische Kultur bis zum 19. Jahrhundert theologisch geprägt ist.

Daß Bibliotheken in diesem Bereich einen Schatz hüten, der auch öffentlichkeitswirksam präsentiert werden kann, haben in den letzten Jahren spektakuläre Ausstellungen (die Palatina-Bibliothek in der Universitätsbibliothek Heidelberg oder die Ausstellung von Vaticana-Handschriften im Kölner Dommuseum) wie Buchkäufe (das Evangeliar Heinrichs des Löwen etwa, die Donaueschinger Handschriften durch das Land Baden-Württemberg und anderes mehr) hinreichend gezeigt. Was für staatliche Institutionen Kulturpflege ist, stellt sich aus kirchlicher Sicht als ein Teil christlicher Inkulturation dar, die so zwar nur »museal« wiedergewonnen wird, aber viel intensiver zur Präsentation kirchlichen Selbstverständnisses genutzt werden könnte. Gerade die kirchlichen Bibliotheken hätten hier Möglichkeiten.

Als *zweite These:* Bibliotheken enthalten Spitzenwerke abendländischer Buch- und darin Kunst- und Kulturgeschichte. Das Angebot, die eigene christliche Vergangenheit in diesen großen Gestaltungen kennenzulernen, bietet heutzutage eine Möglichkeit kirchlicher »Werbung«, die nicht zu vernachlässigen ist. Sie zeigt keinen bloßen Außenaspekt, verkauft kein Produkt, gaukelt nicht vor, sondern kann etwa durch die Präsentation großer Kunstwerke, aber auch durch gut aufgearbeitete historische Dokumentationen Tiefendimensionen erreichen, die einer »theoretischen« Vermittlung des Christlichen, etwa theologischer Rede, häufig nur schwer zugänglich sind.

Bezogen auf Bibliothek und Bibliothekar ist dies eine Aufgabenstellung im kirchlichen Raum. Für die staatlichen Institutionen stellt sich wie gesagt die Sachlage anders dar: als Kulturpflege. Die Bibliotheksgeschichte zeigt, wie sehr das staatliche Bibliothekswesen im 19. Jahrhundert von den in Klosterbibliotheken erarbeiteten bibliothekarischen Verfahren und Kenntnissen profitiert hat. Durch die Säkularisation gibt es einen direkten Transfer von Sachen und Personen von dem einen Bereich in den anderen. Wie auch immer dieser Vorgang zu werten ist, für das moderne staatliche Bibliothekswesen hat er eine wesentliche Schubkraft gehabt. Es ist nur angemessen, dieses Erbe auch zu präsentieren. Für wohl alle älteren Universitätsbibliotheken – wie auch für die Landesbibliotheken – dürften die aus der Säkularisation stammenden Bestände eine wesentliche Bestandserweiterung gewesen sein. In sehr vielen Bereichen dürfte es noch unaufgearbeitete Teile geben, die das historische Wissen nicht nur über die Klöster bis zum Beginn des 19. Jahrhunderts, sondern auch in Lokal- und Regionalgeschichte wie in vielen historischen Disziplinen – von den einzelnen Bereichen der Wissenschafts- und Technik- bis zur Wirtschaftsgeschichte – wesentlich bereichern können. Für den Theologen ist das Interessante an diesen Zusammenhängen wieder der Aspekt christlicher Inkulturation.

Die These zwei könnte man also auch »säkularisiert« abwandeln und als *dritte* These formulieren, daß zum Berufsfeld des bibliothekarisch arbeitenden Theologen auch die Vermittlung der kulturellen christlichen Traditionen gehört, die sich in den Magazinen der Bibliotheken spiegeln[11].

Inzwischen haben wir eine weitere Säkularisierungswelle[12] erlebt, durch welche die Aufgabe, das theologische Traditionsgut in den Bibliotheken lebendig zu halten, noch bedeutsamer geworden ist. Von der traditionellen Bestimmung her gehört dies zum einen in den Bereich der *Auskunftstätigkeit.* Der Bibliothekar hat hier seine Hauptkundschaft nicht unter den Theologen, sondern unter den Studenten und sonstigen Nutzern, die allgemeine kulturgeschichtliche Phänomene aufarbeiten, z.B. Literaturstudenten, die mit dem christlichen Einschlag in der europäischen Tradition nicht zu Rande kommen, etwa biblische Anspielungen nicht verstehen etc. Auch hier gilt wiederum: Die bibliothekarische Arbeit ist eine Hilfsarbeit für die Wissenschaft. Sie arbeitet keine Mängel der Literaturwissenschaft selbst auf, sondern sucht interdisziplinär auf Zugänge und Hilfsmittel hinzuweisen. Was in der zweiten und dritten These als Präsentation von Kulturgut angezielt war, geht hier direkt auf die inhaltliche Seite.

Als *vierte These* ist zu sagen, daß der Bibliothekar im Fach Theologie in der derzeitigen Situation theologische Mängelbehebung betreiben muß und seinen Teil dazu beitragen sollte, daß das entschwindende christlich-theologische Faktenwissen durch Bestandspräsentation (Lesesaal) wie Auskunfts- und Beratungstätigkeit potentiellen Nutzern möglichst leicht erreichbar bleibt.

3. *Theologische Futurologie*

»Kulturelles Erbe« formuliert die historische Komponente eines Sachverhalts, der auch am anderen Ende aufgegriffen werden kann. Wenn es nicht bloße historische Information sein soll, geht es ja bei dem Begriff um kulturelle Identität und damit um Gegenwart. Aus diesem Grund ist die Titelalliteration auch nur Stilmittel: die beiden Bezüge lassen sich nicht auseinandernehmen. Die Inkunabel wird im Internet ermittelt, wie die vatikanische Handschrift ggf. über das WWW betrachtet werden kann.

Das Internet ist derzeit – bzw. prinzipiell, wenn ähnliche Strukturen bestehen bleiben – ein anarchisches System. Bibliothekare sind nur ein kleiner Teil der Zulieferer wie Nutzer. Daß man in diesem Netz überhaupt globale Suchen veranstalten kann, ist ohnehin erstaunlich. Mit Hilfe von »Suchmaschinen« geht es aber. Das Suchbeispiel »Rahner« – derzeit durchgeführt[13] – ergab diverse Treffer, allerdings (noch) keine relevanten: sie reichten von der Theologischen Fakultät Innsbruck, in deren Literaturdokumentation hoffentlich bald vielleicht doch ein relevanter Karl-Rahner-Zugang möglich sein wird, dem dortigen Karl-Rahner-Platz bis zum Bundesligaspiel Schalke gegen Uerdingen (mit einer Verwarnung für Rahner laut Spielbericht) ...

Die Neuigkeit des Unternehmens und die Möglichkeit großer Gewinne (etwa durch die Online-Dienste) hat derzeit zu einer Euphorie in diesem Bereich geführt, die sachlich nicht ganz abgedeckt wird, jedenfalls für die Theologie nicht. Vieles ist bloß im Aufbau, ist Versprechen. An intelligent angelegten Unternehmen kann man aber durchaus sehen, wo die Möglichkeiten liegen. Die Augustinus-Dokumentation von J.J. O'Donnell an der University of Pennsylvania gehört z.B. dazu[14]. Hier sind einige (potentiell sollen es wohl alle werden) Augustinus-Texte, englische Übersetzungen der Confessiones, Artikel von O'Donnel u.a. zugänglich und ist ein Forum (Online-Seminar) für Diskussionen gegeben. Wie schön wäre es, wenn die Universität Gießen ihr Corpus Giessense nicht als Einzel-CD anbieten würde (in Konkurrenz für den Gesamttext mit den vorliegenden Gesamtausgaben auf CD im Rahmen der Patrologia Latina Database [PLD] und der CETEDOC library of Christian Latin Texts [CLCLT]), sondern das Ganze im Netz zugänglich wäre!

Die direkte Zugänglichkeit von Literatur im Netz, die damit angesprochen ist, scheint dem Berufsstand Bibliothekar endgültig den Garaus zu machen. Eigentlich sind die Naturwissenschaften hier führend. Die Theologie ist aber auch dabei schon ziemlich weit. Sucht man die Bibel, so gibt es mehrere Zugänge. Einer davon geht über den Vatikan[15]. Neben Papst-Texten, dem Missale, dem Katechismus usw. gibt es hier eine Rubrik mit Bibeln in diversen Sprachen (in lateinischer Schrift! das Internet mag die anderen nicht):

Vulgata, King James Bible, Douay-Rheims-Bible... Für den deutschen Bereich erwartet man gemäß CIC can. 825[16] die Einheitsübersetzung, doch es erscheint: die Elberfelder Bibel! Auf das Faktum einer nichtannotierten und nichtapprobierten Übersetzung in diesem Umfeld aufmerksam gemacht, wundert man sich allerdings bei den anderen Sprachen ebenfalls! Die Sache erklärt sich leicht, da hier eigentlich nur »links« (Verbindungen) aufgebaut sind, die zu entsprechenden Bibelangeboten verweisen. Immerhin ist das Faktum trotzdem verwunderlich[17], wenn man die eigenen Rechtsnormen ernst nehmen will[18]. Daß die Einheitsübersetzung in elektronischer Form vom Verlag prohibitiv behandelt wird (das gilt auch für die CD-Version[19]), scheint mir engstirnig gedacht zu sein. Die freie Verbreitung der elektronischen Version der Elberfelder Bibel dürfte deren Verkauf in der Papierform eher gefördert haben. Jedenfalls besitze ich selbst erst seitdem diese Übersetzung. Daß der Verlag Jahre, nachdem die Diskettenversion schon in Umlauf gesetzt wurde, jetzt nochmals eine PC-Bibel als Kombinationspaket herausbringen konnte, spricht ebenfalls für diese Sicht der Dinge. Italien hat es da besser: Die offizielle, von der italienischen Bischofskonferenz gebilligte Bibelübersetzung ist im Internet erreichbar.

Verläßt man einmal die »Netz«-Ebene, so ist die Elektronisierung der Texte des ersten christlichen Jahrtausends schon erstaunlich weit gediehen. Auf PLD und CLCLT ist schon hingewiesen worden. Ersteres hat dem Abbé Migne (nach Papierausgabe, Reprint, Microfiche-Edition nun mit der – allerdings exorbitant teuren – CD-ROM) wohl endgültig zur bibliothekarischen Unsterblichkeit verholfen. Die erstaunlich intensive Nutzung dieser seit Ende 1995 vollständig vorliegenden Version der Patrologia latina[20] liegt in der Tendenz unseres zweiten Absatzes. Sie zeigt gleichzeitig, daß es nicht nur um immer bessere Texte geht, sondern daß ein solches Unternehmen wie die Patrologia latina inzwischen selbst Teil der repräsentativen europäischen Überlieferung ist und in seinen nichtpatristischen bzw. nichtmittelalterlichen Teilen (etwa den editorischen Beigaben) ein Stück Kulturgeschichte der Neuzeit darstellt. Daß daneben die kritische Edition einen ganz hohen Stellenwert hat (neben CLCLT für die lateinische Überlieferung und einzelnem – wie Thomae Aquinatis opera omnia cum hypertextibus in CD-ROM – wären die entsprechenden Texte im Thesaurus Linguae Graecae auf CD-ROM zu nennen) bleibt selbstverständlich. Nebenbei: Die »Verflüssigung« von Texten in den elektronischen Medien macht gerade die Sicherung kritischer Texte in herkömmlicher

Buchform in Bibliotheken wiederum erneut bedeutsam[21], ganz abgesehen davon, daß Lese- und Referenzform zweierlei Dinge sind. Die Ausblicke auf die virtuelle theologische Bibliothekswelt sollen nicht vertieft werden. Vielleicht ist aber doch eine fachliche Aufgabe deutlich geworden: Berufe im Informationsbereich sind derzeit gefordert, entsprechende Strukturen in ihren Bereichen mitanzustoßen und mitaufzubauen. Im Publikationswesen wird es sicher bald Felder geben, die weitgehend elektronisch bedient werden. Der General Stumm von Bordwehr[22] wird künftig nicht mehr in die »Katalogzimmer« einer Bibliothek eindringen müssen, wo »nirgend ein vernünftiges Buch zum Lesen, sondern nur Bücher über Bücher« stehen und es nach »Gehirnphosophor« riecht. Er kann das per Modem am heimischen PC erledigen, wo er für die sonstigen Begleitumstände selbst verantwortlich ist. Der Bibliothekar tritt an dieser Stelle leiblich nicht mehr dazwischen. Seine Existenz wird wohl nur bemerkt werden, wenn man mit den angebotenen Strukturen nicht einverstanden ist.

Die *fünfte These* ließe sich wieder in eine kirchliche und eine »säkulare« splitten, wobei die Intentionen unterschiedlich, die Aufgaben gleich sind (wir lassen es beim virtuellen Splitting): Es stellt sich derzeit die Aufgabe, alle fachlichen Kenntnisse dafür zu nützen, daß theologische Gehalte in der neuen »virtuellen Infothek« präsent sind und im chaotisch »naturwüchsig« entstehenden Datennetz die Zugänge in entsprechender Weise gebahnt werden – im übrigen ein uferloses Projekt und deshalb nur in dieser vagen Weise ansprechbar.

4. *Theologie als Wissenschaftspraxis*

Obwohl es nötig war, zunächst (1.) den Rahmen eng zu machen, um die faktische Situation nicht zu verzeichnen, soll doch darauf hingewiesen werden, daß die direkte Mitarbeit an wissenschaftlichen Projekten je nach bibliothekarischem Tätigkeitsfeld eine weitere Möglichkeit bleibt, theologisches Fachwissen umzusetzen. Im Bereich der *Benutzerschulung* bietet sich dies am ehesten an. Die immer komplexere Informationswelt, der der Student ausgesetzt ist, die er zu bewältigen hat und deren Zugang die Bibliothek im Bereich der Geisteswissenschaften wohl immer noch ist, verlangt nach Hilfestellung. Dies ist wiederum zunächst eine Aufgabe der wissenschaftlichen Institution »Universität« selbst und ihrer Fakultäten. Es wäre aber falsch, würden diese dazu nicht auch die formale und fachliche Kompetenz ihrer Bibliothekare heranziehen. Effizient können solche Schulungen wahrscheinlich nur in Verbindung mit sachlichen Themenstellungen durchgeführt werden. Ob die Lösung eine Einbindung des Bibliothekars in Lehrveranstaltungen, die Gestaltung eigener »gemischter« Lehrprogramme oder die formale Schulung der »Distributoren« an den Fakultäten ist, wird man den konkreten Umständen überlassen müssen[23].

»Wissenschaft« dokumentiert sich im geisteswissenschaftlichen Bereich in *Publikationen*. Der Bibliothekar ist hier nicht primär gefordert. Als Übung, um sozusagen durch die praktische Tätigkeit auch den Wandel der Mittel und Möglichkeiten direkter im Griff zu behalten, sollte er nach seinen Möglichkeiten auch in diese Richtung tätig sein. Dabei gibt es Felder, für die der Bibliotheksberuf Affinität und Voraussetzungen bietet. Am unmittelbarsten sind das solche Dinge wie *bibliographische Arbeiten*. Sie erwachsen u.U. direkt aus der eigenen Tätigkeit[24], können sogar ein Teil derselben sein. Die Elektronisierung der Medien ändert allerdings gerade dieses Feld erheblich und verlangt derzeit nach Neukonzeptionen.

Vielleicht sind auch *editorische Arbeiten* hier noch anzuhängen. Allerdings dürfte es dabei weniger Möglichkeiten der direkten Koppelung mit der Berufstätigkeit geben. Gelegentlich bieten sich jedoch solche Gelegenheiten, etwa in der eigenen Publikationstätigkeit von Bibliotheken, wenn Manuskripte durch Druck zugänglich gemacht werden können[25], Bestände zu dokumentieren sind und anderes mehr.

Ansonsten sollte man die Möglichkeiten hier nicht überschätzen. Zwar hält man im geisteswissenschaftlichen Bereich seitens der Ministerien derzeit weitgehend noch an der Promotion als faktische Zugangsbedingung zum höheren Dienst an Bibliotheken fest. Damit wird natürlich auch ein fachliches Potential bereitgehalten, das bedarfsweise aktivierbar ist. Wie in anderen Verwaltungsberufen ist aber diese Aktivierung im allgemeinen nur indirekt vorgesehen (s.o.). Vergleichbar ist dies anderen Bereichen: Liest man etwa Schulprogramme deutscher Gymnasien, die vor einem runden Jahrhundert erschienen sind, so staunt man über die wissenschaftlichen Veröffentlichungen damaliger Studienräte. Die Zeiten sind diesen Dingen aus vielen Gründen nicht mehr so günstig. Die größere Hektik des Berufslebens, weniger Residuen für das wissenschaftliche Arbeiten, wohl auch eine öffentliche Geringschätzung in vergangenen Jahren zeigen ihre Ergebnisse. Die Gymnasien sind nur ein Beispiel dafür. In den Bibliotheken ist die Sachlage prinzipiell ähnlich.

Die *sechste These* ist angesichts des unterschiedlichen Berufsfeldes schwerer zu formulieren. Sie will nur darauf hinweisen, daß wissenschaftliche Arbeit in Bibliotheken in bestimmten Bereichen eine zwar bescheidene aber durchaus sinnvolle Übung ist, die etwa der besseren Verzahnung von Lehrangeboten der Universität und Nutzung der bibliothekarischen Gegebenheiten dienen kann. Möglichkeiten fachlicher publizistischer Arbeit ergeben sich eventuell daraus, zudem in begrenzter Weise (Bibliographien, Editionen, Mitarbeit bei Ausstellungen etc.) und oft eher zufällig aus anderen bibliothekarischen Arbeitsbereichen[26]. Darüber hinausgehende fachliche Publikationstätigkeit ist eher dem Hobby-Bereich zugehörig, was nicht bedeutet, daß man sie nicht nach Möglichkeit empfehlen sollte.

5. Theologische Existenz und Bibliothek

Statt steiler Balthasarismen hält man sich vielleicht besser an Karl Rahners Vorsicht: »Was da der Christ denkt, liest und betet, welchen religiösen Beruf er erwählt, welchen Weg zur christlichen Vollkommenheit er einschlägt usw., ist seinem persönlichen Ermessen anheimgegeben. Für den Christen im allgemeinen ist der Umfang seiner religiösen Pflichten kirchlicher Gesellschaftlichkeit sehr bescheiden«[27]. Entsprechend normal ist auch die »Theologische Existenz« in der Bibliothek. Sie unterscheidet sich hierin nicht von der »Philosophischen Existenz« (der man ein solches Prädikat möglicherweise auch zumuten würde) oder der »Romanistischen Existenz« (für die das Epitheton schon ungewöhnlich wäre) oder der »Mathematischen Existenz« (womit die Sache auf dieser Ebene ad absurdum geführt würde). Sie ist eine ganz normale Umsetzung eines Fachwissens in einen vorwiegend organisatorisch angelegten Beruf. Die obigen Ausführungen suchten zu zeigen, daß die fachliche Komponente dennoch sehr facettenreich und alles in allem nicht gering ist, ohne daß sie deshalb zu einer Existenzform stilisiert werden müßte.

Der zitierte Rahnersche Aufsatz wäre natürlich nicht ernst genommen, wenn nur die banale Aussage der geringen Verpflichtungen gesellschaftlicher Kirchlichkeit aufgenommen wäre (die im übrigen damals noch um einiges höher waren als heute Usus ist). Der Aufsatz zielt letztlich auf eine Logik der individuellen Entscheidung eines jeden einzelnen[28], die den Willen Gottes persönlich auf das eigene Tun bezieht. Auf diesem Hintergrund hat säkulares Tun im-

mer auch eine »theologische« Komponente, nun unabhängig von der fachlichen Inhaltlichkeit. Jeder Christ führt insofern eine theologische Existenz und – nicht nur nach Rahner – letztlich auch jeder Nichtchrist eine »anonyme« theologische Existenz.
Im zweiten Schritt wird damit aber ein Tun, das sich immer wieder mit der Inhaltlichkeit des Christentums und mit der Geschichte der Reflexion darüber befassen muß, nicht an der Frage nach der Wahrheit dieser Überlieferung vorbeikommen. Ein Abgleiten in einen *dilettantisme* oder *esthétcisme*[29], der diese Inhalte nur noch historisch-klassifizierend oder bestenfalls genießend wahrnimmt, wäre denkbar. Es läßt sich dieser Beruf formal durchaus auch ausführen von einer kenntnisreichen, aber weltanschaulich distanzierten Haltung zu Kirche, Religion, selbst Theologie aus. In vielen Fällen wird das heutzutage faktisch so sein; in vielen Fällen wird der Bereich auch »fachfremd« mitverwaltet werden müssen. Befriedigend wird die Tätigkeit bei allem Frust durch formale Einengungen aber wohl nur sein, wenn man sie in irgendeiner noch so bescheidenen Form als ein Mitgehen auf dem Weg zur Wahrheit und zum Leben verstehen kann.

Anmerkungen

1 Theologie und Heiligkeit, in: H. U. v. Balthasar, Verbum caro. Einsiedeln 1960, 195–225, hier 196.

2 Der Text ist zunächst einmal aus dieser Perspektive geschrieben. Er formuliert zweitens seine Thesen vom Standpunkt des wissenschaftlichen Bibliothekars des sog. höheren Dienstes aus. Daß das Berufsfeld des Bibliothekars des gehobenen Dienstes sich in vielem damit schneidet, ja daß es je nach Voraussetzungen sehr ähnlich sein kann, bleibt hier außer Betracht. Daß Bibliothekar auch ein kirchlicher Beruf ist und damit möglicherweise andere Aufgaben in kirchlichen Bibliotheken hinzukommen können, ist unten wenigstens angedeutet.

3 Die Aufgabe des Bibliothekars. In: J. Ortega y Gasset, Gesammelte Werke. Bd. 3, Stuttgart 1978, 568–601: »Was ... die Aufgaben seines Berufes anbetrifft, so stelle ich mir den Bibliothekar der Zukunft als eine Art Filter vor, das [!] sich zwischen den Bücherstrom und den Menschen einschaltet« (595).

4 Vgl. A. Raffelt, Gedanken zum Fachreferat, in: ders. (Hrsg.): Tradition – Organisation – Innovation. Bd. 1, Freiburg 1991, 103–124, bes. 104ff.

5 Ein Beispiel dafür ist für mich, daß die Freiburger Philosophie in der Zeit, wo sie wirkliche Weltgeltung besaß – wohl auch in Langzeitperspektive (Husserl, Heidegger...) –, das zeitgenössische angelsächsische Denken praktisch ignorierte. Dies gilt mindestens bibliothekarisch. Daß die damaligen Kollegen wegen der Devisenprobleme etc. eventuell kaum Möglichkeiten hatten, komple-

mentär zu kaufen, steht auf einem anderen Blatt, erklärt die Sache aber nicht vollständig.

6 Fast durchgängige Anwendung im deutschsprachigen Bereich der »Regeln für den Schlagwortkatalog (RSWK)« und der im Zusammenhang mit ihrer Anwendung entwickelten »Schlagwortnormdatei (SWD)«. Die faktische Durchsetzung der Regelwerks ergab sich dabei wohl mehr oder weniger dank der Verwendung in der Deutschen Bibliothek, Frankfurt, und der damit möglichen Fremddatenübernahme durch andere Bibliotheken.

7 Vgl. die Beurteilung von Gerhard Römer, in: ders. (Hrsg.), Sacherschließung im Verbund, Karlsruhe 1990, 3.

8 Auf CD-ROM bietet dieses die Deutsche Bibliothek.

9 Vgl. zur Einführung in den bisherigen Umgang mit Bibliotheken und Katalogen meinen Versuch: Proseminar Theologie / Karl Lehmann (Vorwort). Freiburg 1975, jetzt [5]1992. Eine Neubearbeitung wird die Problematik elektronischer Netze ganz anders einbeziehen müssen.

10 B. Fabian (Hrsg.), Handbuch der historischen Buchbestände in Deutschland, Hildesheim 1992, derzeit 9 Bände.

11 Als kleines regionales Beispiel vgl. die Bemühungen um die Klosterbibliothek St. Peter im Schwarzwald in H.-O. Mühleisen (Hrsg.), Das Vermächtnis der Abtei : 900 Jahre St. Peter auf dem Schwarzwald, Karlsruhe [2]1994, 393–469 und seitens der Universitätsbibliothek Freiburg den Band »Unfreiweillige Förderung: Abt Philipp Jakob Steyrer und die Universitätsbibliothek Freiburg i.Br.« (= Schriften der Universitätsbibliothek Freiburg im Breisgau 19), Freiburg 1995.

12 Vgl. zum Problem »Säkularisierung« die Arbeiten von Ulrich Ruh, z.B. den gleichnamigen Beitrag in: Christlicher Glaube in moderner Gesellschaft. Bd. 18, Freiburg 1982, 59–100.

13 Es wurde mit »Lycos« gesucht (http://www.lycos.com).

14 http://ccat.sas.upenn.edu/jod/augustine.html

15 http://www.christusrex.org/

16 § 1: Libri sacrarum Scripturarum edi non possunt nisi ab Apostolica Sede aut ab Episcoporum conferentia approbati sint; itemque ut eorundem versiones in linguam vernaculam edi possint, requiritur ut ab eadem auctoritate sint approbatae atque insimul necessariis et sufficientibus explicationibus sint instructae.

17 Nebenbei: Die Elberfelder Bibel ist auch anderswo im WWW zugänglich, vgl. http://www.ettl.co.at/bibel/

18 Den offiziellen Charakter der WWW-Seite vorausgesetzt. So klar ist es allerdings nicht, wer hinter den Angeboten steht – ein im übrigen ziemlich gravierendes Problem des Internet.

19 Daß Hamp-Stenzel-Kürzinger auf diese Weise wieder zu Ehren kommt, hätte nicht sein müssen.

20 Nach den Erfahrungen der Universitätsbibliothek Freiburg.

21 Z.B. wegen der unklaren und unkontrollierbaren Angebote. Vgl. etwa die angebotene Luther-Bibel: http://nobi.ethz.ch/bibel/buecher.html – um welche Revision handelt es sich dabei? Das läßt sich nur am Buchtext korrekt verifizieren.

[22] Vgl. Robert Musil, Der Mann ohne Eigenschaften, Reinbek 1978, 459ff., bes. 461.

[23] Vgl. als eigenen Versuch für die »formale« Seite, der in meiner Assistentenzeit bei K. Lehmann begonnen und im bibliothekarischen Tätigkeitsbereich weitergeführt wurde, mein Anm. 9 genanntes »Proseminar Theologie«. In eigenen Veranstaltungen wird versucht, die Schulung dieser Formalia mit Sachthemen zu koppeln. In den letzten Jahren waren dies Untersuchungen zu den »Pensées« von Blaise Pascal, zur Auslegungs- und Kulturgeschichte von Lk 15,11–32 und zu Karl Rahner.

[24] Um nicht nur theologische Beispiele zu zitieren, sei als herausragende Leistung etwa auf die »Bibliographie zur französischen Literaturwissenschaft« von Otto Klapp hingewiesen; H. W. Eppelsheimer, H.-A. Koch u.a. könnten auch genannt werden. Vermutlich gehört der »Elenchus bibliographicus biblicus« auch hierher.

[25] Als eigenes Beispiel aus dem philosophischen Bereich aus einen Nachlaß vgl. etwa F. Grayeff, Migrant scholar (= Schriften aus der Universitätsbibliothek Freiburg 11), Freiburg 1986. Hier ging es um ein Stück Dokumentation der Problematik deutsch-jüdischer Lebensläufe, bedingt durch den Nationalsozialismus.

[26] Auf Bereiche wie die Bearbeitung von Handschriften und alten Drucken, wo solche Dinge direkter zum Berufsfeld gehören, sei nur noch verwiesen.

[27] Der Einzelne und die Kirche, in : Stimmen der Zeit 139 (1946) 260–276, hier 270.

[28] Rahner, Der Einzelne ..., a.a.O. 274: »Insofern der Einzelne eine gnadenhafte Einmaligkeit besitzt, ist sein Handeln nicht bloß unter dem je einmaligen Willen Gottes stehende persönliche Entscheidung, sondern auch selbst gnadenhaft gottgeschenkt, das heißt aber nicht nur: von der Gnade erhöhtes, mit einer Dynamik auf die Teilnahme am Leben Gottes selbst versehenes Tun, sondern doch wohl auch: charismatisches Tun. Jeder hat sein Charisma, seine Gabe, seine Berufung, sagt Paulus«. – Letztlich ist die Aussage damit nicht weniger »steil« als die Balthasars.

[29] Um mit Maurice Blondel zu sprechen (heute würde man es »postmoderne Beliebigkeit« nennen); vgl. L'Action (1893), S. 12ff. = Ders., Oeuvres complètes. Bd. 1, Paris 1995, 46ff. und dazu den schönen Aufsatz von H. Verweyen, M. Blondels Kritik des »Dilettantismus« und das postmoderne Denken, in: A. Raffelt/P. Reifenberg/G. Fuchs (Hrsg.), Das Tun, der Glaube, die Vernunft, Würzburg 1995, 16–32.

Michael Figura

Organtransplantationen

Die Erklärung der Deutschen Bischofskonferenz und des Rats der EKD (1990) in der gegenwärtigen Diskussion um ein Transplantationsgesetz

1. Entstehung der Erklärung

Bereits Ende der 70er, Anfang der 80er Jahre gab es in der damaligen Bundesrepublik Deutschland eine intensive Auseinandersetzung um Notwendigkeit und Inhalte eines Transplantationsgesetzes. Im Jahr 1979 wurde ein Gesetzentwurf in den Bundestag eingebracht, der der sog. Widerspruchslösung folgte. Man konnte sich damals allerdings nicht einigen, da der Bundesrat die sog. Zustimmungslösung befürwortet hatte. So blieb die Sache zunächst einmal liegen.

Im Gebiet der ehemaligen DDR galt seit 1975 eine Regelung für Transplantationen, die eine Widerspruchslösung verwirklicht hat. Ob das Transplantationsrecht der DDR noch heute gültig ist, darüber gibt es Meinungsunterschiede unter Juristen[1].

Für das Gebiet der früheren Bundesrepublik Deutschland ist die Rechtslage dadurch gekennzeichnet, daß eine spezifische Regelung fehlt. Sie wird noch in diesem Jahr erwartet. Die Kirchen haben gegen die Widerspruchslösung im geplanten Gesetzentwurf von 1979 schwerwiegende Gründe vorgebracht. In den 80er Jahren wurde immer häufiger die Frage gestellt, wie die Kirchen zu Organtransplantationen stehen. Es ging dabei um die Frage einer ethischen Beurteilung, die aber nur in einem intensiven Austausch mit Medizin in Theorie und Praxis, Recht und pastoraler Sorge um die kranken Menschen gefunden werden kann.

Die Deutsche Bischofskonferenz hat diese Anfragen nach einer Stellungnahme aufgegriffen und zusammen mit dem Rat der EKD im Jahr 1988 eine Arbeitsgruppe eingesetzt, die eine Erklärung zu ethischen, medizinischen, rechtlichen und pastoralen Fragen der Gewebe- und Organtransplantationen vorbereiten sollte. Die Arbeitsgruppe war bei der Glaubenskommission der Deutschen Bischofskonferenz angesiedelt. Wegen der Wichtigkeit des Themas hat Bischof Lehmann, der kurz vorher zum Vorsitzenden der Deutschen Bischofskonferenz gewählt worden war (September 1987), diese Arbeitsgruppe geleitet. Sie war zusammengesetzt aus 5 Medizinern (3 Chirurgen, 1 Neurologe, 1 Nephrologe), 8 Theologen und 2 Juristen. Zwischen März 1988 und März 1990 fanden intensive Gespräche der Arbeitsgruppe in Mainz (Erbacher Hof) statt. Die Deutsche Bischofskonferenz und der Rat der EKD haben sich mehrfach mit vorliegenden Entwürfen beschäftigt. Schließlich konnte die Erklärung am 31. August 1990 der Öffentlichkeit vorgestellt und übergeben werden[2].

Es ist die erste umfassende Stellungnahme der katholischen Kirche, zusammen mit der evangelischen Kirche, zu diesem Thema. Sie bildet die Grundlage für die Aussagen zu Organtransplantationen im 1995 erschienenen zweiten Band des Katholischen Erwachsenenkatechismus[3]. In der gegenwärtigen Diskussion im Vorfeld eines bundeseinheitlichen Transplantationsgesetzes, das durch die Grundgesetzergänzung vom 15.11.1994 ermöglicht worden ist, wird immer wieder auf diese Erklärung verwiesen. Sie spielte auch eine Rolle in Rheinland-Pfalz, wo am 23.6.1994 das rheinland-pfälzische Transplantationsgesetz verabschiedet wurde, das Ende August 1994 in Kraft treten sollte. Die Schwächen des Gesetzes, auf die Bischof Lehmann den damaligen Ministerpräsidenten Scharping hingewiesen hat, haben wohl auch dazu geführt, daß der Landtag das Gesetz wieder aufhob.

2. Aufnahme und Kritik der Erklärung

In den sechs Jahren seit der Veröffentlichung hat die gemeinsame Erklärung der Kirchen weitgehend eine positive Aufnahme gefunden. Dennoch traten schon früh – noch vor der Diskussion um das »Erlanger Baby« (Oktober 1992) – Kritik und Widerspruch zu diesem Text auf. Bischof Lehmann hat sich diesen neu auftretenden Fragen immer wieder gestellt: 7.4.1994 in einer Sendung des Bayerischen Rundfunks (»Organspende – Der umkämpfte Tod«); 17.1.1996 in der Frankfurter Allgemeinen Zeitung (Bischof Lehmann zu Transplantation und Organspende). Er hat dabei ein »grundsätzliches Ja« zu Transplantationen und Organspende bekräftigt und zugleich auf einen »Klärungsbedarf« hingewiesen.

Dieser Klärungsbedarf zeichnet sich bereits im Widerspruch zur Erklärung ab. Hauptangriffspunkt waren die Aussagen der Erklärung zur sicheren Feststellung des Todes. Dabei machte sich der Widerspruch besonders fest an folgendem Satz: »Der Hirntod bedeutet ebenso wie der Herztod den Tod des Menschen« (S. 18). Einer weiteren umfänglichen Kritik wurde die Bemerkung der Erklärung unterzogen, wie wichtig es sei, »das allgemeine Bewußtsein für die Notwendigkeit der Organspende zu vertiefen« (S. 26). Daraus wurde manchmal gefolgert, die Erklärung mache die Organspende zu einer »Bringschuld«, die im Gegensatz stehe zur Organspende als einem möglichen Zeichen der Nächstenliebe. Schließlich wurde der Erklärung vorgehalten, sie begünstige die im geplanten Transplantationsgesetz vorgesehene Informationslösung. Man bezog sich dabei auf folgenden Hinweis in der Erklärung am Ende eines längeren Abschnittes über die rechtlichen Grundlagen der Organentnahme vom Toten: »Dabei erscheint in Anlehnung an einige europäische Transplantationsgesetze auch eine Regelung möglich, daß eine Organentnahme zulässig ist, wenn die Angehörigen eines Verstorbenen, der sich nicht zur Organspende geäußert hat, über die beabsichtigte Organentnahme informiert werden und diesem Eingriff nicht widersprechen« (S. 20). Die genannten Kritikpunkte kommen nun noch einmal in dem Sammelband »Wann ist der Mensch tot?«[4] zur Sprache. Hans Grewel empfindet es als »schwerwiegendes Ärgernis«, wie leichtfertig sich die Erklärung auf eine Ineinssetzung von Hirntod und Tod des Menschen eingelassen habe (S. 338). Klaus-Peter Jörns fordert am Ende seiner Kritik: »Die kritisierte Schrift der Kirchen muß ... so schnell als möglich zurückgezogen und theologisch neu erarbeitet werden« (S. 379). Johannes Hoff und Jürgen in der Schmitten stellen fest, daß sich die Kirchen in der Frage der Todesdefinition die Position der Bundesärztekammer zu den Kriterien des Hirntodes (1982 und 1986) zu eigen gemacht haben: »Sie übernahmen die Ineinssetzung von personalem menschlichem Leben und Gehirn« (S. 168).

Die Kritik macht sich zwar vorzüglich an der Aussage vom Hirntod als Tod des Menschen fest, geht dann aber weiter und wirft der Erklärung eine längst überwundene Anthropologie vor. Hans Grewel möchte in der Erklärung ein dualistisches Menschenverständnis wiedererkennen (Leib-Geist/Seele-Dualismus), das in der neueren protestantischen und katholischen Theologie eigentlich überwunden sei, da der Tod den ganzen Menschen betreffe (vgl. S. 338).

Auf die wichtige Frage einer philosophisch-theologischen Anthropologie kann hier nicht eingegangen werden. In der Erklärung findet sich kein Anhaltspunkt für einen platonischen Dualismus zwischen Leib und Geist/Seele. Der Tod betrifft den ganzen Menschen, sicher auf unterschiedliche Weise seinen Leib und seine Geistseele. Wer die Aussagen der Erklärung zu »Leben und Tod im christlichen Verständnis« (S. 21–23) genau liest, wird hier keinen Dualismus vorfinden. Die Erklärung geht vielmehr davon aus, daß der Mensch in Leib und Seele einer ist. Die katholische Theologie kann sich dafür auf das Zweite Vaticanum beziehen. Dort heißt es in der Pastoralkonstitution »Gaudium et Spes«: »In Leib und Seele einer, vereint der Mensch durch seine Leiblichkeit die Elemente der stofflichen Welt in sich... Der Mensch irrt aber nicht, wenn er seinen Vorrang vor den körperlichen Dingen bejaht und sich selbst nicht nur als Teil der Natur oder als anonymes Element in der menschlichen Gesellschaft betrachtet, denn in seiner Innerlichkeit übersteigt er die Gesamtheit der Dinge... Wenn er daher die Geistigkeit und Unsterblichkeit seiner Seele bejaht, wird er nicht zum Opfer einer trügerischen Einbildung, die sich von bloß physischen und gesellschaftlichen Voraussetzungen herleitet, sondern erreicht er im Gegenteil die tiefe Wahrheit der Wirklichkeit« (Nr. 14).

Bevor auf die drei umstrittenen Fragen der Erklärung: Feststellung des Todeszeitpunktes, Gebot der Nächstenliebe und Form der Einwilligung zur Organspende eingegangen wird, soll noch eine Bemerkung zur Einordnung der Erklärung folgen.

Die Erklärung von 1990 zu Organtransplantationen ist zu lesen im Zusammenhang mit der umfangreichen gemeinsamen Erklärung des Rates der Evangelischen Kirche in Deutschland und der Deutschen Bischofskonferenz in Verbindung mit den übrigen Mitglieds- und Gastkirchen der Arbeitsgemeinschaft Christlicher Kirchen: »Gott ist ein Freund des Lebens. Herausforderungen und Aufgaben beim Schutz des Lebens«[5]. Beide Erklärungen wurden von verschiedenen Arbeitsgruppen erstellt. Die Aussagen zum Lebensschutz in der gemeinsamen Erklärung »Gott ist ein Freund des Lebens« sind in einen umfassenderen Rahmen eingeordnet, als es in der Erklärung zu Organtransplantationen geschehen konnte. Dennoch decken sich die Grundaussagen beider Erklärungen bei der Frage nach der ethischen Berechtigung von Organtransplantationen im wesentlichen. Allerdings gibt es einige Nuancierungen in »Gott ist ein Freund des Lebens«. Zum Hirntod wird ausgeführt: »Der Hirntod ist das Zeichen des Todes der Person... Der Tod des Gesamthirns wird mit dem Eintritt des Todes des Individuums gleichgesetzt, weil damit die Steuerung der leib-seelischen Einheit des Organismus beendet ist« (S. 104). Zur fälschlich als »Bringschuld« verstandenen »Notwendigkeit der Organspende« heißt es dort: »Insgesamt sehen die Kirchen in einer Organspende eine Möglichkeit, über den Tod hinaus Nächstenliebe zu praktizieren, treten aber zugleich für eine sorgfältige Prüfung der Organverpflanzung in jedem Einzelfall ein« (S. 105; vgl. S. 103). Auch die Zustimmungslösung zur Organentnahme wird dort ähnlich wie in der Erklärung von 1990 behandelt (vgl. S. 104).

Wenn es auch in den Formulierungen beider Erklärungen zu den kritisierten Punkten Nuancen gibt, so sind doch die Grundaussagen dieselben. Dennoch muß festgestellt werden, daß sich zu den Grundaussagen zu Organverpflanzungen in »Gott ist ein Freund des Lebens« keine ähnliche Kritik ergeben hat wie zu der Erklärung von 1990. Das hängt wohl auch damit zusammen, daß »Gott ist ein Freund des Lebens« eher gelesen wurde im Zusammenhang mit der Diskussion um § 218 als mit dem Thema der Organspende.

Die Kritik an der Erklärung der Kirchen zeigt auch, wie sehr im Vorfeld eines Transplantationsgesetzes in Deutschland wichtige Fragen, die in einem solchen Gesetz geregelt werden müssen, umstritten sind. Ausgehend von der Erklärung von 1990 soll unter Berücksichtigung der neueren Diskussion nun zu den genannten drei Fragen Stellung genommen werden.

3. Sichere Feststellung des Todes

Die heute für den Tod des Menschen maßgebliche Hirntoddefinition gilt erst seit dem Ende der 60er Jahre. Die Forderung nach einem neuen Todeskriterium wurde erstmals wirksam 1968 von einer Ad-hoc-Kommission aus Juristen, Medizinern und Theologen der Harvard Medical School erhoben. Hier wird das irreversible Koma (Coma dépassé) als neues Todeskriterium definiert[6]. Die Hirntoddefinition hat die klassische Todesdefinition abgelöst. Nach dieser verstand man unter Tod »den irreversiblen Stillstand von Kreislauf und Atmung, verbunden mit dem Aufhören der Tätigkeit des Zentralnervensystems und gefolgt vom Absterben aller Zellen und Gewebe des gesamten Organismus«[7]. Der klassische Todesbegriff und die Hirntoddefinition beruhen auf dem gemeinsamen Grundgedanken, »daß der Tod des Menschen normativ schon zu einem Zeitpunkt eingetreten ist, in dem die Funktionen eines lebenswichtigen integrierenden Organsystems erloschen sind und damit der Sterbeprozeß irreversibel geworden ist«[8]. Der Ausfall von Kreislauf und Atmung bildete für die klassische Todesdefinition im Sterbeprozeß den Todeszeitpunkt. Durch die Entwicklung der Reanimationstechnik war die Irreversibilität des Sterbeprozesses nach dem Stillstand von Kreislauf- und Atmungsfunktionen nicht mehr gegeben. So wurde nun der Verlust der Gesamtfunktionen des Gehirns als

Todeszeitpunkt bestimmt. Der Gesamthirntod definiert den unumkehrbaren Endpunkt im Sterbeverlauf. Nach dem Funktionsausfall des Gehirns können die übrigen Körperfunktionen zwar noch eine Zeitlang aufrechterhalten werden – sogar über Wochen, wie der Fall des »Erlanger Babys« gezeigt hat –, doch der endgültige Zerfall, d.h. der Totaltod des Organismus, kann nur noch verzögert, nicht jedoch verhindert werden.

Die Hirntodfeststellung nach genau definierten Kriterien[9] gehört in die Kompetenz der Medizin. Philosophen und Theologen können zwar Aussagen über den Tod als ganzmenschliches Ereignis machen, aber die Kriterien, daß der Tod eingetreten ist, geben nicht sie, sondern müssen sie sich von der Medizin geben lassen.

Zur Rechtfertigung des Hirntodkriteriums beruft sich die Harvard-Kommission auf eine Ansprache Papst Pius XII. vom 24. November 1957[10]. Der Papst antwortet in dieser Ansprache auf drei Fragen, die ihm von Anästhologen vorgelegt wurden. Wichtig für das Thema der Organtransplantationen, das damals noch nicht im Vordergrund stand – 1954 erfolgte die erste erfolgreiche Nierentransplantation –, sind die Aussagen zur Bestimmung des Todeszeitpunktes. Sie gehört in die Kompetenz des Arztes: »Es ist Sache des Arztes und besonders des Anästhesisten, eine klare und genaue Bestimmung des ›Todes‹ und des ›Augenblicks des Todes‹ eines Kranken zu geben, der im Zustand der Bewußtlosigkeit stirbt. Man kann hierfür auf den gebräuchlichen Begriff der vollständigen und endgültigen Trennung von Seele und Leib zurückgreifen, aber in der Praxis muß man der Ungenauigkeit der Ausdrücke ›Leib‹ und ›Trennung‹ Rechnung tragen. Man kann die Möglichkeit außer acht lassen, daß ein Mensch lebendig begraben werde, da die Entfernung des Atemgeräts nach einigen Minuten den Stillstand des Blutkreislaufs und damit den Tod herbeiführen muß« (S. 1031). In die Kompetenz des Arztes fällt die Feststellung des Todes im Einzelfall. Der Eintritt des Todes ist nach geeigneten Kriterien zu diagnostizieren: »Im Fall eines unlösbaren Zweifels kann man auch zu den Vermutungen von Recht und Tatsache seine Zuflucht nehmen. Im allgemeinen wird man an der Fortdauer des Lebens festhalten, da es sich um ein grundlegendes, vom Schöpfer empfangenes Recht handelt, dessen Verlust mit Sicherheit bewiesen werden muß« (S. 1031). Nach der Ansprache des Papstes ist der Mensch tot, wenn die Beatmungsgeräte abgestellt sind und »nach einigen Minuten« die Lebensfunktionen endgültig erloschen sind.

Die Ansprache Pius XII. wurde anscheinend auch mißverstanden in dem Sinn, als habe der Papst den Ärzten die Kompetenz für die Definition des genauen Todeszeitpunktes zuerkannt. Der Päpstliche Rat »Cor unum« hat deshalb 1981 die Aussagen des Papstes interpretiert und auf die Grenzen der ärztlichen Kompetenz hingewiesen: Man darf von der medizinischen Wissenschaft nicht mehr erwarten als Kriterien, die es erlauben, den Eintritt des Todes festzustellen. Die Feststellung dieser Kriterien gehört in den Bereich der Medizin und nicht der Kirche. Doch eine Definition des Todes ist damit noch nicht gegeben[11]. Denn es gehört nicht zur Aufgabe des Mediziners, eine Definition des Todes zu geben, die auch die metaphysischen Aussagen über den Tod enthält. Diese können eher Philosophen und Theologen geben. So hat sich in der katholischen Kirche – wenn auch nicht formell definiert – bis in den gegenwärtigen Katechismus der Katholischen Kirche die Auffassung gehalten, der Tod bedeute die Trennung von Leib und Seele (vgl. KKK 1005; 1016). Wenn die wesenhafte Organisierung des Leibes durch die Seele verschwunden ist, dann ist der Mensch tot. Der exakte Zeitpunkt wird uns dabei wohl verborgen bleiben.

Als die gemeinsame Erklärung schon fast vollendet war, fand im Vatikan vom 10.–14. Dezember 1989 eine Sitzung der Päpstlichen Akademie der Wissenschaften statt über die Bestimmung des Hirntodes und seine Beziehung zum Tod des Menschen. Die Vorträge wurden 1992 veröffentlicht[12]. Hier werden von Josef Seifert Zweifel vorgetragen am Hirntod als dem Tod des Menschen.

Bereits 1985 hat dieselbe Akademie eine Tagung abgehalten über künstliche Verlängerung des Lebens. Dort heißt es: »Der Tod tritt ein, wenn a) die spontanen Herz- und Atmungsfunktionen unwiderruflich aufgehört haben, oder b) wenn das irreversible Erlöschen aller Hirnfunktionen nachgewiesen ist«[13]. Auf diese Aussage konnte sich die gemeinsame Erklärung stützen, wenn auch klar war, daß es sich hier um die Meinung einer Gelehrtengruppe und nicht um eine lehramtliche Aussage der katholischen Kirche handelte.

Nachträglich findet die Erklärung von 1990 eine Bestätigung in der 1995 vom Päpstlichen Rat für die Seelsorge im Krankendienst herausgegebenen »Charta der im Gesundheitsdienst tätigen Personen« (Nr. 83–91).

Die gegenwärtige Diskussion ist dadurch gekennzeichnet, daß aus der Hirntodfeststellung unterschiedliche Konsequenzen gezogen werden. Die Erklärung versteht unter Hirntod den vollständigen und unwiderruflichen Zusammenbruch der Gesamtfunktion des Gehirns. Die Feststellung des Hirntodes ist ein sicheres Anzeichen dafür, daß der Zerfall des ganzmenschlichen Lebens nicht mehr umkehrbar ist. Von diesen Zeitpunkt an ist es vertretbar, Organe für eine Organverpflanzung zu entnehmen. So heißt es in der Erklärung: »Der Hirntod bedeutet ebenso wie der Herztod den Tod des Menschen. Mit dem Hirntod fehlt dem Menschen die unersetzbare und nicht wieder zu erlangende körperliche Grundlage für sein geistiges Dasein in dieser Welt« (S. 18).

Wie in dem Band »Wann ist der Mensch tot?« nachzulesen ist, wird von verschiedener Seite – manchmal in Anlehnung an Hans Jonas[14] – bestritten, daß der Hirntod den Tod des Menschen bedeute. Der Hirntod sei vielmehr der Beginn oder ein wichtiger Einschnitt im Sterbeprozeß des Menschen. Zudem werde mit dem Hirntod als Tod des Menschen das eigentlich Menschliche an die Gehirnfunktionen gebunden. Menschliches Leben wäre dann gleichzusetzen mit der Aufrechterhaltung der Gehirnfunktionen, Tod mit deren irreversiblem Erlöschen. Damit verbunden ist die Frage, welchen Status der Körper eines hirntoten Menschen habe. Handelt es sich um einen Toten oder um einen Sterbenden?

Daneben gibt es bei Verfechtern des Teilhirntodkonzepts auch die Auffassung, das Gesamthirntodkonzept sei zu konservativ und gehe nicht weit genug. Beim Teilhirntod geht es nicht mehr um das irreversible Erlöschen des Gehirns in seiner Gesamtheit, sondern um den Funktionsausfall des Großhirns, also jenes Teiles, in dem die Prozesse ablaufen, die mit Bewußtsein, Schmerzempfindlichkeit, Denken und Kommunikation in Verbindung stehen. Die Konsequenzen, die aus dem Teilhirntodkonzept gezogen werden, betreffen sowohl den Beginn als auch das Ende des Hirnlebens, sie beziehen sich damit auch auf den Schutz des Embryos und des komatösen Patienten[15]. Hier treten Ängste in der Bevölkerung auf, die Auswirkungen auf die Bereitschaft zur Organspende haben. Die Erklärung geht davon aus, daß Organspende vom Toten nur dann sittlich erlaubt ist, wenn die Kriterien der Gesamthirntodfeststellung exakt eingehalten werden. Sie verwirft zugleich jedes Teilhirntodkonzept als medizinische oder ethische Grundlage für Organentnahmen. Hirntod kann folglich nicht gelten für noch so schwere Schäden der Fehlbildungen (Anenzephalie) mit teilweise erhaltener Hirntätigkeit, ebensowenig für das im Mutterleib heranwachsende Kind, dessen Hirntätigkeit sich erst noch entwickeln wird (vgl. S. 17). »Hirntod bedeutet ... etwas entscheidend anderes als nur eine bleibende Bewußtlosigkeit, die allein noch nicht den Tod des Menschen ausmacht« (S. 18).

Welchen moralischen Status ein gehirntoter Mensch hat, ist nicht eindeutig zu beantworten. Es ist deshalb vorgeschlagen worden,

»den Tod (deskriptiv) als Beginn der Desintegration des Organismus« zu verstehen und damit »die Wertfrage zumindest offen« zu halten[16].

Auf diesem Hintergrund des erneut diskutierten und heftig umstrittenen Hirntodes hat Bischof Lehmann die Aussagen der gemeinsamen Erklärung wieder aufgegriffen. Dem grundsätzlichen Ja zum Text von 1990 hat er aber einen Klärungsbedarf in der Frage des Hirntodes beigefügt, denn: »Der ›Hirntod‹ ist in gewisser Weise auch ein unsichtbarer Tod. Insofern ist ein gewisses Mißtrauen vieler Menschen, den Hirntod zum einzigen Maßstab der Feststellung des Todes zu erklären, verständlich. Es kann jedoch auch kein Zweifel bestehen, daß der ›Hirntod‹ zwar nicht einfach gleichzusetzen ist mit dem Tod des Menschen schlechthin, aber er ist auf seine Weise auch Ausdruck und reales Zeichen des Todes einer Person. Darum ist der Hirntod eine nach heutigem Wissen akzeptable Festlegung der Todeszeitbestimmung und eine Methode der Todesfeststellung. Nicht mehr und nicht weniger« (FAZ, Nr. 14, 17.1.1996, S. 8).

Aufgrund der gegenwärtigen Diskussionen und des auch von Bischof Lehmann angemahnten weiteren Klärungsbedarfs stellt sich die Frage, ob die Erklärung beim Hirntod nicht etwas zurückhaltender hätte formulieren sollen. Ein Vorschlag dazu findet sich bei Johannes Reiter, der vorsichtiger die Worte wählt: »Nach allem, was wir heute wissen, darf angenommen werden, daß ein Mensch als ganzer tot ist, wenn der Gehirntod eingetreten ist«[17]. Mit dieser möglichen Nuancierung der Erklärung bleibt aber die Aussage bestehen: »Der Nachweis des Hirntodes ist der Nachweis eines bereits bestehenden Sachverhalts, keine Beurteilung eines erst künftigen Krankheitsverlaufs, keine bloß rechtliche Todeserklärung« (S. 17). Hier tut sich ein Dissens auf zu jenen Stimmen, die den Hirntod als Beginn oder wichtiges Element im Sterbeprozeß ansehen. Für sie wird der Mensch nach dem eingetretenen Hirntod für tot erklärt, während die Erklärung vom Nachweis eines bereits bestehenden Sachverhaltes, des Todes des Menschen, ausgeht.

Der Katechismus der Katholischen Kirche läßt sich auf die umstrittenen Fragen des Hirntodes nicht ein und stellt nur fest: »Die unentgeltliche Organspende nach dem Tode ist erlaubt und kann verdienstvoll sein« (KKK 2301).

4. Organspende als mögliches Zeichen der Nächstenliebe

Die Erklärung nimmt eine restriktive Haltung zur Organentnahme von Lebenden ein. Das hängt u.a. damit zusammen, daß die Lebendspende zum kommerziellen Organhandel mißbraucht werden kann. Auch der Personenkreis der Spender und Empfänger muß begrenzt werden. Dazu heißt es in der Erklärung: »Deshalb hat die Arbeitsgemeinschaft der Transplantationszentren beschlossen, grundsätzlich keine Organe zwischen nichtverwandten Lebenden zu transplantieren. Ausnahmen wie Organspenden zwischen Ehegatten oder von Adoptiveltern für Adoptivkinder bedürfen strenger, jedoch allgemein annehmbarer Richtlinien« (S. 13).

Zu Unrecht wird der Erklärung manchmal vorgeworfen, sie mache die Organspende zu einer Christenpflicht. Die Erklärung stellt vielmehr fest: »Niemand hat ... einen Anspruch auf Körperteile eines lebenden oder toten Mitmenschen« (S. 8). »Kein Lebender darf aus irgendeinem Grund zu einer Organspende genötigt werden« (S. 8). »Handelt es sich um einen toten Spender, so gebührt dem Leichnam respektvolle Behandlung und dem Willen des Verstorbenen besondere Beachtung« (S. 8). Das manchmal mißverstandene Wort von der »Notwendigkeit der Organspende« (S. 26) will nicht von einer moralischen Nötigung zur Organspende aufgrund des Gebotes der Nächstenliebe sprechen, sondern darauf hinweisen, daß die Not eines lebensbedrohlich Erkrankten durch eine freiwillige Organspende gelindert oder gewendet werden kann.

Sicher hängen Organspende und Nächstenliebe zusammen. In der Erklärung heißt es dazu: »Auf diesem Gebiet erfahrene Ärzte wissen, daß als häufigste Gründe für die Einwilligung in die Organspende die Hilfe für notleidende andere, die menschenfreundliche Hilfsbereitschaft des Verstorbenen und das Bemühen um einen Sinn des Geschehenen genannt werden« (S. 18). Die Erklärung sieht in der postmortalen Organspende keine »Bringschuld«, sondern einen Erweis der Nächstenliebe: »Zugleich kann in der Organspende über den Tod hinaus etwas spürbar werden von der ›größeren Liebe‹ (Joh 15, 13), zu der Jesus seine Jünger auffordert« (S. 23).

Im Zusammenhang mit der postmortalen Organspende als möglichem Zeichen der Nächstenliebe sind auch folgende Ausführungen von Eberhard Schockenhoff zu bedenken: »Die Bereitschaft zur Organspende entspringt dem *Geist* der christlichen Nächstenliebe, aber sie ist nur im analogen Sinn als ein *Akt* der Nächstenliebe anzusehen. Sowohl von der Person des Spenders als auch vom Empfänger her unterscheidet sie sich von einem unmittelbaren Liebes-

erweis, denn der Spender ist zum Zeitpunkt der Organentnahme bereits tot und zu personalen Akten nicht mehr fähig; der Empfänger dagegen bleibt anonym, so daß auch von seiner Seite her die Aufnahme einer personalen Beziehung ausgeschlossen ist«[18].
Die Erklärung stellt mehrfach heraus, daß es keine Rechtspflicht zur Organspende gibt. Ob es eine moralische Verpflichtung zur Organspende gibt, ist in der theologisch-ethischen Literatur umstritten[19]. Wer aus wohlerwogenen Gründen keine Einwilligung zu einer Organspende gibt, darf moralisch nicht herabgesetzt werden. Der Katechismus der Katholischen Kirche behandelt das Thema der Nächstenliebe bei der Organspende von Lebenden sehr zurückhaltend: »Die Organverpflanzung entspricht ... dem sittlichen Gesetz und kann sogar verdienstvoll sein, wenn die physischen und psychischen Gefahren und Risiken, die der Spender eingeht, dem Nutzen, der beim Empfänger zu erwarten ist, entsprechen« (KKK 2296).

5. Form der Einwilligung

In der Diskussion sind gegenwärtig vier Modelle: die Zustimmungs-, die Widerspruchs-, die Erklärungs- und die Informationslösung. Als mögliche Kompromißlösung kristallisiert sich die sog. Informationslösung heraus. Danach sind, wenn die Erklärung des Verstorbenen zu Lebzeiten nicht vorliegt, zunächst die Angehörigen über die geplante Organentnahme zu informieren. Sofern diese nicht in angemessener Frist widersprechen, ist eine Organentnahme möglich.
Die gemeinsame Erklärung der Kirchen plädiert für die Zustimmungslösung (vgl. S. 13; 16; 19; 26), hält aber auch die Informationslösung für möglich, ohne jedoch ein Votum für sie abzugeben (vgl. S. 20). Der Katechismus der Katholischen Kirche stellt zur Form der Einwilligung fest: »Organverpflanzung ist sittlich unannehmbar, wenn der Spender oder die für ihn Verantwortlichen nicht im vollen Wissen ihre Zustimmung gegeben haben« (KKK 2296).
Bischof Lehmann weist auf ein gewisses Ungehagen bei der Informationslösung hin: »Der Vorschlag einer schweigenden Zustimmung der Angehörigen ist zwar psychologisch verständlich, sie entspricht aber kaum dem Ernst der Entscheidung, um die es geht, und der Situation, in der sich Angehörige in einer solchen Lage befinden. Aus diesem Grunde ist aber eine Form von Zustimmungs-

lösung zu unterstützen; am besten ist es, wenn die Zustimmung vom einzelnen vorher selbst in aller Freiheit ergangen ist« (FAZ, Nr. 14, 17.1.1996, S. 8).
Zur Organspende gehört die freie und wohlinformierte Zustimmung. Deshalb ist die Zustimmungslösung ethisch besonders überzeugend.

6. Ergebnis

a) Die Deutsche Bischofskonferenz sieht gegenwärtig keinen Anlaß, die gemeinsame Erklärung zu Organtransplantationen von 1990 zurückzunehmen. Sie sieht aber die Aufgabe, die Aussagen über die sichere Feststellung des Todes (Hirntodkriterium) auf dem Hintergrund der gegenwärtigen Diskussion zu überdenken und zu vertiefen. Eine gewisse Unsicherheit aufgrund der neu entbrannten Diskussion um die Frage, ob der Hirntod den Tod des Menschen bedeute, soll nicht verschwiegen werden. Für die Bestimmung des Todeszeitpunktes haben Philosophen und Theologen nicht die erste Zuständigkeit. Dazu haben die Kirchen bei der Vorbereitung der gemeinsamen Erklärung die Auskunft der Mediziner eingeholt. Danach ist, wenn auch jetzt wieder von manchen bestritten, der Tod des Menschen mit dem Hirntod gleichzusetzen. Dies wird auch durch neueste Publikationen wieder bestätigt[20]. Eine Rückkehr zum Leben ist selbst durch Methoden der Intensivmedizin nicht mehr möglich. Deswegen geht die Erklärung davon aus, daß nach der Feststellung des Gesamthirntodes Organe nicht mehr einem lebenden oder sterbenden, sondern einem bereits verstorbenen Menschen entnommen werden. Diese entscheidende Aussage muß bei auftauchender Unsicherheit neu geprüft werden. Die Glaubenskommission der Deutschen Bischofskonferenz wird die weitere Diskussion über den Hirntod sorgfältig verfolgen.
b) Für die Form der Einwilligung in eine Organspende bevorzugt die Deutsche Bischofskonferenz die freie und voll informierte Zustimmung des Spenders. Bevor einer Informationslösung zugestimmt werden könnte, bedarf es weiterer juristischer, ethischer, psychologischer und pastoraler Klärungen.

Anmerkungen

[1] Vgl. O. Seewald, Zustimmungs-, Erklärungs- oder Widerspruchsmodell. Verfassungsrechtliche Bewertung, in: Politische Studien 46 (1995) 20–43, hier 22.

[2] Organtransplantationen. Erklärung der Deutschen Bischofskonferenz und des Rates der Evangelischen Kirche in Deutschland (= Gemeinsame Texte 1), Bonn/Hannover 1990.

[3] Vgl. Katholischer Erwachsenenkatechismus, Bd 2: Leben aus dem Glauben, hrsg. von der Deutschen Bischofskonferenz, Freiburg u.a. 1995, 314ff.

[4] J. Hoff/J. in der Schmitten (Hrsg.), Wann ist der Mensch tot? Organverpflanzung und »Hirntod«-Kriterium, Reinbek 1994.

[5] Trier 1989.

[6] Vgl. dazu J. Hoff/J. in der Schmitten, Kritik der »Hirntod«-Konzeption, a.a.O. (Anm. 4), 157f.

[7] G. Hansen, Gerichtliche Medizin, Leipzig[2] 1965, 20.

[8] S. Gescher, Rechtsproblem des Schwangerschaftsabbruchs bei Anenzephalen, Frankfurt a.M. 1994, 73.

[9] Vgl. H. Angstwurm, Der Tod des Gehirns als sicheres Todeszeichen des Menschen, in: Politische Studien 46 (1995) 60–67; J.F. Spittler, Der Hirntod ist der Tod des Menschen, in: Universitas 50 (1995) 313–327.

[10] AAS 49 (1957) 1027–1033. Vgl. dazu J. Hoff/J. in der Schmitten, a.a.O. (Anm. 4), 171–176.

[11] Vgl. das Dokument vom 27.6.1981: »Quelques questions d'éthique relatives aux grands malades et aux mourants«, in: Enchiridion Vaticanum 7, 1261. Vgl. dazu D. Ols, Assertions dogmatiques que doit prendre en compte la réflexion sur la transplantation d'organes, in R.J. White/H. Angstwurm/J. Carrasco De Paula (Hrsg.), Working Group on the Determination of Brain Death and its relationship to Human Death (= Pontificiae Academiae Scientiarum Scripta varia 83), Vatican City 1992, 145–151; hier: 146, Anm. 4.

[12] Vgl. Anm. 11.

[13] Pontificia Accademia delle science: Prolungamento artificiale della vita, Libreria Editrice Vaticana, 1987, 152.

[14] Vgl. H. Jonas, Technik, Medizin und Ethik. Zur Praxis des Prinzips Verantwortung, Frankfurt a.M. [2]1987, 219–241: »Gehirntod und menschliche Organbank: Zur pragmatischen Umdefinierung des Todes«.

[15] Vgl. dazu H. Schlögel, Organtransplantationen, in: Stimmen der Zeit 212 (1994) 376–382, bes. 377f.

[16] W. Wolbert, Ein Recht auf den Leib des anderen? Zu einigen Fragen der Organtransplantation, in: Stimmen der Zeit 209 (1991) 342.

[17] J. Reiter, Organspende und Organtransplantation. Psychologische und theologische Aspekte, in: Stimmen der Zeit 210 (1992) 226.

[18] E. Schockenhoff, Ethik des Lebens. Ein theologischer Grundriß, Mainz 1993, 259.

[19] Vgl. dazu H. Schlögel, a.a.O. 379f.

[20] Z.B. H.-P. Schlake/K. Roosen, Der Hirntod als der Tod des Menschen, Deutsche Stiftung Organtransplantation, Neu-Isenburg 1996.

Hans-Ludwig Ollig

Die Frage nach der Gegenwart der Philosophie

An Standortbestimmungen philosophischer Arbeit herrschte in den letzten Jahren kein Mangel. Eine gewisse Zeit war es gar Usus, bei Kongreßeröffnungen, Institutsjubiläen oder Antrittsvorlesungen die Frage ›Wozu Philosophie?‹ zu erörtern und der Irrelevanzvermutung in Sachen Philosophie mit Argumenten entgegenzutreten. Mittlerweile ist diese Diskussion um die Legitimität der Philosophie abgeebbt. Herbert Schnädelbach nennt als Gründe: Die Religion habe für viele Zeitgenossen an Deutungskraft verloren, die linke Gesellschaftskritik werde im Intellektuellenmilieu nicht länger als Stein der Weisen betrachtet und auch der ›Weg nach innen‹, den die Psychowelle der achtziger Jahre als einzigen Ausweg verhieß, habe sich als Sackgasse erwiesen. Von daher sei es kein Wunder, daß sich die Philosophie derzeit um ihre Existenzberechtigung keine Sorgen machen müsse. Selbst wenn man dieser optimistischen Prognose, die hier nicht weiter untersucht werden soll, zustimmt, bleibt die Frage: Wie stellt sich die Philosophie heute dar bzw. was ist die Philosophie, die heute an der Zeit ist? Die Frage nach der Gegenwart der Philosophie hat ja diese Doppeldeutigkeit. Wer eine solche Frage stellt, kann sich nicht darauf beschränken, die Situation des gegenwärtigen Philosophierens zu bestimmen, er muß zugleich auch fragen, was von der Philosophie heute gefordert ist. Im folgenden soll dieser Doppelfrage anhand von Überlegungen Herbert Schnädelbachs, Florian Rötzers und Nicolas Reschers aus den letzten Jahren nachgegangen werden.

1. Das Gesprächsvotum Herbert Schnädelbachs

Schnädelbach geht bei seiner Standortbestimmung gegenwärtigen Philosophierens von der Tatsache aus, daß die Philosophie in der modernen Kultur dezentriert sei. War sie im Griechentum zunächst mit Wissenschaft überhaupt identisch und hatte sie später versucht, »als Metaphysik Wissenschaftlichkeit überhaupt zu begründen und zu verkörpern«[1], so muß sie sich im Kontext der Moderne fragen lassen, wie es denn mit ihrer eigenen Wissenschaftlichkeit bestellt sei. Daraus resultiert für Schnädelbach die Identitätskrise der Philosophie, die seit den Tagen Hegels ihre Geschichte bestimmt. An der heutigen Universität, so Schnädelbachs Diagnose, ist Philosophie ein Fach neben anderen und wird meist den Geisteswissenschaften zugeschlagen, da in ihr historische und hermeneutische Arbeiten eine dominierende Rolle spielen. Doch wirft diese Zuordnung zugleich die Frage auf, was sie von den übrigen Geisteswissenschaften unterscheidet. Zudem ist ihre Pluralität unverkennbar. Denn Philosophie umfaßt heute »kritische Textedition und gelehrte Textkommentierung, Ideen-, System-, und Begriffsgeschichte, werkimmanente Klassikerinterpretation, Theoriekonstruktion und -elaborierung, aktuelle Problemdiskussion bis hin zur kultur- und ideenpolitischen Publizistik«[2].

Fragt man, was von der Philosophie heute erwartet wird, gilt es, sich daran zu erinnern, was die Philosophie auf den Weg gebracht hat. Es war, wenn wir an die antiken Ursprünge der Philosophie denken, »die Frage nach dem Ganzen und nach dem richtigen Leben in ihm«[3]. Diese Frage aber gewinnt gerade angesichts der vielfältigen Pluralitätserfahrungen, denen der Mensch in der modernen Kultur ausgesetzt ist, eine neue Dringlichkeit. Schnädelbach begründet das so: Die Modernität einer Kultur bedeute für diejenigen, die in ihr leben, nicht nur Gewinn, sondern auch eine Last. Modernität impliziere also nicht nur einen Zuwachs an individueller Freiheit, sondern auch an Unübersichtlichkeit. Von daher weckten moderne Gesellschaften zwangsläufig die Nachdenklichkeit und beförderten damit auch ein philosophisches Interesse. Das in der Moderne aus dem Blick geratene Ganze ziehe ein neuerliches Interesse auf sich, denn es gehöre zum Menschen dazu, wissen zu wollen, wie die vielfach disparaten bzw. sich widersprechenden Momente der eigenen Lebenswelt zusammenhängen und zusammenpassen.

Das philosophische Interesse am Ganzen ist also nach Schnädelbach faktisch das Interesse an einem Weltbild, und tatsächlich haben seiner Meinung nach die Systeme der Neuzeit von Descartes bis Hegel eine solche Weltbildfunktion gehabt. Wichtig ist ihm in diesem Zusammenhang vor allem, daß der zweite Teil der Frage nach dem Ganzen, wie nämlich der Mensch in diesem Ganzen leben könne, bei den neuzeitlichen Philosophiekonzepten stets mit im Blick blieb, wie etwa Spinozas Ethik belege. Zudem verweist er darauf, daß die zweite Teilfrage vor allem in der nachhegelschen Philosophie artikuliert wurde. Denn philosophische Kernfragen, konkret solche der Metaphysik, wurden nunmehr als Sinnfragen gestellt. Deren Dringlichkeit ergab sich daraus, daß die Welt immer deutlicher im Licht drohender Sinnlosigkeit erfahren wurde. Wesentlich für solche Sinnfragen ist: Sie zielen nicht auf zusätzliche Informationen, also nicht auf etwas, das unserm Wissen über die Welt noch etwas hinzufügte, sondern es handelt sich um Verstehensfragen, die sich in Formulierungen wie ›Was hat es damit auf sich?‹ oder ›Was folgt daraus für mich?‹ artikulieren. Sie sind also primär Ausdruck von Orientierungsbedürfnissen.

Schnädelbach unterscheidet zwischen einer Weltbild- und einer Orientierungsfunktion der Philosophie. Beide Funktionen müssen s.E. zusammengesehen werden. Wieder erinnert er an die antike Philosophie, deren Leitfrage immer die Frage gewesen sei, wie der Mensch leben solle. Zudem verweist er auf die Weltbilder bzw. die Weltanschauungen, die immer dann vonnöten seien, wenn durch den Zerfall tradierter Muster der Selbstinterpretation in einer Kultur ein Orientierungsdefizit entstehe. Faktisch zielten solche Weltbilder bzw. Weltanschauungen immer darauf ab, eine Antwort auf die Frage nach dem letzten Sinn zu geben. Das liege in der Logik der Orientierung. Als Beispiel führt Schnädelbach an:

»Im Gelände und auch auf See brauchen wir Orientierung, um zu wissen, wo wir uns befinden, in welcher Richtung wir uns gerade bewegen und um dorthin zu gelangen, wo wir hinwollen. Feststellen können wir das nur anhand einer Karte, die die uns zugänglichen Orientierungspunkte enthält: Landmarken, Seezeichen und anderes. Wir beziehen uns also auf ein relatives Ganzes orientierender Angaben, das wir aber nur dann richtig verwenden, wenn wir es einordnen können in ein Ganzes höherer Ordnung – z.B. eine Karte größeren Maßstabs – und wenn wir es letztlich auf dem Globus verorten können«.[4]

Schnädelbachs Nutzanwendung: Analog müssen wir von konkreten Sinnzusammenhängen auf einen Sinnzusammenhang höherer Ordnung ausgreifen, bis wir schließlich bei dem Sinn im Singular, dem Sinnzusammenhang aller Sinnzusammenhänge, ankommen. Diese Bewegung habe auch Kant im Auge, wenn er die These vertrete, daß der Mensch notwendig auf das Ganze als das Unbedingte ausgreife.

Was folgt aus all dem für das Verständnis der Philosophie? Schnädelbach bestimmt sie als »Versuch gedanklicher Orientierung im Bereich der Grundsätze unseres Denkens, Erkennens und Handelns«[5] und fügt als Erläuterung an:

»Es geht um Grundsätze, weil in einer unübersichtlich gewordenen Welt der Weg ins Grundsätzliche am ehesten verspricht, in die Nähe jenes großen orientierenden Singulars zu führen, der aber aus Gründen der Endlichkeit unserer Vernunft nur als regulative Idee gelten kann. Hinzuzufügen ist: ›mit interpretativen Mitteln‹, denn gedankliche Orientierung wird hier angestrebt nicht primär mit Hilfe von Beschreibung, Analyse oder Erklärung wie in den Wissenschaften, denn das Ziel ist Verstehen. Diese interpretative Orientierung im Grundsätzlichen ist als explikativer Diskurs grundlegend für all die anderen Diskurse, die die Philosophie sonst noch zu führen hat und an denen sie sich beteiligt im logischen, theoretischen, praktischen und ästhetischen Feld«.[6]

Mit der unaufhebbaren Pluralität moderner Philosophie steht eine solche Philosophiekonzeption nicht im Widerspruch. Denn wenngleich Philosophie nicht nur an der Universität, sondern auch an Schulen, Institutionen der Erwachsenenbildung und in der Publizistik stattfindet und wenngleich das Interesse an der Philosophie gleichermaßen auf intellektuelle Neugier zurückgeht wie auf Bildungswünsche sowie auf das Bedürfnis nach ethischer, religiös-weltanschaulicher und lebenspraktischer Orientierung, so tut die Philosophie doch gut daran, »ihr Eigenstes in der interpretativen Orientierungsaufgabe zu sehen und ihren vielgestaltigen professionellen Diskurs ... an dieser Priorität auszurichten«[7].

2. Das Gesprächsvotum Florian Rötzers

Rötzer, der auf der Basis von neunzehn Interviews, die er mit führenden Vertretern der deutschen Philosophie in der Mitte der achtziger Jahre führte, eine Art Quersumme der gegenwärtigen Bemühungen deutschsprachiger Philosophie zu ziehen sucht, beginnt seine Überlegungen mit dem Hinweis auf bestimmte Schwerpunktverlagerungen des philosophischen Interesses in der deutschen Nachkriegsphilosophie. Strömungen, die einstmals dominant waren wie der Existentialismus oder die Kritische Theorie haben seiner Meinung nach mittlerweile an Bedeutung verloren.
Als derzeit erfolgversprechendste Tendenz macht Rötzer die Ausrichtung der deutschen Gegenwartsphilosophie an den Vertretern des französischen Postmodernismus aus, dem die Philosophie ebenso provokative wie auch produktive Anstöße für ihr eigenes Selbstverständnis verdanke.

Generell gilt nach Rötzer für heutiges Philosophieren, daß es Hegels programmatische Formulierung, Philosophie, sei ›ihre Zeit in Gedanken gefaßt‹, umsetzen muß, obwohl ein solches Verständnis der Philosophie als eines radikal geschichtlichen Unternehmens nicht unproblematisch ist. Denn die Philosophie ist in diesem Fall zwar auf der Höhe der Zeit, aber gleichzeitig auch allen Wendungen und Zuckungen des Zeitgeistes ausgeliefert, und die Frage läßt sich nicht unterdrücken: Wie ist es einer solchen, radikal geschichtlich verstandenen Philosophie möglich, über den Horizont ihrer eigenen Zeit hinauszudenken (was erforderlich ist, soll sie nicht ihre eigene Abdankung betreiben)? Gleichwohl ist Rötzer der Meinung, daß an einer zeitdiagnostischen Orientierung der Philosophie kein Weg vorbeiführt, da der Rückzug auf den philologischen Umgang mit Texten, der sich in der akademischen Philosophie seit langem breitgemacht habe, ebensowenig eine sinnvolle Alternative darstelle wie Rortys Konzept einer lediglich bildenden Philosophie. Wenn die Philosophie sich in ihrer Zeit zu orientieren sucht, dann kann sie freilich nicht mehr auf das klassische Konzept einer objektiven Vernunft zurückgreifen. Rötzer macht das wie folgt deutlich:

»Die klassische Aufklärung konnte die menschliche Geschichte auf dem sicheren Fundament einer Naturvorstellung begreifen, die als Inbegriff dessen galt, was unter gleichbleibenden Gesetzen steht ... In diesem Sinne behauptete Kant, daß man ›die Geschichte der Menschengattung im Großen als die Vollziehung eines verborgenen Plans der Natur‹ betrachten könne. Auch wenn das gegenwärtige Schauspiel auf der Bühne der Welt keinen durchgängigen Sinn für den einzelnen zu eröffnen scheint, vollzieht sich doch hinter dem Rücken der Gattung eine Vorsehung, deren unsichtbare, aber in ihrem Kern vernünftige Hand die Welt zum Besseren vorantreibt. Diese Idee, die dazu anhält, vernünftig zu handeln, weil die Wirklichkeit in ihrer Substanz vernünftig ist, also die Grundannahme eines ›metaphysischen Rationalismus‹ ... ist heute zusammengebrochen. Schopenhauer, Kierkegaard und Nietzsche haben das Scheitern der ›großen Erzählungen‹ ... der Moderne radikal vollzogen und in ihrer Philosophie zum Ausdruck gebracht«.[8]

Dieses Scheitern des Konzepts einer objektiven Vernunft hat Rückwirkungen auf die Einschätzung der Möglichkeiten und Chancen der Vernunft. Ihre Rolle erscheint nunmehr generell in einem problematischen Licht. Rötzers Begründung:

»Die Erfahrungen des 20. Jahrhunderts haben ... nicht nur den prekären Abstand der Vernunftordnung von der Ordnung der Dinge aufgezeigt, sondern durch die vom Menschen selbsterzeugten Katastrophen die Vernunft nicht nur in ihrer rationalwissenschaftlichen Dimension, sondern auch in ihrer politisch-utopischen in Zweifel gebracht. Aus einem ineinander verwobenen Komplex von katastrophalen Erfahrungen, die mit Auschwitz, Gulag und Hiroshima, mit der fortschreitenden Kolonisierung und Rationalisierung der Lebenswelt, mit den andauernden Zuständen der Unfreiheit, der Gewalt und des materiellen Elends, unter denen die meisten Menschen zu existieren haben, und der fortschreitenden Verwüstung der Natur, des Körpers und der Seelen nur schlagwortartig benannt seien, hat sich das herausgebildet, was man unter das Stichwort einer radikalen Vernunftkritik unter Bedingungen des Fehlens von überzeugenden Utopien einordnen kann«.[9]

Aporien tun sich aber nicht nur im Bereich des Rationalitätsverständnisses auf, sondern auch auf dem Feld der Ethik. Positiv hebt Rötzer zwar hervor, daß mit der Diskursethik ein neuer Ethiktyp kreiert wurde, der nicht mehr beim Werterlebnis des einzelnen ansetzt, sondern aus der Tatsache, daß wir immer schon in einer Kommunikations- und Argumentationsgemeinschaft stehen, Maßstäbe für unser Zusammenleben zu entwickeln sucht. Allerdings wendet er zugleich gegen die Diskursethik ein, eine bloß formale Ethik, die über den Prozeß der intersubjektiven Verständigung hinaus nicht in eine Weltinterpretation eingebunden sei, müsse haltlos bleiben. Alternativen zur Diskursethik, die gegenwärtig erwogen werden, bieten aber ebensowenig eine Lösung des ethischen Problems. Versuche etwa, eine Ethik auf dem Anti-Prinzip des Dissenses, der Vielheit und Buntheit aufzubauen, sind selbstwidersprüchlich, da sie, wenn sie nicht einfach anarchistisch verfahren wollen, auf ein ethisches Prinzip rekurrieren müssen, das uns zur Achtung der Vielheit verpflichtet, und die im Neokonservativismus übliche Beschwörung von Usancen hilft insofern nicht weiter, als wir in einer Zeit leben, in der ständig Traditionszusammenhänge verflüssigt und aufgelöst werden.

Fragt man, was der Philosophie heute als Aufgabe verbleibt, so würde Rötzer antworten: Sie muß sich als Suchbewegung verstehen. Ziel ihrer erkundenden Arbeit sind nicht begriffliche Innovationen, sondern ihre Aufgabe liegt in der Entdeckung alternativer Lebensformen. Das heißt nicht, daß die Philosophen die Aufgabe hätten, Lebensformen synthetisch zu entwickeln oder gar normativ

vorzuschreiben, wohl aber heißt das, daß es ihnen obliegt, »Möglichkeitsbereiche zu eröffnen, die von der herrschenden Kultur nicht wahrgenommen werden«[10]. Klar ist freilich auch, daß es sich in diesem Fall um »Schritte ins Ungewisse und ... noch nicht Ausdeutbare«[11] handelt, die die Ebene des deskriptiven und präskriptiven Diskurses überschreiten.
Was den einzelnen Philosophen angeht, so kann er sich nicht länger als Systemingenieur begreifen. Denn »ein kompetenter Überblick über die in Expertenkulturen verstreuten Erkenntnisse ist heute unmöglich zu erarbeiten, wie auch die wissenschaftsphilosophische Intention einer ›Einheit des Wissens‹ der Anerkennung heterogener Erkenntnisweisen und einer Vielzahl von Realitätsversionen gewichen ist«[12]. Unter diesen Umständen verbleibt dem einzelnen Philosophen nur noch die bescheidene Rolle eines Bastlers oder Monteurs, »der Fragmente, ohne Ausblick und auch ohne Wunsch nach einer umgreifenden Synthese, zusammenstellt«[13]. Chancen für die Entwicklung eines neuen Rationalitätsverständnis, das sich den in den Augen Rötzers berechtigten Anfragen der radikalen Vernunftkritik gewachsen zeigt, bietet s.E. nicht der *linguistic turn,* wohl aber der Rückgriff auf eine Vernunft, die eine »neue Sensibilität für das Ästhetische«[14] entwickelt, sich um eine Rückgewinnung dessen bemüht, »was Erfahrung als erschließende und eröffnende heißen könnte«[15], und sich schließlich auf ihre narrativen Möglichkeiten besinnt. Denn Philosophie ist in einer Gesellschaft, in der es keinerlei Unhinterfragbarkeiten mehr gibt, nicht nur »das Unternehmen einer kritischen Selbstverständigung«[16], ihr obliegt zugleich auch die ständige Umarbeitung der Geschichten über das, was ist und sein soll, bzw. was der Mensch ist und hoffen kann, und dazu bedarf es des Rückgriffs auf eine erzählende Vernunft.

3. Das Gesprächsvotum Nicolas Reschers

Rescher beginnt seine Überlegungen über die Lage der Philosophie am Ende unseres Jahrhunderts mit einem Rückblick auf den Stil des Philosophierens im 19. Jahrhundert. Damals bestand Philosophie in der Formulierung anspruchsvoller Denksysteme, die jeweils um ein einziges Organisationsprinzip zentriert waren, ganz gleich, ob sich das nun um idealistische Ansätze wie diejenigen von Fichte und Hegel oder um materialistische Ansätze wie diejenigen von Marx und Haeckel handelte. Auch Fragen der Ethik oder der politischen Philosophie wurden in der Weise abgehandelt, daß man auf der Basis einer Handvoll einfacher und kompakter Prinzipien umfassende Theoriekonzepte entwickelte. Noch die Philosophen der Jahrhundertwende zehrten von diesem Erbe des klassischen Systemdenkens, wie am Intuitionimus Moores, am neutralen Monismus Russells, am Vitalismus Bergsons und am Pragmatismus von James deutlich wird.

Bedingt durch die Erfahrung des 1. Weltkriegs machte sich allerdings zu Beginn des 20. Jahrhunderts ein systemfeindliches Denkklima breit. Als Beispiele nennt Rescher hier die Vertreter des logischen Positivismus, für die alle sinnvollen Fragen, die über Logik und Sprache hinausgehen, durch die Naturwissenschaft gelöst werden konnten, die Vertreter des Kulturrelativismus, die alles Philosophieren auf der Stufe bloßer Meinung ansiedelten, und die Anhänger der analytischen Schule, für die sich Philosophie in einer Analyse des Sprachgebrauchs erschöpfte, denen zufolge wir also nicht mehr fragen können, was Wahrheit, Gerechtigkeit und Schönheit sind, sondern nur noch, wie die Ausdrücke ›Wahrheit‹, ›Gerechtigkeit‹ und ›Schönheit‹ gängigerweise gebraucht werden.

Nach dem 2. Weltkrieg diagnostiziert Rescher eine konstruktive Wende. In Reaktion auf die nichtignorierbare Brutalität des Stalin- und Hitlerregimes sowie das sinnlose Gemetzel des Vietnamkrieges wandte man sich vor allem im Bereich der Ethik wieder substantiellen Fragen zu. »Themen wie der Schutz des menschlichen Lebens, die Rechte und Freiheiten von Menschen, die Ansprüche kommender Generationen wurden auf der Basis alter Prinzipien (Kontraktualismus; neokantianische Deontologie) ... diskutiert«[17]. Eine direkte Wiederaufnahme des klassischen Systemdenkens war mit dieser konstruktiven Wende der Philosophie aber nicht verbunden.

Denn einer solchen Wiederaufnahme standen eine Reihe von Faktoren entgegen. Rescher nennt im einzelnen: a) die durch die Zunahme an Wissenschaftlern, wissenschaftlichen Publikationen und Forschungsinstituten hervorgerufene Explosion des Wissens; b) die durch die Entwicklung nichteuklidischer Geometrien sowie von Non-Standard-Systemen in der Logik belegbare Ausbreitung von Systemen in den formalen Wissenschaften; c) die Diffusion von Komplexität, die sich durch die Dematerialisierung von Stoffen in der Mikrophysik, die Komplizierung des Kausalitätsproblems in der Quantenphysik, die neodarwinistische Entwicklungslehre und die Entwicklung einer physiologischen Psychologie ergab und d) die Einsicht in die Endlichkeit unseres Wissens, die dazu führt, daß weder unsere mathematischen Systeme die gesamte Arithmetik erfassen (Gödel) noch unsere Sprachen das Ganze der Wahrheit umfassen können (Tarski). Im Blick auf die faktisch gegebene Komplexität der Problemlagen machte sich vielmehr ein partikularistischer Arbeitsstil breit, den Rescher wie folgt beschreibt: Man wendet sich von generellen Theorien ab und beschäftigt sich mit Einzelfällen, untersucht spezielle Streitpunkte von geringer Reichweite und befaßt sich mit hypothetischen Fällen und Situationen; man geht linguistisch ins Detail, untersucht den Gebrauch bestimmter Worte und Ausdrücke, die Interpretation bestimmter Sätze, die Natur bestimmter Argumente und Gedankengänge.

Diese Entwicklung wurde begünstigt durch das rapide Wachstum der angewandten Philosophie, die sich auf die Klärung von Detailfragen konzentrierte, und führte im Endeffekt zu einer Ausweitung der von der Philosophie behandelten Themen. Als Beleg führt Rescher hier das Programm eines amerikanischen Philosophenkongresses zu Beginn der 90er Jahre an, auf dem u.a. die folgenden Themen behandelt wurden:

»›Ist es gefährlich, Menschenrechte zu mystifizieren?‹, ›Differenz und Widerstreit bei Derrida und Lyotard‹, ›Tierrechts-Theorie und Abwertung von Säuglingen‹, ›Über die ökologischen Folgen der Alphabetisierung‹, ›Ist Polygamie guter Feminismus?‹, ›Planetarische Projektion des multiplen Selbst im Film‹, ›Der moralische Kollaps der Universität‹, ...›Die Konstruktion weiblicher politischer Identitäten‹«.[18]

Eine solche Fragmentierung und Diversifizierung des philosophischen Diskurses wurde von den Einsichtigen freilich auf die Dauer als unbefriedigend angesehen. Daher gewann die holistische philosophische Grundhaltung wieder an Boden, und damit erlebte auch das frühere Interesse am System ein Comeback. Allerdings gibt es nach Rescher kein Zurück zu den simplifizierenden Systembildungen und Formeln von ehemals. Vielmehr kann es nur um den Entwurf komplexer Systeme gehen, die den komplexen Problemlagen der Gegenwart entsprechen.

Wichtig ist für Rescher, daß solche komplexen Systeme nicht länger dem Geist eines Einzelnen entspringen können. Sie entstehen vielmehr nur in der kollektiven Anstrengung vieler Philosophen. Rescher ist der Überzeugung, daß diese Entwicklung schon im Gange ist und nur deshalb übersehen wird, weil wir immer noch im Stil der klassischen Philosophiegeschichtsschreibung die Philoso-

phie als die Geschichte großer Denker betrachten. Ein markantes Zeichen für die veränderte Situation der Philosophie ist nach Rescher auch das Ableben des monographischen Lehrbuches, das für ihn deshalb ausgedient hat, weil einzelne Texte und Abhandlungen einfach nicht in der Lage sind, die Komplexität aktueller Problemlagen adäquat wiederzugeben. So haben neuerdings Anthologien Konjunktur.
An markanten Problemen, denen die nordamerikanische Philosophie neuerdings wieder in dem eben beschriebenen Sinne systematisch zu Leibe rückt, nennt Rescher u.a. die Frage nichtklassischer Logiken, Fragen der künstlichen Intelligenz und der Epistemologie der Informationsverarbeitung, die Frage nach dem Wesen der physikalischen Wirklichkeit im Licht der modernen Physik, das Problem der Rationalität in praktischen und theoretischen Kontexten, Fragen der medizinischen Ethik, Probleme der sozialen und ökonomischen Gerechtigkeit, Fragen der philosophischen Anthropologie. Rescher bilanziert:

»Auf der Tagesordnung steht ... die spontane und lokale Zusammenarbeit Vieler, die sich distributiv großen und komplexen Projekten zuwenden. ... In jedem Bereich der Philosophie ist eine Literatur von unermeßlichem Ausmaß und unermeßlicher Komplexität entstanden, deren Beherrschung jenseits der Auffassungsgabe eines Einzelnen liegt ... Dies ist nicht notwendig etwas Schlechtes. Wo steht schließlich geschrieben, daß philosophische Systeme kompakt sein müssen und nur von wenigen Auserwählten geschaffen werden können – daß es keine gemeinsamen intellektuellen, kulturellen und wissenschaftlichen Projekte ... geben kann? In Wirklichkeit ist gegenwärtiges Philosophieren ausgerichtet auf eine unkoordinierte programmatische Einheit, die sich spontan über eine Arbeitsteilung in Detailfragen legt. Heutzutage ist die Philosophie eine spontane und lokale Zusammenarbeit von Denkbewegungen und -schulen. Sie gleicht nicht Fahrbahnen, die von einem einzelnen Ingenieur entworfen wurden, sondern Pfaden, die viele erschufen«.[19]

4. Resümee

Soweit zu diesen drei durchaus unterschiedlichen Antworten auf die Frage nach der Gegenwart der Philosophie. Schnädelbach verortet sie in einer gedanklichen Orientierung mit Hilfe von Grundsätzen, Rötzer in einer Suchbewegung, die über die Eng-

führungen der überkommenen abendländischen Rationalitätskonzeption hinausführen soll, Rescher in einer nur gemeinsam zu verwirklichenden neuen Bemühung um systematisches Philosophieren. Unschwer ist bei Schnädelbach die Orientierung an Kant und der deutschen Philosophietradition erkennbar, bei Rötzer hingegen sind Einflüsse der gegenwärtigen französischen Philosophie nicht zu übersehen, und Reschers Überlegungen orientieren sich schwerpunktmäßig an der Philosophie in der angloamerikanischen Welt.
Schnädelbach rückt zu Recht die Orientierungsaufgabe der Philosophie in den Mittelpunkt, die ihr auch unter den Bedingungen der Moderne verbleibt. Er betont auch zu Recht das Prozeßhafte und Tentative philosophischer Orientierung. Seine These ist freilich nicht, »daß wir in der Philosophie nichts wüßten, sondern nur, daß wir als Philosophierende das, was wir wissen, zum Mittel der verstehenden Orientierung machen müssen«[20]. Für die philosophische Anthropologie bedeutet das etwa, »daß sie nicht einfach Humanwissenschaft ist, sondern der Versuch der Interpretation humanwissenschaftlichen Wissens im Hinblick auf die Frage, wer wir sind«[21]. Bei aller Betonung der Rückbindung der Philosophie an das wissenschaftlich Wissen erliegt Schnädelbach in seinem Philosophiekonzept also nicht einem szientistischem Selbstmißverständnis. Denn die Aufgabe der Philosophie ist nach seinem Verständnis weiter gesteckt als die der Wissenschaft. Die Philosophie muß nämlich das wissenschaftliche Wissen in einen umfassenden Sinnzusammenhang rücken und zugleich die Konstitutionsbedingungen wissenschaftlichen Wissens aufklären. Auffällig ist, daß Schnädelbach keine Berührungsängste gegenüber dem Metaphysikproblem hat. Auch wenn er, wie sein regulatives Sinnkonzept deutlich macht, nur die Möglichkeit einer negativen Metaphysik sieht, so hat er doch zweifellos Recht mit der These, daß es sich bei den metaphysischen Bedürfnissen um grundlegende Orientierungsbedürfnisse des Menschen handelt, die sich mit wissenschaftlichen Mitteln allein nicht befriedigen lassen und denen auch nicht mit einer Flucht in das ›wilde Denken‹ oder ins rein Expressive beizukommen ist.
Rötzer hat sicher recht mit der These, daß sich das Problem einer zeitgemäßen Theorie der Rationalität angesichts einer aus den Fugen geratenen Welt heute mit besonderer Dringlichkeit stellt. Im übrigen lassen seine Überlegungen aber viele Fragen offen. Das gilt sowohl für seine Beschwörung des rein tentativen Charakter des Philosophierens wie auch für seinen Rekurs auf eine narrative Vernunft. In beiden Fällen werden zwar Alternativen aufgezeigt zu den

Totalitätsentwürfen der Moderne, die kurzerhand der Komplizenschaft mit Terrorsystemen verdächtigt werden, aber es wird nicht deutlich, was sie positiv zu leisten vermögen. Es überwiegt vielmehr der postmodernistische Ausstiegsgestus, der gepaart ist mit postmodernistischer Resignation gegenüber den klassischen Möglichkeiten der Philosophie. Gerade im Blick auf die von Rötzer selbst angesprochenen ethischen Probleme, die sich durch die »›wildgewordene‹ technologische Rationalität«[22] ergeben, fragt es sich, ob der Beitrag, den die Philosophie zu den Problemen der Zeit zu leisten hat, nicht anders bestimmt werden muß.

Reschers Verdienst liegt zweifellos darin, daß er eine Lanze für den Systemgedanken in der Philosophie bricht. Mag er sich auch bezüglich der Philosophiegeschichte einer Grossomodo-Perspektive bedienen, wenn er etwa die idealistischen Systeme eines Fichte und Hegel und die materialistischen Systeme eines Haeckel und Marx unter formaler Rücksicht über einen Kamm schert, so hat er doch keine Berührungsangst gegenüber dem Systemgedanken. Von daher teilt er auch nicht Rötzers These von einem Kontinuitätsbruch, der sich in der Philosophie des 19. Jahrhunderts ereignet habe und den Abschied vom Systemgedanken erzwinge, sondern glaubt, daß es auch heute Möglichkeiten gibt, die Leibnizsche Vision einer synthetischen, integrativen und holistischen Philosophie weiter zu verfolgen. Diese unbefangene Würdigung des Systemdenkens, die wohlgemerkt keine Repristination der klassischen Systemphilosophie impliziert, führt sicher weiter als die bloße Beschwörung der radikalen Heterogenität und Disparatheit der verschiedenen Diskurse, die sich bei bestimmten Vertretern der gegenwärtigen französischen Philosophie findet. Allerdings verabschiedet auch Rescher die Vorstellung, die Philosophie sei die Sache einiger weniger ›Meisterdenker‹, sondern betrachtet die Philosophie wesentlich als Teamwork. Auf diesem Hintergrund sieht er in der Komplexität der aktuellen philosophischen Problemlagen keinen Anlaß zur Resignation, sondern eine Herausforderung für die Gemeinschaft der Philosophen.

Als Fazit bleibt: Die Philosophie ereignet sich heute im Plural. Es gibt im akademischen Bereich und auch im Bereich der übrigen Bildungseinrichtungen eine Fülle von Schulen, Richtungen und Tendenzen, die alle den Titel ›philosophisch‹ für sich reklamieren. Diese pluralistische Gestalt heutigen Philosophieren darf jedoch nicht den Blick dafür trüben, was die wesentliche Aufgabe der Philosophie heute ist: Gerade angesichts der Komplexität moderner Lebensverhältnisse ist ihr der Versuch einer gedanklichen Orientierung aufgegeben. Die Alternative, vor der die Philosophie heute steht, ist die: Entweder entzieht sie sich dieser Orientierungsaufgabe und versteht sich unter den Auspizien eines postmodernen Vernunftdefätismus als bloße Suchbewegung, oder aber sie sucht dieser Aufgabe zu entsprechen und läßt sich in diesem Zusammenhang auch auf klassische und zu Unrecht als obsolet erklärte Problemstellungen ein wie das Metaphysikproblem und die Frage nach der Möglichkeit systematischer Philosophie.

Anmerkungen

1 H. Schnädelbach, Philosophie in der modernen Kultur, in: F. Hermanni/ V. Steenblock, Philosophische Orientierung, München 1995, 25–39, 35.
2 H. Schnädelbach, Einleitung zu: H. Schnädelbach/G. Keil: Philosophie der Gegenwart – Gegenwart der Philosophie, Hamburg 1993, 11–19, 14.
3 Schnädelbach, Philosophie, a.a.O. 37.
4 Ebd. 38.
5 Ebd. 39.
6 Ebd.
7 Ebd.
8 F. Rötzer, Einleitung: zu ders., Denken, das an der Zeit ist, Frankfurt 1987, 9–33, 20.
9 Ebd. 24.
10 Ebd. 32.
11 Ebd.
12 Ebd. 9.
13 Ebd.
14 Ebd. 31.
15 Ebd.
16 Ebd. 33.
17 N. Rescher, Philosophie am Ende des Jahrhunderts, in: Deutsche Zeitschrift für Philosophie 43 (1995) 775–787, 778.
18 Ebd. 781.
19 Ebd. 787.
20 Schnädelbach, Philosophie, a.a.O. 39.
21 Ebd.
22 Rötzer, Einleitung, a.a.O. 26.

Die Autoren und Autorinnen

HANS-PETER ARENDT, Dr. theol., geb. 1940; Studium der kath. Theologie in Mainz, Freiburg und Speyer, Promotion 1980 in Freiburg; 1967–1972 Sekretär des Bischofs von Speyer; 1979–1988 Pfarrer in Ludwigshafen-Oggersheim; 1988–1992 Mitarbeiter der Apostolischen Nuntiatur; seit 1992 Direktor von Maria Rosenberg in Waldfischbach-Burgalben.

FRANZISKUS EISENBACH, Dr. theol., geb. 1943; Studium der kath. Theologie und Philosophie in Mainz, Paris und Freiburg, Promotion 1981; tätig in der Gemeindeseelsorge, 1971–1975 Sekretär des Bischofs von Mainz, 1980–1988 Rektor des Exerzitienhauses in Dieburg; seit 1988 Weihbischof im Bistum Mainz und Leiter des Instituts zur geistlichen Begleitung der hauptberuflich in der Seelsorge Tätigen.

MICHAEL FIGURA, Dr. theol. habil., geb. 1943, Studium der Philosophie und kath. Theologie in Mainz, Rom und Freiburg, Promotion 1978, Habilitation 1983; tätig in der Gemeindeseelsorge im Bistum Mainz, 1976–1980 Sekretär des Bischofs von Mainz, 1983–1986 Privatdozent in Freiburg; seit 1986 Sekretär der Glaubenskommission der Deutschen Bischofskonferenz in Bonn.

HERMANN JOSEF HEINZ, Dr. theol., geb. 1946; Studium der Philosophie und kath. Theologie in Frankfurt, Paris und Freiburg, Promotion 1976; 1977–1985 Referent für pastorale Planung, 1985–1988 Ausbildungsreferent für Pastoralreferenten und -referentinnen; seit 1988 Direktor des Bildungswerks der Erzdiözese Freiburg.

KARL HILLENBRAND, Dr. theol., geb. 1950, Studium der Philosophie und Theologie in Rom und Freiburg, Promotion 1982; seit 1983 Regens des Priesterseminars Würzburg, seit 1992 Vorsitzender der deutschsprachigen Regentenkonferenz.

HANS-JOACHIM HÖHN, Dr. theol., geb. 1957; Studium der Philosophie und kath. Theologie in Frankfurt, Rom, Freiburg und Bonn; 1984 Promotion in Freiburg, 1989 Habilitation in Bonn; 1984–1986 wiss. Assistent an der Hochschule St. Georgen/Frankfurt, 1986–1990 Pastoral- und Diözesanreferent im Bistum Limburg; seit 1991 Professor für Systematische Theologie an der Philosophischen Fakultät der Universität Köln.

ELISABETH HÖNIG, Dr. theol., geb. 1956; Studium der kath. Theologie in Freiburg und München; Promotion 1987; Pastoralreferentin der Erzdiözese Freiburg, derzeit als Mutter von vier Kindern im Erziehungsurlaub.

MANFRED LOCHBRUNNER, Dr. theol. habil., geb. 1945, Studium von Philosophie, Theologie und Gesang in Rom, Freiburg, München und Augsburg, Promotion 1979 in Freiburg, Habilitation 1993 in Augsburg; tätig in der Gemeindeseelsorge in Augsburg sowie als Hausgeistlicher und Forschungsstipendiat der DFG in München, Repetitor am Priesterseminar in Augsburg; seit 1993 Pfarradministrator in Bonstetten.

WERNER LÖSER SJ, Dr. theol., geb. 1940, Studium der kath. Theologie in Frankfurt und Freiburg, Promotion 1975; Professor für Dogmatik an der Philosophisch-Theologischen Hochschule St. Georgen in Frankfurt/Main, seit 1992 auch Rektor des Kollegs St. Georgen.

JOSEF MANSER, Dr. theol., geb. 1945; Studium der kath. Theologie in Mainz, Münster und Freiburg, Promotion 1975 in Freiburg; tätig in der Gemeindeseelsorge, 1983–1986 als Jugendseelsorger; seit 1986 Pfarrer in Speicher-Trogen-Wald (Schweiz).

EUGEN MAIER, Dr. theol., geb. 1944; Studium der kath. Theologie in Freiburg und Bonn, Promotion 1982; tätig in der Gemeindeseelsorge, Priesterausbildung und Hochschulseelsorge; derzeit Geistlicher Mentor für die Pastoralreferenten und -referentinnen sowie Bischöflicher Beauftragter für den Ständigen Diakonat in Freiburg.

FRANK MEESSEN, Dr. theol., geb. 1952, Studium der kath. Theologie, Germanistik und Philosophie in Mainz und Freiburg, Promotion 1988 in Freiburg; seit 1985 Pädagogischer Leiter des Kath. Bildungswerkes Bergstraße/Odenwald mit Sitz in Heppenheim.

GERHARD MÜLLER, Dr. theol., geb. 1947, Studium der Philosophie und kath. Theologie in Mainz, München und Freiburg, 1977 Promotion in Freiburg, 1985 Habilitation in Freiburg; tätig in der Gemeindeseelsorge im Bistum Mainz; seit 1986 Professor für Dogmatik an der Katholisch-theologischen Fakultät der Universität München.

BARBARA NICHTWEISS, Dr. theol., geb. 1960, Studium der kath. Theologie und Germanistik in Trier und Freiburg, Promotion 1992 in Freiburg; 1985–1993 wiss. Assistentin des Bischofs von Mainz; seit 1993 Ordinariatsrätin und Leiterin der Abteilung Öffentlichkeitsarbeit im Bischöflichen Ordinariat Mainz.

HANS LUDWIG OLLIG SJ, Dr. theol., geb. 1943, Studium der Philosophie und kath. Theologie in Münster, Pullach (bei München), Frankfurt und Freiburg, Promotion 1978, Habilitation 1983 in Frankfurt; 1977–1979 Studentenpfarrer in Hamburg; seit 1985 Professor für Philosophie an der Philosophisch-Theologischen Hochschule St. Georgen in Frankfurt.

GERTRUD POLLAK, Dr. theol., geb. 1954; Studium der Germanistik und kath. Theologie in Freiburg; 1984–1986 Bildungsreferentin, 1986–1989 Pastoralassistentin bzw. -referentin in der Diözese Rottenburg/Stuttgart; seit 1989 Direktorin der Fachakademie zur Ausbildung von Gemeindereferentinnen und -referenten in Mainz; Lehrtätigkeit in Dogmatik und Berufsethik; Mitarbeit in überdiözesanen Gremien zu Fragen der pastoralen Laienberufe.

ALBERT RAFFELT, Dr. theol., geb. 1944, Studium der kath. Theologie in Münster, München, Mainz und Freiburg, Promotion Freiburg 1978; 1971–1977 wiss. Assistent in Freiburg, 1977–1979 Bibliotheksreferendariat; seit 1979 Wissenschaftlicher Bibliothekar an Universitätsbibliothek Freiburg.

ULRICH RUH, Dr. theol., geb. 1950; Studium der kath. Theologie und Germanistik in Freiburg und Tübingen, Promotion 1979; 1974–1979 wiss.

Assistent in Freiburg; seit 1979 Redakteur bei der Herder-Korrespondenz Freiburg, seit 1991 Chefredakteur.

DIETFRIED SCHERER, Studienrat, geb. 1956, Studium der kath. Theologie und Germanistik in Freiburg und Tübingen, 1981/1983 Prüfungen für das Lehramt an Gymnasium, Unterrichtstätigkeit in den Fächern Kath. Religion und Deutsch, seit 1987 Referent für Grund-, Haupt-, Real-, Sonder- und Gesamtschulen in der Schulabteilung des Erzbischöflichen Ordinariats Freiburg, Mitarbeit beim Südwestfunk Schulfernsehen Religion.

ELISABETH SCHIEFFER, Dr. theol., geb. 1951; Studium der kath. Theologie, Germanistik und Geschichte in Mainz und Freiburg; Promotion 1982; 1977–1981 wiss. Assistentin in Freiburg; 1981–1982 Referendariat, 1982–1989 Pastoralreferentin in Heidelberg; 1989–1990 Aufenthalt in Zaire; seit 1990 Direktorin des Seminars für Gemeindepastoral und Religionspädagogik in Freiburg.

THOMAS SCHREIJÄCK, Dr. theol., geb. 1953; Studium der kath. Theologie, Philosophie und Pädagogik in Mainz, Freiburg, Basel; Promotion 1988; wiss. Assistent an den Universitäten Salzburg, Fribourg und Tübingen; 1993/94 Lehrstuhl für kath. Theologie und ihre Didaktik in Kiel; seit 1995 Professor für Praktische Theologie, Religionspädagogik und Kerygmatik an der Universität Frankfurt.

NIKOLAUS SCHWERDTFEGER, Dr. theol., geb. 1948; Studium der Philosophie und kath. Theologie in Frankfurt, Rom und Freiburg; Promotion 1988; tätig in der Gemeindeseelsorge, als Kaplan und Bischöflicher Sekretär in Hildesheim; seit 1995 Weihbischof in der Diözese Hildesheim.